教育部教师队伍建设示范项目"基于职业胜任取向的整合式师范生教育见实习模式"（编号：10-194-PY）
内江师范学院本科教学工程项目（编号：01281）

The Path to Excellence for
Pre-service Teacher

职前教师的卓越之道

胡志金◎著

科学出版社
北京

内 容 简 介

本书分为三编，分别探讨了职前教师卓越培养标准（包括时代标准、职业标准和专业标准）、职前教师卓越培养规律（包括"三优潜质"培养律、品性培养律和多维建构律）和职前教师卓越教育实践（包括问题审视、理念革新和实施标准）。

本书对改革我国职前教师培养、引导职前教师自我培养和提高师范类专业学生的培养质量等具有重要的参考价值，适合师范类本科专业的学生、教师，以及高等师范院校的管理者和研究人员阅读。

图书在版编目（CIP）数据

职前教师的卓越之道 / 胡志金著. —北京：科学出版社，2019.12
ISBN 978-7-03-063216-6

Ⅰ.①职… Ⅱ.①胡… Ⅲ.①师资培养–研究 Ⅳ.①G451.2

中国版本图书馆 CIP 数据核字（2019）第 249011 号

责任编辑：朱丽娜　高丽丽 / 责任校对：王晓茜
责任印制：李　彤 / 封面设计：润一文化

编辑部电话：010-64033934
E-mail：edu_psy@mail.scienecp.com

科学出版社 出版
北京东黄城根北街 16 号
邮政编码：100717
http://www.sciencep.com

北京虎彩文化传播有限公司 印刷
科学出版社发行　各地新华书店经销

*

2019 年 12 月第 一 版　开本：720×1000　1/16
2019 年 12 月第一次印刷　印张：19
字数：370 000

定价：108.00 元
（如有印装质量问题，我社负责调换）

前　言

　　我国 20 世纪的师范教育，到 21 世纪变成了职前教师教育。这其中蕴含的巨大变化在 21 世纪的第一个 10 年里并不明显，但在第二个 10 年里则可谓风起云涌。

　　早在 20 世纪 90 年代，我国教育学术界就开始把师范教育视为教师教育。[①]2002 年，教育部文件正式对"教师教育"进行界定："在终身教育思想指导下，按照教师专业发展的不同阶段，对教师的职前培养、入职教育和在职培训的统称。"[②]这个界定表明，教师培养是终身性的，不是一次性完成的；职前培养只是教师教育的开端，是教师专业化教育的起步；职前培养只是一种基础性培养，它为职前教师入职做准备，但并不是对职前教师入职的保证，因为入职前其还需要通过教师资格考试和招聘考试。可见，职前教师教育不再像师范教育那样一次性地把师范毕业生变成终身教师，二者之间有了天壤之别。

　　2011—2013 年，教育部相继颁发《教师教育课程标准（试行）》[③]，

[①] 《教育大辞典》（顾明远主编，1990 年）中将师范教育解释为"培养师资的专业教育，包括职前培养、初任考核试用和在职培训"。

[②] 教育部. 教育部关于"十五"期间教师教育改革与发展的意见[EB/OL].（2002-03-01）[2014-05-18]. http://www.moe.gov.cn/srcsite/A10/s7058/200203/t20020301_162696.html.

[③] 教育部. 教育部关于大力推进教师教育课程改革的意见[EB/OL].（2011-10-08）[2012-03-23]. http://old.moe.gov.cn/publicfiles/business/htmlfiles/moe/s6136/201110/125722.html.

幼儿园、小学、中学教师专业标准[①]和《中小学教师资格考试暂行办法》等[②]，并于 2014 年开始职前教师的笔试全国统考、面试省级考试。近年来的教师资格证统考情况表明，师范类专业学生的过关率达到七成左右，淘汰率约占 1/4。[③]这一现实表明，职前教师的卓越培养势在必行。

2014 年以来，我国职前教师教育发生了很大的变化。尤其是《教育部关于实施卓越教师培养计划的意见》《教育部关于加强师范生教育实践的意见》《普通高等学校本科专业类教学质量国家标准》《师范类专业认证标准（试行）》等文件的相继出台，掀起了我国职前教师标准化培养和卓越试点化培养的热潮，强化了职前教师培养与基础教育的对接，突出了职前教师教育的产出导向。这些政策的实际效果如何，尽管目前还难以评说，但暴露出来的问题则需要加以重视。

第一，卓越教师的培养目标仅仅停留在"四有好教师"的要求上[④]，目前尚无可操作的培养标准。

第二，卓越教师计划只限于遴选出来的试点院校的试点班，这种集中打造的做法把绝大部分的职前教师排除在卓越培养之外，既有悖于教育公正，也难以普及和推广。

---

① 教育部. 教育部关于印发《幼儿园教师专业标准（试行）》《小学教师专业标准（试行）》和《中学教师专业标准（试行）》的通知[EB/OL]. （2012-09-13）[2013-04-05]. http://old.moe.gov.cn/publicfiles/business/htmlfiles/moe/s6991/201212/xxgk_145603.html.

② 教育部. 教育部关于印发《中小学教师资格考试暂行办法》《中小学教师资格定期注册暂行办法》的通知[EB/OL]. （2013-08-15）[2013-11-25]. http://www.moe.gov.cn/srcsite/A10/s7151/201308/t20130821_156643.html.

③ 根据多所师范院校反馈的结果估算的。

④ 推动教师教育综合改革 培养让党和人民满意的好教师——教育部教师工作司负责人就启动实施卓越教师培养计划答记者问[EB/OL]. （2014-09-18）[2019-12-25]. http://www.moe.edu.cn/publicfiles/business/htmlfiles/moe/s271/201409/175061.html.

第三，教师资格证考试助长了"死记硬背"的应试风气，催生了校外培训市场，削弱了专业素养的养成和培养。

第四，师范类专业认证过于强调产出导向的直线逻辑、精准施教和效果自证，致使广大教师忙于留下各种烦琐的材料，教师工作量猛增，使教师很难把主要精力用在教书育人上。

第五，专业认证、本科专业类教学质量国家标准和加强师范生教育实践均提出了诸如师资、经费、资源和实践基地等一系列办学条件标准，但全部责任落在本科院校身上，对政府投入和社会配合方面的责任很少提及，缺乏相应的政策机制，致使绝大多数高等师范院校（以下简称高师院校）无力达标。

面对上述暴露出来的问题，笔者倍感我国职前教师教育已经到了必须重新梳理和深入探索卓越培养之内在规律的时候。如果再不深入探索职前教师教育如何培养卓越的学生，或者找不到卓越培养规律，那么，我国职前教师教育将受到很大影响：一是只能被各种外部改革指令推着走，不间断地应对评估、认证和教师资格证考试，把高师院校变成教师教育改革的"应声场"；二是只能围绕各种指标转，无法创造性地培养教师人才，极有可能把高师院校变成所谓合格教师产品的"加工厂"。

笔者当然认为上述改革举措是必要的，对全面提高职前教师教育质量有着莫大的推动作用。但是，这些推动作用毕竟是外在的、倒逼的、导向性的，它既无法也不能代替高师院校对职前教师的卓越培养。培养卓越教师人才，既不是依靠选拔优秀苗子、集中人力和物力打造试点班就能实现的，也不是依靠专业认证、质量评估和教师资格证考试就能实现的，而必须面向全体职前教师，充分发挥其主体能动性，全面整合各方力量，扎实地培养。

卓越培养是职前教师迈向卓越的必由之道。如何培养卓越的职前教师，有哪些培养之道，这不仅是每一名职前教师需要思考的问题，更是高师院校必须思考的问题。对此，本书从卓越培养标准、卓越培养规律和卓越教育实践三个方面进行了探讨，但愿这些探讨能对我国职前教师的自我培养和院校培养起到抛砖引玉的作用。

胡志金

2019 年 6 月 28 日

目　　录

下编　职前教师卓越教育实践

上编

职前教师卓越培养标准

当今中国正处于信息时代的国际化竞争加速时期，正处于自身转型发展、和平崛起，实现"国家富强、民族振兴、人民幸福"伟大"中国梦"的关键时期。

学校教育事关无数生命的成长与价值，肩负民族文化传承与创新的重任，关系到社会治乱、民生成败和国运兴衰。在宁静、单纯的校园里，在文雅、智慧的教师身上，寄托了千秋万代、千家万户的无限憧憬。

作为新时代的职前教师，谁也不能错过成为卓越教师的历史机遇，谁也不能逃避成为"四有好教师"的历史责任。

作为新时代的职前教师教育工作者，谁也不能过早断定哪些职前教师不适于卓越培养，谁也没有理由把任何一名职前教师排除在卓越培养之外。

新时代的职前教师教育，需要高境界、宽视野、大气魄，需要以更大勇气和决心把所有职前教师培养成为卓越教师人才。

要培养卓越教师人才，首先需要卓越培养标准来做引领。卓越培养标准则是来自时代的要求，来自教师职业和教师专业的要求。

本编探索职前教师的卓越培养标准，旨在把握时代要求，深化教师职业的独特内涵，聚焦教师的专业素养，为全面建构职前教师的卓越素养提供导向。

第一章

职前教师卓越培养的时代标准

职前教师身处信息时代，需要适应并超越信息化社会、知识经济社会、学习型社会和国际化社会的潮流要求；身处实现伟大"中国梦"的新时代，需要承担"中国梦"的使命；身处中国教育改革频繁发生的今天，需要满足教育改革的现实要求。面对时代的这些新要求，职前教师培养需要建构卓越的时代标准。

职前教师教育绝不只是培养合格教师的高等职业教育，它的独特魅力在于超越职业的梦想性，即培养具有人类梦想、民族梦想和教育梦想的卓越教师人才。

教师不仅仅是吃职业饭的人，虽然有许多人把教师职业作为谋生的手段，但这些现象并不能遮蔽教师职业的梦想性和超越性特征。正如中国第一位教师——孔子，虽颠沛流离，但终生胸怀"天下大同"的社会理想；西方第一位教师——苏格拉底，虽受尽饥寒，但广施辩论教学，即便被判处死刑，也不放弃启迪智慧；苏联教育家苏霍姆林斯基，数十年如一日，研究如何培养复杂多样的学生，梦想"每一个受教育者都应有登上高尚道德精神高峰的决心，应有自己的飞腾、自己的高度激情，应有一颗像丹柯那样火热的心"[①]；中国教育家陶行知，作为美国留学博士，脱下西装，穿上草鞋，前往南京郊外开荒创办晓庄学校，梦想"创设一百万所学校，改造一百万个乡村"。古今中外的教育家都是教师职业的杰出代表和卓越形象代言人，他们的终身实践誓言宣告了教师职业的卓越追求和卓越精神。在当今教师专业化的浪潮中，教师依然"是为理念而生的人，而不是靠理念吃饭的人"[②]。

教师的梦想不是教师个人的梦想，而是其所在时代的人类梦想、民族梦想和人的教育发展梦想的融合，因而具有鲜明的时代性。正如孔子的"大同"梦想是我国春秋时期诸侯当道、王道衰微、礼崩乐坏、百姓疾苦这一现实背景下的社会梦想，这一梦想在中国历史上经久回响并延续至今；苏格拉底的智慧梦想是西方雅典时期城邦奴隶制桎梏下的人的自由觉醒，代表了人类对道德智慧生活的向往，开启了西方文明的理性主义传统，这一传统"成为西方哲学和科学的主流，一直影响着西方全部文明"[③]；苏霍姆林斯基的"人的全面和谐发展"梦想是苏联时期社会主义制度下人们向往共产主义社会的梦想，这一梦想代表了人类历史上人的最美好发展愿景，代表了教育发展的美好方向，并深刻影响了我国乃至世界的学校教育；陶行知的乡村文明梦想是我国20世纪二三十年代民贫国弱、饱受列强欺凌这一现实背景下的社会梦想，这一梦想代表了同一时期众多知识分子（如晏阳初、蔡元培、赵叔愚、陈鹤琴、梁漱溟等）改造旧社会的时代潮流，开启了乡村教育和生活教育的新方向，至今仍影响着我国的学校教育和乡村建设。

今天，我们培养卓越教师人才，绝不能忽略教师职业的梦想性，绝不能脱离教师职业的时代性。要培养卓越教师人才，就必须把握当今时代的发展潮流，立足新时代、胸怀全人类，引导职前教师勇于承续人类梦想、民族梦想和教育梦想，

① 苏霍姆林斯基. 2001. 苏霍姆林斯基选集（第2卷）[M]. 蔡汀，王义高，祖晶，译. 北京：教育科学出版社，173.

② 金忠明. 2008. 教师教育的历史、理论与实践[M]. 上海：上海教育出版社，8.

③ 汪子浩，范明生，陈春富，等. 1993. 希腊哲学史（2）[M]. 北京：人民出版社，297.

善于把时代梦想融入个人梦想，敢于在梦想的引领下去破解时代难题、承担时代责任，让梦想成为他们的内生动力和精神支柱，成为他们人生追求和教书育人的理想信念。

为此，我国职前教师教育需要明确当今时代对教师人才的基本要求，并把这些要求作为职前教师的首要标准(简称"时代标准")。鉴于国内外尚无这样的标准，我们将从信息时代、伟大"中国梦"和教育改革三个方面来探讨其具体的内涵。

第一节 信息时代的潮流要求

20 世纪 90 年代末期，人类社会进入了信息化、知识经济化、学习化和国际化四大潮流合流并进的信息时代。信息时代以前所未有的力度、速度和广度席卷整个世界，给这个世界带来了无穷的活力与挑战，把发展与创新、竞争与合作变成了全球的主旋律，并且给人类教育带来了巨大变革，给教师人才提出了一系列新的素养要求。

一、信息社会的新要求

正如农业化把人类带入农业社会、工业化把人类带入工业社会一样，信息化把人类带入信息社会。信息化是人类社会的又一次历史性革命，谁错过信息化革命，谁就会延误社会的信息化进程，谁就在国际竞争中处于落后挨打的地步。在历史上，中国曾经因为错过由蒸汽机和先进制造技术引发的工业革命机遇，以至于丧失了经济优势和军事优势，从 1840 年开始惨遭西方列强践踏 100 余年。苏联在 1991 年轰然解体，在美苏竞争中以完败而告终，其失败的一个重要原因是，信息化的落后使得 20 世纪 80 年代后期苏联的经济产品大概只有 8%接近世界水平，在国际竞争中被远远抛在后面。[①]可以说，中国、苏联的历史教训是极为深刻的。

面对信息社会的巨大变革和飞速发展，一是要创新，掌握最先进的信息技术，加快信息技术产业的发展；二是要全面深化信息技术的应用，加大信息技术在各行各业、各生活领域中的应用广度和力度；三是要以人为本，创造新的秩序、规

---

① 周宏仁. 2011. 教育改革要主动应对信息化挑战——在第三届中国中学校长大会上的专题报告[J]. 中国教育学刊，（1）：4-8.

范和文化，让信息技术营造民主、公正、健康、和谐的社会生活，让每一个公民能够生活在更加富有人性内涵和个性色彩的美好信息社会中。围绕这些目标，世界各国的教育革新主要聚焦在以下四个方面。

第一，在培养目标上，信息时代的人才不仅要掌握符合行业特点的专业知识，还要具有信息处理能力、合作能力和学习能力。美国的国家教育技术计划 2010（National Educational Technology Plan 2010，NETP 2010），以及 21 世纪学习联盟（Partnership for 21st Century Skills，P21）、国际教育技术协会（International Society for Technology in Education，ISTE）等颁布的相关规划与标准，均强调教育改革要符合信息时代、知识经济发展的方向，需要培养学生的信息素养、全球化视野、批判性思维、问题解决能力、创新能力、决策能力、数字沟通与协调能力等，使其成为适合 21 世纪信息社会需要的人才，保证学生从学校到工作场所能顺利过渡。[1]

第二，在学习模式上，以学生为中心，学生有学习控制权，在技术的支持下根据自己的学习进度和适合自己的方式灵活地开展学习，可以有更多更加灵活的学习形式，在校内外都享有参与式的学习体验，可以成为全球性网络社会中积极的、富有创造力的、有知识的、有道德的参与者。另外，正式、非正式学习以及随时随地的在线学习、微型学习、移动学习等应运而生，这种多元化、个性化的数字化学习更有助于激励学生参与，适应了不同个体的学习风格。[2]

第三，在教学模式上，各种新技术和多样化的学习资源、学习智能终端将营造网络化的课堂教学模式。每一名学生拥有一个智能学习终端将是未来课堂教学的常态：学生在课堂上就可以感受到外界气候的变化、植物的生长，可以仰望星空，开展各种科学探究学习活动。

第四，在教育网络上，新技术将整合各区域、各层面的教育资源和教育力量，助力实现校校通、班班通、家校互动，所有学习者、教育者、专家、学习工具、学习资源、应用服务有效、有序地连通，突破时空界限，构筑参与者众多、知识链复杂、学习生态协调、具有自适应性能力的学习服务生态系统。非正式学习将在学习者的活动中占据越来越重要的地位，学习范围将大大扩充，学习方式和学习界面可能会更简化，尤其是教育云所提供的数字化学习空间将帮助学习者实现真正的按需学习。[3]

但是信息技术是一把双刃剑，它一方面使学生学习、教师教学变得更加灵活、便捷、生动，另一方面也给教师和学生带来了世界性难题和困惑，具体表现如下。

---

① 柯清超. 2012. 技术推动的教育变革与创新[J]. 中国电化教育，（4）：9-13.
② 柯清超. 2012. 技术推动的教育变革与创新[J]. 中国电化教育，（4）：9-13.
③ 祝智庭，杨志和. 2012. 云技术给中国教育信息化带来的机遇与挑战[J]. 中国电化教育，（10）：1-6.

第一，教师的专业优势受到挑战。信息越来越趋于对称，学生在很多方面比教师知道得多；社会发展节奏越来越快，学生在课堂上的注意力保持时间也越来越短；学生面临的各种诱惑越来越多，对一件事情的专注程度越来越低，深入思考和动手操作的机会也越来越少，学习能力并没有增强反而有减弱的迹象。①

第二，教师的信息技术水平受到挑战。信息技术更新换代非常快，各行各业更新应用率非常高，新技术的传播渠道非常广，青少年在掌握和使用新技术上如鱼得水、非常活跃。但那些在学校中埋头教学的教师则因为缺乏足够的时间、精力、渠道和机会去接触新技术，反而极有可能跟不上信息社会技术发展的步伐，跟不上青少年信息技能的发展水平。

第三，学生发展出现惰化、软化和物化趋势。一是便捷的信息环境削弱了学习的艰苦性、实践性，通过"剪切""粘贴""存档"等方式来加工学习，弱化了学生的认知力、思考力；二是娱乐化、刺激化的虚拟生活强化了学生的享乐性和自私性，削弱了学生的意志、勤劳、理想、道德和友谊等非智力品质，也导致了学生身体素质严重下降；三是网络上游戏、不健康的内容泛滥，那些缺乏成人监护的青少年沉溺其中，玩物丧志，甚至变成"网虫"，其情感变得麻木，其心智远离现实。

面对信息社会的教育变革及其带来的挑战，职前教师教育应当清醒地认识到自己复杂、艰巨的使命。这一使命由一连串的悖论构成，具体如下。

1）在教育目标上，把适应信息社会与超越信息社会结合起来。一方面，尽可能地掌握和传播信息社会的新技术，培养信息社会所需要的公民和人才；另一方面，必须不遗余力地培养学生面对信息社会的慎独能力、自控能力、批判能力和创新能力，竭尽全力去屏蔽不良信息和营造健康的生活环境，引导学生在实践生活中锻造优秀品质。

2）在学习生活上，把多种学习方式有机结合起来，既要有技术环境与非技术环境下的学习，还要有正式学习与非正式学习。

3）在教学工作上，把多种教学形式有效结合起来。例如，把信息化课堂与非信息化课堂结合起来，把以学生为中心的教学与以伟大事物为中心的教学结合起来，把以课程为核心的学习与以生活为核心的学习结合起来，等等。

4）在教育工作上，把多种品质、情怀和智慧融合起来，既要培养灵活性、多元性、合作性和新异性等个性品质，又要培养自律性、专一性、慎独性和守正性等修身智慧；既要培养民主、平等、善良、公正和愉悦等人文情怀，又要培养因材施教、果断决策、严格要求和敢于管理等教育智慧。

总之，一方面，要不遗余力地培养职前教师对信息社会的教育胜任力；另一

---

① 黄荣怀. 2011. 教育信息化助力当前教育变革：机遇与挑战[J]. 中国电化教育，（1）：36-40.

方面，要千方百计地培养职前教师对信息社会的教育超越力。必须明确的是，职前教师教育不应当跟在信息社会的后面亦步亦趋，不应当过于顺从信息社会的惯性驱动，而应当树立卓越的雄心壮志去应对信息社会的要求和惯性驱动。如果说信息社会是一匹飞奔的骏马，那么，职前教师教育就必须毫不犹豫地培养能够驾驭这匹骏马的卓越教师人才。

二、知识经济社会的新要求

1996 年，经济合作与发展组织发表了题为《以知识为基础的经济》的年度报告，该报告被视为人类面向 21 世纪的发展宣言：人类的发展将更加倚重自己的知识和智能，知识经济将取代工业经济成为时代的主流。

与农业社会、工业社会相比，知识经济社会对教育提出了四个方面的全新要求。

第一，在教育体系上，由于知识在知识经济社会中是以开发—应用—传播—储存这样一个链条形式发挥作用的，产生的结果是链条效应，因此，必须建立多元化、多端化、全面配套、全程贯通、全员覆盖的国家教育体系。

第二，在教育功能上，由于知识经济社会需要大批量、多层次、多类型的创新型人才和复合型人才，因此，各级各类教育必须立足自身定位，全程贯通地培养人的创新能力、合作能力、应用能力和终身学力。

第三，在教育内容上，由于知识经济社会需要具有综合素养的创新型人才、应用型人才和高素质公民，因此，各级各类教育必须根据自身的定位特点和知识经济社会的发展要求，不断整合优化知识、能力和素养，实现教育内容的立体化，确保教育对象在知识、能力、素养三方面均衡发展。例如，日本早在 20 世纪 70 年代初就提出"培养理想的世界上通用的日本人"，强调没有"综合化，就不会产生伟大的文化和伟大的人物"。[①]

第四，在教育方式方法上，由于知识经济社会知识的多样性和教育目标的综合性，因此，各级各类教育必须根据预定培养目标、立体化教育内容和自身的域情校情，紧扣教育对象的学情与发展特点，努力在教育空间、活动平台、学习共同体、教育范式等方面实现多样化统整。

相应地，知识经济社会也对职前教师教育提出了新的要求。

1）在学生发展上，必须为学生终身发展负责，具有多元化、全程贯通的教育理念和教育能力。

---

① 冯之浚，周宏春.1998. 知识经济与教育创新（下）[J]. 中国软科学，（6）：30-35.

2）在核心能力上，必须重点培养学生的创新能力、合作能力、应用能力和终身学力，提升学生适应知识经济社会的核心能力。

3）在综合素养上，必须全面培养学生德、智、体、美、劳、学（即学力）全面发展，均衡培养学生的科学素养与人文素养、现代文化素养与传统文化素养，不断整合、优化学生的知识、能力和品性。

4）在博精结合、优质高效上，必须具有良好的教育统整能力，宽视野、大范围、高整合地开展教育工作，通过拓宽教育空间、搭建活动平台、构建学习共同体、采用混合教学范式等，追求优化统整的育人效果。

职前教师教育需要肩负起促进知识经济社会发展的重大使命，培养具有上述四方面素质的职前教师，为知识经济社会的可持续发展提供有力的师资保障，使每一个国民都能够获得与知识经济社会相适配的教育。如果职前教师教育不能很好地承担这一重大使命，那么，就会有更多的儿童和成人因此没有"机会进入最高水平、具有创造力的知识社会"①，不能赢得知识社会的发展机遇和享受到知识社会的美好福祉。

三、学习型社会的新要求

学习型社会是人类继农业社会、工业社会之后，面对信息化、知识经济化发展的挑战，个人、组织、国家"以学习求发展的社会"②，也是"全民学习、终身学习"③和"人人皆学、时时能学、处处可学"④的社会。

学习型社会对教育的影响体现在以下三个方面。

第一，改变了学校的教育功能。学习型社会将为一切人提供不同形式、不同层次的教育资源和受教育机会，丰富多彩的教育和充分富裕的教育资源将直接进入每个人的生活之中。在这种情形下，学校将不再是知识文化的主要集散地，也不再是知识文化的主要传播渠道，对专门人才的培养完成度将大大降低，各级各类教育机构所能做的也是必须要承担起来的主要任务，是从不同角度、不同层面培养终身学习者。

第二，改变了学校的育人模式。学习型社会的学习包括正规学习、非正规学

---

① 安迪·哈格里夫斯. 2007. 知识社会中的教学[M]. 熊建辉，陈德云，赵立芹，译. 上海：华东师范大学出版社，207.

② 顾明远，石中英. 2010. 学无止境：构建学习型社会研究[M]. 北京：北京师范大学出版社，14.

③ 人民网. 胡锦涛在党的十七大上的报告[EB/OL]. （2007-10-24）[2012-03-23]. http://politics.people.com.cn/GB/1024/6429094.html.

④ 新浪新闻中心. 上海市人民政府关于推进学习型社会建设的指导意见[EB/OL]. （2005-11-23）[2012-03-23]. http://news.sina.com.cn/c/2005-11-23/07507513905s.shtml.

习和非正式学习。人们更多是在非正式环境中学习而非参加成人教育课程和项目来学习与工作相关的东西[①]，学校教育将难以保持现有的封闭的育人机制，学校教育必须面向社会生活，并把社会生活内容纳入学校教学中；必须有计划地深入社会生活，并开展社会实践教育；必须把社会人士、行业专家视为学校兼职教师，并共同完善教育内容；必须承担社区教学任务或教学项目，并真正融入地方社会生活和学习型社会建设之中；必须以学习者的发展为中心，并培养他们的终身学习素养；必须善于利用远程在线教育资源，以扩大学生的学习空间和学习视野，利用世界各地出现的大规模在线教育来改变现有的教育模式。[②]

第三，改变了学校教育的内容与形式。学习型社会的学习丰富多样，既有基于自我发展、职业实践、社会生活、专业提升、人生修养、兴趣爱好、问题情境等不同方面的学习，也有基于书本、网络、人际、实践等不同途径的学习，还有基于掌握知识、建构素养、感悟体验、游戏刺激、任务驱动、休闲娱乐等不同方式的学习。在这种情况下，学校教育目前狭隘的学习内容、狭窄的学习空间、单调的学习资源和单一的学习方式将难以为继，必须建立面向社会生活与学生自我的开放的学习时空，建设集学科知识、社会知识和自我知识为一体的学习资源，创设适合个人沉浸、群组互动的优良的学习环境，建构以学生自主学习为核心、能充分发挥教师指导作用的教学方法和教学流程。

相应地，学习型社会对职前教师教育提出了四个方面的要求。

1）以学习者为中心，致力于把学习者培养成自己教育自己的终身学习者。正如《学会生存——教育世界的今天和明天》所明确指出的："未来的学校必须把教育的对象变成自己教育的主体。受教育的人必须成为教育他自己的人，别人的教育必须成为这个人自己的教育。""在这一领域内，教学活动便让位于学习活动。虽然一个人正在不断地受教育，但他越来越不成为对象，而越来越成为主体了。"[③]

2）以学习者的终身学习素养为核心任务，培养学习者的自主学习、信息素养、问题解决、批判性思维、持之以恒和自我评价等方面的核心能力。

3）以学习者的自主学习为核心，统筹各类学习，满足每个学习者的潜力开发与个性发展需要，为学习者提供更多更优的机会、资源和环境。

4）以社区和周边社会为交互对象，做好社区或周边社会的兼职教师，引入社

---

① Boshier R. 2011. 城市让生活更美好：加拿大特色的终身学习. 参见：郝克明. 让学习伴随终生——上海国际终身学习论坛文集[C]. 北京：高等教育出版社，127-129.

② 人民网. 专家：从中英两道数学题看可持续发展教育[EB/OL].（2013-10-22）[2014-03-13]. http://edu.people.com.cn/n/2013/1022/c1053-23291805.html.

③ 联合国教科文组织国际教育发展委员会. 1996. 学会生存——教育世界的今天和明天[M]. 华东师范大学比较教育研究所，译. 北京：教育科学出版社，200.

会人士、行业专家参与教学，共同推动身边环境学习化。

面对这些要求，职前教师教育应当承担起促进学习型社会建设的美好使命，这一使命就是培养具备人本教育思想、终身学习素养、学习环境创建能力和社会活动能力的卓越教师人才，为每一个国民成为终身学习者和建设学习型社会提供良好的师资保障。如果职前教师教育不能很好地承担这个美好使命，那么，学校教育就不可能培养出成千上万的学习型公民，也不可能带动社会造就与学习型社会相适配的千千万万的学习型家庭、学习型企业、学习型单位、学习型社区等学习型组织，其最终结果是严重削弱全社会的学习能力，不仅会使学习型社会所带来的发展机遇和美好福祉化为泡影，而且会使国家和民族在国际竞争中处于落后挨打的危险境地。

四、国际化社会的新要求

信息化缩短了国家与国家、地区与地区、人与人之间的距离，使广袤的地球变成了"地球村"；知识经济化加速了财富的创造、裂变和聚集，在国家与国家、地区与地区、人与人之间诱发了无穷的竞争与合作；学习化凸显了学习的创新价值、人力价值和国力价值，激发了国家与国家、地区与地区、人与人之间相互学习、竞相学习的热情。伴随着信息化、知识经济化和学习化的推进，出现了全球经济一体化潮流，带动了各国社会的国际化发展，形成了国际化社会的发展趋势。进入21世纪以来，国际化不断深入各个领域，并已经成为人们的一种思维向度和评价维度。

进入21世纪，随着西方社会对"9·11"事件的文化反思，"金砖国家"的经济崛起，以及中国大力倡导多极世界、多边对话、和平共处等国际原则，国际教育开始进入多元共存阶段，即多种意识形态、多种民族文化、多种发展形式的各国教育平等竞争、互利互补。多元共存是21世纪教育国际化的主流特征，它预示着全世界各国的本土教育释放创造潜力和获得最佳发展机遇的历史画卷即将徐徐展开。

教育国际化同样是一把双刃剑，有利也有弊。从利的方面看，它有利于各国教育避免本土传统的狭隘性、封闭性与隔离性，促进教育改革，吸收先进经验和积极因素，培养世界性通用人才和创新人才；有利于解决全球问题，促进全世界人类社会协调、可持续发展；有利于加速各国之间的教育合作、交流，加速教育要素的全球流动，提高各国的教育竞争水平，促进世界教育共同繁荣发展。从弊的方面看，教育国际化并不完全是温馨美好的"玫瑰行动"，发达国家垄断教育资源、制订教育国际化规则，造成欠发达国家的人才流失和隐性经济损失，加剧了欠发达国家对发达国家的依赖，欠发达国家面临着新的被殖民化危险。正如联合国教育、科学及文化组织（以下简称联合国教科文组织）总干事马约尔教授于 1998 年 6 月在欧洲第二届社会科学大会上提出的："在全球化的进程中，少数人是全球化'化人者'，多数人则是'被化者'。包括有些西方学者也担心，如果信息技术、网络设施及其控制过程过于集中，也可能会出现'新的信息或文化殖民主义'。"①

　　教育国际化绝不等于美国化、欧洲化，而是要立足本土、为我所用，使其服务本土、化为本土，使本土教育由弱变强、由被动变为主动、由单向输入变为双向交流。在我国，有人担心基础教育国际化可能会影响学生正确的世界观、价值观、人生观的形成，甚至会造成中国传统文化的中断。尽管这种顾虑不无道理，但随着我国加入世界贸易组织，各行业领域的开放程度不断提高，国际事务参与活动不断增多，来华外籍人员及其子女的教育需求不断增加，中小学生留学国外的人数不断攀升，尤其是 21 世纪以来我国基础教育课程改革广泛传播了欧洲、美国、日本等发达地区和国家的课程理念与教学理念，这些现象在客观上加速了我国基础教育的国际化进程。面对不可避免的基础教育国际化趋势及其迅猛势头，我国基础教育界必须把握一个总原则：基础教育国际化必须以民族化为前提，通过与他国平等交流与合作，在借鉴他人经验的同时，发展中国的基础教育并提升国际影响力。②

　　由以上可见，21 世纪多元共存、复杂取向的教育国际化对职前教师提出了新的要求。

　　1）国际借鉴力达到专业水准，如坚定不移的本土意识、清醒的民族文化传统意识、积极主动的学习意识、宽广独特的专业视野、独立自主的判断能力、趋利避害的鉴别能力、立足国情的取舍能力、结合实际的创新能力。

　　2）教育教学理念具有国际先进性，如具有多元文化的教育价值观，理解并借鉴国际教育经验、提高本土教育质量和促进世界和平的教育发展观，关心国际事务、培养实践创新能力及合作精神的育人观等。

　　3）专业素质接近国际标准，如具有外语能力、国际视野、人道价值、跨国界的专业合作学习能力、多元文化基本素养，具有跨境学习经历、跨境交往交流能力、跨文化思维方式和跨文化学习的意识与能力等。

　　4）教育方式、手段符合国际潮流，如采用对话教学、互动教学、建构教学和教学指导等方式，采用信息化、网络化、移动化、可视化、交互化等手段。

① 转引自：袁利平. 2009. 教育国际化的真实内涵及其现实检视[J]. 西华师范大学学报（哲学社会科学版），（1）：82-87.

② 吴定初. 2003. 关于中国基础教育国际化与民族化的思考[J]. 教育评论，（1）：7-9.

5）教育教学过程体现国际交流过程，如引进国外优质教育资源，输出本国优质教育资源，合作开展教育教学探索，开展跨境双向交流合作项目等。

面对这些要求，职前教师教育应当主动承担起适应教育国际化需要的重要使命，这一使命就是培养具有上述五个方面素质的卓越教师，为我国教育参与并领跑教育国际化提供有力的师资保障。

五、小结

综上所述，当今世界的信息化、知识经济化、学习化和国际化发展潮流，对职前教师教育提出了前所未有的新要求。顺应这些要求，职前教师教育必须勇于担当，切实承担起艰巨而美好的四重使命，努力培养能够适应并超越信息社会、促进知识经济社会发展、加快学习型社会建设和赢得教育国际化发展的卓越教师人才。

面对人类社会发展的四大潮流，我国职前教师教育应当排除万难、凝心聚力地培养卓越教师人才，我国政府应当尽快普及和推广职前教师的卓越培养，我国社会各界应当关心、投资职前教师的卓越培养。其原因是"优质教师和教学不只是提高教育质量的关键因素，而且是提高劳动力和全民族素质、促进经济发展和社会公平的重要保证。许多国家明智的政治界、经济界领袖与教育界领导一样确信：投资教师教育就是投资教师，投资教师就是投资一代学子的学习质量，就是投资全体人民的生活质量、社会福祉和国家昌盛"[①]。

面对人类社会发展的四大潮流，我国实施职前教师卓越培养应避免抓重点工程的思维方式，不合时宜地把培养卓越教师变成培养精英教师，把全体教师的卓越化变成少部分教师的卓越化，把教师教育的全员行动变成少部分教师培养机构的样板行为。因为实施"重点工程"的必然结果是把全民的教育福祉变成少部分人的特权待遇，让少部分人处于人类社会的发展潮流之中，把更广大的国民弃置于人类社会的发展潮流之外，这不仅有损教育公平，有失人类正义，而且严重削弱了国家和民族的发展潜力，会拉大社会差距，把国家、民族和人类发展置于危险之中。

面对人类社会发展的四大潮流，我国教师教育界既需要从当今人类社会发展要求的角度去思考培养什么样的教师，也需要从中国发展全局的角度去探索需要培养什么样的教师。我国当前的教师教育改革存在四方面的不足：一是模仿欧美

---

① 熊建辉，陈德云. 2012. 从教育国际化看教师专业化——访国际教育专家周南照教授[J]. 世界教育信息，（4）：4-14.

模式，对自身的情况认知不足；二是改革形式不断翻新，教师人才的目标内涵贫乏；三是重项目申报、认证，忽视了对教师人才的实质性培养；四是重成果宣传，以点代面，缺乏教师教育改革的"理性自觉"[①]。

在此，我们呼吁教师教育界要从培养什么样的教师这一原点出发，以高度的责任心和事业心回应当今人类社会发展的四大潮流，以"教师之教师"的高尚人格、博大胸襟，以 21 世纪先进知识分子的宽阔视野、创新精神，全力以赴地投身于培养卓越教师这一伟大实践中。

第二节　"中国梦"的使命要求

我国 21 世纪的主旋律是奋力实现"中国梦"，职前教师教育应勇于担当时代使命，全力培养百万、千万助推实现"中国梦"的教师人才。

一、"中国梦"简析

2007 年，学者乐黛云在《社会科学》上发表《美国梦·欧洲梦·中国梦》，认为正在形成的"中国梦"必将对整个人类的未来产生深远影响；2010 年，刘明福教授出版了专著《中国梦》，提出 21 世纪的中国要"冲刺世界第一，决赛冠军国家，创造中国时代，建设无霸世界"，该书引起了美国前国务卿基辛格博士和美国总统奥巴马的关注。

2012 年 11 月，外表亲和、内心伟岸的习近平总书记走进国家博物馆，参观《复兴之路》展览，他用缓缓平和的语调、亲民的语言，对中外媒体道出了中华民族无比厚重的梦想：

> 每个人都有理想和追求，我们说的每个人都有梦想，现在大家也在
> 讨论中国梦，何谓中国梦？我以为实现中华民族的伟大复兴就是中华民

---

① 当前教师教育改革领域同样存在学者石中英所指出的不良现象："从目前的情况看，一些典型经验的典型性总结提炼不够，有的则采取穿靴戴帽或移花接木的办法，存在弄虚作假或故意拔高之类的问题，导致典型经验经不起推敲，难以推广。"参见：石中英.2013. 深化教育改革，成就中国教育梦想[J]. 教育研究，（4）：6-8.

族近代最伟大的中国梦，因为这个梦想，它是凝聚和寄托了几代中国人的这样的一种夙愿，它体现了中华民族和中国人民的整体利益，它是每一个中华儿女的一种共同的期盼。①

"中国梦"一下子像强大的磁场吸住了亿万中国人的心，顷刻之间在中国大地引起了强烈共鸣和持久反响，成了海内外媒体的热词。2013 年 3 月 17 日，习近平总书记进一步把"中国梦"的内涵明确表述为"国家富强、民族振兴、人民幸福"，认为这"既深深体现了今天中国人的理想，也深深反映了我们先人们不懈奋斗追求进步的光荣传统"。②在访问俄罗斯、非洲和美国期间，习近平还阐述了"中国梦"与"世界梦"、"非洲梦"、"美国梦"之间和谐共生、相得益彰的关系。

2014 年 3 月 23 日，WPP 集团（英国最大的广告和公关集团）发布《中国梦的力量与潜力》调查报告，称："中国梦"提出的时间虽短，但在中国已妇孺皆知，中国民众对"中国梦"的认知程度很高，远超美国人对美国梦、英国人对英国梦的认知程度。报告认为，中国民众对"中国梦"的吸引力更加自信，受访的中国人中超过 1/3 认为美国是当今世界的"理想国度"，但有 42% 的中国民众认为，再过 10 年，中国将会成为"理想国度"。③

为什么"中国梦"有如此巨大的感召力？

从动力功能看，梦想是推动人类发展、个人进步的根本动力。没有梦想的人生是暗淡的，没有梦想的民族是悲哀的，没有梦想的社会是沉闷的，缺少梦想的时代是乏味的。④有梦想才会有追求和坚守；有梦想才能有境界、责任和担当；有梦想才可能敢于吃苦，敢于奉献，敢于承受艰辛劳作乃至痛苦。

从文化内涵看，"中国梦""美国梦""欧洲梦"都是有关人民幸福的梦，但"中国梦"是集体主义的梦，"美国梦""欧洲梦"是个人主义的梦。"美国梦"追求经济增长、个人财富和独立自由，"欧洲梦"追求普遍富裕、社会安全和生活品位，而"中国梦"追求社会和谐、天下太平，因为"天下太平、共享大同是中华民族绵延数千年的理想"⑤。在中国历史上，孔子是拥有"中国梦"的第一人，他提出天下为公、人人博爱、门不闭户的"大同梦"。"大同梦"的

---

① 环球网. 习近平等新一届政治局常委参观复兴之路展览[EB/OL]. （2012-11-30）[2013-12-10]. http://china.huanqiu.com/article/9CaKrnJxXP8.

② 中国青年网. 习近平解读中国梦：国家富强、民族振兴、人民幸福[EB/OL]. （2013-03-21）[2013-12-10]. http://news.youth.cn/zt/fwels/zsjyj/201303/t20130321_3007035.htm.

③ 大众网. 英国研究报告认为中国梦激发"中国创造"潜力[EB/OL]. （2014-03-22）[2014-05-11]. http://www.dzwww.com/xinwen/jishixinwen/201403/t20140323_9874767.htm.

④ 秋石. 2013. 用梦想、机会和奋斗创造美好[J]. 求是，（8）：10-12.

⑤ 新华网. 习近平在中法建交 50 周年纪念大会上的讲话（全文）[EB/OL]. （2014-03-28）[2014-04-03]. http://news.xinhuanet.com/world/2014-03/28/c_119982956_3.htm.

核心是"中和"，即各安其位、各得其所、各展生机，万物并育而不相害，道并行而不相悖[①]，体现为天人合一、人际和谐、社会繁荣、天下太平，如文景之治、光武中兴、贞观之治、开元之治、永乐之治等盛世景象。国泰民安，亦即国家强盛、社会繁荣，不仅是"大同梦"的重要内涵，也是儒家知识分子所孜孜追求的梦想，如陶渊明的"桃源"梦、洪秀全的"太平天国"梦、康有为的"大同书"梦。知识分子的个人成就梦与国泰民安、民富国强梦合二为一，这就是"中国梦"的历史本色。为了这个梦想，无数仁人志士献身于政治、军事、文学、教育、文化、科技、医药和农业等领域，确保中国在世界上的强国地位持续了几千年之久。[②]

从历史使命看，"中国梦""美国梦""欧洲梦"诚然都是追求美好现实的梦想，但"美国梦""欧洲梦"缺乏历史沧桑感。美国的地理优势和强大国力使它免除了国家安全忧患，欧洲的一体化和社会发达使它保持了邻里相安、友好竞争优势，它们不仅从未受到过外来民族或国家的压制与践踏，反而去掠夺海外的亚非拉国家，把自己的梦想建立在亚非拉人民的痛苦上。与此相反，"中国梦"曾受到外部边患等的干扰，尤其是在1840—1949年的100余年饱受帝国主义的侵略，"中国梦"被践踏、被撕碎，民族复兴梦被深深地嵌刻在每一个有血性、有良知的中国人心中，并逐渐在先进知识分子的心中"生根发芽"。[③]为反抗帝国主义和封建统治，复兴中华民族的昔日强盛，中国人民进行了100多年艰苦卓绝的斗争、流血和牺牲，矗立在天安门广场的人民英雄纪念碑昭示了复兴伟大"中国梦"是多么来之不易。伟大"中国梦"变成了百余年来的民族复兴梦，其中的千般情、万般泪、亿万血又岂是欧美人所能体会的？

从时代内涵看，"中国梦"不是单纯地恢复昔日盛世，而是在继承的基础上不断创新和取得更大成就。[④]进入21世纪以来，中国不断崛起、强大，全面提振了国民实现"中国梦"的信心。

---

① 《礼记·中庸》："和也者，天下之达道也。致中和，天地位焉，万物育焉。"

② "中国的科学技术成就不逊于西欧诸国、印度和阿拉伯各国，而且往往有过之而无不及……过去的2000年里，有1800年中国在世界国内生产总值中所占的比例要超过任何一个欧洲国家。"（亨利·基辛格. 2012. 论中国[M]. 胡利平，林华，杨韵琴，等，译. 北京：中信出版社，7-8）有统计显示，1750年，英国工业生产只占世界的1.9%，中国占32%。一直到1860年时，英国占19.9%，中国占19.7%，英国才第一次超过中国。直到1895年，中国的GDP总量世界第一的位置才被美国所取代。参见：麦迪森. 1997. 世界经济二百年回顾[M]. 李德伟，盖建玲，译. 北京：改革出版社，126，131.

③ 孙来斌，刘近. 2013-06-22. 中国梦的多维解析[N]. 光明日报，11.

④ 赵晶. "中国梦"的昨天、今天和明天——访中央党校理论网采编中心主任程冠军[EB/OL].（2013-05-24）[2014-04-03]. http://theory.people.com.cn/n/2013/0524/c40531-21598300.html.

二、中国教育梦

面对伟大"中国梦"，教育界人士纷纷描绘了自己心中的教育梦。例如，全员成才梦："有教无类、因材施教、终身学习、人人成才。"[①]美丽教育梦："更加公平，更加富有人性，培养善良的人、创造的人。"[②]教师教育梦："中国能够早日造就成千上万的教育家和卓越教师。"[③]高等教育梦："教师心无旁骛、潜心学术、醉心育人，行政工作人员恪尽职守、提高效率、把握方向，学校面向社会、满足需要、提高质量，使人才成长成为高校发展的根本目的和最高境界。"[④]教研梦："引领教师专业成长，追寻生命课堂，探寻教育主张。"[⑤]

面对伟大"中国梦"，我们当然应该抒写自己心中的教育梦，但更应该静下心来探讨一个根本问题，即"中国梦"对中国教育提出了哪些新的要求？笔者认为，至少有以下五点新要求。

（一）新的教育理念

中国教育梦是为民强国梦，是人人发展梦，是和谐共处梦，是智慧创新梦。未来的中国教育，需要具有人民性、宽广性和创新性。

1）人民性，即为民服务，满足民众的教育需求，倾听民众的教育呼声，以专业水准、专业情感、专业态度回应民众的教育要求和意见建议，办人民满意的教育。

2）宽广性，即更加尊重人的个性，发掘每一个人的潜力，尊重和包容每一个人的特点，培育每一个人的个性，发挥每一个人的作用，让每一个人成人成才。同时，培养人的共同情感、共同品质，让不同个性的人相通相融、和谐共处，丰富人的幸福体验。

3）创新性，即改革创新，立足教育对象的发展变化，密切关注时代、社会和国家的发展变化，持续改革，不断探索，努力提高教育质效，着力培养人的实践创新品质和能力。

（二）新的教育目标

各级各类教育需要接力培养卓越的公民、劳动者和各级各类建设人才。

---

① 董洪亮. 袁贵仁谈中国教育梦：因材施教终身学习都成才[EB/OL]. （2013-03-08）[2014-04-03]. http://edu.sina.com.cn/l/2013-03-08/0747226106.shtml.

② 朱永新. 2013. 教育，让美梦成真[J]. 人民教育，（7）：3.

③ 刘益春. 2013. 以"教育梦"推动"中国梦"[J]. 中国社会科学报，（28）：3.

④ 马陆亭. 2013. 我的高等教育理想[J]. 高教发展与评估，（4）：8-9.

⑤ 陈俊. 2013. 我的教育梦[J]. 中国民族教育，（7-8）：14.

1）教育目标衔接贯通。统一规划各级各类教育目标，明确不同层级、不同类型的教育目标，确保这些教育目标具有一定的贯通性和衔接性，确保中国文化品位、民族复兴愿景、实践创新能力、人本共享品质、世界友好胸怀等教育要求的持续性。

2）培养标准分类分级。细化各级各类教育的培养标准，明确各级各类教育在中国文化品位、民族复兴愿景、实践创新能力、人本共享品质、世界友好胸怀等方面的具体内涵。

3）培养标准差异定位。明确中国文化品位、民族复兴愿景、实践创新能力、人本共享品质、世界友好胸怀等方面的标准在各级各类教育中的差异化定位。

（三）新的教育内容

新的教育内容要更多地扎根中国、面向世界，具体包括以下几个方面。

1）中国国情。各级各类教育要立足自身定位，把中国国情作为重要教育内容，使每一个人深入了解中国、关心中国和对中国的发展充满信心，培养具有中国理念、中国情感和中国态度的人。

2）中国文化。各级各类教育要立足自身定位，传播中国文化精华，把中国的哲学、历史、艺术和科技等作为必不可少的教育内容，使每一个人深入地感知、理解、熟悉中国文化，培养具有中国情怀和中国品位的人。

3）中国政治。各级各类教育要立足自身定位，注重社会政治思想教育，把中国特色社会主义、爱国主义、改革创新精神和民族团结等作为重要教育内容，使每一个人理解并信服中国道路、中国精神和中国力量，培养具有中国信念的人。

4）世界多元文化。各级各类教育要立足自身定位，把世界多元文化作为教育内容，渗透以人为本、公平正义、共同分享的思想情感和幸福体验，增进人类共同情感，了解世界各国文明和国际前沿文化成果，培养具有多元共生、世界胸怀和全球视野的人。

（四）新的教育方式

新的教育方式要更具有人文性、现代性、综合性和生态性。

1）人文性，即针对人的特点，适应人的需要，促进人的发展，能够体现富强、民主、文明、和谐、自由、平等、公正、法治、爱国、敬业、诚信、友善等社会主义核心价值观。

2）现代性，即广泛利用现代技术，拓宽教育空间，开放教育资源，增强教育资源的便捷性、集成性、系列性和梯级性，实现技术与课程的深度融合。

3）综合性，即适应多元化、多模块、多节点的学习需要，推进学思结合、学用结合、知行结合、继承与创新结合，实现掌握学习与建构学习、书本学习与实践创新、学校教育与自我教育、学校教育与家庭和社会教育、传统教育手段与现代教育手段等多方面的结合。

4）生态性，即针对学的特点，适应学的规律，促进学的建构生长，教育方式更加富有场域性、活动性、生活性，更有利于调动人的积极性，发挥人的潜能，养成人的素养，完善人的个性，培养人的实践创新能力。

（五）新的教育体系

新的教育体系的内容包括学校教育体系均衡完备，社会教育体系全员覆盖，保障评价管理体系完善。

1）学校教育体系均衡完备。各级各类学校规模适度、条件达标、资源富裕，城乡学校之间、地区学校之间、层级学校之间、普通学校与职业学校之间、重点学校与非重点学校之间无显著的生存差异、贫富差距，全面普及从学前教育到大学本科教育的各阶段教育，全程贯通各级各类学校培养目标，全方位交叉衔接学习轨道及学习端口，为学习者提供自由进出和自由转轨的机会。

2）社会教育体系全员覆盖。各类员工教育、社区教育、家庭教育、行业教育、学会团体教育等有教育标准、教育经费和实施规范，有自主学习与教育培训相结合的结果信息化认证系统，有全民终身学习的个人账号、操作平台、生成记录及资质升级系统，有各类成人学习的场地设施设备、学习资源、交流团队和志愿者服务项目，等等。

3）保障评价管理体系完善。教育保障有力，如师资充足、条件标准、经费充裕、社会力量依法参与；教育评价有效，如评价主体独立公正、评价标准科学完备、评价实施深入实际、评价结果全面公开、评价应用广泛自主；教育管理依法行政，如依照学校教育法、社会教育法、家庭教育法、教育督导法、尊师重教法、教育事业社会监督法等，学校依法依规自主运作，管理部门依法依规服务行政，社会力量和社区居民依法依规全面监督。

三、职前教师的卓越培养使命

面对伟大"中国梦"和中国教育梦，教师教育机构应该勇于担当，全面深化教师教育改革，敢于树立雄心壮志，把造就成千上万的卓越教师作为自己孜孜追求的梦想。为此，我们要进一步明确职前教师的卓越培养使命，即在思想、文化、知识、情操、实践创新精神、专业品质、教育教学能力和社会沟通能力八个方面，全面培养和持续提升职前教师的教师素养。

（一）卓越的思想素养

卓越的思想素养主要包括爱国主义精神、中国文化力量、人类文化视野和先进的人学思想。

1）深入体会近代以来的爱国主义精神，缅怀为争取中华民族独立、自由、强盛而英勇献身的革命先辈和艰苦奋斗的仁人志士，把中华民族复兴梦作为推动教育工作的强大动力，把爱国主义情感渗透在教育活动之中。

2）深入理解中国文化、中国国情和中国道路，具有较强的中国文化意识、清醒的国情意识和强烈的改革创新意识，努力弘扬中国优秀传统文化，不断建构独立自主、积极向上的中国信念、中国情感和中国态度，把伟大"中国梦"作为教育工作的强大动力，把对未来中国的美好梦想融入教育活动之中。

3）了解古今中外的先进文化思想，广泛涉猎哲学、社会学、政治学、伦理学、文化学、生态学、经济学、人才学、历史学、科学、文学、美学、心理学和教育学等方面的经典著作，熔炼形成有助于人类进步发展和实现伟大"中国梦"的思想见解，把对未来人类和未来中国的美好愿景作为教育工作的强大动力，把对未来人类和未来世界的美好激情深藏在教育活动之中。

4）深入领会古今中外的人学思想，全面了解人的一切属性，洞悉人的优点和弱点，熔炼形成符合当今时代发展需要的人本思想、民主思想、自由思想、主体哲学思想和主体间性哲学思想，尊重人的主体性、创造性和发展性，培育人的主体间性，发掘人的潜能，激发人的热情和激情，增进人的创造性和智慧性，丰富人的人文性和道德性，提升人的梦想的品位和追梦能力，把培养实现伟大"中国梦"的新人作为教育工作的强大动力，把对未来中国新人的美好愿景贯通在教育活动之中。

（二）卓越的文化素养

卓越的文化素养主要指具有中国品位的人文素养、具有中国品位的文化知识、对世界多元文化的鉴赏能力、对当代流行文化的鉴别能力和对地方文化的融合能力。

1）深入理解中国传统文化的精髓，重视君子人格、宗国情感、天人合一、实用理性、人伦情感、民本思想、浪漫情怀、人文教化、修身养性、济世胸怀等多方面的人文成果，具有中国品位的人文素养。

2）全面了解当代中国的哲学、历史、军事、文学、艺术、宗教、建筑、园林、科技等方面的文化成就，拥有中国文化品位和中国审美趣味，对中国文化具有真情实感和一定见解。

3）广泛了解世界多元文化，熟悉美国文化、日本文化、俄罗斯文化、印度文化、欧洲文化、东亚文化、西亚文化、非洲文化和拉美文化等诸多文化的历史渊源、主要成就和基本特点，拥有世界多元文化视野，能对世界多元文化进行一定的欣赏体验、鉴别感悟和融合领会。

4）了解当代流行文化，熟悉流行的歌曲、服饰、影视、语言、用品和书籍等，理解流行文化所蕴含的人性特点和社会心理，对流行文化具有一定的理性鉴别能力和教育应用能力。

5）了解并体验地方文化，熟悉所在地方的自然环境、历史渊源、社会治安、社会结构、经济发展、民风民俗、生活特点、文化状况和教育水平等，理解地方文化的基本特质，能欣赏地方文化的特色和亮点，对地方文化具有一定的情感融合能力和教育应用能力。

（三）卓越的知识素养

卓越的知识素养主要指以下四方面的内容。

1）广博的通识知识，即能熟悉中外历史文化，掌握基本的文理科知识，了解时代前沿的科技人文知识，知晓相关行业知识，发掘地方本土知识，形成有感悟的人生知识、有洞察的社会知识、有体验的生活知识。

2）扎实的学科知识，即能熟悉学科历史知识，深入掌握学科理论知识，通晓学科技能知识，融会贯通学科方法知识，跟踪学科前沿知识，形成学科情意知识，多方面积累学科实践知识。

3）足够的教育知识，即能熟悉教育学、心理学、教育心理学知识，熟练掌握课程与教学知识，形成深入理解学生、发展学生的知识，形成灵活丰富的教育活动知识，具备教师职业知识，拥有教师发展知识，累积形成恰当有效的校本知识和周边环境知识。

4）独特的实践知识，即能掌握教育教学活动的基本规律，准确预设教育教学活动的重点和难点，有效地突出重点、突破难点；能洞察教育教学活动、学生心理活动的运行结构，教育行为做到因地制宜、因境而生、因情而动、因人而异、因材施教；能谋划学生发展及其教育活动的总体战略，架构教育教学活动的统整框架，搭建学生发展的统整平台，卓有成效地引领学生自我发展、自我成长，不断培养学生的共情共享能力和愉悦幸福体验；能灵活调控教育教学实践情境和活动情况，及时总结，深入反思；能根据特定情境、实际环境，有效聚合家校力量、社会力量、组织团队力量和同行专家智慧，在更大范围、更深层次上形成教育实践的合力。

（四）卓越的情操素养

卓越的情操素养主要指具有优良的生活情操、做人情操和职业情操。

1）生活情操，如心地善良、性格开朗、性情愉悦、情趣高雅、心胸开阔、意志坚定、自我完善。在生活中，善于改善精神生活，善于做好生活事务、社会事务，形成深刻而独特的体验。

2）做人情操，如心态积极、克勤克俭、真实自然、友好中和、品行端正、珍爱生命、风格高尚。在做人上，有节操，有主张，有情怀，有品位，不随波逐流，不随风起舞，形成正面、积极、独特的人格形象。

3）职业情操，如爱业、乐业、敬业、热爱学生、导学育人、为人师表、终身学习。对在教育工作中，热爱学校，乐于教书育人，追求真知灼见，崇尚智慧和美德，教育教学孜孜不倦、精益求精，促进学生全面发展，严格要求自己，为学生树立行为榜样和学习榜样。

（五）卓越的实践创新精神

卓越的实践创新精神主要指卓越的教育实践精神和教育创新精神。

1）教育实践精神。在知识实践中，求真务实，不盲从，不轻信，不臆断，不妄下结论，不固守定论，不放过疑问，力求通过实验、实践获得真知灼见或丰富的知识；在育人实践中，用人类理想、国家和民族理想、集体愿景引导学生成长，用知识、情感、能力开展教育活动，把教育梦想变为现实；在社会实践中，用知识、人格、理想引导周边环境中的人，解决身边的实际问题，改善身边的人际环境、人文环境和教育环境。

2）教育创新精神。在创新意识上，有意识地运用新的教育理论更新教育的各个环节，实践新的教育思想和教育理想，创新教育的内容、形式、手段、过程和方法，改革教育的落后或不良现象；在创新人格上，做到求真务实、讲求实效、追求卓越和无私无畏，密切关注时代、社会和国家的发展变化，采取与时俱进的态度创造性地解决因发展变化所带来的新问题，摒弃得过且过、安于现状、应付了事、弄虚作假等不良行为，摒弃因私废公、因人废言、趋名逐利、患得患失等不良心理。

（六）卓越的专业品质

卓越的专业品质主要指教育教学专业化的人本性、民主性、共享性、包容性和创新性等品质。

1）人本性品质，即能了解、理解、热爱每一个学生，能尊重、激励、引导每一个学生；能发掘每一个学生的机体潜能、智力潜能、个性潜能、职业潜能、创造潜能；能激发每一个学生的学习热情、学习兴趣，促使其树立远大理想；能创造条件让每一个学生获得积极体验和成长发展，让每一个学生心中有梦，让每一个学生有筑梦、追梦、圆梦的美好体验，使他们既能收获幸福，又能收获成长。

2）民主性品质，即能尊重每一个学生的人格，公正对待每一个学生，与所有学生平等交往；能维护学生的合法权益，允许学生表达不同意见、独立思考、有个性地发展，保障学生的休息权、娱乐权、健康权和生命权等一系列正当权利；能让学生承担自我发展的责任，如生活进取、学习提高、回报父母、关爱他人、维护集体、促进社会发展和爱护生命等责任。

3）共享性品质，即能建立和维护具有共同情感、共同追求、共同趣味、共同责任的师生团队、同行团队、家校团队和社区团队；能分享学生或他人的喜悦、成功、痛苦、失败、挫折和悲伤等生活体验；能与学生心灵相通，对学生的处境感同身受、移情理解，并及时给予学生劝慰引导或点化提升；能主动与学生或他人平等交流，分享自我的经验和感悟。

4）包容性品质，即在包容内容上，能包容多种多样的人；包容人的不同个性、习惯、好恶，包容人的缺点、过失、错误；包容人的不同见解、方式、方法，包容人的不同价值取舍、目标追求和行为模式。在包容性质上，坚持团结、亲近、理解、容纳，拒绝顺从、软弱、放任和推卸责任，在包容的基础上发挥教师的教育引导作用。在包容过程中，对于一时难以认同教师作用的学生或他人，要善于求同存异，以发展的眼光静观其变、静待教育时机；对于处于严峻、紧急、危险情势中的学生或他人，要审度周全，当机立断，及时采取挽救措施。

此外，创新性品质如前文所述，这里不再赘述。

（七）卓越的教育教学能力

卓越的教育教学能力主要指思想教育、品行培育、理想培养、教育统整和教育教学技能等方面的能力。

1）思想教育能力，即以高屋建瓴、势如破竹的人学思想、爱国主义思想、中国文化、世界多元文化，提高思想教育的效力。

2）品行培育能力，即以卓越的情操和良好的教育品质引导人、感染人、培育人，把学生的品行提升到前所未有的高度。

3）理想培养能力，即以伟大"中国梦"激励学生立志成才、吃苦耐劳、勇于担当，培养学生的强烈时代使命感。

4）教育统整能力，既全面、全程、全方位地统一整合全面素质内涵、立体教育情境、多元教育主体、多种教育范式、多方面教育资源、多阶化教育时段等，大幅提高教育质量。

5）教育教学技能，它包括对学生的深入理解、独特精透的文本解读、曲径通幽的多维导学、灵活多样的师生交互、风趣独特的教学语言、游刃有余的课堂调控、富有情趣与活力的课堂生活营造等方面的能力。

（八）卓越的社会沟通能力

卓越的社会沟通能力主要指与教育教学相关主体进行沟通、交流、合作等方面的能力，以便发挥学生的自主成长作用、同行教师（同事）的协助作用、学校的管理服务作用、家长的支助配合作用和社区单位的支持作用。

1）主动关注学生的心理感受，化解学生的心理矛盾，理解学生的不同意见，引导学生发挥主体能动作用，给学生提供发挥作用的空间、环境和机会，与学生共同创建良好的师生关系。

2）主动团结身边同行，积极开展交流与合作，与同行形成彼此尊重、休戚与共的合作关系，共同形成教育教学合力。

3）主动与学校领导沟通交流，积极争取学校领导的肯定、支持，创造性地落实学校领导的有关意见。

4）主动联系学生家长，经常与家长沟通、交流，适时指导学生家长做好家庭教育，共同形成家校合力。

5）主动联系社区、邻近企事业单位，充分利用学校周边的教育力量，改善周边环境，共同形成周边教育合力。

6）主动参与地方社会生活，了解校外教育资源和教育力量，积极建立校外教育基地，把校外教育资源和教育力量适当引入学校教育之中。

以上八个方面是伟大"中国梦"和中国教育梦对职前教师提出的卓越培养使命，是卓越教师培养标准的重要内涵。

在笔者看来，根据伟大"中国梦"和中国教育梦来建构职前教师的卓越培养使命，有助于克服当今中国教师教育界存在的四个弊端：一是大量搬弄欧美的教师教育理论，用生硬的西化理论误导中国教师教育；二是普遍注重探索教师教育的理论方法，严重忽视了对教师教育目标的探索；三是理论脱离实践，过于注重理论的认识功能、学术含量，忽视了研究实际问题，研究起点和研究角度不从解决实践问题出发，只从学理出发，满足于理论见解；四是教师教育培养目标不明确，职前教师教育讲规模、求效益、因循守旧、质量低下，在职教师教育的师资与课程东拼西凑、针对性不强、"培训"很多而"培养"不足[①]，等等。

当然，国内教师教育界也在热议卓越教师培养问题，但卓越教师的研究与培养不是三言两语的学术见解，也不是西方理论的"跑马场"，更不是一大堆师徒唱和的圈内展示。笔者认为，培养卓越教师是教师教育的最高梦想，这个梦想是站在人类文化成果之巅的梦想，是拥抱伟大"中国梦"和中国教育梦的梦想，是扎

① 刘永和. 2014-03-21. 怎样培养应对"未来"的教师[N]. 中国教育报，007.

根中国文化、立足中国本土、承担中国使命、富有中国特质的梦想。这个梦想不是培养精英教师的梦想，而是培养素质更高、数量更多、结构更优的教师的梦想，是足以为实现伟大"中国梦"和中国教育梦提供师资保障的梦想。

第三节　教育改革的现实要求

进入 21 世纪以来，中国教育不断改革与发展，如轰轰烈烈的基础教育新课程改革，大踏步向前的高等教育大众化，严核严控的基础教育学校教师编制，普发式的教师绩效工资制，历经 20 多年（1998—2019 年）举国实现城乡免费义务教育，挣扎 20 年（1992—2012 年）教育投入终于达到教育温饱线——GDP的 4%。[①] 艰难推进的基础教育均衡发展，不间断的高考改革，充满挑战的高校毕业生就业改革，义务教育学生减负，加速发展的职业教育，雨后春笋般遍地开花的学前教育，历经曲折而不断壮大的民办教育，震撼式的教师资格考试改革等，在繁忙的改革过程中，中国教育所存在的问题也暴露出来，并不断受到媒体关注、公众责问，中国教育被一次次推到舆情的风口浪尖上。实际上，密集发生的教育改革并没有取得预期效果，有人将其形容为"一地鸡毛"[②]，有人认为是"这些年最失败的一个领域"[③]。

21 世纪，中国教育面临的疑难杂症较多，未来的教育改革可谓任重而道远。面对教育改革现实，职前教师教育要想培养卓越教师，就必须明白三个问题。

第一，我国教育改革效率不高的原因是什么？

第二，我国教育改革的根本目的是什么？

第三，我国教育改革的最大难题是什么？

如果不明确上述三个问题，那么我们就只能稀里糊涂地实施职前教师卓越培养，所培养的卓越教师势必缺乏教育改革理性，他们在未来的职业生涯中将因此陷于教育改革的泥潭而不能自拔，更何谈承担中国教育改革的重任。

从国内研究看，笔者认为，制约我国教育改革的根本原因是在深层次上缺失

---

① 腾讯新闻. 温家宝：教育经费支出去年占 GDP 比例达到 4%[EB/OL].（2013-03-05）[2017-05-20]. http://news.qq.com/a/20130305/000834.htm.

② 熊丙奇. 十年教改一地鸡毛[EB/OL].（2013-11-06）[2014-03-23]. http://news.sina.com.cn/zl/zatan/2013-11-06/1114579.shtml.

③ 汪玉凯：这些年教育最失败　改革要从根本解决问题[EB/OL].（2014-03-05）[2014-03-23]. http://news.ifeng.com/mainland/special/2014lianghui/content-2/detail_2014_03/05/34449738_0.shtml.

教育哲学素养，教育改革的根本目的是"钱学森之问"所指向的培养杰出人才，教育改革的最大难题是多年来剪不断、理还乱的应试教育与素质教育之争。

一、教育哲学素养

反思我国教育改革效率不高的原因，有人认为是源于教育部门官员不懂教育，不尊重教育规律；有人认为是源于当今社会功利主义盛行；有人认为是源于我国政治体制、经济体制和教育体制的制约；有人认为是源于我国社会传统文化根基太深，光宗耀祖、学而优则仕、科举制度等思想源远流长；有人认为是源于我国人口众多、上升通道单一、教育竞争激烈；有人认为是源于基层学校水平不高、人手不足、条件不优；等等。总体来看，制约我国教育改革的原因当然很多，但教育哲学缺位才是最根本的原因。

（一）教育哲学缺位的后果

教育哲学不仅仅是人们对教育的理性认识或学说，而且是人们在教育方面的思维方式、价值取舍、安身立命和思想情操的集中反映。如果缺乏教育哲学，人们对教育就会缺乏专业思考、专业理想、专业情操和专业精神，就会缺乏专业主义。中西方的教育发展历史无不表明，教育领域一旦缺乏专业主义，就会出现功利主义、政治主义、保守主义等。教育界是知识分子最集中的业界，也是最能体现知识分子专业精神的业界。但是，如果缺乏专业主义，教育界的知识分子就不会本着专业主义去把知识和专业能力发挥到极致，其结果必然会削弱改革者的理性力量，削弱整个教育界（甚至整个社会）的批判精神、务实精神和卓越精神。

为什么说缺乏教育哲学素养是我国教育改革存在问题的最根本原因？理由其实很简单。

1）因为缺乏教育哲学素养，教育改革者就会缺乏改革主见，改革就抓不住根本，抓不出主线，就只能受制于政治需要、大众诉求、舆论呼声，把改革变成政治行为，变成被动回应，变成为改革而改革的"乱作为"。一旦陷入为改革而改革的恶性循环，改革就在客观上违背了教育规律，改革者也就变成了不懂教育的人。

2）因为缺乏教育哲学素养，社会就往往无法对教育进行正确认识，就不会重视教育过程的得失，而是死死盯住教育结果的成败，把教育视为升学、就业的工具，以升学、就业的结果来衡量教育，用功利主义的眼光来看待教育。一旦陷入功利主义的泥潭，在客观上就违背了教育规律，人们发出的有关教育改革的呼声就变成了不懂教育的呼声。

3）因为缺乏教育哲学素养，业界就无法对教育工作正确定位，学校的管理者、教师就失去了专业主义追求，失去了对教育本质的把握，转而屈从于长官意志、家长需求、媒体呼声，热衷于考试竞争、升学竞争、荣誉竞争。教育一旦登上功名利禄的战车，其所做所为在客观上就违背了基本规律，教育工作者也就变成了不懂教育的人。

由以上可见，缺乏教育哲学素养的后果是十分可怕的。然而，更可怕的是很多人无法意识到这一点。殊不知，如果不补上教育哲学这一课，业内业外对教育缺乏专业主义情怀，不懂教育的人又怎么能搞好教育体制综合改革？新加坡国立大学郑永年认为，"要改变教育体制，首先就要改变教育哲学。如果不能改变这种教育哲学，那么任何有意义的体制变革都将是不可能的"。"如果要进行任何有意义的教育改革，那么首先必须回答教育界和知识界一些最基本的哲学问题，例如'什么是大学？'、'大学的目的是什么？'和'什么是大学应当做的，什么是不应当做的？'等等。"[1]以此类推，教育哲学应当回答的最基本的问题有：什么是学校教育，它有哪些价值功能？它能做什么，不能做什么？学校教育以什么为原点，它在人的终身发展中起什么作用？什么是教育的本义，教育的边界是什么？什么是最好的教育，教育的秉性是什么？等等。

显然，教育界和知识界要深入回答这些问题是有困难的。这是因为教育界能静下心来研究这些问题的人不多，一些人要么用哲学、心理学的一般理论来揭示这些问题，要么用文件来回答这些问题，或者忙于教育方法模式改革，忙于修护素质教育理论和批判应试教育现象，忙于搬弄西方教育理论，忙于改革立项、课题申报和成果评奖，等等。然而，教育界必须回答这些问题。进一步说，一是教育理论界要回答这些问题；二是教育管理部门要回答这些问题；三是学校教师及管理人员要回答这些问题。不仅如此，教育界不仅要回答这些问题，还要把这些回答传播到全社会中去，否则社会各界还是不理解学校教育，仍然会对学校教育提出各种不适当的要求，迫使教育界做出不适当的改革。

（二）职前教师的教育哲学素养

职前教师需要明白上述问题，这是因为教育改革绝非易事，一方面它承受着国家、社会、家庭和个人的巨大期盼，似乎任何教育改革都会牵动整个社会上上下下的神经；另一方面它深受传统文化、功利主义和保守主义的层层羁绊。因此，做好教育改革，至少需要四种精神。

第一，哲学精神，即进行教育改革，需要远见卓识的教育哲学主张，把教育改革变成教育哲学的自觉追求、坚定追求，"咬定青山不放松"，一以贯之，久久

---

① 郑永年. 中国教育如何回答钱学森之问？[EB/OL]. （2012-07-10）[2014-03-23]. http://www.guancha.cn/ZhengYongNian/2012_07_10_83639.shtml.

为功，而不是源于政治需求、功利冲动和舆情回应，不是强推强改、速战速决[①]，不是动辄就总结成绩、鸣锣"成功"。

第二，批判精神，即进行教育改革，需要独立判断、坚持真理、勇于追求，而不是媚于上、媚于下、媚于俗，屈于人、屈于势、屈于时。

第三，务实精神，即进行教育改革，需要驻实地、察实情、讲实话、做实事、求实效，以平常心做改革事，以责任心干创新事，而不仅仅是上公开课、求新模式、编成果集、开现场会、评成果奖、出专题报道和扩大推广。

第四，卓越精神，即进行教育改革，需要立足自身定位，全面优化内部结构和外部环境，全面调动各类主体的能动作用，全员、全程、全方位地持续改进。教育质量没有最好，只有更好。教育改革永远在路上，它不是应时之举、应景之为、自圆其说、自我证明，更不是把教育改革变成自我炫耀的资本。

由以上可见，职前教师教育必须重视培养职前教师的教育哲学素养，否则，我们今天所谓的卓越培养不过是在更高水准上培养不懂教育的人，不过是在更加精心地培养功利主义者。也许他们的教育视野更宽、情怀更深、理念更先进、知识更丰富、技能更高强、改革创新意识更强烈，在走上教育教学岗位后会承受更多任务、受到更多关注，但如果缺乏教育哲学素养，他们就极有可能成为教育职场的跟风者。

在此，我们不禁要问：职前教师需要具备哪些教育哲学素养？这是一个仁者见仁、智者见智的问题。下面，笔者就根据信息时代、伟大"中国梦"和中国教育梦对职前教师的使命要求，初步提出五方面的教育哲学素养。

1）生态哲学。掌握生态哲学的基本思想，形成生态世界观，具有生态教育理念，重视教育的生态环境、生态场域和生态过程，全面协调人的内在生态和外在生态，把握人的生态发展规律和生态节律，注重人的生命活力和发展潜力，努力培养自我教育、自我生长、全面发展和终身持续发展的人。

2）人性哲学。熟悉人性哲学的多种思想，形成相对完善的人学观，具有人本教育理念，遵循教育的人本原理、生本原理，在任何情况下都把学生视为发展中的人，全面做到以人为本、以发展为要，着眼人的终身，适配人的特点，发挥人的作用，实现人的价值，生成人的精神，努力培养追求卓越、全面完善和终身发展的人。

3）主体间性哲学。熟悉主体间性哲学的基本思想，形成主体间性哲学观，具有交往对话教育理念，重视教育的交往性、对话性，把学生视为交往与对话的平等主体和彼此依赖的共生主体，坚持做到相通、相融、相与、相生、相伴和相向而行，

[①] 杨鑫宇. 2016-08-11. 涿鹿的教育改革为什么失败[N]. 中国青年报, 002.（作者认为，对主政者来说，教学改革是宏观层面上的"大事"，但对实际授课与学习的师生而言，教学改革却是由大量细枝末节的"小事"组成的。）

倡导人的平等、谦逊、热爱和信任等基本品质，突出人的理解、交流、提问和互动等基本能力，努力培养能够批判性介入、创造性行为、共同建构和彼此教育的人。

4）实践哲学。掌握实践哲学的基本思想，形成明确的实践哲学观，具有实践第一的教育理念，把实践视为生成人、发展人和丰富人的根本途径，重视教育的实践内涵、实践路径和实践过程，全面推进生活实践、学习实践、探究实践和创新实践，明晰实践的运作逻辑，努力培养具有实践性知识、实践性能力和实践性品性的人。

5）文化哲学。熟悉文化哲学的基本思想，形成开放的文化哲学观，具有文化化人的教育理念，把文化视为人的精神生命的摇篮和乐园，关注教育的文化特性、文化内涵和文化功能，全面平衡各类文化在教育中的比例和影响，把握文化的生态性、多元性和统整性，突出文化的时代关怀和民族特质，努力培养具有文化反思意识、批判能力和创新精神的人。

二、"钱学森之问"

2005 年 7 月 29 日，温家宝总理看望病榻上的钱学森，钱老说："现在中国没有完全发展起来，一个重要原因是没有一所大学能够按照培养科学技术发明创造人才的模式去办学，没有自己独特的创新的东西，老是'冒'不出杰出人才。这是很大的问题。"①此后，温家宝总理先后于 2007 年 8 月 3 日、2008 年 8 月 2 日、2009 年 8 月 6 日看望钱老，钱老总是重复同一个话题：为什么现在我们的学校总是培养不出杰出人才？

2009 年 11 月 11 日，安徽高校的沈正赋等 11 位教授给新任教育部部长袁贵仁及全国教育界发出一封公开信：让我们直面"钱学森之问"！信中写道："我们认为，钱老的疑问，也是所有教育工作者的疑问，是社会各界对中国教育的疑问，是一个伟大民族必须直面的疑问。"②一石激起千层浪，"钱学森之问"立刻成为全国讨论的热点。2010 年 5 月 4 日，温家宝总理在与北京大学学生过"五四"青年节时说："钱学森之问对我们是个很大的刺痛，也是很大的鞭策。"③

对于"钱学森之问"，有人称之为"世纪之问"，有人称之为"天问"；有人认为它是对新中国教育的否定，有人认为它是无所顾忌、一吐为快的真话。它不仅

---

① 转引自：刘人怀，郭广生，徐明稚，等. 2011. 试答"钱学森之问"[J]. 中国高校科技，（10）：4-7，14.

② 沈正赋，等. 2010-11-11. 让我们直面"钱学森之问"——致教育部长并全国教育界的公开信[J]. 理论参考，（5）：49.

③ 人民论坛网. 温家宝：钱学森之问对我是很大刺痛——温家宝总理与北大学子共度"五四"青年节纪实[EB/OL].（2010-05-05）[2014-03-23]. http://politics.rmlt.com.cn/2010/0505/4269.shtml.

是钱学森和温家宝总理的心头之痛，也是教育界同人乃至全社会的共同之痛，有人称其为"教育之痛""民族之痛"。确实，回顾 1949 年中华人民共和国成立以来的教育，前 30 年的教育因为受到"左"的路线干扰过多而在杰出人才培养上几乎是一片空白，之后国家开展了诸多人才工程、建设了"211 工程""985 工程"大学、设立了系列国家科技大奖，教育取得了一定的发展，但创新人才的培养机制尚未完全确立。

（一）解答"钱学森之问"

面对"钱学森之问"，专家学者有众多解答，主要集中在为什么培养不出杰出人才和怎样才能培养出杰出人才两个问题上，现梳理如下。

第一个问题，为什么培养不出杰出人才？主要有五方面原因。

1）受传统文化影响。在儒家文化的影响下，我国传统知识分子的唯一正途是"学而优则仕"，进入官场。一些人在这种"官文化"的影响下，把自然科学研究成果视为"奇技淫巧"[1]，把封官受赏视为人生成功的标志，因而腐蚀了学人的学术兴趣，扼杀了平等与真理，束缚并压抑了个体、个性和思想。[2]我国传统文化强调社会本位价值，重群体轻个体，注重整体思维方式[3]，因而忽视了个体创新思维和多元思维方式。

2）受社会环境影响。1978 年以来，教育界出现"教育产业化"运作模式，形成"以创收、升学率、就业率为主要考核指标"[4]。教育一度被要求为经济社会发展服务，教育的经济功能在国家经济发展、社会人力资源开发、学校收入、教师福利和学生个人未来收入等方面的作用被不断强化。在这样的环境中，教育更多的是服务社会的工具，而相对忽视了教育培养人的本意。[5]

3）受经济发展水平的制约。改革开放的最初时期，我国出现的经济发展奇迹大多数靠的是劳动密集型产业，尤其是农民，包括农民工等大量的廉价劳动力把经济推上去的。党的十九大报告提出，我国经济已由高速增长阶段转向高质量发展，而高质量发展以人才为支撑，需要充足的杰出人才储备。[6]

---

① 张绪山. 2010. 钱学森之问：一个不成问题的问题[J]. 炎黄春秋，（6）：70-73.

② 庞跃辉，许尚立. 2011. 从人的自由全面发展视域求解"钱学森之问"[J]. 高校教育管理，（1）：45-52.

③ 田友谊. 2011. 试论中国教育传统对创造性人才成长的影响[J]. 高教发展与评估，（1）：9-15.

④ 赵文津. 2012. "钱学森之问"实为中华民族之忧[J]. 中国人才，（4）：34.

⑤ 高晓清. 2010. 人的工具化及其解蔽[J]. 湖南师范大学教育科学学报，（3）：42-43.

⑥ 黄冲. 教育不能扭转乾坤，但不是说教育没责任[EB/OL].（2009-11-02）[2012-03-23]. http://zqb.cyol.com/content/2009-11/12/content_2931136.htm.

4）受教育体制的影响。多数学校缺乏办学标准，缺乏办学自主权。例如，学校的人员编制、校园建设和办学经费等不是按照标准保障投入，办学质量不是由独立的专业机构来评价，招生、教师晋职晋级、人事任命和奖惩等不是按照办学质量来调整。

5）教育自身的问题。从小学到大学的整个教育体系仍摆脱不了应试教育的影响。[①]传统的基础教育以升学为唯一目的，考什么就教什么，教什么就记什么，不断加大习题量，延长学习时间，加大竞争强度，这种狭隘、畸形的教学导致学生发展后劲儿不足。一些高校办学功能错位[②]，出现重知识教育而轻人格教育、重技能教育而轻通识教育的教学现象[③]，出现崇尚实用、注重考研的办学倾向[④]，由此导致知识更新频次降低，学校发展速度减缓[⑤]。

第二个问题，怎样才能培养出杰出人才？主要有十一方面的对策。

1）需要建立新的教育哲学和教育理想，需要形成新的教育发展战略和目标模式。[⑥]

2）推进教育体制改革。当前我国教育体制的最大弊端在于教育体制行政化。教育体制行政化就是把学术机构当成行政机构来管理，由上级任命书记和校长，下级服从上级，权力和地位决定了其所能获取的资源和收入。改革教育体制，一是去行政化；二是实现大学自治；三是实行教授治校；四是实现学术自由。[⑦]

3）杰出人才的培养不单纯是人文精神和科学精神融合的问题，而是一个与教育理念、教育制度、教育投入、社会环境、文化传统、经济条件等都密切相关的复杂社会问题，绝对不是学校一个部门就可以解决的，全社会都应该承担起更多的责任。[⑧]

4）从社会、家庭、学校等多个方面建立可持续发展的教育体系；教育去行政化，摆脱行政体制对教育的束缚；教育去产业化，摆脱市场化对教育的干扰；教育去关系化，让创新人才脱颖而出；建立科学的、公正的、多样化的考评机制；让一部分人先静下心来做学问。[⑨]

[①] 刘人怀，郭广生，徐明稚，等. 2011. 试答"钱学森之问"[J]. 中国高校科技，（10）：4-7，14.

[②] 张传燧. 2010. 大学现实与理想的冲突[J]. 大学教育科学，（5）：8-9.

[③] 熊丙奇. 2010. 正视问题积极应答"钱学森之问"[J]. 中国高等教育，（7）：30-32.

[④] 樊丽萍. 2009-12-24. "钱学森之问"谁能作答[N]. 文汇报，007.

[⑤] 靳玉乐，李志超. 2011. 现代大学的特点与制度创新[J]. 现代教育管理，（8）：1-4.

[⑥] 沈正赋，等. 2010-11-11. 让我们直面"钱学森之问"——致教育部长并全国教育界的公开信[J]. 理论参考，（5）：49.

[⑦] 朱清时. 2012. 以教育体制改革求解"钱学森之问"[J]. 中国党政干部论坛，（10）：28-30.

[⑧] 杨桂华. 2011. 对"钱学森之问"的思考. 求是，（6）：61.

[⑨] 刘人怀，郭广生，徐明稚，等. 2011. 试答"钱学森之问"[J]. 中国高校科技，（10）：4-7，14.

5）加强教育与社会的沟通和合作。国家要给学校一定的办学自主权，让学术力量有充分的话语权，在制定相关政策法规时，要充分尊重教育规律，真正采纳学术群体的合理建议。社会用人单位在选人用人时要改变唯学历的单一指标，家长要对教育多一分理解与宽容，可以以一个参与者的身份给教育发展献计献策，而非站在"他者"的立场对教育进行非理性的责难。教育人士应主动与国家、企业及家长沟通教育见解和教育主张，让教育"走出去"，获得各社会主体的理解，同时通过"引进来"，让各社会主体给教育发展献计献策。

6）从基础教育开始改变以考为本的学习方法和思维方式，把批判性思维作为"内功根基"。只有具备了批判性思维的人，才能重新思考乃至推翻别人做过的事，开拓前人未涉的领域。[1]上海师范大学教育学院原院长陈永明认为，目前的教育为学生搭建了鸟笼式的框架，学生根本无法创新。他说从高考恢复到今天，各省区市培养的文理科状元有 1000 多个，但这些状元在社会各行业中的成就，至今没有一人获得社会公认。[2]现代教育需要培育智慧的学生，而不是培养聪明的学生。被称作"聪明的孩子"，能知道答案，能理解别人的意思，能很快抓住要领、完成作业，乐于吸收知识，长于记忆……被称作"智慧的孩子"，能提出问题，能概括抽象的东西，能演绎推理、寻找课题，运用知识，善于发明，长于猜想……当今的基础教育把孩子变成了一个个忙于练习题、记笔记，带着崇敬的心态去理解篇篇"范文"，唯独不善于提问的"知识桶"。

7）以育人为本，将学生个体作为教育活动的出发点和落脚点。基础教育阶段，为所有适龄儿童提供接受优质、高效的教育的机会，杜绝片面追求升学率或以追求升学率为唯一目的，教育内容满足不同地域、不同民族、不同阶层学生的个体需求，教育教学方法充分考虑不同学生个体的心理特点，真正做到因材施教。高等教育阶段，改变大学校园行政力量压倒一切的不良风气，还学术力量以话语权，使大学成为研究高深学问之机构；改变大学随社会之风摇摆的附庸地位，还"象牙塔"以自由，使之适当超越并引领社会的发展。[3]

8）营造良好、宽松、创新的环境氛围。对"钱学森之问"，钱学森并非没有答案，他认为少年时代的良好家教、中学时期的宽松学习环境和加州理工学院的科技创新精神对他成才有巨大作用。他回忆说："父亲为我打开了一个艺术、音乐和文学的新世界……这些艺术上的修养不仅加深了我对艺术作品中那些诗情画意和人生哲理的深刻理解，也学会了艺术上大跨度的宏观形象思维。我认为，这些

① 周大平. 2011. 难以释怀的"钱学森之问" [J]. 机构与行政，（4）：45-48.

② 转引自：张欢，梁建伟. 名师名校长感叹中小学教育是为学生搭建鸟笼[EB/OL].（2010-10-26）[2017-05-20]. http://www.jyb.cn/basc/xw/201010/t20101026_395534.html.

③ 王朔. 2012. "钱学森之问"研究述评[J]. 上海教育科研，（3）：31-34.

东西对启迪一个人在科学上的创新是很重要的。"①他的母亲每天督促幼年的钱学森按时起床、锻炼身体、吟诗诵词，闲时为钱学森讲述岳飞精忠报国和杨家将血战沙场，以及孔融让梨、古人头悬梁锥刺股的发愤故事。母亲的谆谆教诲在钱学森的心灵上刻下烙印。②钱学森总结自己人生的两个高潮，第一个是在北京师范大学附属中学学习的 6 年，第二个是在美国加州理工学院读书的时光。他说："附中给学生创造了一个非常宽松的环境，培养了我的科学兴趣。""后来我转到加州理工学院，一下子就感觉到它和麻省理工学院很不一样，创新的学风弥漫在整个校园，可以说，整个学校的一个精神就是创新。在这里，你必须想别人没有想到的东西，说别人没有说过的话。拔尖的人才很多，我得和他们竞赛，才能跑在前沿。这里的创新还不能是一般的，迈小步可不行，你很快就会被别人超过。你所想的、做的，要比别人高出一大截才行。"③

9）挑战学生，超越孔子"因材施教"的传统束缚。"因材施教"强调了"教"的因素，强调了既有知识的权威和束缚，但忽略了学习者要成为什么人。教师应当成为学生的挑战者，给学生足够的挑战，激发他们的好奇心、持续学习和探索的欲望，使他们具有生机勃勃学习动力和生命力。当他们具有不同于传统的构想时，教师应当保持宽容并提供足够的支持。创新能力不是培养出来的，每一名学生天生就有创新能力，教师的职责就是给他们提出更大的挑战和让他们参与创新。④

10）释放教师的个性。培养杰出创造型人才，不仅需要从知识、智力、能力入手，而且需要从个性、人格入手。只有具有创造力的教师才能培养出具有创造力的学生，只有教师有创造型人格，才能培养学生的创造型人格。通常情况下，创造型人格主要表现为兴趣广泛、语言流畅、具有幽默感、反应敏捷、思辨严密、善于记忆、工作效率高、从众行为少、好独立行事、自信心强、喜欢研究抽象问题、生活范围较大、社交能力强、抱负水平高、态度直率、坦白、感情开放、不拘小节、给人以浪漫的印象等。但是，当下的中小学教师越来越成为"考试机器"上的一颗螺丝钉，教师异化成了模式的操作者、标准化答案的传送者和提升学生考试分数的执行者。⑤

11）实施创造教育。培养杰出的创造型人才需要实施创造教育。创造教育诞

---

① 新浪新闻中心. "钱学森之问"的中国解读[EB/OL].（2011-12-19）[2014-03-23]. http://news.sina.com.cn/w/sd/2011-12-19/144723656697_2.shtml.

② 新浪新闻中心. "钱学森之问"的中国解读[EB/OL].（2011-12-19）[2014-03-23]. http://news.sina.com.cn/w/sd/2011-12-19/144723656697_2.shtml.

③ 转引自: 靳晓燕, 齐芳. 2010. "钱学森之问"引发的思考[J]. 理论参考，（5）：45-48.

④ 卢晓东. 外国学者回答"钱学森之问"反思中国传统教育[EB/OL].（2014-02-13）[2019-12-20]. https://www.edu.cn/rd/zui_jin_geng_xin/201402/t20140213_1072666.shtml.

⑤ 许爱红. 2010. 释放教师个性："钱学森之问"的一种解答[J]. 当代教育科学，（23）：37-39.

生于 20 世纪 50 年代初，它是横跨创造学和教育学的一门交叉学科，研究的对象就是创造教育的理论、创造思维方法的训练和创造型人才成长的规律。创造教育在西方国家已经得到了普及，大学、中小学也都在实施创造性的教学。美国大多数州建立了创造教育培训中心，对在职的各类教师进行轮流培训，使他们适应创造性教学的需要。[①]我国学者刘道玉 1980 年就在武汉大学率先全面推行学分制、插班制、导师制、主辅修制、双学位制，取消政治辅导员制等一系列改革措施，被奉为"武大的蔡元培"。他设计的创造性教学模式由自学（study independently）、课堂讨论（seminar）、科学研究（research）构成，简称为 SSR 模式。

总之，"钱学森之问"是对中国教育几十年来人才培养的沉痛叩问和深刻反思，它质疑了我国教育理想、教育目标、教育哲学、教育体制、教育投入、教育模式、教育过程、教育环境和教师素质等方面的诸多不足，也质疑了我国政治体制、经济发展模式、文化传统和社会主体责任等方面的缺陷。因此，说它是"世纪之问""天问"诚不为过，说它是"教育之痛""民族之痛"可谓恰如其分。

（二）培养职前教师的卓越品质

当前，我国已经进入实现伟大"中国梦"的关键时期，"钱学森之问"的讨论热潮也渐渐冷却下来。但是，我们不应该忘记"钱学森之问"，每一个中国人都不应该忘记"钱学森之问"，政府官员、教育界人士以及关心教育、心系教育的社会人士都不应该忘记"钱学森之问"，教育、科技、军事、工商、农业等各行各业不应该忘记"钱学森之问"，教师教育尤其不应该忘记"钱学森之问"。

牢记"钱学森之问"，职前教师教育应当培养具有教育创造力的职前教师，以使他们能够在未来职业生涯中成为卓越教师，并担当培养创造性人才的教育使命。因而，职前教师教育应当着力培养职前教师的卓越品质。根据以上梳理，我们不难发现，卓越教师应当具有如下品质。

1）具有崇高的职业理想。卓越教师不是靠教书养家糊口的人，不是只具有专业水准而无教育情怀的人，而是为国育才、为社会育人、为学生发展，对学生成人成才有卓越追求的人。

2）具有高远的职业目标。卓越教师不是精益求精、追求教学业绩的教书匠，不是患得患失的职业人，而是着眼于发掘学生潜能和培养学生追求未来美好生活的实践创新能力，引导学生实现最佳发展、终身发展并获得成长乐趣的人。

3）具有美好的职业理念。卓越教师不是听命于教材、考纲、考点、考核指标和上级领导的人，而是坚持美好教育理想、建构美丽教育理念，不计个人得失、

---

① 刘道玉. 2010. 谁来回答"钱学森之问"[J]. 学习月刊，（27）：25-26.

力所能及地培养学生自由全面发展并获得幸福体验的人。

4）具有坚韧的职业信念。卓越教师不是随经济社会潮流而摇摆起舞的人，而是关注并超越社会经济潮流，沉得下心来、耐得住寂寞，专注于培育理想学生的人。

5）具有宽广的职业视野。卓越教师不是传统文化、外来文化的"容器"，不是某个学科、某类学科的专业人，而是引导学生批判性地兼收并蓄，广泛吸收各种文化、各类学科，指导学生自主建构、综合建构的人。

6）具有强烈的创新意识。卓越教师不是只教书育人、埋头于教师专业实务的人，而是能够反思、研究教育实践问题，不间断地进行文献学习、调研学习、交流学习，在学用结合、学思结合、实验创新的循环过程中不断获得教育真谛的人。

7）具有民主的工作方式。卓越教师不是过于突出自身作用或惯于发挥自身作用的人，而是采取民主平等的方式发挥他人的作用，激发他人的激情，善于与他人快乐互动的人。

8）具有良好的团队意识。卓越教师不是只沉浸于个人劳动、个人智慧和个人情境的单干人，而是助推或形成师生团队、教师团队，促进家校合作、校地合作的骨干人。

9）具有优良的个性素质。卓越教师不是自私、狭隘、拘谨、忧戚、冷漠的人，而是品德高尚、胸怀宽广、诚实坦荡、自信勇敢、乐观开朗、待人热情、饱含激情，能发挥人格魅力，对学生产生吸引、感染、熏陶和引领作用的人。

三、应试教育与素质教育之争

自 1994 年以来，我国基础教育一方面倡导素质教育，另一方面盛行应试教育，表面上说的是素质教育，实际上实行的是应试教育，事实上形成了应试教育与素质教育之争，引起了社会各界的不满，给我国教育事业的发展造成了极大的困扰。面对这一困扰，职前教师教育必须清醒地认识应试教育和素质教育的利弊，以更加宽阔的教育视野和更加坚定的教育信念，超越应试教育与素质教育之争，勇于探索生态教育所需要的卓越教师。

（一）应试教育

应试教育，即应对考试（如高考、中考）的教育。在我国，高考即从高中升入高等院校的考试，于 1952 年开始启动，1965—1976 年中断，1977 年恢复并延续至今。中考，即从初中升入高中的考试。中考成绩在一定程度上决定了考生能否读高中和读什么样的高中，高考成绩在一定程度上决定了考生能否读大学和读什么样的大学,这两种考试在一定程度上决定了学生今后的职业层次和社会地位,决定了学校和地方教育的社会声誉,因而受到了学生家长、地方官员、学校领导以及学校师生的追捧。

应试教育,即以应试为目的,围绕考试这根指挥棒运转,考什么就教什么,怎么考就怎么教。在我国基础教育学校中,考试一般是学科课程考试,而考试学科又常常被人为地划分为重点科目与非重点科目,亦即主科与副科,前者如语文、数学、英语等,后者如音乐、美术、体育、思想品德、信息、科学等。每学期进行一次基于质量检测的学科考试本是无可厚非的,即便半学期进行一次这样的考试也是正常的。但问题在于,随着学生学段升高,考试频次增多,考试竞争范围扩大,考试结果从班上排名、校内排名、片区校际排名发展到县(区)市排名,甚至全省排名。因为要排名次,学校不敢落后,主科教师不敢落后,家长不敢落后,三方面都给学生施加压力,三方联手起来对学生进行管理,并采取各种各样的加班加点措施。从小学到初中,从初中到高中,学段越高,压力越大,措施越严密。

应试教育不仅扭曲了教育形态,损害了师生身心健康,制造高分低能的畸形人才,而且加剧了教育的恶性竞争,浪费了多种社会资源,引发了严重的社会焦虑。应试教育如同一台魔力绞杀机,肆无忌惮地尽情绞杀生命、潜能、创造力和梦想,绞杀社会资源和教育规律。

近几十年来,从中央到地方、从政府到民间、从社会到学校、从专家到教师,几乎各个层面都对应试教育口诛笔伐,甚至义愤填膺。文件政策发了不少,通知要求三令五申,教学改革风生水起,教师培训连年不断,但无论如何应试教育却改变甚微。学校和学生家庭不断发生一些违反规律、违背常理的异常事件,考高分、上名校成了一些学生及其家长判断成功与否的唯一标准,升学率高低、名校考上多少则成了判断学校教育及地区教育成功与否的唯一标准。真实的情况是,一些人无论身处哪个阶层,也无论从事何种职业或扮演何种社会角色,一边在讨伐应试教育,一边也在加入应试教育,追赶应试教育,谁也不敢停下来。

面对应试教育,我们不能仅停留在简单的讨伐上,而是需要进行深入的剖析和认识。

1. 应试教育的私利性

私利性是应试教育的本质特征。应试教育把学习视为谋取个人福祉的手段,把升学视为学习成败的标志,把考场视为战场,把战胜同龄人视为胜利的标志,以考试成败论人生成败,时时刻刻强化教育的私利性,摧毁教育的公益性。

2015 年 5 月 21 日,广西桂北,高三教室里高悬着一条条"励志"的高考标语,成了一道独特的风景线。"……入北大,同大家巨匠论道谈经。""扛得住给我扛，扛不住给我死扛。""就算撞得头破血流也要冲进一本线的大楼。""要成功先发疯，下定决心往前冲。""今日不肯埋头，明日以何抬头。""此生只为高考狂，冲进重点孝爹娘。"①同样，郑州的一些高中教室里也出现了"励志"标语："吾日三省吾身，高否？富否？帅否？否……去学习！""不苦不累，高三无味；不拼不搏，高三白活。""提高一分，干掉千人。""寒窗苦读，非我莫属。""明天金榜题名，舍我其谁。""拼搏与高三齐飞，勤奋共成功一色。"此外，网上还有流行标语："两眼一睁，开始竞争；两眼一睁，学到熄灯。""通往清华、北大的路是用卷子铺出来的。""我的眼里只有你，大学。""每一个不满意的现在，都有一个不努力的曾经。""熬一个春夏秋冬，享一生荣华富贵。"②

过于突出教育的个人私利性，其结果是培养出自私自利的人，这种自私的人格直接体现在应试教育所谓的"优生""差生""中等生"身上。

首先，某些"优生"并不会感恩老师，他们认为自己之所以优秀，完全是因为自己的能力与努力的结果，是自己拼搏的结果。其实，他们的"优秀"只是课程考试成绩优秀，并非能力优秀，更非品德优秀。事实上，不少"优生"离开学校后，无论社会角色有多光鲜、名气有多大、地位有多高，但同样缺乏个人气节、生活情操、职业操守，甚至做出以权谋私、仗势欺人、营私舞弊、破坏规则的事情。如果我们查看一下那些职务犯罪分子，就会发现他们身居要职、生活奢华、巧用手段，个个聪明绝顶，很有可能便是当年应试教育体制下的"优生"。

其次，"差生"过早地尝到了教育的残酷、冷漠，尝到了来自教师的不公正对待，他们普遍对学校没有好感，对学生生活有过多的痛苦和失败的回忆，他们的心伤痕累累，而且满肚子委屈。离开学校后，他们中的不少人挣扎在社会底层，为生存而拼搏，缺乏社会责任心、公益心，只要条件允许，他们同样营私舞弊、破坏规则，一些人甚至直接沦为犯罪分子。

最后，"中等生"始终属于沉默的中间层，一边努力向"优生"行列迈进，一边小心、谨慎地避免滑入"差生"行列。他们看惯了"优生"和"差生"的不同待遇，进入社会之后，无论从事何种职业、处于何种地位，他们中的大多数人依然是社会的"看客"，内心缺乏公共责任感和敢于担当的勇气。

2. 应试教育的传统性

我国有 2000 多年的封建社会历史，在封闭的农业社会、专制的社会体制和"一考定终身"的科举考试制度下，教育价值的取向被定位在维护社会政治统治和获

---

① 佚名. 高考季那些让人三观颤抖的标语[EB/OL].（2015-05-26）[2020-01-17]. http://news.china.com.cn/live/2015/05/26/content_32859450.htm.

② 吴静，訾利利. 盘点高考冲刺标语：只要学不死，就往死里学[EB/OL].（2014-05-19）[2020-01-17]. http://society.eastday.com/s/20140519/u1a8095300.html.

得个人功名上，诸如"学而优则仕"，"万般皆下品，唯有读书高"，"书中自有黄金屋，书中自有颜如玉"，"朝为田舍郎，暮登天子堂"等思想深深嵌入国人的灵魂深处，并沉淀为一种集体无意识。应试教育契合了这种集体无意识心理，契合了用人单位按学历取人、对高学历者给予高待遇的惯性做法。在许多"成功学生"的示范下，在名校的推波助澜下，在地方官员的政绩需求下，在各种教育投入的分配倾斜下，一些人不得不投身于应试教育的战场之中。

3. 应试教育的现实性

应试教育之所以大行其道，主要源于我国社会存在的两大弊端。

第一大弊端是人口多，资源不足，机会少。人口多，必然导致人均资源少、人均机会少，因而必须竞争。资源不足的主要原因是经济不够发达，教育优质资源稀缺，只能满足少部分人的需要，教育供不应求，因而需要竞争。机会少，是因为经济不够发达而导致人的发展渠道单一，发展空间狭窄，向社会上层升迁的机会极少，只能千军万马挤独木桥，所以必须竞争。

第二大弊端是社会发展不均衡，必须通过考试来决定优劣。首先，单位性质类别的不同天然地导致个人待遇差异较大，比如，在过去相当长的时间里，社会普遍认为行政单位可以有高收入、有特权，事业单位或国有企业可以有高保障、高福利，名校可以有一流师资、一流教学条件，学生及其家长当然都要向这些单位奔，这就自然而然地加剧了竞争。其次，在过去一段时间里，一些公立单位在干部选拔、人事聘用时普遍把简单可比、确凿可查的学历身份作为竞争录用的硬性条件，这一乏善之举在无形中为升学竞争、应试教育提供了恶劣的"沃壤"：在大多数人看来，考试至少还是相对公平的。

4. 应试教育的危害性

应试教育之所以必须退出历史舞台，就在于它的危害是多方面的。

1）学生年复一年地为考而学，为升学而学，各种资料、考试、补习、习题压得他们喘不过气来，学习内容不断加深加难，机械式学习过多，学习时间不断延长，导致学生身体健康普遍受损，学习兴趣被扼杀，实践、合作、探究、创新等能力缺乏，品德素养、人格素养薄弱，心理压力过大，心理问题增多，人生志趣、社会理想被磨灭，生命活力被耗掉，终身学习的兴趣被扼杀。"为考试而培养的学生是走不出校园的'低能儿'，为升学而做准备的教育是让人离不开学校的教育。"[①]

2）教师年复一年地为考而教，为升学率而教，不断给学生灌输知识，布置、批改习题，频繁举行考试，反复给学生排名，驱使学生把全部时间和精力都投入

---

① 梁耘. 2012. 几多疑惑几多愁——对当下教育热点问题的几点思索[J]. 教育艺术，（7）：22-23.

学习中，如此教学也导致教师过度劳累，职业厌倦感增强，教学水平越来越低，教学生活单调枯燥，教学成绩评比压力增大，教师身心健康不断受损。

3）学校生活单调机械，师生心理问题增多，成绩排名压力增大，生源竞争加剧，优秀教师的流动性加大，教师与教师之间、学校与学校之间的教学竞争激烈，人际关系变得冷漠复杂，学校团队难以形成，学校管理水平层次偏低，特色学校难以形成。不断升温的"择校热"和重点学校之间的升学率竞争，导致了优秀师资的恶性流动：从薄弱学校流向了重点学校，从教育资源本来就短缺的乡村流向了城镇，从边远地区、中小城市流向了大城市，从西部流向了东部。少数重点学校不仅成为高分学生的"割草机"，而且成为优秀师资的"抽血机"。

4）应试教育的残酷竞争迫使国民普遍赞同"不能让孩子输在起跑线上"。那些"有远见"的家长加大教育投入，从幼儿时期就开始不惜成本地培养孩子的智力、情商、艺体特长等。随着孩子学段的不断升高，家长的焦虑不断增加，对教育的投入也同步增加。"优生"家长倍加爱惜孩子，将其照顾得周到细致；"差生"家长与孩子的关系紧张，甚至发生相互残杀的人间悲剧。

5）应试教育置国家于危险之中。应试教育片面强调书本知识，忽视了学生的情意、能力和人格发展，压抑了学生的主体能动性，扼杀了学生的学习兴趣，束缚了学生的特长发展，制约了学生的实践能力、思考能力、探索能力和创新能力的发展，这些势必导致未来社会的公民素质偏低、高层次创新人才偏少，导致未来社会的文明力、创造力和国际竞争力不足，难以支撑国家经济发展、军事安全、社会稳定和谐发展。

（二）素质教育

正因为应试教育有诸多弊端，所以需要实施素质教育。所谓素质教育，即培养人的素质的教育。我国从 20 世纪 80 年代后期开始探讨素质教育[①]，于 1994 年开始实施中小学素质教育，并在 21 世纪开始逐步向高等教育、学前教育领域延伸和渗透。应该说，素质教育是一种美好的教育，但却难以实施，有人套用古诗形容道："应试教育春风得意马蹄轻，素质教育向隅而泣路难行。"

为什么素质教育难以实施？国内无数学者痛心反思，归纳起来，主要原因有以下几个方面。

1）从社会动力看，我国以经济发展为中心，必然会导致社会、学校、家庭和个人把教育的经济功能放在第一位，把教育的个体发展功能放在第二位，教育功

---

① 于建福. 2008. 促进人的全面发展提升国民综合素质——改革开放 30 年素质教育重大政策主张与理论建树[J]. 教育研究，（12）：3-10.

利化现象严重，缺乏素质教育所需要的超功利的现实环境。[①]

2）从教育体制看，教育行政部门权力过大，集管理权、评价权于一身，学校的办学自主权严重不足。与此同时，一些地方政府官员出于经营政绩需要，往往抓住家长渴望孩子上好学校、找好工作的心理，不断推高升学率，年年下达越来越高的升学指标，将升学指标与教师的绩效工资挂钩，有的地方政府甚至设立高考专项奖励，并在办学经费拨付、教师晋职名额和办学条件改善等多方面对升学率高的学校给予倾斜，致使学校教育脱离了素质教育轨道，违背了素质教育规律。

3）从办学条件看，教育投入不足，教育经费分配不均，一方面农村学校校舍简陋、设施设备匮乏、优质教师流失、教育经费缺乏；另一方面城市学校大班额教学、教师超负荷运转、人为制造重点名校，致使素质教育的基本条件不足和择校择班的考试竞争加剧。在农村，尽管考试竞争未必激烈，但由于教师素质有待提升、教学条件不足，素质教育普遍难以实施。在城市，即便有高素质的教师，但由于班额过大、考试竞争激烈，素质教育同样难以实施。

4）从教育的内涵看，素质教育的定义不清、内涵空洞。自20世纪90年代以来，我国知识界和教育界对于何为素质教育、需要培养哪些素质这两大根本问题的见解可谓莫衷一是；而关于如何实施素质教育，则更是不得要领。

何为素质教育？有关论述众说纷纭，概括起来有以下几个方面。

1）素质教育具有"三要义"，即面向全体学生，促进学生全面发展，促进学生主动发展。[②]

2）素质教育是面向全体学生、促进学生全面发展、促进学生个性健康发展的教育。[③]

3）素质教育是一个全面发展的概念，素质教育是全面发展教育的现在进行时。[④]

4）"实施素质教育，就是全面贯彻党的教育方针，以提高国民素质为根本宗旨，以培养学生的创新精神和实践能力为重点，造就'有理想、有道德、有文化、有纪律'的、德智体美等全面发展的社会主义事业的建设者和接班人。"[⑤]

5）什么是素质教育？就是要解决培养什么人和怎样培养人这两大问题，是人

[①] 叶澜. 2011. 素质教育推进现状及其原因辨析[J]. 教育发展研究，（4）：1-5.

[②] 杨银付. 1999. 探索素质教育理论与实践的力作——《柳斌谈素质教育》评介[J]. 人民教育，（1）：38-39.

[③] 李岚清. 2004. 李岚清谈素质教育（一）[J]. 素质教育大参考，（4）：4-9.

[④] 瞿葆奎，郑金洲. 1998. 教育基本理论研究与教育观念更新——十一届三中全会以来教育基本理论研究引发的教育观念变革寻迹[J]. 华东师范大学学报（教育科学版），（3）：1-13.

[⑤] 中共中央，国务院. 中共中央国务院关于深化教育改革，全面推进素质教育的决定[EB/OL].（1999-06-13）[2020-01-17]. http://old.moe.gov.cn/publicfiles/business/htmlfiles/moe/s6986/200407/2478.html.

的培养模式的一次深刻变革，是教育领域的最核心的一个变革。①

6）素质教育最根本的是要唤醒人的生命自觉，素质教育是当代中国教育的终极追求，不是对单一模式的寻找。②

7）素质教育是为学生的终身发展奠基的教育。

8）素质教育是让学生学会做人、学会学习、学会生活、学会创造的教育。

在上述定义中，前三点从教育的个体发展功能来界定素质教育，第四点从教育实施的目的、重点、目标来界定素质教育，第五点从教育改革来界定素质教育，第六至第八点从教育的目的、目标来界定素质教育。也就是说，目前国内在界定素质教育时还缺乏统一的逻辑规则。由于缺乏科学界定，人们对素质教育的理解可谓五花八门，有人把素质教育理解为取消考试的教育，有人把素质教育理解为以技能培养为主的才艺教育，有人把素质教育理解为无约束力的自由教育。③有评论说，素质教育就是"百宝箱"，只要与人的发展有关的教育活动皆为"素质教育"；素质教育又类似于"万花筒"，可以千变万化，随心所欲。④

需要培养学生的哪些素质？可以说，这是一个有众多答案的命题。首先，学生需要具备人的一般素质，如健康、强劲、柔韧、灵活等身体素质，自立、自强、自爱、自尊、自勉、自我平衡、自我完善等心理素质，勤奋、正直、友爱、求真、向善、爱美等人格素质，民主、平等、公正、文明、爱国、敬业等公民素质。其次，学生需要具备生存素质，如生活素质、劳动素质、职业素质、人格素质、人际素质、文化素质、道德素质、审美素质、实践能力素质、创新能力素质等。再次，学生需要具备社会素质，如社会所要求的政治素质、道德素质、法律素质、环境素质、文明素质等。最后，学生需要具备时代素质，如当今时代的信息能力、网络知识、科技知识、人文素养、环境意识、生命意识、合作意识、竞争意识、终身学习意识、创新精神等素质。可以说，随着社会的不断发展，人的素质也在不断发展，因而素质概念的内涵也在日益扩展。套用法国浪漫主义作家雨果的一句话来说，比陆地宽广的是海洋，比海洋宽广的是天空，比天空还要宽广的是人的心灵，比人的心灵更宽广的是人的素质。

素质教育如何实施？可以说，这是一道无根无解的难题。第一，我国素质教育忽视了学生的内发性（如学生个体的内在潜能），强调德、智、体、美、劳全面发展的人性宽度，强调"社会主义事业建设者和接班人"的政治高度，近年来强

---

① 张晋峰. 2006. 教育部周济部长关于素质教育的重要谈话[J]. 科学咨询（教育科研），（2）：9.

② 木香草堂. 2019. 对素质教育内涵的多元解读[EB/OL]. http://www.360doc.com/content/19/0121/10/6657566_810341143.shtml.

③ 苏君阳. 2008. 素质教育认识论的误区及其超越[J]. 北京师范大学学报（社会科学版），（6）：29-35.

④ 王晓辉. 2006. 不可再"忽悠"素质教育[J]. 教育发展研究，（23）：84-85.

调"实践能力""创新精神"的时代力度，要求把社会要求变成教育要求，贯彻落实教育方针。第二，我国素质教育忽视了选择性，强调面向全体学生，普适各级各类学校，导致全国教育一个模式，全体学生接受统一的教育。第三，我国素质教育忽视了养成性，强调培养德、智、体、美、劳五大领域的全面素质，开设相应的学科课程，把素质养成课变成文化学习课、知识讲练课，导致素质的知识化，为应试教育大开方便之门。第四，我国素质教育忽视了阶步性，只有宏大高远的结果性目标，缺乏细化的不同阶段、层次的过程性目标，缺乏持续递进的教育安排，导致各级各类学校的素质教育目标之间衔接不够（甚至同一学校内部各年级之间也是如此），以至于出现幼儿园小学化、小学中学化，出现"小学进行共产主义教育，中学进行集体主义教育，大学进行学生行为习惯的培养"的倒置现象。①第五，我国素质教育忽视了生态性，强调教育模式和教育方法的改革，很少顾及教育人文环境和教育实施条件的改善，缺乏学校整体生态观和教育过程生态观，师生穷于应付，改革无疾而终。概言之，素质教育是人类有史以来最为理想的浪漫主义教育，它像天上的彩虹、人间的精灵，美丽炫目而难近其身、难随其行，不仅难以实施，而且"可以千变万化"②。

从教育规律看，当前教育界还没有掌握素质教育规律。在学校层面上，对于如何整体推进和实施素质教育，普遍缺乏系统的全局性变革，比较多的是做加减法，如减负、增加活动课等。在素质教育的决策层面上，缺乏明确的方针，"时而把注意力引向课程改革，时而把减负看作重要抓手，时而又企图以大规模、多层次的教师培训作为支撑……始终没有明确作出推进素质教育必须以学校整体变革作为最基本着力点的决策"③。

在笔者看来，素质教育在理论范畴上是一种思想，或者是一种教育思想范式，但在实践范畴上则是一项复杂系统的生态工程。作为生态工程，第一，要树立生态哲学观，把整个教育系统、各级各类学校、各种课程活动、每一位学生视为生态系统，其发展过程是一个生态过程，是有不以人的意志为转移的生态规律和生态节律的，是有内外生态的，是有整体复杂的联系的，不是可以频繁改变、随意移植、只抓其一不顾其他、只讲主观不顾客观、只求眼前不顾长远的；第二，要优化教育生态环境，如强化全社会的教育功能，转变全社会的教育观念，推动全社会参与学校教育，引入第三方开展教育质量评价，成立社区学校教育委员会，

---

① 邱伟光. 2012. 中小学和大学德育内容有效衔接探析[J]. 现代基础教育研究，（3）：7-23.

② 有评论说，素质教育就是"百宝箱"，只要对人的发展有关的教育活动皆为"素质教育"；素质教育又类似"万花筒"，可以千变万化，随心所欲。参见：王晓辉. 2006. 不可再"忽悠"素质教育[J]. 教育发展研究，（12A）：84.

③ 叶澜. 2011. 素质教育推进现状及其原因辨析[J]. 教育发展研究，（4）：1-5.

并使其发挥应有的作用等；第三，需要保障素质教育的实施条件，如教育经费足额，教师工资水平提升，教师队伍优化，班级规模不得超过 40 人，校园用地、校舍达到标准，教学设施设备满足教学需要；第四，需要赋予学校实施素质教育的自主权，如依法依规运行的办学自主权、人事自主权、经费自主权、教学自主权等；第五，需要制定素质教育的教学质量标准，提倡学校从不同路径、以不同方式达到所要求的质量标准，鼓励学校持续改进教学质量。第六，保障师生的民主权利，充分发挥师生的主体性、积极性和创造性，激发师生的创新激情和素质教育热情。只有在上述条件满足之后，才能谈得上教学方法、教育模式和课程改革，才能谈得上体制机制改革，否则，就会出现不顾主次时序的改革、不触及根本的改革、口号高大上的改革、避重就轻的改革，等等。

（三）超越应试教育与素质教育之争

应试教育一直是国人的心头之痛，素质教育难以实施成为举国之忧。可以说，难以解决的应试教育与素质教育之争，已经成为我国人才培养的战略危机，"钱学森之问"之所以引起强烈共鸣，就在于切中了这一要害。

面对这一危机，职前教师教育机构应当清醒地认识到应试教育和素质教育的利弊，综合把握两种教育中的合理因素，进一步丰富生态教育的现实内涵。

1）正确对待考试竞争。有人的地方就必然有竞争。竞争是动物的本能，是人的本性，是社会前进的动力，也是推动教育发展和教育质量提高的重要因素。如果缺乏考试竞争，素质教育难免会出现大面积、大范围的"放羊"现象，势必导致学生素质和未来民族素质比应试教育下的素质反而更低。研究表明，素质教育相当成功的美国反而对我国的考试竞争持赞赏态度。2006 年 6 月，美国公布的一份"国际数学和科学学习趋势"的教育报告指出，美国学生数学平均成绩已经远远落后于东亚地区的同龄人，认为东亚地区教育成功的主要原因之一是有能够激励学生的考试。[①]从社会发展看，我国的考试竞争不仅经久不衰，而且越来越广泛、越来越鲜活，从学习考试发展到升学考试、就业考试、技能考试、证照考试、晋职考试、公选公招考试等。时至今日逢进必考、逢升必考、逢证必考，从几岁到五六十岁，一生不知道要经历多少考试。可以说，国人需要终身学习，也需要终身应试。在讲求公平、公正、公开的今天，在社会与个人发展多元化、开放化的今天，在社会发展不断提速、各种竞争加剧的今天，应试素质在客观上已经成为我国现代公民的素质之一。

2）理性看待应试教育。应试教育的弊端就在于把考试竞争作为教育目的，让

---

① 郑若玲. 2007. 高考与应试教育、素质教育关系新论[J]. 教育发展研究，（7A）：14-17.

考试成了教育的指挥棒，考什么就教什么，把考试分数、升学率作为衡量教学成败的唯一标准，死揪上课补课和考试训练，不断加大教学强度和延长教学时间，教学完全变成考试的仆从。那些扎扎实实抓应试教育的做法是蠢笨、狭隘的，而且也是有害的。[①]但是，要想消除应试教育不仅是徒劳的，也是不可能实现的，因为只要有考试竞争，社会、家长、学校就会催生应试教育。应试教育是客观存在的，因此，建议学校、教师把应试教育限制在一定范围内和一定程度上，注重学生综合素质的发展。

3）清醒地认识二元混合的教育现实。事实上，我国学校教育同时肩负着两大使命，即培养人的素质和为高一级学校输送优质生源，既没有完全的素质教育，也没有完全的应试教育，而是处于素质教育与应试教育的混合状态。一般来说，小学和大学的教育是素质教育成分多，应试教育成分少；而初中和高中教育则是应试教育成分多，素质教育成分少。从客观事实看，应试教育与素质教育的混合是中国国情下的教育。

4）客观看待学校育人功能的有限性。我国1994年以来的实践表明，无论素质教育多么美好、多么重要，但它转为学校教育的目标不是无限的，而是有限的。一是时间有限，它在一个人一生中只占10多年之久，一个人在这个时间段内不可能完全拥有所需要的全部素养；二是内容有限，它不可能包罗万象，只能根据学校特点选择最基本、最经典、最生动的内容，选择适合学生年龄特征、符合未来时代需要和对学生终身发展具有持续生长价值的内容；三是功能有限，它不可能进入学生身心内部去直接生成或加工学生的身心素养，只能在经过学生的自主选择和过滤后，一部分内化到学生现有的身心素养之中，逐步相机发挥作用；四是效果有限，它不可能立竿见影（即在养成活动中持续生成），也不一定能独立培养学生的素质（即需要环境的支持与配合），更不可能完成学生的素质培养（即只能培养学生终身发展所需要的素质基础）。总之，学校层面的素质教育不是完成时、全面式、全能式和完胜式的素质教育，而是进行时、有限式、内化式和基底式的素质教育。然而，我国教育界这些年来并未深究这些学理，激情四射地响应素质

①"我们以储备丰富的知识仓库、以数不清的考试或模拟考试来应对考试竞争，显然是头痛医头脚痛医脚的最笨拙的办法，这到底是有效还是无效或者负效？这就像足球队只练踢球甚至只练临门一脚不练其他，或者像长跑运动员从早到晚只练长跑不练其他，能否算是有效训练？能否算是实实在在地应对比赛？我们在这样的过程中，迫使学生和教师共同忍受沉重的课业负担，真正失落的是什么？学生和教师们滋生着心理焦虑与紧张，抑郁失落与无聊，学生厌恶学校学习，教师冷漠教育教学，能否算是实实在在应对考试竞争？"……天津南开中学原校长康岫岩以一种有容乃大的教育家气派实践着素质教育，实施着新课程改革，也以一种举重若轻的大智慧应对着考试竞争，在高考进入倒计时的"严峻"时刻，她依然与高三学生到农村参加体力劳动，其结果不仅没有影响考试竞争，反而"考得更好"。参见：杨启亮.2007. 困惑的思考：在素质教育与考试竞争之间[J]. 课程·教材·教法，（11）：3-8.

教育,大包大揽地承担政府和社会各界所赋予的崇高使命——提高民族未来素质,无视学校教育功能的有限性,忽视了素质教育的生态性,致使各级各类学校把自己的功能职责普遍定位为培养学生的身心素养,努力做着不可为的事情:向着朝霞奔跑,不想却陷入了泥泞大道,苦苦挣扎而裹足不前。

5)坚持生态教育理念。我国学校教育的实践表明,素质教育的核心问题就是素质生成与培养的内涵问题和规律问题。如前文所述,如果缺乏素质的生态教育观,素质教育必将陷入泥潭。实施素质教育必须重心下移,即由国家层面下移到学校层面,由学校层面下移到学生层面。具体来说,国家的决策者、改革者应着眼于学校层面的素质教育,为各级各类学校的教育目标、教育内容、教材体系、教育投入、师资队伍、管理评价体制机制、社会文化环境等提供一体化设计与配套支持,大力营造学校教育生态,为学校实施素质教育提供全面支撑。同时,各级各类学校应着眼于学生的素质生长,为不同学生提供独特的教育服务,对教育服务加以系列化、多元化和柔性化,强调全面、全员、全程服务和持续改进,努力培养新时代的卓越人才。

第二章

职前教师卓越培养的职业标准

如果说时代标准是培养职前教师的首要标准，那么，职业标准则是培养职前教师的第二标准。教师职业标准是保障教师行业人员的公共服务水平的系列标准，它包括教师行业人员的职业场域、职业角色、职业基础和职业规范。

　　教师职业标准源远流长，由中外历代教育家不断完善而形成。进入 21 世纪，因受到欧美国家教师教育专业化潮流的影响，我国学界开始把师范教育改称为教师教育，并重视探讨教师专业素养和专业标准，很少提及教师职业素养和教师职业标准。

　　在重视探讨教师专业标准的情况下，为什么还要探讨教师职业标准？主要有三个原因：一是专业标准不能代替职业标准，它们有各自不同的逻辑内涵和独特价值。专业标准是源于高深知识和科学原理的标准，职业标准是源于社会分工职能要求和社会服务基本规范的标准。二是专业标准和职业标准具有各自不同的重要的作用。专业标准是职业的高精尖标准，为保证职业的独特服务职能和高质量发展提供核心技术支撑；职业标准是职业的普适规范标准，为保障职业的服务质量和健康发展而提出基本操作要求。三是教师职业实践要求同时重视专业标准和职业标准，二者不可偏废。教师职业实践，首先是一种公共服务行业的实践，客观上要求每个教师必须坚持规范标准，保障公共服务质量；其次是一种专门化服务的专业实践，客观上要求每个教师拥有并使用具有专业学理性质的知识、技能和品质，提高专门服务水平。如果忽视教师职业标准，就会弱化教师的业务能力，降低服务质量；如果忽视教师专业标准，就会弱化教师的专业能力，难以提高专业服务质量。在学校现实中，我们可以发现某些教师的专业能力强，但责任心和服务能力不够好；某些教师的责任心强、服务能力好，但专业能力不尽如人意；某些教师不仅责任心和服务能力不够好，而且专业能力偏低。这三类教师，或工作态度不佳，或基本素养不够，或高精尖能力缺失，问题的实质就在于缺乏教师职业标准和专业标准的约束。

　　本章讨论教师职业标准，讨论的基本理路包括：教师职业场域是教师行业实践的职场境脉，体现了教师行业的职场规约；教师职业角色是教师行业实践的责任规约，包含了教师职业的独特职能和主要特征；教师职业基础是支撑教师职业实践的知识、技术技能和身心品质，体现了教师职业的准入条件；教师职业规范是教师职业实践的操作规范和伦理规范，体现了教师职业的履职要求。

第一节　职业场域

　　教师的职场是学校，教师的职业场域是学校场域。作为职前教师，只有了解学校场域的丰富内涵，才能全面明确自己在学校中需要承担的职业责任和需要具备的职业素养。

一、物理与精神场域

（一）物理场域

从物理角度看，学校即是由校门、教室、操场、路径、花草树木等构成的、承载教育功能的物理空间。天下的学校面貌各异，有的学校动辄占地千亩[①]，高楼林立，鸟语花香；有的学校破房三两间，坑坑洼洼，杂草丛生。即使不同类别和层次的学校在校园面貌上有天壤之别，但作为具有教育意味的物理场域，却有着相通的场域原理。

首先，学校包括物质空间、精神空间和生活空间。[②]物质空间指学校建筑设施及其布局所构成的空间；精神空间指制度、符号、意向等精神要素及其活动所构成的空间；生活空间指行为实践等社会要素及其活动所构成的空间。

其次，学校空间具有资源性、社会性和建构性。资源性，即物质空间是学校进行教育活动的基础资源，对教育活动具有资源性功能。社会性，即物质空间如何设计、建造和使用，直接体现了人们对教育的需求程度、认识水平、重视程度和投入力度，体现了当地社会的经济、文明和治理水平，体现了学校的办学理念、办学水平、教育理念和教育形式等。建构性，即学校的精神空间和生活空间不仅是时代生活的缩影，而且是学校主张与追求的缩影，它们是由学校中的人来建构和实施的，诸如教学区、办公区、生活区和课堂等，这些区域实际上产生了谁主导、谁从属的师生关系，形成了一定的社会准则。[③]

最后，学校具有地方性与脱域性。地方性指学校处在一定的地理位置上，涉及当地的地势、地貌、气候、地质、植被等自然情况，受到人口、交通、邻舍、民俗、民风等社会因素的影响，并需要与地方社会交流合作，不断把学校的物理场域与校外的地方场域融合在一起。另外，学校倾向于传承抽象、普适和客观的知识而逐步脱离地方社会文化，尤其是在应试教育盛行的情况下，学校搞"关门教育"，其脱域性就更加突出。

由以上足见，学校的物理场域不是空洞的物质条件或物理空间，它具有环境性、教育性、社会性和建构性四方面的内涵。职前教师不应当把学校简单地视为一个物理场所或物理空间，而应当深入体察和寻求学校物理场域所折射出来的诸

---

① 1 亩 ≈ 666.7 平方米。

② 苏尚锋. 2007. 学校空间性及其基本内涵[J]. 教育学报，（5）：8-12.

③ 石艳. 2007. 学校空间与不平等性别关系的再生产[J]. 当代教育科学，（15）：6-9.

多内涵，并为未来完善学校的物理场域而做好心理准备。

（二）精神场域

从精神的角度看，学校是一个传播精神元素的空间场域。其中，教室是传播知识和喜怒哀乐最集中的地方；操场是传播情绪情感最快捷、最广泛的地方；实验室、图书馆传播着惊奇、惊讶和震撼；走廊、便道传播着笑声和问候；板报、壁报、旗杆、广播传播着时讯和向往；食堂传播着活力、争吵和拥挤；学校的空气中有规律地传播着上下课铃声、欢笑声、讲解声、操练声、跑动声、歌乐声、读书声。

从精神生命的角度看，学校是一个充满生命活力的精神场域，具体分为四类：①交往场域，即师生之间、生生之间、教师之间、师生与管理者和服务者之间以平等、双向的方式进行心灵之间的交流和交往；②生成场域，即每个人以传播、反馈、交互、体认等方式，生成并丰富各自的精神生命；③展示场域，即在课堂内外、实物作品、墙壁专栏等方面，展示每个人的个性特质和精神风貌；④隐性场域，即在制度、规则、规划、氛围、个体风貌等方面，无声无息、无形无迹地隐含着人的精神追求和思想情感等。

由以上足见，职前教师不应当把学校仅仅视为教育学生的地方，而应当把学校看作精神生长的乐园。为此，职前教师应当培养自己的活力、热情、细腻、机敏、开放等品质。

二、历史、社会和文化场域

（一）历史场域

从人类学校史的共性内涵看，今天的任何一所学校都具有一定的类别特征和运行制度。从奴隶社会到当代信息社会，中西方的学校完成了三个转变，即从单一学校演变成系统化学校，从闲暇自由学校①演变成制度化学校，从小规模、个别化教育转到大规模、班级化教育。因而，今天任何一所学校都是属于学校系统中的某个类别、层级的学校，具有该类别、层级的学校共同遵行的运行制度。其中，学校的类别特征主要体现在学校定位上，如办学层次、培养目标和办学类型；学校的运行制度则体现在学校的招生、教学、评价、服务、管理、人事、分配和

---

① "学校"（school、schule）一词源于拉丁文"schola"和"skhole"，后者含有"闲暇""休息"的意思，如古希腊的思想家与学生或信徒之间的自由讨论。参见：范国睿. 2004. 多维视野中的学校及其变革[J]. 教育发展研究，（10）：37-42.

激励等方面。

从学校校史的个性内涵来看，每所学校都有一部生动丰富的历史。校史是一笔宝贵的财富，它包含前人的创造剪影、心志情态，形成学校的传统根基、文化底蕴，昭示学校的社会效应和人脉气象，馈赠给后人丰厚的思想情怀、热烈的理想追求、强大的精神力量和悠远的文化传统。一部校史不仅包括学校的创业史、曲折史、改革史和发展史，也包括师生员工的成长史、贡献史和困败史，其中，困败的事件"更具有思考、教育和警示作用"[①]；不仅以文字、图片、音像等形式集成在校史馆里，而且以建筑、故事、仪式、话语、行为等形式散布在校园里，弥漫在空气中，流动在一代又一代的师生之间和校友之间。据悉，美国佛蒙特州展望学校就收藏了超过25万件学生作品[②]，像这样把每个学生或校友融入校史里，校史也就活在了每个学生或校友的心中。

以上所述表明，认识历史场域中的学校，有助于职前教师认识并融入其即将供职的学校。一是要认识到，今天的学校不是单个的、独立的，而是群体存在的；教师工作不是独立的，而是有许多显在或潜在的运行规则；教师不是面向学生个人的，而是面向一群学生的。二是要认识到，眼前的学校不是现时存在的，而是历史存在的；不是物质存在的，而是人文存在的；不是集中显性存在的，而是流动隐性存在的。因此，职前教师需要认同校史中的人和事，从中汲取精神财富；需要研究校史中的人和事，从中获得改革与发展的启迪；需要继承学校的文化传统，把学校的昨天、今天和明天衔接起来，使学校获得可持续发展。

（二）社会场域

从社会视角看，学校不过是社会系统中的一员，其始终处在由政治、经济和科技等众多因素构成的社会场域中，并受到这些因素的制约与形塑。其中，政治决定着学校的社会性质、功能、组织、制度和部分内容，比如，我国学校具有社会主义性质，学校必须坚持社会主义育人方向，传播社会主义核心价值观，把学生培养成社会主义事业的建设者和接班人。经济决定学校的办学规模、办学水平和人才培养规格，比如，教育投入不足往往会直接导致校舍破败、条件简陋、用地拥挤、班额巨大，导致教师任务繁重、教师收入偏低、优秀师资流失、教师进修机会稀缺、教师社会地位不高，导致优质教学资源过于集中、择校择班现象严重、学生家庭负担加重等。

明确社会场域问题，有助于职前教师认识到教育存在的问题往往源于社会问题，明确教师作为公共知识分子的社会责任，即一方面为国家和社会培养人才，

---

① 刘云生.2011.学校记忆：一座教育的富矿[J].江苏教育研究，（7C）：4-10.
② 高子阳.2011.人是学校记忆的圆心——"我看学校记忆"观点选粹[J].江苏教育研究，（7C）：33.

积极响应国家和社会对学校教育的要求；另一方面融入时代生活和地方社会，关心社会发展、助推社会改革，促进地方社会经济和文化的繁荣昌盛。

（三）文化场域

学校是知识文化最富裕的场所。教师的言谈举止洋溢着知识文化，学生的言谈举止关乎着知识文化，学校的组织制度维系着知识文化，学校布局、校舍功能体现着知识文化，学校的课内外活动充满着知识文化，学校的教室、图书馆、实验室、广播站、操场、路径、花园和绿地等无不流淌着知识文化。学校的知识文化种类多、内容广，包括科学知识、人文知识、道德伦理、思想观念、心理健康、体育运动和文学艺术等知识范畴，涉及古今中外的各学科门类，覆盖人们的各种社会活动领域。

认识到这一点，职前教师应当千方百计地扩展和丰富自己的文化知识修养，使自己成为博学多才的教师。

三、组织与育人场域

（一）组织场域

学校是多种机构交叉运行的组织场域。

首先，学校是一种社会组织。美国哲学家、教育家杜威认为，学校是按照简化、净化、平衡三原则来设计的社会。[①]作为社会组织，学校是根据教育自身需要、社会运行规律、政府规定和各类人群的诉求而建立起来的，因而学校的硬件建设、校长任命、教师编制与招聘、教师职称晋升及薪酬、招生标准与数额、教学计划与教材选用、学生考试与毕业、开学与放假等诸多事务均由教育行政部门统筹、指导和管理。其次，学校是一种学习机构。例如，正式的学习组织有学习班级、学习小组、教师学科教研组、政治学习组，非正式的学习组织有教师沙龙、学生兴趣小组等。最后，学校是一种教育机构。我国学者普遍认为，学校组织有共同的办学目标和人才培养目标，对每个成员的地位、权利、责任与义务等都做了适当的安排，学校领导、教师、员工与学生各司其职，并进一步形成相应的组织关系与结构。[②]作为教育机构，学校有教务处、学生处、年级组、教研室、团委或少先队大队部、校务办公室和后勤科（处）等。在这些机构中，一部分是教

---

① 约翰·杜威. 2001. 民主主义与教育[M]. 王承绪，译. 北京：人民教育出版社，26-28.

② 范国睿. 2004. 多维视野中的学校及其变革[J]. 教育发展研究，（10）：37-42.

学学术组织，另一部分是行政组织，它们始终存在矛盾与冲突。美国学者科温（R. G. Corwin）认为，教师的行动趋向于自律和专业定向，行政人员的要求倾向于纪律和控制。①

由以上可见，作为组织场域中的学校不是自由闲暇的地方，教师的一言一行和对事务的处置与安排都要符合学校组织的性质、任务和规程。职前教师只有把握这一点，才能融入学校组织，并发挥积极作用。

（二）育人场域

学校是全方位的育人场域。学校里的一草一木、一人一事、一言一行均可以发挥教育功能，正所谓：学校无小事，处处有教育。

学校的育人场域主要由四个方面构成：①育人环境。它包括优美有趣的自然环境、宽阔有味的空间环境、民主优雅的氛围环境。理想的学校应当有树林、草坪、花园、果园、植物园、鱼塘、流水、山峦、凉亭、小道、长廊、石凳、石台，有悠扬的钟声、飘扬的红旗、名言墙、报夹栏、文化长廊，有温文尔雅的教师、亲切豁达的管理者、平易朴实的服务者，有热情真诚的交谈、不拘一格的交流、自由舒畅的交往，师生共同感到舒心、有趣、优雅和快乐，等等。②育人活动。学校有丰富多彩的育人活动，包括彬彬有礼的入校问候、端庄严肃的集会仪式、活泼欢乐的文艺表演、热火朝天的体育竞赛、全员参与的卫生扫除、激动人心的表彰奖励、你追我赶的学习竞赛、系列展开的主题活动等。③规范言行。教师的一言一行都会受到学生的关注，并在学生心中产生波澜，因而教师的言行应当是正面、积极、友好的，最好是文明、高尚、优雅的，应避免愚蠢、自私、粗俗，力戒反面、消极和粗暴。④优良品质。身教胜于言教，教师的优良品质常常在教育教学活动、课内课外生活和师生交流交往等过程中感染和熏陶学生。

由以上可见，进入学校这个育人场域，职前教师应当培养自己的生态环境素养、活动组织素养、规范言行和优良品质，使自己成为全方位育人的胜任者。

四、合作、冲突和变革场域

（一）合作场域

学校的一切活动和运行过程都存在合作，没有合作的学校将不再是学校，而是监狱、军队、工厂、商场等充满强制和利益的社会组织。学校的合作包括校内合作和校外合作。其中，校内合作包括师生合作、生生合作、教师间的合作、教

---

① 范国睿. 2004. 多维视野中的学校及其变革[J]. 教育发展研究，（10）：37-42.

师与管理者的合作，校外合作包括家校合作、校地合作、校际合作、跨境合作。校内合作表明，学校教育需要团队运作，教师专业的独立性不能排斥教师工作的团队性，校内所有主体都应当彼此沟通、协调、相互支撑，并成为生长共同体。校外合作表明，学校教育不可能在真空中进行，离不开家长、地方各级组织、社会企事业单位和同类学校等方面的支持、配合，并与它们一道成为命运共同体。

面对合作场域中的学校，职前教师必须培养自己的沟通和交流能力、团队合作能力、争取校外力量的能力，否则就难以在今后的教师职业生涯中凝聚校内外力量共同推进学校教育。

（二）冲突场域

学校并非一个纯净的空间，而是一个冲突的场域，主要有以下四种冲突。

第一，利益冲突。例如，向学生收不正当费用、克扣学生伙食费或钱物，晋职、评优、绩效分配、考评和福利发放等方面的公正、公开不够，资源使用和人际交往等存在竞争，教师基于功利目的而过度责罚学生，等等。这些不良做法不可避免地会引起学生与学校、师生之间的冲突。在利益冲突的背后，有学校资金紧、领导素养低、教师师德差、教育资源少、政府投入不足、教育评价机制不良、教育督导不力等多种原因。

第二，精神冲突。在心理需求上，如学生需要适当地休息、娱乐和进行课外活动，但校方和教师却要求学生刻苦学习；学生需要全面发展、展示个性、与同学交往，但校方和教师却要求学生为升学就业而学习；学生需要自由、有趣、活跃，但校方和教师却要求学生遵守纪律、严肃认真、刻苦耐劳；学生喜欢网络、游戏、明星、零食，但校方和教师却要求学生远离或放弃这些；等等。在情感与性格方面，学生喜欢敢爱敢恨、喜怒哀乐率由性情，教师则要求学生做到中庸、含蓄、稳重、深沉；学生出现冲动、片面、私利、低俗等行为倾向，教师要求学生反省、自新；等等。在思想与观念方面，多种观念互相冲突，如个人观念与集体观念、积极观念与消极观念、自由观念与纪律观念、竞争观念与合作观念等的冲突。

第三，角色冲突。在学校中有三种角色冲突。一是管理冲突，如校领导之间，校领导与中层干部、教师之间，中层干部之间及中层干部与教师之间，师生之间，学生干部与普通学生之间的冲突，这类冲突的实质是权限不清；二是规则冲突，如中层干部之间、教研组之间、教师之间和班级之间的冲突，这类冲突的实质是规则不明；三是个人定位冲突，如学校干部之间、教师之间和学生之间的冲突，这类冲突的实质是角色利益发生偏差。其中，个人定位冲突是最普遍、广泛和难以调节的冲突，是源于人的本性、惯性的冲突。

第四，文化冲突。文化冲突是源于人类性、民族性、地域性和历史性差异的心智模式冲突，是更加深刻、持久和隐蔽的冲突。在学校中，主要包括不同文化师生的冲突、不同民族师生的冲突、不同地域师生的冲突、不同年龄层次师生的冲突等。

由以上可见，处于冲突场域中的学校更需要理性行为，否则，教职员工就会陷入人际漩涡，学校就会处于矛盾爆发的火山口。因此，职前教师必须认清各类冲突的实质，提高理性思维、理性表达和理性行为的能力，为进入学校职场做好准备。

（三）变革场域

学校工作是以周、学期、学年、学段为时间单位的循环运转，以年级为组织单位的递阶重复，因此，时间单位和组织单位上的循环与重复很容易使得学校运行形成固化模式。如果学校缺乏变革，就不再是生机活泼的育人机构，而是机械重复、单调沉闷的"生产车间"，一切诗意、灵性、智慧、创新、卓越、美好等品质将荡然无存。可以说，变革与固化在学校的运行中具有同等重要性，固化是学校教育运行规律的体现，变革是学校运行活力的体现。

学校始终是处于变革场域之中的，主要有课堂、活动、观念、组织、制度和文化六种变革。职前教师尤其要理解把握前三种变革。其一，课堂变革是学校教学变革的主阵地，其变革动力来自社会变革、教育变革、学校变革和教师的创造性，如我国社会经济的转型发展使得学校课堂更加重视培养学生的实践能力和创新精神，我国素质教育和高考改革自20世纪90年代以来成为影响课堂变革的关键要素，教学评价、教师绩效工资改革等直接影响到了教师的课堂行为，教师的新理念、新知识、新方法等直接引起了教师的课堂行为变革。其二，活动变革是学校育人变革的重要抓手，其变革来自社会的政治变革、经济变革、生活变革和文化变革，来自业界和学校管理者有关人的发展和教育的新认识、新思想。自21世纪以来，我国学校里的活动变革的基本趋势是：从校内活动向校外活动扩展，从传统的知识性活动向创新的素养性活动发展，从局部性、阶段性活动向全局性、全程性活动发展，从社会敏感性活动向人本指向性活动发展。其三，观念变革是学校管理者和教师的观念变革，学校管理者变革的观念主要包括办学理念、管理理念、质量评价和教育教学主张等，教师变革的观念主要包括教育教学观、学生观、质量观、课堂观、活动观、学科观、师生关系观等。学校中的观念变革不仅需要普及新观念，而且需要从根本上变革学校环境和教育实践生活。缺乏行动的观念变革，不过是纸上谈兵。

由以上可见，变革是学校的本质属性之一，学校始终处于变革场域之中，职前教师应当了解学校变革的复杂性，并做好迎接变革、推进变革和融入变革的多方面准备。

综上所述，学校处于物理、精神、历史、社会、文化、组织、育人、合作、冲突和变革十种场域中，学校就是由这些场域叠合构成的多元世界。进入这样的世界，职前教师需要拥有多元视野、多重情怀、多项能力、多种品质，否则就难以顺利适应学校生活，也很难推动建构新的美好学校生活。

第二节 职业角色

职业角色是职业人在职能职责方面的定位形象，内在地包含了社会分工、职能定位和行业规范等方面的基本要求，体现了社会和行业对职业人的行为期望模式。

教师职业角色在不同历史时期是有变化的，社会对教师行为的期望是复杂多样的，教师职业实践对教师素养的要求是独具特色的。下面，我们从历史视角、社会视角和职业实践视角来分析教师职业角色的内涵。

一、历史视角下的教师职业角色

在人类历史中，教师先后扮演了四种职业角色。

1）经验传递者。在原始社会中，长者富有经验、威望，自然而然地成为部落中的教育者，成为年轻人模仿的对象，并在生产劳动和群居生活中主动传递自己积累的各种经验。

2）泛智引导者。在古代的奴隶社会和封建社会，博学多才的人成为人们崇拜的对象，成为社会所公认的教师，如苏格拉底、柏拉图、亚里士多德、孔子、孟子、荀子等。教师职业尽管从生产劳动中分离出来，但缺乏专业性和专门知识，教学随心所欲，教师来去自如，教师职业属于自由职业，有学问的人诸如文士、官吏、学问家等都可以当教师。

3）学科教学者。进入工业化时代，社会需要专门化的职业人才，国家推行义务教育，教师职业成为专门职业，只有具备专门知识的人才能成为教师，并且必须遵行国家要求和教育规律。教师的任务就是给学生传授专门化的知识，并逐步演变成系统化的学科知识教学。

4）学习促进者。自20世纪60年代以来，信息化社会出现知识大爆炸，学科知识不断增多，交叉学科、边缘学科、新兴学科不断递增，加之信息网络被广泛应用于各行各业并全面融入社会生活，学生获得知识的渠道多样化，教师不再是唯一的知识传播源，教师的知识也很快变得陈旧、狭隘。在这种背景下，教知识远不如教方法重要，学生依靠教师学知识远不如自己学会学习重要。因而，教师的职业角色就从知识传授者转变成了学习促进者。此外，终身学习潮流和学习型社会建设要求教师把学生培养成自主学习者和终身学习者，这一要求也使教师变成了学生学习的促进者。

二、社会视角下的教师职业角色

在社会生活中，国家和社会各阶层在不同时期赋予了教师多种职业角色。以我国的教师职业角色为例，主要有六种。

1）人民教师。教师被国家授予职称、称号和奖励，被称为"园丁""红烛""灵魂工程师""模范公民"。这是因为教师肩负着培养未来国民、传承优秀文化、引领社会风气的使命；教师为人师表，在学生乃至公民的心目中成为模范公民和被模仿的对象。

2）教书先生。教师负责教授专门化、系统化的书本知识，并且明是非、懂礼仪、行为规范、关爱学生、举止文雅，故而赢得学生、家长和民众的尊重。

3）教书匠。教师只负责教授专门化、系统化的书本知识，而且照本宣科，严谨认真，是知识的搬运工，不重视教育工作和学生的成长。

4）代理人。教师是成年人，对孩子施行教育教学活动，代理了家长的一部分管教责任和培育责任。另外，教师不仅受家长的委托，更为重要的是，教师受国家的委托，教师的职业行为不是个人行为，而是代理了国家的教育培养责任。

5）孩子王。教师整天与未成年人打交道，并对未成年人实施组织、管理、引导，因而教师是孩子的"领头人"。

6）清苦人。教师与未成年人打交道，与知识、书本打交道，不与生产、物质、流通、金钱、权力等打交道，不创造财富，不掌握权力，因而教师的收入只能是规定性报酬，一般不会有灰色收入、隐性收入，更难有业余兼职收入和不法收入。对教师的清廉的写照是"站三尺讲台，拂两袖清风"。教师很辛苦，在学校上班随时处于学生、教育教学情境和问题思考之中，回到家还得备课、学习、批改作业等，常年挑灯夜战，周而复始。"大多数教师或多或少模糊地感到他们的工作是一个无底洞。比起律师或医生来，教师感到自己的工作要更多地耗损心力……因为他们的工作似乎永远不会了结，永远看不到尽头。"[①]

由以上可见，社会赋予教师的职业角色有：①高尚者，即在道德品质、人文

---

① 格雷斯. 1991. 教师和角色冲突. 参见：瞿葆奎. 教育学文集·教师卷[C]. 北京：人民教育出版社，207.

情怀、文明行为等方面比一般的社会公民要高尚；②专业者，即在知识和教学技能上具有常人所不具备的专门素养；③托管者，即要负责管理学生的行为、安全和发展；④领导者，即要具备感召、亲和、组织、控制、引导的能力，能有效地影响学生；⑤勤俭者，即要一心扑在职业工作上，具备简朴勤劳的作风。

三、职业实践视角下的教师职业角色

从教师的职业实践来看，教师主要扮演七种职业角色。

1）教育者。教师作为教育者，一是教化人，即用先进的文化去引导学生，使其形成正确、科学的思想行为；二是开发人，即开发学生的潜能，使其实现自身价值；三是培育人，即培植、培育学生的基本素养和理想人格，使其发展成为理想的人。

2）教学者。教师作为教学者，一是传播先进的历史文化；二是教授专业化的学科课程；三是引导和促进学生学习；四是领导、组织、参与和评价各种学习活动。

3）管理者。教师作为管理者，一是管理学生的安全与健康，及时消除教育教学过程中的不安全和不健康因素；二是管理学生集体或学习小组，及时消除学生中间的不良因素或现象；三是管理学生学习，尤其要管理好学生的课堂纪律，纠正不良学习行为；四是参与学校管理活动。

4）合作者。教师作为合作者，一是与学生合作，包括回应学生的呼声、解答学生的疑问、配合学生的行动、遵守师生协议、履行做出的承诺等；二是与同行合作，努力形成教学团队，包括协调教学要求、配合教学需要、共享教学资源、合力完成任务、共同开发项目等；三是与家长、社区合作，共同形成教育合力，包括尊重、协商、协调、配合、沟通等合作行为。

5）开发者。教师作为开发者，一是开发课程资源，如开发学科资源、生活资源、经验资源、社会资源和校本资源等，以使这些资源能够有效地进入课程教学之中；二是开发教育资源，充分利用博物馆、展览馆、图书馆、纪念馆、纪念碑、烈士园、公园、动物园、植物园等开展教育活动；三是开发人力资源，如借鉴专家经验、同行经验、学生经验、家长经验等。

6）研究者。教师作为研究者，一是研究学科知识，掌握学科动态和学科前沿知识；二是研究学生，掌握学生的知识基础、个性特点，预测学生的需要和发展趋势等；三是研究教育教学技巧或艺术；四是研究教育环境，以便及时对教育教学做出反应。

7）成长者。教师作为成长者，一是专业化成长，不断增加专业知识、专业技能、专业情感和专业经验，逐步成为合格的教师、有胜任能力的教师和专家型教师；二是社会化成长，成为校园生活的活跃者、教学团队的核心者、教学管理的参与者、家校合作的主导者、校地联动的推动者等；三是个性化成长，如提高个人修养、理顺个人生活、形成个人风格和追求职业理想等。

上述七种角色表明，教师职业实践以学生为中心，教育是首要任务，教学是重要任务，而要完成这两大任务，就必须善于管理、合作、开发和研究，并从根本上确保自身发展和提高自身素养。教师角色的多样性要求教师要注意把握角色扮演艺术，正如乌申斯基曾经说的："严肃中渗着笑语，但不完全是玩笑；对人温柔可亲，但不甜得腻人；为人公正厚道，但不吹毛求疵；做人善良仁慈，但不软弱无能。"[1]

四、教师职业的本质特点

我国教育学界普遍认为教师从事的是脑力劳动，理论依据是马克思在《资本论》中对劳动过程的要素的论述。教师脑力劳动论认为，教师劳动的特点包括劳动对象的主动性、劳动手段的主体性、劳动过程的长期性。[2]沿着这个思路，有学者将其扩展为八点[3]，又有人将其简化为六点[4]。但教师脑力劳动论有两点值得商榷：一是脑力劳动论源自抽象的哲学思考，从劳动的社会形态（即外部形态）来认识教师的职业特点，并没有深入认识教师劳动的内部特征，因而并没有触及教师职业的本质特征；二是脑力劳动论缺乏专业劳动内涵，各类研究者、社会活动家和政治家也属于脑力劳动者。进入 21 世纪，研究者用教师专业化理论来解析教师劳动的特点，如日本学者佐藤学、美国学者哈格里夫斯（Hargreaves）和艾弗·F.古德森等，他们将教师与律师、医生进行对比，从而找出教师职业的专业性特征。笔者认为，教师职业是社会万千职业中的一种，如果不把教师职业与其他职业相比较，是难以回答它到底具有什么样的本质特点的。纵观诸多研究，我们发现教师职业的本质特征有三点，即专业性、综合性和终身性。

（一）教师职业的专业性特征

与其他职业，尤其是律师、医生相比，教师职业具有四个独特的专业性特征。

---

① 转引自：刘俊玲.2008. 浅谈教师的职业形象[J]. 学习月刊，（18）：120.

② 南京师范大学教育系.2005. 教育学[M]. 3 版. 北京：人民教育出版社，101-103.

③ 傅道春.1999. 教育学——情境与原理[M]. 北京：教育科学出版社，107-118.

④ 陈理宣.2010. 教育学原理——理论与实践[M]. 北京：北京师范大学出版社，190-192.

1）纯粹的利他性。它是指教师职业不以教师个人私利为目的，而是以学生发展和国家、社会进步为目的，教师的利他性程度越高，其职业成就也就越大。衡量教师成功与否的标准不是经济收入的高低，而是利他性的关怀度和为善创造度，换句话说，就是学生的感念度和社会的认可度。教师职业的这一特性表明，"教师是为理念而生的人，而不是靠理念吃饭的人"[①]，教师的职业活动是指向道德创造的，教师的专业形象是"道德创造家"，教师的专业素质首先是道德品性素质。哈格里夫斯和艾弗·F.古德森概括了后现代专业主义的七种要素，其中的第一要素便是教师教学的道德和社会目标，这一观点与我国儒家传统文化下的教师专业观不谋而合。[②]

2）无缝的引领性。它是指教师职业直接作用于对象的精神世界，而不是对象的身体，教师职业的工作方式是以知识、文化和教师自身为中介去激发对象的主体能动性，引领对象实现自身的发展，而不是解决对象的事务纠纷或身心疾病，因而教师与对象的精神世界互动得越融洽、越深入、越持久，其引领效果才会越好，学生的发展才会越显著。相反，如果教师的引领与学生的精神世界存在隔阂或缝隙，教师的职业成效就会大打折扣，学生也就得不到良好发展。在教育思想史上，孔子的启发论、苏格拉底的产婆术、普鲁塔戈的点燃论、第斯多惠的激励唤醒鼓舞论、罗杰斯的促进论、建构主义的引导支持论等，均可以被视为教师职业活动所需要的不同引领方式。

3）无限的教化性。它是指教师职业的教育转化工作是无边无际的。这种无边无际表现在多个方面，如在对象上有教无类，在内容上无限宽广，在时间、空间上连续不断地扩张，在教育艺术上永无止境，在学生发展上永无尽头。[③]这里的关键是如何理解"教化"这个术语。笔者认为，教化即教育转化。[④]因为教化的

---

① 金忠明. 2008. 教师教育的历史、理论与实践[M]. 上海：上海教育出版社，8.

② 转引自：魏建培. 2011. 教师学基础[M]. 北京：清华大学出版社，52.

③ 有学者认为教师工作边界模糊，如工作内容多样繁杂，工作责任非常弥散，缺乏明显的上下班，工作量无法精确计算，日本学者佐藤学将其概括为"回归性""不确定性""无边界性"。参见：王艳玲. 2011. 教师教育课程论[M]. 上海：华东师范大学出版社，37-38. 笔者认为，佐藤学提出的这三个概念，揭示的是教师职业的存在论危机特征，"回归性"是指教师对社会、家庭和学生的任何批评，其中的责任都会像掷出去的飞镖那样最终回归到教师自己身上；"不确定性"是指教师工作缺乏有确凿性的、可以复制使用的操作技术；"无边界性"是指教师工作会在时间、空间上连续不断地扩张。参见：佐藤学. 2003. 课程与教师[M]. 钟启泉，译. 北京：教育科学出版社，211-213.

④ "化"的古字为"匕"，会意字。在甲骨文中，从二人，象二人相倒背之形，一正一反，以示变化。《说文解字》："匕，变也。"把"变"与"化"合成一个词，最早出现在《易·系辞传》中，即"知变化之道"。但这个词是双义合成词，而不是我们今天理解的单义词，三国时代的虞翻注为："在阳称变，在阴称化，四时变化。"东汉的荀爽注为："春夏为变，秋冬为化，坤化为物。"由此可见，如果仅从变化的方式来看，变化方式强烈、显著的即是"变"，变化方式微弱、不显著的即是"化"。

基本含义是通过教育或在教育中来改变人。教化不是驯化，不是为了统治人或控制人。教化不限于感化，因为感化的含义太窄（只能化心），方式过于柔弱（对于顽劣学生常常难以生效，还需要训练、督促、批评、责罚等）。因此，教化是教育的本义，即通过教育转化来促进学生实现发展。教化是教师职业的根本属性，因为教师职业的一切工作都可以促进学生的发展。教化是教师职业的独特本质，因为教化，教师职业被视为高尚的职业；因为教化，教师职业被视为承载人类希望的职业；因为教化，教师的工作任务无限延伸，没有尽头。律师可以一次或几次就了解一桩案子，医生可以一次或几次就治好一名患者，但教师却不行。教师的工作是"没有结局的故事"，只能日复一日、年复一年地教化学生，甚至牺牲休息时间延续或增加自己的工作量，还不敢说把学生教化好了。

4）复杂的智慧性。在很多人看来，教师就是照本宣科，哪里需要什么复杂智慧？其实不然。一是教师职业的不确定性、高变化性，超过了律师、医生、商人。教师面对的是不断变化的学生、不断变化的情境、不断变化的内容、多种知识的组合、多重目标的统整、不间断的师生交互以及自身的不断变化，但其却不能依赖既有的政策条文、理论、技术、程序、经验（至少不能像律师依赖条文、案例，医生依赖技术、设备，商人依赖人脉、系统、资源那样）。二是教师职业的高频率决策是任何职业都无法相比的，也是很多局外人想象不到的。爱尔兰学者安德鲁·伯克（A. Burke）说："我们必须记住，无论他们是否胜任工作，全世界每个教师在每个教室中每一个教学日的每一个小时都在做出决定，并根据这些决定采取行动。做出的决定包括在特定的一天中该教什么，如何教，对不同的学生用什么方法教，使用什么形式的评估方法以及采取什么样的奖惩措施等。"[1]国外有研究表明，教师每个小时做出与工作有关的重大决定为 30 个，在 20—40 名学生的班级中，师生互动每日达 1500 次。[2]这是多么令人惊讶的事！

教师的智慧为什么如此复杂？研究表明，决定教师智慧复杂性的关键因素是教师的实践性知识。美国当代教育家、哲学家唐纳德·A. 舍恩（D. A. Schon）是最早提出教师的实践性知识的学者之一，他认为教师并不是简单地将理论知识"运用"到自己的教育教学实践中，而是在学习理论和亲身实践中逐步形成自己的"使用理论"。[3]教师的实践性知识是教师有效决策的基础，是教师复杂智慧的内核，因为有了这种知识，教师的职业活动才得以充满创新，教师才会

---

① 安德鲁·伯克. 1997. 专业化：对发展中国家教师和师范教育工作者的重大意义[J]. 教育展望（中文版），（3）：81-91.

② 王艳玲. 2011. 教师教育课程论[M]. 上海：华东师范大学出版社，36.

③ 转引自：朱宁波，张丽. 2007. 国内外教师实践性知识研究述评[J]. 辽宁师范大学学报（社会科学版），（3）：66-68.

是"艺术实践家"——"以一种不确定性和艺术的方式努力探究"[①]，教学才会是"即席创作"——凭借"瞬间知道该怎么做的""临场智慧和才艺"[②]。

（二）教师职业的综合性特征

教师职业与众不同，它具有育人实践的全面综合性，表现为"八性"。

1）生产性。教师既传播知识，也生产知识，尤其生产教育的实践性知识。教师培养人的精神，亦即与学生合作并在学生身上缓慢进行精神生产。教师从事精神生产，更像农民从事农业生产：农民要与土地、气候和种子合作，无论多么尽心尽力地培土、垒垄、播种、浇水、施肥、除虫、拔草、搭架，但始终得由农作物自己生长；同样，教师要与环境、学生和学生的潜能合作，无论教师多么努力地提供情境、课程、教学以及给予训练、激励、引导、帮扶和关爱等，只能唤醒学生的潜能，调动学生的主体能动性，但最终得由学生自主建构、自主生长。教师职业的生产性表明，这是一种双边互动的生态性生产，绝非单边操作的加工性生产，更非独自孕育的创生性生产。

2）服务性。教师受聘于国家，其法定职责是为未来社会培育公民和建设性人才。教师的直接服务对象是学生，学生的背后是家长、社会、国家和民族。教师的服务职能是培养学生全面自由发展和为学生的终身持续发展奠定基础，服务目标着眼于学生的当下发展需要和长远发展需要。可见，教师职业是一种独特的公共服务职业，其服务具有法定性、广泛性、专向性、当下性和长远性等特点。

3）管理性。教师之所以承担教育环境、学生集体、教育活动和学生身心行为等方面的管理职责，是基于精神生产的需要，目的是保障精神生产要素的有效运行，提高精神生产的效益和质量，使学生得到更好的发展。教师的管理行为模式不仅源于教师的个人风格，也源于学生的发展生态，并随着学生的学段升高和精神状态变化而发生变化。教师的管理行为方式以柔性管理为主、刚性管理为辅，侧重于动之以情、晓之以理、导之以行、持之以恒，最大限度地克服人的消极因素，充分调动人的积极因素。可见，教师职业的管理行为具有发展性、生态性、人文性和激励性等特点。

4）敬畏性。教师的工作领域介于学科知识领域和精神文化领域之间，在不懈探索生产新知识和新精神的道路上，需要敬畏之心以及虔诚、热情和坦荡的胸怀。教师敬畏真理、先贤和伟大事物，敬畏新生事物、发展中的学生、人的创新性，

---

① 唐纳德·A. 舍恩. 2007. 反映的实践者——专业工作者如何在行动中思考[M]. 夏林清，译. 北京：教育科学出版社，39.

② 马克斯·范梅南. 2001. 教育机智——教育智慧的意蕴[M]. 李树英，译. 北京：教育科学出版社，165，209.

敬畏民族优秀传统文化、世界各国先进文化和神奇灵妙的大自然，等等。优秀教师的秘密就是常怀敬畏之心，在职业实践中纯洁无邪地自由前进，无私无我地乐在其中。因为敬畏并非害怕，而是敬重、审慎和钦羡。因为敬畏，我们才能放低姿态，收敛欲望，剔除狂妄；因为敬畏，我们才能产生珍惜感、合群感、纯洁感；因为敬畏，我们才能体会到神奇、超越和幸福。相反，压迫别人的人不知道敬畏，随意践踏别人的人不知道敬畏，为所欲为的人不知道敬畏，自私、自大、卑鄙、阴暗的人也不知道敬畏。[①]可见，教师职业需要敬畏就像天地需要敬畏一样，敬畏是教师形成敬业、爱业和乐业等情操的基础。

5）医药性。正如医生不了解病情就无法为患者治病，律师不了解案情就无法胜诉一样，教师如果不了解学情就无法因材施教和长善救失。对于教师来说，学情是学生内部存在的学习状态和身心发展状态，因而教师要想把握学情，就必须从学生外部采用各种技术手段去探查、捕捉、搜集、透视学生的内部学情，进而断定其态势、性质、原因及其所需要的干预措施。这种做法与医生进行的健康诊断、病情诊断十分相似。可见，教师职业的医药性表现在教师的学情诊断、教育干预和有针对性的教育活动上。

6）演艺性。教师是从事精神生产的人，教师职业在客观上需要教师像演员那样，每次出场前必须精心准备、独具匠心，每次出现在学生面前，都应当奉献智力与艺术融合的杰作。对学生而言，教师就是他们一生中所遇到的智慧与美的化身。教师要打动学生的心灵，叩开学生的心扉，激发学生的兴趣，吸引学生的注意力，引导学生思考，激励学生追求真善美，就必须应用语言、表情、动作、图像、音响、教具、案例、情境等形象化手段，在教育情境、教育设计、教育过程、教育意境、教育机智和教育风格等方面，全方位地展示表达美的语言、形象、意境、情感、智慧、道德和人格等内涵，全面提高教师工作的感染力、表达力、吸引力和引导力。

7）政治性。教师是培养未来公民和各种建设性人才的人，是传承民族优秀传统文化和传播世界先进文化的人，是培育推动社会进步者的人，因而教师的工作需要回应时代潮流、国家要求和社会期望，教师需要具有良好的是非观、价值观、人生观、世界观、审美观和真理观。在这些观念中，不可避免地会涉及国家情感、民族情怀、历史进步、党派观念、政治体制、社会机制、阶层利益、民众生活和时代事件等要素，因而不可避免地会具有政治性。教师职业的政治性要求教师要像政治家（而非政客）那样，具有超凡的智慧和洞察力，以博大胸怀和卓越精神致力于服务公众的根本利益、解放人的精神世界和引导学生追求未来美好生活。

8）科学性。教师不仅是教育活动的组织实施专家，而且是某一学科的教学专

---

① 胡志金.2017.《青藏》：康巴作家的艺术探索[J]. 世界文学评论，（3）：157-162.

家。作为教育实施专家，教师要全面把握社会要求和学生发展特点，全面把控各种教育要素，全面建构育人计划方案、育人内容和育人活动体系，因而教师需要掌握应用哲学、伦理学、美学、教育学、心理学、社会学、系统论科学和生态学等科学的原理和知识，使各种育人活动和整个教育过程符合教育科学规律。作为所教学科的教学专家，教师要全面把握学科知识、学科技能和学科素养，并应用教育学、心理学等基本原理，使各种教学活动和整个教学过程符合教学规律。

以上的"八性"充分表明了教师职业是这个世界上综合性最强的职业，也表明了教师职业的独特性和复杂性，同时也意味着这一职业对教师素养提出了多方面的、高度复杂的要求。

（三）教师职业的终身性特征

与律师、医生、牧师和警察等职业相比，教师职业具有终身持续发展这一显著特征。

1. 职业生涯的终身发展性

国内外众多研究表明，无论在职教师的发展生涯如何划分，都始终存在发展、停滞、退缩和退出四个阶段。有研究者归纳了中外研究的 15 种不同见解，并指出其中的共同规律是：教师总是从不成熟到逐渐成熟直至成为专家，其间的发展不是线性的、单向度的和一直向前的，而是有波折乃至倒退甚至停滞不前。[①]但笔者认为，这些研究并没有抓住教师职业生涯的独特性，而是基于大概率对众多教师个人职业生涯的归纳和概括，得出的是宿命论式的研究结论，是对一般职业生涯理论的简单应用。研究教师职业生涯不应当仅仅复制现成的事实，而应当发现可能的标杆；不应当呈现宿命论生涯，而应当引导卓越论生涯。因而，在研究对象上应选取那些终身持续发展的卓越教师，而不是人数众多的、发展缓慢且停滞期过长的普通教师。因为美好的教师职业生涯并不是由数量众多的普通教师创造的，而是由为数不多的卓越教师创造的。

从生态视角看，任何行业、任何人的职业生涯都存在挫折期、停滞期、退缩期，但是教师职业的独特魅力在于：教师职业是实践反思者的职业，教师会调整自我、重新开始，以积极的姿态去突破困境；教师职业是精神生产者的职业，教师会去污除垢、提振精神，以新生自我去迎接每一天；教师职业是理想主义者的职业，教师会激情燃烧、越挫越坚，以全部身心去担当育人使命；教师职业是真理探索者的职业，教师会洞察未来、登高望远，以大无畏的精神去超越个人生死；教师职业是终身学习者的职业，教师会"苟日新，日日新，又日新"，以不知老之

---

① 吴永军. 2007. 我国大陆地区教师专业化过程研究述评[J]. 教育发展研究，（4B）：43-47.

将至的情怀去走完人生之路。

在中外教育史上，那些杰出的教育家是教师职业的形象代言人，他们终生献身于教育事业，有的克服重重困难，有的直面危险时局，有的劳碌奔波、疾病缠身，有的漂泊流离、孤独一生，诸如此类，不胜枚举。但是，他们没有彷徨、退缩，没有厌弃教师职业，反而生命不息、冲锋不止，直到生命最后的时刻也依依不舍，放射出卓越教师的光和热。从他们身上可以发现教师的肉体生命是有限的，但教师的精神生命是无限的，教师职业是成就无限精神生命的职业，是天底下精神生命最美生长、终身持续发展的职业。

2. 职业实践的终身学习性

教师职业何以是天底下精神生命最美生长、终身持续发展的职业？教师职业是教育科学和教育艺术的实践职业，教师必须终生探索和学习。首先，教育科学浩如烟海，通常涉及哲学、教育学、心理学、伦理学、社会学和生态学等一级学科，以及教育哲学、教育史学、教育经济学、教育法学、教育管理学、课程与教学论和教育技术学等二级学科，教育心理学、教育伦理学、教育人类学、教育文化学、教育社会学、教育地理学和教育生态学等交叉学科，比较教育学、高等教育学、成人教育学、特殊教育学、幼儿教育学、职业技术教育学、远程教育学和教师教育学等子类学科。其次，教育艺术永无止境，如语言艺术、体态艺术、板书艺术、教学组织艺术、教学情境创设艺术、教学讲授艺术、教学演示艺术、教育谈话艺术等，这些艺术是活的，尽管有规律可循，却无迹可踏，并且永远没有最好，只有更好。由此可见，教育科学的复杂性和教育艺术的生长变化性决定了教师需要永无止境地探索和学习，决定了教师职业的终身学习性。

3. 职业境界的终身成长性

福勒（F. Fuller）于 1969 年首次揭示了教师职业境界的终身成长性，她根据教师的心理关注重点，认为教师的成长依次经历了关注自我、关注生存、关注情境和关注学生四个阶段。职前期教师沉浸在学生角色中，他们只关注自己，对他们的老师经常持批判甚至是敌视的态度。在入职后的职业初期，他们面临生存威胁，需要适应新环境、新任务和新规则，主要关注自己的教学内容、学校要求和学生管理等问题。随着逐步熟悉环境、任务和规则，他们开始关注整体教学情境，包括教育的内容、学生、环境、条件、时间、程序和效果等。待到熟悉整体教学情境后，他们要想进一步提高教育实效，充分调动学生的积极性，优化教学行为，便开始关注学生的学习以及自己对学生的影响。就这样，从关注自我到关注生存，再到关注学生，教师的职业境界逐步升华。

教师职业境界的终身成长性也体现在教学境界随着教学经历的增长而不断提升。澳大利亚一位教了 30 年物理课的中学教师说："在我教学生涯的第一个 10 年，我认为自己是在教物理。第二个 10 年，我认识到，自己不是在教物理，而是在教探索（explorer），教学生进行物理方面的探索。在第三个 10 年，我认识到我不是在教学生如何探索，而是在对自己进行探索的学生提供帮助和支持，是在提供支持。"[①]也就是说，从教学生学科知识到教学生探索、学习学科知识，再到引导和支持学生自主探索、学习学科知识，教师进入了"教就是为了不教"的最高教学境界。

由以上所述可知，教师职业具有职业生涯的终身发展性、职业实践的终身学习性和职业境界的终身成长性。

第三节　职　业　基　础

每种职业都有自己的职业知识和职业技能，谁掌握了这些知识和技能，谁就具备了入职的基础条件。同时，每种职业对从业者都有一定的身心品质要求，谁具备了这些身心品质，谁就符合入职要求。教师职业同样如此，它要求入职者具备一定的职业知识、职业技能和身心品质，这些要求即是我们所说的职业基础。

我国教师职业基础由哪些知识、技能和身心品质构成？这个问题在今天是不清楚的。这是因为 20 世纪的师范教育重视主教学科的知识和技能、教育学知识和技能及中小学岗位实操技能，对教师职业内涵和从业标准缺乏深入的探讨。21 世纪以来的职前教师教育注重教师专业标准，对教师职业基础同样缺乏研究。

如何探讨教师职业基础的内涵？笔者认为，教师职业基础不是凭空产生或随便形成的，而是由教师职业角色（职能）和职业特征所决定的。如上所述，教师职业有七种角色和三方面的特征，这些角色和特征在客观上要求有相应的知识、技能和身心品质作为支撑。需要说明的是，本章不讨论教师职业的专业性特征，对教师专业的知识、技能和身心品质在下一章讨论。

一、教师职业知识

职业知识不同于专业知识，是在实践中形成的经验知识。教师的职业知识不仅是教师个人在教育工作实践中形成的经验知识，也是整个行业的教师在教育工

---

① 钟启泉. 2002. 新课程师资培训精要[M]. 北京：北京大学出版社，193.

作实践中长期累积形成的经验知识。这些知识属于实践经验知识，存在于职业实践情景和实践过程之中，存在于众多教师的头脑之中，存在于教师与教师的交流和互动之中。

职业实践涉及相关的环境、对象、人际关系、内容范围、操作和行业文化等，因此，教师的职业知识一般包括职业环境知识、职业对象知识、职业人际知识、职业内容知识、职业操作知识和职业文化知识。其中，职业人际知识包括有关同事、学校管理者、家长、社区管理者、邻里相关单位主管和社会参与者等多方面人员的信息知识、交往模式、利益关系；职业内容知识包括教育教学活动、教育教学研究、学生管理和指导、家校联系、职工活动、学校事务、社区事务和社会服务等方面的信息知识；职业操作知识包括各项职业内容的操作细节、流程和技巧等方面的知识；职业文化知识包括教师行业的理念、精神、风气和范例等。鉴于职业环境知识和职业对象知识尤为复杂，在教师培养和培训中不容易得到关注，因而，我们下面将给予重点讨论。

（一）职业环境知识

环境知识是第一位的基本知识，教师首先要掌握的是教师职业的环境知识。教师职业的环境可分为校内、校外两重环境。其中，校内环境知识由十大场域知识构成（如前所述），校外环境知识包括地理人文环境知识、时代社会环境知识、历史文化环境知识和教育行业系统信息知识。

1. 地理人文环境知识

地理人文环境知识指所在地区的地理环境或自然环境和人文环境两方面的知识，如所在地区的气候、地貌、物产、人口、民族、风俗和交通等基本情况。其中，自然环境知识有利于教师根据时令季节和利用自然资源来科学地安排教育活动；人文环境知识有利于教师联系生活实际，让课程向生活开放，让课程内涵得以形象化和应用化。相反，如果缺乏地理人文环境知识，教师工作就可能会脱离生活实际，致使教学安排不合时令，教学内容抽象枯燥，课外活动难以开展等。

2. 时代社会环境知识

时代社会环境知识指当下时代的国家政治、政策制度、社会组织、社会生活、行业发展、社会风气和人性素养等方面的知识。其中，国家政治和政策制度方面的知识有利于渗透培养学生的国家意识、政治素养，使学生具备一定的政治生活能力和以天下为己任的担当精神；社会组织、社会生活方面的知识有利于引导学生了解和分析社会，提高学生的社会生活素养；行业发展方面的知识有利于促进学生认识各行各业的生产服务过程、特点和发展趋势，培养学生的未来职业兴趣和择业素养；社会风气和人性素养方面的知识有利于引导学生认识社会现象，把握社会动态，明确精神文明的建设方向和任务。相反，如果教师缺乏时代社会环境知识，就会脱离时代生活，与社会生活产生隔膜，那么，教师就不会顺利有效地开展育人工作，也不会培养出足以适应或胜任社会生活和社会发展的人。

3. 历史文化环境知识

历史文化环境知识指本民族的发展历史、历史人物、文化典籍、文化形态、文化精神和大批量输入的外来文化等方面的知识。其中，民族的发展历史和历史人物两方面的知识有利于培养学生的民族心理和民族感情，使学生在历史事实、人物故事和历史脉络中涵泳民族心理特质，逐步培养其对民族的认同感、热爱感和自豪感；文化典籍知识有利于培养学生的民族思维方式、价值观、人生观、世界观和审美观，使学生主动爱上经典著作和伟大灵魂，领略民族文化的博大精深；文化形态知识有利于促进学生发现民族文化的多样性、广泛性，领略民族文化的多姿多彩，培养其广博的民族文化情怀；文化精神知识有利于培养学生的思想观念、道德品质和思维方式，使学生养成高尚人格和民族精神特质；外来文化知识有利于培养学生的多民族文化视野和多元文化价值观，使学生对外来文化保持兼收并蓄的开放心态。相反，如果教师缺乏历史文化环境知识，就有可能忽略培养人的民族文化素养，忽略对外来文化的更新、融合，即便面对相关的课本内容或课程知识，也可能挖掘不深、整合不多、站位不高，难以培养具有民族特质和世界胸怀的未来人才。

4. 教育行业系统信息知识

教育行业系统指国家各级教育管理系统、各级各类学校系统、教育研究出版系统和教育资源设备研发系统。其中，各级教育管理系统的信息知识，尤其是地方教育管理系统的信息知识，有利于教师明确工作方向、重点和节奏，提高教育服务的针对性、有效性和规范性，避免触犯教育管理部门的禁令；各级各类学校系统的信息知识，尤其是同类学校同行的职业实践知识，有利于教师提高工作技巧和处理复杂问题的能力，避免闭门造车；教育研究出版系统的信息知识有利于教师更新工作理念、工作思路和方法，提高改革创新能力，避免专业发展出现停滞现象；教育资源设备研发系统的信息知识有利于教师整合应用新的教育资源和教育设备设施，提高教育技术手段的育人效率，避免跟不上信息时代的发展要求。

对于不同层次、不同地区、不同学科、不同年龄阶段的教师来说，对以上四个方面的校外职业环境知识可以按需掌握，各有侧重。但对于职前教师或新入职教师来说，这些知识都是必要的，是入职、履职应具备的基础知识。

（二）职业对象知识

教师职业的服务对象以学生为主，需要掌握以下几个方面：①学生的基本信息，包括个人基本信息和个体特征信息两个方面。前者如学生的姓名、年龄、性别、家庭地址和家长姓名等，后者如学生的相貌、身高、个性特征和能力水平等。②了解学生的成长秘密，包括学生的成长环境、成长经历和成长事件。其中，成长环境如生活区域、家庭成员及其职业、家庭社会关系和家庭生活特点等，成长经历如早期的交往、学习、娱乐、劳动和社会参与等，成长事件如惊奇、震撼、激动、激烈、痛苦和欢乐的难忘事件或情景。③分析把握学生的心理状态，包括学生的心理现状、知识能力现状和个性现状。其中，心理现状如心理健康、智力、非智力和自我概念等状况，知识能力现状如学科课程和生活实践知识与能力状况，个性现状如个人的身心需求、个性特点、潜能特长、兴趣爱好和个人理想等方面的情况。④洞悉学生的本质特点，主要指学生的多维本质。在这四方面的知识中，学生的多维本质无疑是最重要、最复杂的，也是教育业界长期忽视的知识，下面予以重点探讨。

人的本质问题是古今中外哲学家长期探究的重大主题。纵观这些探究，我们可以发现，人之为人有三方面的本质：一是根源性本质，即事物在原初秉性意味上的内在规定性，如人的自然性；二是独特性本质，即人之所以为人的独特性，如人（区别于动物）的类独特性——自由理性，人的群体独特性——社会性，人的个体独特性——个性；三是价值性本质，即人之所以为人的独特功能，如人的普遍性价值、效用性价值和超越性价值。可见，人的本质不是单一的，而是多维的。同样，学生的本质也是多维的，并且具有学生群体的学习性本质。

1. 学生是有丰富感性的人

感性是人的自然性的一部分，因而也是人的根源性本质之一。究其原因如下：①感性是人感知、亲历和探究世界的触觉器，是形成认识的第一端口；②感性是理性之源，为理性提供必需的表象、经验；③感性是生命存在的基本形式，把表象、经验、情感、欲望、意志等融为一体，呈现为生命的本真状态；④感性是生命活动的基本形式，人类的一切活动不仅以感性活动为基础，并最终回归到感性活动之中，"人不仅在思维中，而且以全部感觉在对象世界中肯定自己"[1]。

学生是处于学业操作时期的人，在从小学、中学到高中和大学四个阶段的学习征程中，他们前承婴幼期的感性学习机能，后续成人期的实践学习机能，其感性在不断递减，理性在不断递增，但学生期这一总体趋势并不会从根本上改变感性的根源性作用。即便偏重理性知识学习的大学生，在专业学习上也同样需要把

---

① 马克思. 1979. 1844 年经济学哲学手稿[M]. 刘丕坤，译. 北京：人民出版社，78.

感性作为支撑、载体和基础，更何况大学生在面向生活、行业、社会等方面需要开展广泛的感性实践活动。可以说，学生是有丰富感性的人。

当今教育界，因为对感性认识不足、重视不够、开掘不深，加之受到功利主义观念、传统落后文化和不够先进的管理体制等因素的影响，各种违背教育规律的现象总是不断发生，这些现象概括起来即轻视学生感性发展，忽视教学感性活动，遮蔽学生感性存在，损害学生感性生命。正因为有这些现象，才会有学生呐喊："我们不是机器"，"请还给我们自由生活"，"请还给我们快乐成长的时光"，"我不原谅"。对此，教师需要全面遵循感性活动原则、感性快乐原则和感性发展原则，实施生命教育、生活教育、实践教育和终身教育。这是因为割舍感性根源的教育，是不可能培养出创新创业人才和终身学习者的。

2. 学生是有自由理性的人

自由理性是追求生命自由的理性，是融合了生命要素的理性。从苏格拉底到黑格尔，西方传统哲学一直强调人与动物的本质区别是理性和自由。在马克思看来，人之所以能进行劳动、生产、实践和创造，就在于人的生命有独特性。人的生命的独特性包括三点：一是独立性，即能进行"自由自觉的活动"[①]；二是超越性，即能超越物的自然规定，突破"种"的限制，跨越个体与个体之间的隔绝；三是创生性，即能在自由自觉的创造活动中实现自我，获得幸福感、愉悦感和乐趣，实现人的生命意义和存在价值[②]。

学生是有自由理性的人，并且其自由理性处于高速、全面发展时期。这也就是说学生是可教之人、可塑之才的根本原因，是教师要相信学生是发展中的人，他们未来有着难以预料的美好发展的根本原因。

学生的自由理性表现在六个方面：第一，独特性。例如，独立见解、独行其是、特立独行、独特自我等，甚至会表现出桀骜不驯、冲动、自私、狂妄自大、冒犯尊长等特性。对此，教师不应该感到气恼，更不能粗暴相向，而应该宽容他们的过失，引导他们在挫折体验中调整认识、完善自我。第二，扩展性。在自由性上，从本能自由扩展到意志自由、认识自由、社会自由、德性自由、实践自由和审美自由等；在理性上，从生活习俗、基本常识扩展到生活规律、社会本质、科学知识、道德规范、实践原则等。当然，学生的自由爱好也扩展到流行文化、娱乐文化、消费文化、市场文化、地域文化、民俗文化、网络文化等方面，沾染上各种不良风气和消极思想观念，从而极大地消解并影响学校教育的效力。对此，学校、教师、家长和社会相关部门应当高度重视，尽可能地净

---

① 马克思. 2000. 1844 年经济学哲学手稿[M]. 中共中央马克思恩格斯列宁斯大林著作编译局，译. 北京：人民出版社，57-58.

② 姜国峰. 2012. 马克思以人为本思想的生命哲学诠释[J]. 求索，（1）：98-100.

化教育环境，提高学生的辨别力和自控力。第三，超越性。与成人期相比，学生期的自由是片面而美好的，是幼稚而富有理想的，学生期的理性可能也会显得零碎、偏狭和低级，但学生的自由理性是本真的、独在的、充满希望的，既不带有半点泥土和灰尘，也不依附于资本、权贵，更不悲观停滞，它超越世俗、传统、功利和现实，具有纯洁的超越性。对此，教师不应当把学生视为"不懂事""不谙事理"的人，而应当把学生的这种"不懂事""不谙事理"视为人的宝贵品质。因为不是学生"不懂事""不谙事理"，而是教师自己过于功利和势利了。第四，阶段性。学生期的自由理性在小学低段呈感性化、情感化，在小学高段呈抽象化、独立化，在初中阶段呈自主化、动荡化，在高中阶段呈心智化、自律化，等等。第五，创生性。学生期的自由理性处于全面快速的发展状态，其发展的动力强、环境优、渠道多、速度快、内容全、成效高，因而其创生能力处于最强时期。第六，生长性。与婴幼期、成人期相比，学生期的自由理性蕴着着人的自由理性精神之胚芽，这一胚芽在高中期破土而出，在大学期拔地而起，在成人初期经历风雨，在成人中期刚劲挺拔，在成人后期成为人类社会的中流砥柱。

在当今教育界，由于传统文化和功利主义的影响，人们普遍偏爱工具理性、道德理性，普遍害怕学生沾染上与"自由"有关的一切元素，因而对自由理性抱有根深蒂固的偏见，导致各种违背教育规律的现象不断发生：轻视学生的自由理性发展，贬损学生的自由理性活动，遮蔽学生的自由理性本质（独立性、超越性和创生性），损害学生的自由理性精神。正因为有这些现象，才会有学生呐喊和反抗。有学者大声疾呼：守护自由理性精神就是守护人类的"真善美"，守护人类的正义、良知、至理和真情。知识分子要守护自由理性，就必须保持"中通外直、不染不妖"的独立地位、立场和人格，追求学术和艺术的独立价值。[1]只有我们大家都保有自己独立的人格，用独立自由的理性精神去思考，那么社会环境才能不断优化。相反，如果对权势进行依附，对财富过度迷恋，对意识形态过度偏执，都会丧失知识分子的独立人格和自由思想，那么这样社会发展就会失去方向，就会失范。[2]

3. 学生是有复杂社会性的人

马克思最重要的人学贡献是把人放在历史现实中来考察，而不再对人与动物进行抽象的比较，他所看到的人是社会性的人。学生是来自社会并在社会中成长

① 韦大林. 自由理性精神与知识分子的独立人格. （2013-09-23）[2020-01-17]. http://www.aisixiang. com/data/67922.html.

② 杨玉良. 2014. 守护自由理性[J]. 现代领导，（7）：1.

的人。学生是半社会成员，处在成人社会文化的边缘[1]，并游走于家庭、学校和同辈集体之间。进入信息化社会，网络改变着学生的社会性存在，成为学生的第四重社会：畅游其间，乐不思蜀。[2]

学生是有复杂社会性的人，其复杂性主要体现在六个方面。

第一，角色复杂。学生不仅在现实生活中扮演着多重角色，而且在心理生活中扮演着多重角色，他们不仅是家庭的孩子、学校的学生、同辈集体的成员、社会的儿童，而且是有着具体化、多样化特征的孩子、学生、成员和儿童。

第二，场域复杂。学生生存于三类场域之中，一是作为显性场域的家庭、学校、同辈集体；二是作为隐性场域的邻里、社区和地方区域社会文化；三是作为虚拟场域的网络信息空间。其中，前两类场域具有弥散性、浸染性、身心协同性，第三类场域则具有集中性、刺激性和身心分离性。

第三，来源复杂。学生的社会性来源于现实生活场域、历史传统文化和未来社会理想，来源于对社会及其成员的观察、模仿、累积和沉淀，来源于自我实践、体验和反思。

第四，内涵复杂。学生的社会性包含社会认知、社会情感、社会感应、社会行为和社会形象等要素。其中，社会认知包括各方面的社会知识，涉及哲学、政治、经济、军事、文化、人口、地域、民族、阶层、习俗、社会名人等，社会情感包括亲情、友情、乡情、职业情、团队情、民族情、阶级情、国家情等，社会感应包括社会发展感、潮流感、事件感、资讯感、分享感、奉献感和革新感等，社会行为包括社会适应、社会交往、社会维护、社会改革、社会创造等，社会形象包括公平、正义、和谐、幸福、文明、发展、繁荣、昌盛等美好形象及不美好形象。

第五，性质复杂。社会性有积极与消极、进步与落后、创新与保守之分，大部分社会性内容的功能性质是多重的、隐蔽的、混杂的，某些社会性内容组合在一起是分离的、冲突的、侵蚀的，如同一个学生既可以追捧影视明星，也可以在家里洗碗挣钱，还可以在学校里举办跳蚤市场，等等。

第六，生长复杂。学生的社会性是学生作为主体在社会环境、社会生活、实践活动中对社会性内涵不断内化的结果，然而，多角色、多场域、多来源、多内涵、多性质必然会导致学生的内化过程处于混乱之中。可以毫不夸张地说，学生的社会化过程是一个混乱过程，学生的社会性是在混乱中内化生成的，其复杂程度是难以想象的。

长期以来，我国学校不仅把学生的社会性培养缩减为德育，而且把德育局限

---

[1] 谢维和. 2000. 教育活动的社会学分析——一种教育社会学的研究[M]. 北京：教育科学出版社，126.
[2] 白明亮. 2010. 学生是谁——信息网络化社会学生社会属性再审视[J]. 教育理论与实践，(7)：11-14.

在德育课程、德育活动和班集体教育三个方面，更糟糕的是，不少比拼升学率的学校还把德育做空：德育课程有名无实，德育活动作秀赚彩、流于形式，班集体教育重纪律轻培养、重惩罚轻教育。可以说，忽视学生的社会性生长是我国学校教育的一大通病，学生在社会性生长的混乱漩涡中很难得到学校教师的引导与支持，这些不良做法和现状势必导致学生本质被扭曲、人性丢失，导致教育缺乏人本色彩，因而必将遭到学生的抵触与反抗。

4. 学生是有多元学习性的人

学习性，即个体有关学习活动的性能和特点，如兴趣、潜能、情感、风格、能力、特征、模式和理念等。它是学生群体区别于其他群体的标志性特征，也是学生之所以为学生的本质性特征。学生的学习性是多元的，具体表现在以下六个方面。

第一，分布式生成。分布式认知理论认为，个体的智力和兴趣等是在与同伴、家庭成员及教师的交往中形成的，受当时所提供资源的限制，受文化价值和期望的影响。[1]同样，学习性并非以集中、整一的方式在学生身上存在，而是以部分、分布的方式在学生身上生成，受到学习场域、学习领域、学习节点、学习形式、学习手段和学习模式等学习要素的影响，也受到教师水平、教育环境、教育内容、教育过程和教育评价等教育要素的影响。

第二，兴趣性动力。兴趣是学习性生成的源泉性动力，是决定学习性生成的第一要素：学习必须以兴趣为根基，缺乏兴趣就会缺乏学习性；哪里有兴趣，哪里就会有学习性；谁拥有兴趣，谁就会有学习性；谁能激发兴趣，谁就能培养学习性。

第三，情境性展开。情境认知理论认为，认知具有情境性、寓身性和参与性。[2]同样，学习性也依存于情境之中，学习者进入情境就进入了人的主体性（心理因素、生存状态、目标因素等）与特定遭遇的客体性（自然因素、社会因素、文化因素、人际因素等）的融合状态，处于一种有限存在却又无限开放的时空统整状态——人、文化、工具、环境、实践活动、实践共同体等彼此关联、彼此互动的情境境脉。[3]循着不同的情境境脉，学习者的学习性得以持续展开，情境境脉的丰富性、宽广性和复杂性决定了学习性的水平和深度。

第四，情知性参与。学习性不仅是大脑的功能，而且是包括身体在内的整个身心的功能。学生的身心参与，需要发挥感觉、记忆、思维、想象等智力因素的作用，也需要调动兴趣、欲望、情感、意志、理念等情意因素，情知的全程相随、

---

① 周国梅，傅小兰. 2002. 分布式认知——一种新的认知观点[J]. 心理科学进展，（2）：147-153.

② 刘革，吴庆麟. 2012. 情境认知理论的三大流派及争论[J]. 上海教育科研，（1）：37-41.

③ 胡志金. 2015. 信息时代的终身学习策略[M]. 北京：中央广播电视大学出版社，154.

全面参与、维持推进，是学生学习性生成与发展的重要秘密。

第五，多元性操作。分布的、兴趣的、情境的、情知参与的学习性，是通过多维度、多阶步和多节点的学习操作而生成和发展起来的。因此，学生进行什么样的学习操作，就会生成与发展出什么样的学习性。学生的学习操作是多元性的，如学习的目标、内容范式和过程等具有多元多阶性。以学习范式为例，既要掌握知识，又要建构知识；既要自主学习，又要合作学习和进行有指导的学习；既要继承吸收性学习，也要探究创新性学习；既要面授学习，也要网络远程学习；既要书本学习，也要社会实践学习；等等。

第六，学力性标志。衡量学习性的高低优劣，依赖的绝不只是所掌握知识的深浅多寡，也不只是考试获得的分数，更不只是所获得的学历文凭，而是学生真实拥有的生态学力。生态学力是学教双方在学生身上共同达成的，基于学习操作的综合实力或基于学习发展的动能性力量。生态学力由六种成分构成，即机能-心理动力、认知结构力、操作能力、习惯潜力、环境利用力和精神品质力，它们构成一个有机发展的系统，不同学生在不同环境和不同学段具有不同的生长结构、生长规律，呈现出不同的学力形态[①]：学前期的胚芽形态（生存学力），中小学阶段的花苞形态（课业学力），大学及大学后的青果形态（专业学力），在职成人期的果品形态（实践学力），晚年期的干果形态（趣味学力）。[②]其中，生存学力是贯穿终身的学力，是其余各种学力生长和发展的基础；中小学学生的学力以课业学力为主，但其发展方向是专业学力和实践学力，能否顺利过渡成为专业学力、实践学力，则是衡量其成功与否的重要标准。

长期以来，我国学界对学生学习的研究存在不少问题：一是把学生学习局限在学校教育情境中的课程学习和品德学习上；二是重视课程学习的操作流程和认知策略，忽视了学习的分布原理、情境原理和情知协作原理；三是把学习视为达标活动，忽视了学习的兴趣性、自主性和多元性。可以说，某些学生的学习是学校教育的副产品，学习的单一性、外在性、强制性和功利性特征相当严重，这就必然会导致学生的学习生活狭隘、单调、枯燥、乏味，既损害学生的身心健康、学习动力，又缺乏幸福体验、发展意义。

5. 学生是有差异独特性的人

天下没有相同的两片树叶，学生之间的差异性是丰富多彩的，如在身体素质、感觉器官、心理倾向、心理特征、自我意识、认知、情感、经验、经历和品行等诸多方面存在差异。

---

① 胡志金. 2013. 生态学力论[J]. 教育导刊，（2）：8-11.
② 胡志金. 2010. 对学力研究的扫描、反思与重构[J]. 教育导刊，（4）：66-68.

学生的独特性是在学生差异性的基础上，经过不同的场域影响、实践活动和学生自我努力，而不断形成并逐步显现出来的。具体地说，学生的独特性是学生个人在同类学生群体中由初步显现发展到鲜明显现的。据此，我们可以把学生的独特性分为初步独特性和鲜明独特性两个层次。在这两个层次中，初步独特性更具有教育意义，它需要每一个教育工作者尽早发现并给予重视。

教师如何发现学生的初步独特性，我们概括为十个方面。①体能独特性，如在精准、灵活、力量、速度、协调、耐力等方面的独特潜能。②感官独特性，如在视觉、听觉、味觉、嗅觉、肤觉、运动觉、机体觉、平衡觉等方面的独特功能。③认知独特性，如在认知的兴趣、方式、角度、情感、思维、过程和结果等方面的显著特点。④情感独特性，如情感在敏感性与深沉性、激烈性与持久性、波动性与稳定性、狭隘性与宽阔性、被动性与主动性、低层次性与高层次性等方面的显著特点。⑤能力独特性，如在心智能力、操作能力、交往组织能力、实践生存能力、反思能力、学习能力和发展能力等方面的高效性、优效性。⑥倾向独特性，如在需要、兴趣、爱好、情感、意志、价值观、人生观、世界观等方面的独特取向。⑦性格独特性，如在开放性、完美性、较真性、认知性、成就性、支配性、浪漫性、给予性、活跃性、感官性、疑惑性、随和性、传统性、自由性、智慧性、想象性、多面性、多变性等方面的独特特征。⑧自我独特性，如在自我概念、自我认识、自我定位、自我发展、自我调控、自我反思、自我评价和自我统整等方面的独特特征。⑨实践独特性，如在区域环境生活、家庭生活、同伴群体生活、社会实践生活和震撼性经历等方面的独特体验。⑩品行独特性，如在做人、做事、交往、自处等方面的优良品行。

长期以来，有些时候我国教育不仅忽视了学生的差异性，而且对学生的独特性的重视不足。个中原因很多，如教育投入不足、应试教育体制、社会官本位传统、功利主义等。

6. 学生是有美好价值的人

价值性是人的主体性内涵之一，是与动物相区别的本质属性之一。人是有价值意识、价值标准、价值追求和价值体验的，其中，价值追求是根深蒂固的，既顽强又广泛，贯穿于人的生命全程，遍布于人的生命全域。因为人来到这个世界的永恒主题就是要实现人作为人、人成为人的价值。人到底需要追求实现哪些价值？这可能是人需要明确的最紧要的问题。尽管学界对此众说纷纭，但从价值范畴看，实则只有三类价值，即作为人的普遍价值、满足人的效用价值、实现人的超越精神，简称为人道价值、人用价值和超越价值。纵观中西方哲学、心理学、教育学、伦理学等多学科对人的价值的探讨，我们可以将其归纳为表 2-1。

表 2-1　人的价值性本质

维度	内涵
人道价值	①生命价值，即保护生命、热爱生命、满足生命正当需要、激发生命活力、维护生命尊严等；②人格价值，即追求独立、自由、平等、自尊、自重、自强等；③潜能价值，即生理潜能、心理潜能、实践潜能和创造潜能等；④权利价值，即生命权、健康权、隐私权、身体权、休息娱乐权和拒绝不合理劳动权等；⑤主体价值，即自主、自导、自为
人用价值	①自我价值，即追求个人的生理、安全、自由自觉活动、交往、解放、爱、被尊重、求知、养德、审美、实践、发展、自我实现等；②利他价值，即满足他人需要；③集体价值，即满足集体需要、维护集体利益；④社会价值，即维护人伦道德、法律秩序、公共舆论、社会风气、传统延续，促进社会的创新发展、开放合作、竞争融合等
超越价值	①超越本能，追求智慧、品德和美；②超越空间，探索广阔的世界；③超越时间，传承记忆和精神；④超越孤独，追求交往；⑤超越表象，追求本质；⑥超越小我，追求大我；⑦超越平庸，实现创造性；⑧超越社会，回归自然；⑨超越现实，憧憬未来

　　学生只有感到自己有价值，才会有向上奋发、崇尚美善的动力。相反，如果学生感觉不到自己有价值，就会生活在自卑、乏力、不思上进和无所作为的状态中。苏霍姆林斯基说："如果一个人不去体验、不去感受为自己的创造而自豪的感情，要达到个性全面和谐的发展也是完全不能想象的。幸福和充实的生活的源泉就在这里。"[①]这句话的实质，就在于让学生感到自己是有价值的人，是可以发挥潜能、发挥主体性的人。可见，价值的丰富性及其正向体验性，是学生作为主体人的独特性本质。

　　长期以来，我国学校教育严重忽视了学生的价值性本质，盛行用考分排名、升学率、就业率、考研率四把尺子来衡量学校的教学水平，并以此来衡量学生的价值。对此，职前教师应当保持清醒的批判意识。

二、教师职业技术技能

　　我国 20 世纪的师范教育非常重视师范技能，主要有普通话、"三笔字"（毛笔字、钢笔字、粉笔字）、教具制作、简笔画、教案设计、微格教学和班主任工作，以及英语、计算机操作等。进入 21 世纪，师范教育改为教师教育，高师院校普遍重视专业知识和专业技能，其中的专业技能主要指教学设计、教学技能和组织教育技能，总体上弱化了职业技能。近年来，随着国家推行教师专业标准、教师资格证考试和卓越教师培养试点，高师院校普遍建立了教师技能实训中心，师范技

---

① 苏霍姆林斯基. 2001. 苏霍姆林斯基选集（第 3 卷）[M]. 蔡汀，王义高，祖晶，译. 北京：教育科学出版社，820.

能再次得到了强化，专业技能也得到了落实。目前的问题是：我国教师教育界把师范技能和专业技能杂糅，把专业与职业、技术与技能这两对概念混为一谈，进而导致职业技能的种类、定位模糊不清，既不利于职前教师自我发展，也不利于教师教育机构的课程设计。

（一）概念解析

技术，有两层含义，一是以科学原理知识为支撑、自身结构严密、客观性强的"怎么做"的知识，如工艺技术、生产技术、工程技术、信息技术、摄影技术和多媒体技术等；二是以实践经验知识为支撑，体现或符合科学原理知识，具有个性化特点的"怎么做"的知识，如教学技术、教育技术、表演技术、绘画技术、声乐技术和运动技术等。也就是说，前一种技术以科学理论作为支撑，内含有学科知识，并以严密的结构系统地呈现出来，相当于英语中的"technique"；后一种技术以实践经验作为支撑，能够有效地解决实践问题，虽然缺乏学理支撑，内含有个人的智慧成分，但符合或体现了科学原理知识，相当于英语中的"skill"。

有学者认为，科学是对自然的开显，技术是对科学的开显，技能是对技术的开显。[1]开显，即开化显示。对科学而言，开显就是明白自然奥秘；对技术而言，开显就是使所明白的自然奥秘实现可操作化。把这个见解用来理解"technique"，即是我们常说的科学技术，它属于自然科学技术领域，是客观硬性技术；用来理解"skill"，即是我们常说的经验技术，它属于人文软科学领域，是主观软性技术。就技术的本质特征而言，硬技术是客观稳定的，不含有个人特征，不含有变化的可能性；软技术是尽可能不含或少含个人特征和变化的可能性。

技能，即运用技术的专项行动能力。心理学认为，技能是通过练习获得的能够完成一定任务的动作系统（《中国大百科全书·心理学卷》），或者是个体运用已有的知识和经验，通过练习而形成的智力活动方式和肢体的动作方式的复杂系统（《心理学大词典》）。心理学的解释尽管显得客观科学，但也明确告诉我们：技能具有个人经验性，它属于人的主观能力，尽管它是源于某些客观依据而形成的。

技能是对技术的开显。这个见解强调了技能是在技术基础上形成的。但是，我们不禁要问：技能对技术是如何开显的？如果采用心理学对技能的解释，那么，技能对技术的开显就只能朝着个人化的操作方向来进行了。也就是说，技能是个人经验与技术的融合，是个性化了的技术。如果进一步对技能进行分类，那么技术分类无疑是技能分类的逻辑依据。如果技术分为科学技术和经验技术，那么，源于科学技术的技能即科学技能，源于经验技术的技能即经验技能。还有学者认

---

① 佚名. 姜大源教授报告会后记[EB/OL].（2011-03-08）[2015-06-21]. http://www.taodocs.com/p-112838420. html.

为，"技术是一种外在于人的客观力量，技能则是一种内在于人的主观能力"[①]。这个见解强调了技术是客观的，不会因为个人的理解或存储方式不同而发生变化，它缺乏拥有者的主体属性；技能则是技术的人为转化，会因为个人的存储而显得多种多样，它具有拥有者的主体属性。由此可见，技术是技能背后的稳定的"一"，技能是基于技术开显出来的、便于主体操作和应用的"多"。也就是说，技能是基于技术的应用能力。

根据上述讨论，我们发现在一个缺乏专业性或专业性程度较低的职业领域中，只存在职业技术和职业技能，而不会有专业技术和专业技能；在一个专业成熟或专业性程度较高的职业领域中，就会存在专业技术、专业技能、职业技术和职业技能。这四者的含义及其关联性，见表2-2。

表2-2 技术、技能与职业、专业的相互关系

项目	技术		技能	
	科学原理的操作化	实践经验的原理化	原理性技术的人为化	经验性技术的人为化
职业（无原理性知识）		职业技术		职业技能
专业（有原理性知识）	专业技术		专业技能	

为进一步直观揭示四者之间的区别与联系，我们可以建立一个坐标系，见图2-1。图2-1中把实践经验和学科知识分别视为经验原理和科学原理，二者由主观到客观构成"原理性"这一横轴；把技能和技术分别视为主观技术和客观技术，二者由主观到客观构成"技术性"这一纵轴。

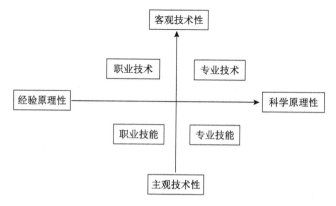

图2-1 教师技术技能的象限分布

---

① 转引自：姜大源. 2008. 职业教育：技术与技能辨[J]. 中国职业技术教育，（34）：1.

此外，一门专业或职业可能还有跨专业或跨职业的技术技能，这就是常说的通用技术和通用技能。

（二）教师职业技术技能的内涵

从理论上讲，教师职业实践应当涉及专业技术、职业技术、专业技能、职业技能以及通用技术和通用技能。但是，我国近百年的师范教育一直强调教师职业技能，近年来教师教育开始关注专业技能，业界和学界并没有讨论职业技术和专业技能，更没有讨论通用技术和通用技能。之所以会出现这种状况，主要有三方面的原因：一是过去很长一段时间没有人区分"技术"与"技能"这两个基本概念，将两者混为一谈，难以形成研究思路；二是教育属于人文科学和人文艺术的结合领域，是典型的软科学领域，缺乏客观硬性技术，普遍忌讳使用"技术"这一术语，倾向于使用"技能"这一术语；三是教师职业的专业性较低，专业不够成熟，专业技术和专业技能近似于无，加之职业技术含有令人忌讳的"技术"一词，于是乎就只能关注职业技能。笔者认为，教育领域和教师职业不应当避讳"技术"一词，虽然这里的技术并非硬技术而是软技术，但毕竟软技术也是技术。从职业的专业化发展看，唯有开显出足够的、令人信服的技术，才能提高职业的专业化程度，这是教师专业走向成熟的必由之路。

这里讨论的教师职业技术技能主要分为四类，即职业技能、职业技术、通用技术和通用技能。教师职业工作包含教育和教学两方面，因而这四类均包含教学性和教育性两个方面的技术或技能。笔者认为，从教师职业胜任的角度看，职业技能的作用比职业技术的作用更大。这是因为目前教师职业的专业化程度较低，专业技术和专业技能还没有开显出来，这就使得教师职业过度依赖基于教育实践经验而形成的职业技能，尽管其中的不少技能是具有教师专业性的（至于如何开显与提升，参见第三章的第二节"专业技术技能"）。相比而言，教师职业技术既源于职业实践经验，又过于技术化，操作起来就缺乏内涵空间、流于简单化操作，在职业实践中的作用自然而然就会受到限制。至于通用技能与通用技术谁的作用更大，则不能一概而论，其取决于教师借用它们来干什么：一些通用技能（如管理）可以用作主要方式并发挥主要作用，一些通用技术（如普通话）也可以用作主要方式并发挥主要作用。

教师职业技术技能有哪些项目？这是没有定论的。这里只能列举主要项目，见表2-3。

表 2-3 教师职业技术技能项目

类别		项目举例
职业技能	教学性	备课、上课、批改作业、教学管理、听课、评课
	教育性	班主任工作、家访、家校合作、校地联动
职业技术	教学性	粉笔板书、教学简笔画、教具制作与使用等
	教育性	
通用技术	教学性	普通话、钢笔字、粉笔字、毛笔字、多媒体、信息技术、英语
	教育性	
通用技能	教学性	交际、管理等
	教育性	

在表 2-3 中，我们明确列举了 22 项，这些项目是业界公认的项目。由表 2-3 可见，教育性技术技能相当缺乏，这有待于业界、学界进一步研究。

对于上述 22 个项目，需要把握它们在职业实践中的不同定位。其中，在职业技能上，由于教书育人是教师职业的核心工作，学科教学和班集体教育是主渠道，因而备课、上课、批改作业、教学管理和班主任工作技能是教师职业的核心技能；听课、评课则属于拓展技能，目的是通过借鉴同行的经验来进一步提高教育教学效果；至于家访、家校合作和校地联动，则属于辅助教育教学的拓展技能，目的是进一步争取家长和社会的参与配合。在职业技术上，教师职业的主要工作方式是口头表达、书面表达和教具演示，因而粉笔板书、教学简笔画、教具制作与使用是教师职业所采用的主要技术，并且这三种技术主要用于课堂教学之中。在通用技术上，教师借用普通话、钢笔字、粉笔字、毛笔字、多媒体、信息技术、英语，这些都有自己内在的原理性和操作规定性。就它们的使用频率和发挥的作用看，普通话、钢笔字、多媒体属于主要技术，粉笔字、毛笔字、信息技术和英语属于辅助教学的拓展技术。其中，粉笔字包含在粉笔板书之中，毛笔字的使用频率太低（可视为粉笔板书和钢笔字的拓展技术），信息技术课融入多媒体中使用，英语主要用于双语教学。在通用技能上，教师使用交际和管理技能，目的是开展师生交往和教育教学管理活动，而这两种活动均属于辅助教学，因而属于拓展技能。

进一步看，如果撇开逻辑分类，仅从教师职业实践所使用的频率与重要性来看，通用技术中的普通话则远远超过职业技能中的任何一种技能。因此，从实用效能看，也为了简便起见，我们需要对上述技术技能给予定位排序，见表 2-4。

表 2-4　教师职业技术技能的定位排序

定位	排序
主要技能	备课、上课、批改作业、教学管理、班主任工作
拓展技能	听课、评课、交际、管理、家访、家校合作和校地联动
主要技术	普通话、粉笔板书、钢笔字、教学简笔画、教具制作与使用、英语
拓展技术	多媒体、信息技术、毛笔字、粉笔字

三、教师的身心品质

教师职业是精神生产职业，它要求教师必须具有丰富完备的身心品质。

（一）身体健康

教师工作不仅是脑力劳动，也是体力劳动。教师每天面对学生群体，在课堂上精力高度集中，持续讲课两三节，既要满怀激情、精神饱满，又要时刻关注和回应学生，还要快速思考，及时处理各种问题。课间休息，有时需要与学生谈话，与同事交流，思考和回应各种问题。课后，教师得继续反思教学问题，或者尽快批改像小山一样堆在自己面前的学生作业，或者翻阅资料思考课程问题，或者抓紧备课、制课件、出考题，或者应对学校布置的其他任务，或者与家长交流，或者与学生交流，或者指导学生解决学习上的问题，等等。就这样，教师是忙碌的，工作负荷是较大的，工作任务永远没有结束的时候。教师的工作天天如此、周周如此、年年如此，没有松弛的时候，没有懈怠的可能，只有周而复始、永无止境的工作，满怀希望、永不停歇的生产，抖擞精神、永不间断的燃烧。

由以上可见，教师职业需要教师拥有强健的身体，具备良好的身体品质，主要包括：①身体健康，如少生病、形体匀称、站姿笔挺、坐姿端正、手脚灵活、行动敏捷、气色朗润、吃睡正常、爱好运动等。②声音洪亮，如发音清晰、声带优良、共鸣腔好、肺活量大、音量足，能用声音控制上百人的场面，能高声讲课一小时等。③耳聪目明，如目光清澈有神，能敏锐地发现异常细节，能快速辨别差异细节，能灵活扫视全场；听觉灵敏，能听清细微的声音，能听辨多种声音，能捕捉声音细节等。④充满活力，如精神饱满、待人热情、迎难而上、斗志高昂、生机勃发，能连续胜任多项工作，能轻松处理复杂事务，疲倦时稍做休息后能迅速恢复活力等。

（二）心理健全

"所谓教育，不过是人对人的主体间灵肉交流活动"，"教育活动关注的是，人的潜力如何最大限度地调动起来并加以实现，以及人的内部灵性与可能性如何充分生成，质言之，教育是人的灵魂的教育，而非理智知识和认识的堆积"。[①]教师职业是专注于灵魂生长的职业，教师必须具有完好的心理品质，主要包括以下十个方面。

1）心地善良，能理解人、体谅人、帮助人和团结人。

2）兴趣广泛，有好奇心、探究心和童心。

3）情绪平稳，情感高尚，能调控不良情绪。

4）性格开朗，乐观积极、热情主动、豁达爽朗。

5）意志坚定，能吃苦耐劳、工作勤奋、坚忍不拔、追求卓越。

6）友善平和，能胸怀坦荡，正直、公平、公正，勇于担当，乐于奉献。

7）敏感、耐心、细心、有责任心。

8）乐于沟通和交流，有服务意识。

9）情趣高雅，风格优美，有幽默感、审美情趣和育人理想。

10）热爱学习，有批判意识和创新精神，善于进行自我调整和自我完善。

（三）思维优良

教师每天需要面对学生群体，面对学生的各方面情况，需要及时辨别、判断和引导学生的各种言行，处理学生出现的各种学习问题，因而需要良好的思维品质，主要包括以下十个方面。

1）条理性，即思维上逻辑清晰、主次分明、连贯流畅；语言表达上要点明确、层次清楚、重点突出、前后连贯。

2）精准性，即思维上精练准确，不绕弯子，不含混，不啰唆；语言表达上简明扼要，抓得住本质、核心、关键，能突出重难点。

3）严谨性，即思维上细致周全、环环相扣、进退有据；语言表达上界定明确、逻辑严明，论证有力、推理适当、结论可信。

4）形象性，即形象思维能力良好；语言表达上善于描绘情境、渲染氛围、刻画形象、勾勒个性，能表情达意和传达神韵。

5）发散性，即发散思维能力良好，善于类比迁移、纵横联系、正反相关、全面关联，思维视野宽阔、思维速度流畅、思维角度多样。

6）综合性，即综合思维能力良好，善于把各种因素或要素组合成一个有机整体，具有全面、系统的思维能力，尤其是具有超时空、大跨度、大范围的重新组合能力。

---

① 雅斯贝尔斯. 1991. 什么是教育[M]. 邹进，译. 北京：生活·读书·新知三联书店，3-4.

7）辩证性，即辩证思维能力良好，善于应用对立统一、质量互变和否定之否定三大思维方法，具有事物是普遍联系、发展变化和对立统一的基本理念。

8）多元性，即多元思维能力良好，善于从多学科、多角度、多侧面进行思维，具有多元思维模式，能理解世界的多元性和复杂性。

9）批判性，即批判性思维能力良好，善于反思、质疑和重新建构，具有敏锐、独立和独特的批判意识，能审查已有的思维、观念、机制、习惯和事实基础，突破各方面的现有束缚。

10）创新性，即创新性思维能力良好，善于从新角度、新情境进行思维，应用新理念和新方式解决问题，能提出与众不同、更加完善的解决策略。

第四节　职　业　规　范

教师职业规范包括教师职业道德规范、教师形象规范、教学工作规范和教育工作规范。

一、教师职业道德规范

教育部于 1997 年发布、2008 年修订的《中小学教师职业道德规范》[①]有 6 条，即爱国守法、爱岗敬业、关爱学生、教书育人、为人师表和终身学习。2018 年，教育部印发《新时代中小学教师职业行为十项准则》[②]，该准则新增加了新时代的政治要求，并具体明确地规范了教师职业行为。为便于职前教师掌握这两个规范，笔者将它们整理合并为如下十条[③]。需要说明的是，原规范中的"为人师表"过于宽泛，几乎可以指全部职业道德规范，而"终身学习"则缺乏教师职业的独

---

① 教育部网站. 教育部　中国教科文卫体工会全国委员会关于重新修订和印发《中小学教师职业道德规范》的通知[EB/OL]. （2008-09-01）[2019-06-23]. http://www.moe.gov.cn/jyb_xxgk/gk_gbgg/moe_0/moe_1964/moe_2462/tnull_39978.html.

② 教育部. 教育部关于印发《新时代高校教师职业行为十项准则》《新时代中小学教师职业行为十项准则》《新时代幼儿园教师职业行为十项准则》的通知 [EB/OL]. （2018-11-08）[2019-06-23]. http://www.moe.gov.cn/srcsite/A10/s7002/201811/t20181115_354921.html.

③ 根据卓越培养需要，个别处增加了新的规范要求。

特针对性，是信息时代对人的普遍要求，故而删去了"为人师表""终身学习"这两条规范。

1）坚定政治方向。坚持以习近平新时代中国特色社会主义思想为指导，拥护中国共产党的领导，贯彻党的教育方针；不得在教育教学活动中及其他场所有损害党中央权威、违背党的路线方针政策的言行。

2）自觉爱国守法。忠于祖国，忠于人民，恪守宪法原则，遵守法律法规，依法履行教师职责；不得损害国家利益、社会公共利益，或违背社会公序良俗；维护祖国统一，加强民族团结；不参与封建迷信活动、邪教组织及其他宗教组织，不穿戴有宗教迷信色彩的服饰；严禁赌博、吸毒和违规信访。

3）传播优秀文化。带头践行社会主义核心价值观，弘扬真善美，传递正能量；不得通过课堂、论坛、讲座、信息网络及其他渠道发表、转发错误观点，或编造散布虚假信息、不良信息。

4）加强安全防范。增强安全意识，加强安全教育，保护学生安全，防范事故风险；不得在教育教学活动中遇突发事件、面临危险时，不顾学生安危，擅离职守，自行逃离。

5）言行雅正。衣着得体，语言规范，举止文明，作风正派，自重自爱；不得与学生发生任何不正当关系，严禁任何形式的猥亵、性骚扰行为；不准在校园内衣冠不整，不穿低领无袖、短、透、露和奇怪服饰，不佩戴耳环、戒指、手链和脚链等饰物；不说脏话、粗话，不吸烟；不随意指责、训斥和慢待家长；在工作时间，不做与工作无关的事情。

6）公平诚信。坚持原则，处事公道，光明磊落，为人正直；不得在招生、考试、推优、保送及绩效考核、岗位聘用、职称评聘、评优评奖等工作中徇私舞弊、弄虚作假。

7）廉洁自律。严于律己，清廉从教；不得索要、收受学生及家长财物，不得参加由学生及家长付费的宴请、旅游、娱乐休闲等活动，或利用家长资源谋取私利；不搞有偿家教，不为社会办学机构组织生源。

8）爱岗敬业。志存高远，勤恳敬业，甘为人梯，乐于奉献；认真备课、上课、批改作业和辅导学生。

9）关爱学生。尊重学生人格，对学生严慈相济，做学生的良师益友；保护学生安全，关心学生健康，维护学生权益；不准讽刺、挖苦、歧视、体罚和变相体罚学生，禁止强迫学生转学、退学、将学生撵出课堂。

10）教书育人。遵循教育规律，实施素质教育；循循善诱，诲人不倦，因材施教；培养学生的良好品行，激发学生创新精神，促进学生全面发展；不以分数作为评价学生的唯一标准。

二、教师形象规范

教师形象规范是教师职业对教师个人形象的基本要求，这些要求体现在教师的面目、服饰、身体和言行四个方面。

1）面目整洁，如脸面干净，无污垢，不邋遢，有精气神；发型端正，不夸张怪诞；不浓妆艳抹。

2）服饰雅正，如衣服周正高雅，不穿背心吊带、短裤短裙、拖鞋和奇装异服。

3）身体健康，如身体匀称，不臃肿，无残疾；运动自如，无疾病；站姿、坐姿端直。

4）言行文明，如语言雅正，说普通话，不说脏话、粗话、僻语；写规范字，不乱写乱画；行为端庄，进退有方，不急不躁，不慌不忙，无轻佻浮浪之举。

三、教学工作规范

教师的教学工作由教学准备、课堂教学、教学辅导和指导、教学评价及教学研究五个方面构成。

（一）教学准备规范

1）综合把握教材、课程标准和学生学情。具体包括：一是全面通读教材、课程标准，明确学段课程的总体目标与分段标准、总体内容与分段安排；二是总体把握学生的发展趋势及分段发展特点；三是深入理清各学段之间在多维度、多层面和多节点上的内在联系，能在教材、课程标准和学生学情三者之间建立相通相容的有机联系。

2）制订学段课程培养方案。学段课程培养方案包括全学段课程培养方案和学段分期培养方案两种形式，前者如幼儿全学段、小学全学段、初中全学段、高中全学段和大学全学段等课程培养方案，后者如各学段的低、中、高三段分期课程培养方案。该方面要求，一是明确全学段的培养目标、培养方式、课程资源、实施进程和培养效果测评指标，形成全学段的总体培养方案；二是具体明确学段分期的培养目标、培养方式、课程资源、实施进程和培养效果等测评指标，形成所在学段分期的具体实施方案。

3）提前撰写并熟悉课堂教案。具体包括：一是深入研读教材，把教材内容转译成学习化内容，如梳理出学习目标、学习重点、学习难点、学习起点、学习要点和学习过程等；二是联系生活实际，把教材内容转译成生活化内容，如把书面语言变成易听、易思的口头语言、情境语言和形象语言，用生活中的事例、案例、情境去解释、深化教材中的核心知识（如概念、命题、原理等），或者把教材中的核心知识用于解释和探索生活中的现象和问题，实现教材内容与生活的互相融合；三是查阅学科前沿知识，把最新研究成果转化成教学内容；四是了解相关教学改革及同行教学设计，借鉴和应用富有创造性的教学理念和教学方法；五是按单元课时设计教学容量，对教学内容进行取舍、整合；六是按课堂情境编写课堂教案，设计教学双边活动和具体进程环节。教案是教师心血的结晶，包含了教师个人智慧、教学设计技术、学科研究成果和教学实践经验，因而是具有教学生命力的固化文本。无数高级教师的教学生涯表明，教案一般需要提前1—2周完成，并且在上课的前一天和当天还要温习完善，使其烂熟于心，然后在课堂上才能得心应手、应对自如。

（二）课堂教学规范

1）统筹学生学习。教学不是教师的单边行为，而是要促进学生学习，因而每次课结束时要给学生布置课后作业和下次课程的自学任务，适时安排课外学习活动，确保学生的课余学习因人而异、分类分层、总量适度和形式多样。

2）抓好教学仪式。每次上课时师生起立互相问好，下课时师生起立互道"再见"，并且师生双方要严肃认真、声音洪亮。

3）遵循基本流程。有复习、导入、感知、理解、拓展、巩固和小结等基本环节。

4）优化施教行为。教师要面向全体学生，引领学生开展阅读、思考、表达、讨论、演练和展示等活动，有序、有效地调控课堂。

5）优化教学内容。教师既要立足课本，深挖学科内涵和把握学科前沿，也要向生活适度开放，密切结合生活实际和社会历史文化，重视对教学内容的活学活用。

（三）教学辅导和指导规范

1）准备内容。教学辅导和指导是教学工作的补救部分，要有针对性、计划性，要针对学生学习的薄弱环节和存在的重难点问题，科学地制订辅导和指导的实施计划，事前要深入研究学生的学习问题，并精心准备需要辅导和指导的学习内容。

2）过程环节。教学辅导和指导过程是师生之间点对点的交流互动过程，一般要有问询情况、揭示问题、分析原因、指导策略、辅助解决问题、深化拓展和归纳总结等基本环节。

3）过程行为。教学辅导和指导不是讲课，不仅没有时间长短的限定，而且通常发生在课外或课余的时间情境中，因而其过程行为具有灵活性。尽管如此，同样需要认真对待和规范实施，如时间长度和内容容量要适中，教师行为要具有引导性、支持性和交互性，不能随意而发、率性而为。

（四）教学评价规范

1）评价内容。教学评价包括即景性口头评价、作业评价和考试评价，但无论何种教学评价都应紧扣所要评价的具体内容和具体情境，依据明确且相对稳定的评价标准，给出准确、明晰的评价结论。在实践中，要摒弃那些只重视考试评价不重视作业评价，只重视书面评价不重视即景性口头评价等不良现象。

2）评价环节。教学评价是教师感知、研判和得出结论的过程，因而首先要有全面深入的感知过程，尽可能深入地把握所要评价的事实信息；其次要有全面比较的研判过程，尽可能地研判事实信息的真伪、水平和发展趋势；最后要有审慎的结论过程，尽可能地根据学生的内部心理与外部环境、过去情况与努力情况、个人特点与发展潜力、个人情况与班级情况等，适时得出引导性结论。

3）评价行为。教学评价是一种发展性评价，不是选拔性、淘汰性评价，因而教师的评价行为应有鼓励性、诊断性和引导性，即既要真实评价学生当前所达到的实际水平，也要尽可能地肯定学生的努力、进步和亮点，还要指出学生存在的问题、不足和努力方向，鼓励学生不断完善，并给予相应的建议。教学评价是一种基于专业理性的评价，因而必须杜绝基于私心、私利、私情的评价，如随心所欲的任性评价、有失公正的偏颇评价、囿于私心的功利评价、发泄私愤的讽刺评价和居心不良的打击评价等。

（五）教学研究规范

1）研究内容。教学研究是教学工作的提升，因而既需要研究如何掌握更多教学内容、实施规律和操作艺术，也需要研究如何弥补教师教学的不足或劣势，以及如何发挥教师教学的长处或优势，即教学研究内容包括学科、课程及教学，教师个人的教学不足或问题，以及教师个人的教学特色或教学风格等。

2）研究形式。教学研究形式包括教师个人反思研究、师生互动研讨、同行教师互动研讨、立项专题研究等。无论何种研究形式都需要明确研究流程，如搜集筛选问题、提炼研究题目、查阅整理相关研究文献、深度思考并提出新见解、应用于教学实践并获得新的体验和收获等。

3）研究行为。教学研究行为是以问题为导向的探究行为，无论是个人探究、人际互动探究，还是小组集体探究、网络远程探究，都需要明确探究的问题起点、内容范围、路径方式和达成目标等。在实践中，要摒弃那些缺乏探究特点的研究行为，如分配任务和完成任务式的研究行为、拉郎配式地组建研究小组、东拼西凑式的研究写作、表演式的研究讨论等。

四、教育工作规范

教师不仅是学科教学者，也是教育工作者。作为教育工作者，教师首先要明确自己的全面育人责任，充分利用校内外全时空，以全面内容和全面样式去开展育人工作；其次，教师要明确自己的学科育人责任，重点做好学科教学的育人工作。此外，教师随时可能兼任班主任，因而还需要明确班主任的教育工作责任。由此可见，教师的教育工作规范主要由三部分构成，即全面育人规范、教学育人规范和班主任工作规范。

（一）全面育人规范

全面育人不是一句空话，它要求全时空、全内容和全样式地育人，简称"三全"育人。

1. 全时空育人

全时空包括校内时空和校外时空。校内时空指学生在学校内部所涉及的时间和空间，其中，校内时间指学生每天从进校门到出校门的全程时间；校内空间指学校内部的所有场所，如教学区、行政区、生活区、运动区和园林绿化区，以及走廊、过道、角落和墙壁等。校外时空指学生在校外所涉足的时间和空间，通常指学校周边、家庭生活、社区生活、社会实践活动和网络媒体等环境。

（1）校内时空育人规范

1）环境规范。主要要求有：一是绿化美化校园、维护校园完全、爱护校园卫生；二是建设校园文化，如建文化墙、标语、标志和各类园地，定期更新校园文化内容；三是维护校园功能区规范运转，如教学区无吃东西、喧哗、追逐等现象，行政区无娱乐、抽烟、吵闹等现象，生活区无兜售东西、吵架、打架等现象，运动区、通道无被占用和堆放杂物等现象，走廊、过道、角落和墙壁等无破损现象；四是营造校园育人氛围，如建设板报、报栏、橱窗等；五是指导学生开展各类文体活动，包括文体的训练活动、比赛活动和演出活动等。

2）秩序规范。主要要求有：一是维护教学秩序，不随意改变教学计划，不私下调课，严把学生请假关；二是维护公共区域秩序，如进出校门、上下楼梯、食堂就餐等秩序，防止学生拥挤混乱；三是维护公共活动秩序，如师生集会、文体赛事等活动秩序；四是遵循作息规律，如上课不提前、不拖堂，辅导不占用学生吃饭和休息时间。

3）人际规范。主要要求有：一是注重教师之间合作互助，对同事一视同仁，不搞亲疏有别，不拉帮结伙，不打听同事私事，不猜疑和议论同事，不争强好胜、斤斤计较、独行其是，多尊重、体谅和协商；二是注重师生之间平等民主，尊重学生人格，对学生一视同仁，不因学生贫富、美丑、优劣等给予区别对待，重事实、讲道理、明是非，以理服人，不压制和打击学生；三是注重学生之间团结互助，不赞成学生独来独往和明哲保身，反对学生拉帮结伙、以强凌弱，消除不良的非正式群体；四是注重干群之间尊重配合，不巴结领导，不藐视、对抗领导，常怀公心，尊重领导安排，最大限度地配合领导开展工作。

4）仪表规范。主要要求有：一是讲究校园文明规范，着装朴素雅致，不穿奇装异服，不穿过于暴露的衣裤，不穿拖鞋、短裤；二是讲究个人卫生，面容整洁，发式端庄自然，不留怪异、夸张的发型，不化浓妆、艳妆；三是讲究姿态端正，坐姿、站姿端庄自然，步姿端直轻缓，不弯腰驼背、歪身斜步；四是讲究风度得体，举手投足恰当，目光平稳，表情愉悦，态度谦逊，待人有礼，不慌张惶惑、东张西望和冷漠傲慢。

5）言行规范。主要要求有：一是言语平和，有条理、分寸，不偏激、凌乱和冷漠，不装腔作势、粗暴凌厉；二是言行得体，适合对象、情境，辩证地看待问题，不破坏他人兴致，不打击他人自尊心；三是有口德，不说粗话、脏话，不骂人，不污蔑人，不讽刺、挖苦人，不说人坏话；四是有正气，不损人利己、偏私偏信，不两面三刀、阳奉阴违，不打击报复、拉帮结伙；五是有底线，不破坏社会规范，不损害公共利益，不说反动话、悲观话和丧气话。

6）课堂规范。主要要求有：一是教师精神饱满、神情专注、心无旁骛，不倦怠恍惚、不接打电话，及时管理和制止学生东张西望、说悄悄话、睡觉、玩手机等不良行为；二是师生说普通话、写规范字，不说方言土语，不乱写乱画；三是教师关注全体学生，定期巡视课堂，巧妙调控课堂，不趴在讲台上，不斜靠讲台、门窗和墙壁，不粗暴制止学生的不良课堂行为，不发怒中断教学进程；四是上下课仪式规范，课堂活动井然有序，学生进退举止有方。

7）三操规范。三操指学生眼保健操、早操和大课间操。主要要求有：一是教师及时到位，提前整顿秩序，切忌迟到、早退，切忌对懒散现象视而不见；二是教师跟操，督促学生认真做操，切忌人在现场而不发挥组织管理作用；三是教师巡视全场，切忌一直在讲台或主席台上，切忌现场看手机、与同事交头接耳或高声谈论；四是教师要及时发现异常情况，处理各种偶发事件，切忌反应迟钝或置之不理。

8）仪式规范。仪式指晨会、大会和开闭幕式的程序及形式。主要要求有：一是教师提前到场，做好准备工作，组织或等候学生入场，切忌迟到或踩点到场；二是教师模范履行程式要求和遵守会议纪律，切忌不跟唱校歌、国歌，切忌东张西望、交头接耳、随意走动、大声说笑，切忌做与会议无关的事，切忌溜号或早退；三是肩负管理职责的教师要组织学生有序入场、退场，会议期间维护好纪律，及时提醒或纠正学生不符合会议要求的举动，切忌对学生的异常行为和异常情况视而不见。

（2）校外时空育人规范

1）净化周边环境。教师主动了解和联系学校周边的社会部门、企事业单位、社区人员和家长等，净化周边环境，消除各种隐患因素，减少周边环境对学生发展的阻碍和负面影响，增强周边环境对学生的正面影响和促进作用。

2）指导家庭教育。教师主动联系家长，了解学生的家庭教育情况，与家长沟通和交流并提出相关建议，发挥家庭教育对学生健康发展的促进作用。

3）协调社区生活。教师主动协调学生所在社区力量，为学生参与社区生活提供力所能及的帮助和便利，发挥社区组织和环境对学生发展的促进作用。

4）支持社会实践。教师主动联系和争取相关企事业单位为学生的社会实践提供帮助和便利，组织、带领和指导学生开展社会实践活动，充分发挥社会实践对学生的教育作用。

5）规约网络媒体。教师主动管理学生的上网行为和对手机的使用，引导学生正确认识、管理自我，及时净化不良心理因素，消除网络和手机对学生精神的危害。

2. 全内容育人

全内容指学生发展的全部内容，包括思想政治、道德品行、法制法规、行为习惯、心理健康、劳动、审美、生态环境、交往合作、创新创业、终身学习和人文科学精神等方面。

1）思想政治教育。教师要把握学生的思想政治动态，旗帜鲜明地反对西化政治思潮，用民族历史、革命故事、改革成就、生动事例和亲身经历来阐明正确思想，一以贯之地坚持马克思列宁主义、毛泽东思想、邓小平理论、"三个代表"重要思想和习近平新时代中国特色社会主义理论，树立中国道路自信、理论自信、制度自信和文化自信，培养学生的社会主义核心价值观，鼓励学生奋发向上、艰苦奋斗，努力成为实现伟大"中国梦"的建设人才。

2）道德品行教育。教师要关注学生的道德品行，教育学生明大德、守公德、严私德，通过谈论、讨论、辩论、演讲和讲座等多种形式，引导学生树立正确的是非观、善恶观、价值观、美丑观、道义观、荣辱观、真伪观、权利观和义务观，把社会主义核心价值观作为立身之本，鼓励学生在生活实践中刻苦锤炼、修身养性，努力达到中小学生道德规范的十大基本要求：爱家爱校爱祖国，尊老爱幼懂感恩，言谈举止要文明，守纪好学求上进，勤俭节约爱劳动，诚实守信勇改错，助人为乐重友情，宽以待人善沟通，团结合作会分享，从容自信有尊严。

3）法制法规教育。教师要有意识地渗透法制法规教育，给学生普及法律知识，讲解法律案例，让他们了解我国宪法的基本精神，懂得我国法制基本思想，知道我国现有法律构成体系，知晓与学生生活相关的法律规定，逐步养成知法、懂法和守法意识，自觉遵守法律法规和规章制度。

4）行为习惯教育。教师要重视行为习惯教育，针对学生的学习习惯、文明礼貌习惯和生活习惯等现状，有计划地制定行为习惯培养重点和培养标准，组织学生对标完善，定期检查、评比和反馈，持之以恒地推进。

5）心理健康教育。教师要关心学生心理健康，教给学生心理健康知识、技巧，培养学生的健康心态和心理健康素质，指导学生学会自己维护心理健康。与此同时，教师要营造有利于促进学生心理健康的环境氛围，对学生出现的心理问题及时进行疏导和排解。

6）劳动教育。教师要重视培养学生的劳动意识、劳动习惯和劳动技能，根据学生的特点和环境条件明确劳动项目，制订班级劳动计划和学生个人劳动计划，定期组织进步评比，协同家庭和社会力量为学生劳动创造条件，不断培养学生对劳动的成功感和自豪感。

7）审美教育。教师要重视培养学生的审美素养，利用学科、生活、思想和环境等渗透美的理念，引导学生广泛认识社会美、环境美、行为美、语言美、健康美、智慧美和人格美，组织学生在文体活动、校内外生活实践中体验美，鼓励学生在学习和生活中创造美。

8）生态环境教育。教师要有意识地渗透培养学生的生态环境素养，让学生认识环境，懂得人与环境的关系，明确环境的生态特征，了解当前环境危机和环境治理，树立爱护环境、建设环境和美化环境的意识。

9）交往合作教育。教师要有意识地渗透培养学生的人际素养，重点培养学生的交往合作意识和能力，使学生在课内、课外和校外生活中学会交往与合作，让学生体会到交往与合作的重要意义，并乐于同他人交往与合作。

10）创新创业教育。教师要有意识地渗透培养学生的创新创业素养，让学生了解创新创业案例，知晓创新创业的含义和意义，具有创新创业意识，确立自立自强的人生理念，鼓励学生尝试开展创新创业活动。

11）终身学习教育。教师要有意识地渗透培养学生的终身学习素养，让学生了解终身学习的成功案例，理解终身学习的基本含义，懂得终身学习的重要意义，树立终身学习意识，掌握终身学习的基本策略，享受终身学习的快乐。

12）人文科学精神教育。教师要有意识地渗透培养学生的人文科学素养，让学生了解中西方人文精神和科学精神，接触中西方人文和科学的思想大家及经典著作，理解新时代所需要的人文科学精神，养成自觉提高自身的人文科学素养的意识和愿望。

3. 全样式育人

全样式，即与全时空、全内容相匹配的多样化育人方式。之所以叫全样式而不是多样式，就在于样式需要全面匹配全时空和全内容，需要全面覆盖从教到学、从掌握到建构的全部区域。具体来说，从"教"的角度看，主要有传授、引导、转化、训练、管理和评价等方式；从"学"的角度看，主要有认知、感染、分布、体验和升华等方式；从"掌握"的角度看，主要有感知、理解、巩固和应用等方式；从"建构"的角度看，主要有情境、探究、合作和活动等方式。综合起来，现就教师个人需要采用的样式，本着择要择新的原则，简述五种育人样式。

（1）分布式教育

教师实施全面育人，首先应具有统筹优化理念，采用分布式教育样式。分布是指把教育内容设置在教育的空间、时间、活动和细节等形式之中。主要要求有：其一，总体分布优化，即教育内容在空间场景、时间阶段和过程节点上的总体分布具有逻辑性和适宜性；其二，空间分布全面，即教育内容全面覆盖学生的学习、生活、交往和实践等空间，不留空白和死角；其三，时间分布全程，即教育内容以主题为单元，按照时段特点和彼此协同的原则统筹分布在课内、校内、校外等时段；其四，过程分布优化，即教育过程包含开始、递进、高潮和结尾等环节，具有逐渐深化、重点突出和环环相扣的特点；其五，细节分布精当，即教育内容的细节精要恰当，具有极强的阐释力、感染力。

（2）引导式教育

育人的关键不在传授，而在引导。引导的含义是启发引领，使学生乐于跟随教师前进。一般来说，引导式教育包括环境引导、认知引导、行为引导和情感引导。

1）环境引导，主要是通过环境的营造来发挥引导作用，如前所述，这里不再重复。

2）认知引导，主要包括揭示认知冲突，引发内在认知动力；创设情境，引导身心沉浸、感知体验；发现问题，引发探究兴趣和探究活动；组织交互活动，引导交流、合作；归纳强化，引导形成良好的认知结构；拓展应用，引导培养复杂的智慧和实践能力。

3）行为引导，主要包括：晓之以理，教师引导学生深入认识不良行为；动之以情，教师关心和帮助学生，引导学生改进行为；示之以行，教师身体力行给予示范，引导学生跟随学习；持之以恒，教师持续关注，引导学生长期坚持。

4）情感引导，主要包括：疏导不良情绪，化解心理症结；用爱心浸润学生，用书籍丰富学生的内心世界；用高尚人物、伟大事件感染和震撼学生，提升学生的思想境界；组织开展多种活动，引导学生服务他人、乐于奉献，在实践体验中不断培养美好情感。

（3）感染式教育

育人的最佳效果是润物无声，最巧妙的方式是感染。感染是通过某种方式引起他人相同的情绪和行动，实质上是情绪的传递与交流。相对于灌输式、疏导式、启发式教育，感染式教育更具有情境性、感化性和浸染性。据此，可把感染式教育分为情境教育、感化教育和浸染教育。

1）情境教育。主要要求有：其一，创设情境，如采用文学、美术、音乐、舞蹈、戏剧、影视等手段，创设故事情境、活动情境、案例情境等；其二，融情于境，如把教师的思想、情感、体验等融入其中，把情境中的情趣、情绪、情感渲染出来、展现出来；其三，陶醉其中，如引领学生感受境中情、体验情中境，融于其中、化于其中，达到忘我、无我的境界；其四，领略意味，如与学生一道在情境中品味教育旨趣，领悟真善美。

2）感化教育。主要要求有：其一，把准感化点，如针对学生的心灵创伤、思想迷茫、冷漠、自私、狭隘和虚伪等；其二，把握感化时机，如瞄准学生的危难处境、人际冲突、思想困顿等时刻；其三，应用感化技巧，如感化时语言精辟、富有情感、意味深长等；其四，提高感化力，如用高尚人格、宽广胸怀、无私关爱和持续行动等去感化学生。

3）浸染教育。主要要求有：其一，教育环境全面优化，如物质环境、人文环境、制度环境和精神环境协调一致、彼此呼应，既定期更新，又一以贯之；其二，育人氛围全面深入，如宣传氛围、学习氛围、学术氛围和文化活动氛围等，各种氛围有声有色、有形有序、有滋有味；其三，教师行为表里如一，能带动学生追求高雅、爱好广泛、勤奋向上和乐于助人，能温润学生的心灵，对学生行为产生潜移默化的影响；其四，艺体活动丰富多彩，如语言类、表演类、音乐类、美术类和体育类等，对于各类活动准备精心、安排有序、氛围热烈、高潮迭起；其五，活动情感丰富，能使学生产生向往、景慕和激情等体验。

（4）转化式教育

育人的难点是转化。教育领域的转化是教育者通过教育途径或手段促使学生由后进状态向先进状态的转化，或者说由困顿瓶颈状态向自由发展状态的转化。由此可见，并非学困生才需要教育转化，优生同样需要教育转化。两相比较，学困生的转化是脱贫济困、脱胎换骨般的转化，需要培根输血、护体理疗；优生的转化是去芜存真、除旧布新般的转化，需要固源浚流、接新引远。

转化式教育的主要要求有四点。

1）提高认识。教师职业是转化人的职业，教师终其一生都在转化各种各样的学生。为此，教师要提高对学困生和优生的认识。

所谓学困生，并非仅指学习困难生和品行困难生，在学校中还有健康困难生、劳动困难生、审美困难生、交际困难生和个性困难生等。学困生是自然存在的，任何人都有长短优劣，任何人的人生发展都有顺风顺水与困难困顿的时候。教师的天职不是择优而教，而是长善救失，转化学困生是教师的本职工作。能否成功地转化学困生，不仅关系到学生一生的幸福，而且关系到教师的职业信誉和职业成就。面对学困生，教师不应该退缩、嫌弃、放弃、嘲讽、刁难和打压，不应该急躁、生气、发怒、伤心和难过，而应当泰然处之、悠然待之、欣然助之，以博大的胸怀包容他们，以超然的情怀款待他们，以良好的心态与他们交流和交往，要有耐心、细心和反复转化的思想准备。

所谓优生，即学生群体中的优等学生。优生是相对的，表现如下：一是在不同群体中，优生可能不优；二是在不同情境中，优生可能不优；三是在不同时段，优生可能不优；四是在不同发展领域，优生可能不优；五是在不同测评系统中，优生可能不优。优生也是自然存在的，无论在何时、何地、何种情境，也无论在何种发展领域和测评系统中，总会有人成为群体中的优生。面对优生，教师应持有平常心，对他们不偏爱、偏信和偏袒，依然把他们视为发展中的人，视为需要教育引导和不断进步的人。因为优生只是一个相对概念，在优生身上同样存在这样或那样的不足和缺点。面对优生，教师不应当沾沾自喜、引以为荣，不应当被晕轮效应（即"一俊遮百丑"）所蒙蔽，不应当忘记长善救失这一教师天职，而应当冷静对待、深谋远虑，以宽阔的情怀、伟大的事物和扎实的历练去引导他们走得更远、飞得更高，要有精心、倾心和卓越转化的思想准备。

2）全面理解。

对于学困生，教师要理解他们的烦恼、愿望，不能被其诸如冷漠、玩世不恭和不在乎的表面现象所迷惑；要理解他们的困因，把握困因的类别、性质、状态，分清现实原因与历史原因、社会原因与家庭原因、他人原因与本人原因、生理原因与心理原因、持久原因与暂时原因等；理解他们的现实处境，关注其生存环境、人际关系、内心感受，把握困境的复杂性；理解他们的努力付出，肯定他们的优点、长处，肯定他们的点滴进步和向善向美的心灵。

对于优生，教师要理解他们的焦虑、压力，不能被其诸如优点、成绩和乐观向上等表面现象所迷惑；理解他们的缺点和不足，把握这些缺点与不足的类别、性质、状态，梳理其形成原因；理解他们的现实处境，关注其生存环境、人际关系、内心感受，把握他们的心理状态和发展状态；理解他们的努力付出，肯定他们的优点、长处，认识到他们还有发展上升的空间。

3）找准着力点。转化过程是一步一步生成的，通常是由点成线、由线成面、由面成体来实现的。为此，转化需要找准着力点。

一是不同发展时期有不同的着力点。人的发展是有轨迹可循的，在不同时期有不同的发展需要和发展时机。无论学困生还是优生，每个学生都处于发展之中，有发展，就有困境点和困顿时。可以说，学生或者说人总是处于困境、困顿之中的。转化教育就是帮助学生走出困境、困顿，就是找出致困的关键因素，并引导和帮助学生解决。如果教师了解学生的现状和心态，就能找准导致学生陷入困境的因素是什么，这即是我们所说的转化的着力点。一个好的着力点不仅对于学生来说是最需要的，在现实环境中也应该是可行的，当然也应该是行之有效的。

二是对不同人有不同的着力点。人的发展需要和发展状态是千差万别的，比如，同样是品行转化问题，但导致学生品行不良的关键因素是存在差异的，有的是家庭因素，有的是社会因素，有的是伙伴因素，有的是心理健康，有的是思想认识，有的是性格习惯，有的是特殊事件或特殊经历，等等。

三是不同任务情境有不同的着力点。人是在现实情境和任务操作中发展的，因而同一任务情境对于不同人而言会出现不同的困境点和困顿时，同一个人在不同任务情境中会遭遇不同的困境点和困顿时。教师在确立转化的着力点时，要充分考虑着力点会因为任务情境的不同而发生变化的可能性，要善于洞察任务情境与着力点的适配度，防止着力点与任务情境出现错位现象。

4）多措并举。转化教育是一项复杂的工作，需要全面统筹、多措并举。一般来说，需要做好四个方面的工作。

一是融洽关系。对于学困生，教师要主动接近，经常关注，与他们建立经常性的联系、交流和互动，设身处地地给他们排忧解难，把简单的事务性工作委托给他们去完成，让关爱像源源不断的泉水滋润他们封闭或冷漠的心灵。对于优生，教师要定期抽查、关注和交流，引导他们向前、向远、向宽和向高发展，把复杂、多元的事务性工作委托给他们去牵头，让信赖和期望扎根在他们的心底，像胶水那样筑牢师生关系。

二是扶持鼓励。对于学困生，教师要发掘他们的闪光点，帮助或扶持他们发展自己的优势长项，创设条件、机会让他们扬长避短，鼓励他们更新自我，增加他们的成功体验，提振他们追求上进的信心。对于优生，教师要鼓励他们走得更远、看得更多、想得更深、做得更好，要创造时机让他们扬长，也要抓住时机让他们补短，支持他们进一步历练和完善自我。

三是优化环境。教师要善于化解学生个人与伙伴群体之间的矛盾，帮助他们与身边同学建立融洽的关系，与家长建立和谐的关系，鼓励他们团结人、帮助人，学会与人为善、乐于助人，师生双方共同努力营造良好的发展环境。

四是补短历练。无论学困生还是优生，都需要弥补自己的短板，教师要有计划地安排项目或提供机会，引导他们自主历练、持续完善，下决心吃苦耐劳、再接再厉，不断磨炼勇气和毅力。

（5）升华式教育

升华是低级状态向高级状态的跃迁，是良莠杂陈状态向精华状态的纯化。教育领域的升华是教育者通过集中而强烈的教育形式，使学生迅速剔除精神杂质和摆脱低级精神状态，焕然一新地跃入更加高级的精神状态。与引导教育、感染教育和转化教育相比，升华教育更富有力量性、机缘性和极致性。所谓力量性，即震撼人的心灵或灵魂；所谓机缘性，即依赖于某种可遇而不可求的心物契合；所谓极致性，即产生极大、极深的影响。

升华是难能宝贵的，许多人终其一生也未能有一次升华。对学生而言，升华教育是可遇而不可求的，无论其置身于多么高端的学校中。对教师而言，升华教育是可设而不可求的，无论教师终其一生对教育多么努力、对学生多么负责。但是，我们不得不说，缺乏升华的灵魂注定是平庸的，缺乏升华的学校教育注定是失败的；平庸的教师不知道升华教育为何物，卓越的教师则不断创设升华教育。

升华教育是震撼灵魂的教育，是实现灵魂纯化和跃迁的教育，因而它有四个特征。一是爆点性，即受震者需要遭遇爆炸性的场面、事例、话语和人物等；二是震场性，即受震者需要契合心态的情境氛围；三是震荡性，即受震者持续产生思想波动和自我蜕变；四是纯化性，即受震者自我净化并进入全新状态。据此，要达到升华式教育，要求教师做好以下工作。

其一，精选爆点。一个好的爆点，往往一触即发，会对人的灵魂产生巨大的、意想不到的震撼效果。比如，当年在日本学医的鲁迅观看日俄战争短片，短片中有中国人替俄国人当探子，结果被日本人抓住杀头，一群中国人却围观了拍手称快。这个场面成了震撼青年鲁迅的爆点，并在他的思想深处发生了经久不息的震荡，他从此弃医从文，立志疗救国人的麻木灵魂。以此为例，教师要想升华学生的灵魂，就应当针对学生的思想特点和发展需要，紧扣时代主题和社会危机，融合民族历史文化，选取劲爆、生动的感官素材，使其成为可能震撼学生的教育爆点。

其二，预设震场。震场，即孕育思想爆炸的历史文化境脉、社会生活场域和特定情境氛围。一个好的震场，既契合爆点所包含的思想"炸药"，成为爆点爆发的温床，又契合受震者的精神本性，于冥冥之中召唤受震者这个主人翁出场。仍以鲁迅为例，日俄战争短片中的特殊场面之所以成为青年鲁迅思想转变的爆点，就在于彼时彼刻有一个特定的震场：近代中国饱受列强欺凌，民穷国衰，国民麻木，热血青年漂洋过海到异国他乡寻求救国救民之道。这样的震场恰恰契合了短片内容，契合了鲁迅救国救民的精神本性。以此为例，教师需要预设震场，平时要持续培养学生的天下意识、危机意识和担当意识，使他们成为随时遭遇震场的主人翁；要设置特定情境，使其富含思想性、审美性和具身性，把时代危机、生活戏剧和自身关切等要素融入其中；要把握相遇时机，把特定情境氛围置于学生思想情感涌动的端口，使之与学生陡然相遇。

其三，关注震荡。震荡，即受震者所产生的心理冲突和动荡。学生受震后的心理震荡，主要包括情绪震荡、情感震荡和思想震荡，一波接一波，反复持续较长时间。为此，教师需要关注学生的震荡程度、变化方向和发展进程，及时给予关心、抚慰和帮助，体谅他们复杂微妙的内心变化，陪伴他们走过幽深困苦的泥泞小道，鼓励他们攀登峰回路转的成长天梯。

其四，引导纯化。震荡之后是沉淀和净化。教师需要引导学生重新审视自己的精神世界，剔除原有的思想杂质；重新定位自我，找到可借鉴的资源、平台、榜样和建议；重构自己的精神世界，尽快步入更纯、更高的境界。

总之，以上五种样式适合不同的教育转化需要，教师可综合应用。

（二）教学育人规范

学校教学基本上是按学科内容分门别类组织起来的，因而所谓教学育人，也可以说是学科育人，即在学科教学中培育人。正如赫尔巴特首次揭示的那样，教学必然具有教育性。今天看来，这无疑仍然是非常正确的。因为教师的本职工作是育人，教师的所有工作归根结底都是在育人，只不过由于现代教育制度实施分科教学，教师变成了所谓的学科教师。但是，学科是领域，教师是身份，教师是在学科领域中从事育人工作，履行教师育人职责的。因此，每一名教师，就其实质而言，不是教学科的，而是用学科教人的。也就是说，教学育人是教师的本分，是教师的根本职责。据此可以说，不懂教学育人的教师是不合格的教师，不实施教学育人的教师是不称职的教师。

在今天的中小学和高校，还真是有不懂教学育人和不实施教学育人的教师，而且这两部分教师的数量为数不少。为什么会出现这些为数不少的教师？主要有三个原因：一是传统的师范教育重视学科教学，轻视学科育人工作；二是我国学校的应试教育思想严重，普遍把学科成绩作为教师业绩和学生评优与升学的主要依据，至于育人工作，说起来重要、做起来次要、临考时就不要，直接导致一部分教师对学科育人职责的放弃；三是教育学这门学科不够成熟，对学科育人的研究不多，未能给教师提供本真指导，教师如何教学育人长期受多方面因素的影响。

关于教学育人这个大命题，由于缺乏教育学和学科教学论的研究讨论，我们这里只能提出一些基本要求，仅供职前教师参考。

1. 明确学科育人目标

学科育人是基于学科、借助学科来培养人的身心品质和行为，其培养过程是一种涵化过程，其培养方向是把一个普通人变成学科人。学科人主要有三方面的特点：一是对学科感兴趣；二是能掌握学科特定方式，尤其是学科思维；三是在情感、理念和品行方面具有学科特点，符合人类进步发展的需要。据此，可以确定学科育人的五大目标维度。

1）学科兴趣。兴趣是最好的老师，是学习的最佳动力。同样，学科兴趣既是学科教学成功的起点，也是学科育人推进的起点。培养学科兴趣包括：①培养学科兴趣点，如在学科领域中学生比较感兴趣的某个故事、人物、概念和实验，或感兴趣的某些文章、情境和活动等；②开展学科兴趣活动，如开展学科知识、实验、实践等方面的活动；③培养学科兴趣品质，如学科兴趣从被动性变为主动性，从功利性变为纯粹性，从浅表性变为深入性，从易变性变为持久性。

2）学科方式。学科方式是学科存在的基本标志，也是学科育人的核心内容。一门学科是由系统的知识和技能构成的，学校教学也是不可能将所有内容教给学生的，因而只能选择基本的、精要的知识和技能进入教材。当教师和学生面对学科教材时，他们直接面对的是教材呈现的学科知识和技能，于是便把教学注意力放在学科知识和技能上，普遍忽略了学科方式。像这样只见树木不见森林的教学，其结果往往是学生掌握了大量的学科知识和技能，却没有养成观察、处理事物或问题的学科方式，因而仍然是学科的"门外汉"。为此，教师需要明确学科方式的内涵，从学科方式的角度来统筹学科的知识和技能，纲举目张地实施学科教学。何谓学科方式？简单地说，学科方式即是学科观察、处理事物或问题的角度、思维、工具和手段。其中，学科角度指学科观察、处理事物或问题的着眼点和探究方向，包含了学科的研究旨趣；学科思维指学科观察、处理事物或问题的思维方式，它是学科存在的核心标志和学科育人的核心内容，主要包括学科的概念、命题、判断、推理、原理、公式以及思维类型、思维模型和思维体系等；学科工具指学科观察、处理事物或问题时所使用的器具，包括仪器、媒介、模型和量表等；学科手段指学科观察、处理事物或问题时所使用的技术、技巧、方法和措施等。

3）学科情感。学科情感，即学生对学科满足自身需要的心理体验，它产生于学生形成学科兴趣和掌握学科方式之后，对学科的学习、应用和研究具有深入持续的推动作用。学科情感包括：①自我满足感，如学科给学生带来控制感、自由感、成功感、价值感、愉悦感和效益感等；②大我成就感，如学科渗透的国家情怀、民族情感、乡土情结和社会主义核心价值观等；③超我实现感，如学科释放的自由感、审美感、探索感和创造感等。在教学实践中，如果学生不能获得自我满足感，就不会有学科情感；如果学生缺乏大我成就感，就不会学得更好、走得更远；如果学生未能体验到超我实现感，就不可能形成学科愿景和终身学习愿望。

4）学科理念。学科理念，即有关学科的理性观念。学科理念是经过长期观察、体验、分析和总结而逐步形成的，是对学科本质规律的认识和学科价值的把握，反映了主体个人对学科的态度。可见，学科理念应包括：①学科的哲学观，如学科的本质、规律，学科与世界、人的关系，学科的利弊，学科的发展，等等；②学科的价值观，如学科在历史、文明、道德、实用、美学和人学等方面的价值；③学科的实践观，如学科在社会实践、生产实践、生活实践和科学研究等方面的观念，以及个人对学科的依赖、信任和奉献等态度。

5）学科品行。学科品行，即基于学科学习、应用和研究所形成的德性、品质和行为，是学科兴趣、学科方式、学科情感和学科理念等经过整合沉淀、持续固化和外化显现所形成的身心素养。其中，学科德性包括增进人类福祉、促进人类进步、繁荣社会文明、促进人的发展和改善生态环境等；学科品质包括求真、求善、求美、持续改进、追求卓越等研究学习品质，以及谦逊、朴素、勤奋、顽强、勇敢、慎思、吃苦耐劳、耐得住寂寞、经受得住挫折等个性品质；学科行为包括具有学科德性品质的实验、实践、人际互动、生产和研究等行为。

2. 找准学科育人结点

在工程学中，结点即构件之间相互联结的地方。借用这一概念，我们可以发现学科育人中有很多联结点。这是因为学科育人是一项系统工程，需要把不同方向和领域的构件联结成为一个整体，故而存在纵横交错的诸多联结点。

从纵向看，上述五大育人目标存在递阶生长、交互生长和螺旋生长的关系，其中，学科兴趣是起点，学科方式是基础，学科情感是根，学科理念是内核，学科品行是嫩芽，在同一时期，它们的许多内部要素相互作用、彼此促进生长，在多个时期，这种交互生长不断循环上升，因而就某个目标要素或某个目标维度而言，存在多向、多阶和多轮生长的联结点。

从横向看，上述目标与课程标准、教材、学生学情、社会生活、民族文化、学校环境等因素之间存在不同程度的匹配、支撑和制约关系，其中，育人目标要匹配课程标准、教材和学生学情，融合到课程标准、教材和学生学情中去，而社会生活、民族文化、学校环境则要支撑或制约育人目标，课程目标可能需要做出适当的选择和调整，因而课程目标与这些要素之间的联结点就显得十分重要。

由以上可见，教师需要找准三类联结点：一是此目标与彼目标的联结点，做好目标点的定位分析，把握目标之间的区别与联系；二是此目标与课程标准、教材、学生学情的联结点，弄清楚课程标准是如何表述、怎样要求的，教材有哪些相应的支撑内容，学生学情与目标点之间有哪些差异等；三是此目标与社会生活、民族文化和学校环境的联结点，分析目标是否符合这些因素的规定性要求，有哪些具体因素能支撑或丰富目标的内涵。

3. 丰富学科育人内涵

我国学校长期以来之所以出现学科育人低效无力，缺乏学科育人目标是首要原因，更为重要的原因是学科育人的内涵过于单薄，其中有不少教师擅长教知识、讲教材、解习题，但在学科育人上却办法不多、路径不明、着点漂浮，不知道何以育人。要解决这一问题，只能由教师自己去不断丰富学科育人的内涵，舍此别无他法。

一般来说，丰富学科育人的内涵有三种策略：一是提升教师的学科素养，具体可围绕学科育人目标先让自己逐一达标，如培养自己的学科兴趣、学科情感，提炼并掌握学科方式，总结和明确学科理念，亲身历练学科品行；二是拓展教师的科学文化知识，如学习并掌握教育学、心理学、社会学、哲学、美学、文化学等人文学科知识，以及与所教学科邻近、相关联的跨学科知识；三是内化社会生活、民族文化和时代政治知识，如了解时代政治要求、社会生活潮流、民族文化传统等方面的知识，通过收集、整理、分析、领会和体验等过程，与自己的人生理念、教育理念、职业目标融合起来，使之成为自己的知识。总之，教师需要明白学科育人的内涵不是写在纸上的，而是存储在教师灵魂之中的，教师唯有随时挥洒自如地面向学生，学科育人过程才可能如诗如画般地灵动生成，学科育人才会充满魅力。

4. 做全做实学科育人活动

我国学校的学科育人工作长期以来主要集中在知识育人和技能练习上，尤其是在应试教育背景下很少开展学科育人活动，学生普遍在学科领域局限于"知"，鲜有将"知"付诸"行"，化之为"性"，炼之成"品"。众所周知，无"行"的"知"未必是真知，因为这样的"知"不过是纸上学来的，唯有付诸行动才会有真实体验，才会有真情感、真思考和真探索，才能在所"知"之中获得大量的细节和情境，"知"才能融入自我生命之中而变成"真知"。可以说，做好学科育人活动实则非常重要，它至少关系到学科育人的真实性和实效性，这也是为什么说缺乏育人活动的教学是虚假教学和低效教学。当然，不排除当今学校有不少教师知道要开展学科育人活动，甚至还有部分教师一直在实施学科育人活动，然而，知道者并不一定能实施，实施者并不一定能完整实施。因而，这里有必要讨论两个问题，即学科育人活动的完整性和做实性。

关于学科育人活动的完整性，鉴于教育学界并未讨论，这里提出三点建议。一是从学科育人的目标维度出发，全面规划学科育人活动，使每个目标维度均有由浅入深、由低到高的系列化项目；二是从学生的学段递升出发，使由浅入深、由低到高的系列化项目相应地分布到由低到高的学段系列上去，实现学科育人活动项目的系列化划分和学段化分布，方便各学段直接选取所要开展的活动项目；三是从学生学情、学校环境条件和教师的个性出发，对所选活动项目做出适当调整和安排。

关于学科育人活动的做实性，笔者建议：学校和教育行政部门要加大学校标准化建设力度，确保学生班额、教师数量、教学设施设备条件达到国家或省级标准，为教师做实学科育人活动提供必要条件；教师做实学科育人活动，要像知识课那样，做到精心设计、团队研讨、同行互评、学生参与，更重要的是学校管理者要根据规划课时将其计为教师工作量，与知识课同等对待。

（三）班主任工作规范

长期以来，我国实施德育为首的教育方针，从教育部到各级各类学校均十分重视班主任工作。目前，一是有教育部于 2009 年印发的《中小学班主任工作规定》[①]，二是业界出版了数种《班主任工作指南》《班主任工作手册》，三是各级各类学校制定了各具特点的班主任工作管理考评制度，因而可以说我国学校普遍建立健全了班主任工作规范。但是，审视这些不同层面和各具特点的规范，可以发现存在三方面的不足：一是缺乏学情意识，只笼统地提出班主任的工作职责和工作事项要求，没有把这些职责和事项要求与班级学生的发展进程结合起来；二是班主任工作定位不当，过于重视班主任对学生的组织管理职责，而对学生的指导促进职责重视不够；三是表述缺乏操作性，明确了做什么，没有明确何时做、怎么做和做到什么程度。为此，我们有必要对班主任工作规范予以重新讨论和梳理。

班主任工作的基本属性是确立班主任工作规范的逻辑依据，在重新梳理班主任工作规范之前，我们需要讨论班主任工作有哪些基本属性。

首先，班主任工作是以学生发展为中心的工作。班主任是学生的班主任，是为学生发展服务的专门工作者，这就决定了班主任工作必须基于学生发展、适配学生发展和为了学生发展。如果班主任工作无视学生发展进程，就会变得无的放矢，也就违背了从实际出发的工作原则和因材施教的教育原则。

其次，班主任工作是落实学校教育指令的工作。班主任是学校的班主任，是学校选聘并落实国家教育要求及学校教育指令的专门工作者，这就决定了班主任工作及其规范必须符合国家教育要求、适配学校环境氛围和指令节奏。如果班主任工作无视学校环境氛围和指令节奏，就会变得脱离组织、缺乏大局意识，就会违背班主任工作在学校教育中的定位原则。

再次，班主任工作是全面综合的工作。在全面性上，班主任肩负着班集体的全面组织、管理和建设，学生个人的全面管理、教育和指导，学校教育指令的全面落实，以及同行联系、家校联系和社会联系的全面协调。在综合性上，班主任肩负组织、管理、建设、教育、指导和协调六大职责。具体情况是：组织综合，如组织班委、团委、小组、活动社及转化非正式群体等；管理综合，如管理安全、卫生、纪律、学习、出操、教室、寝室、学生关系、班级活动和班级财务等；建设综合，如建设班规、班训、班貌、学风、班风、干部队伍和班级特色等；教育综合，如思想政治、道德品行、行为习惯、心理健康、人际关系、法制法规、劳

---

① 教育部. 教育部关于印发《中小学班主任工作规定》的通知[EB/OL]. （2009-08-12）[2019-06-23]. http://www.moe.gov.cn/srcsite/A06/s3325/200908/t20090812_81878.html.

动、审美和环境等方面的教育；指导综合，如指导环境适应、人际关系、心理调适、课程学习、人生发展、自我管理和自我教育等；协调综合，如协调生生关系、师生关系、班级关系、现场活动和校内外联系等。

最后，班主任工作是复杂动态的工作。班主任工作的复杂性来自四个方面：①学情复杂，如学生个人情况复杂多样、班集体情况复杂多样；②环境复杂，如学生家庭环境复杂、学校环境复杂和社会环境复杂；③教育内容复杂，如德、智、体、美、劳全面发展所涉及的诸多内容复杂；④教育要求复杂，包括学生要求、学校要求、家长要求、社会要求和国家要求等。班主任工作的动态性来自五个方面，即学生个人动态发展、班集体动态发展、学校动态发展、社会动态发展和教育动态发展。

从上述四个基本属性可以看到，班主任工作是立德树人的专门工作，事关学生的前途命运和国家未来公民或人才的质量，因而首先要求教师践行先进工作理念和具备高尚人格，其次要求做好常务常规管理服务工作，最后要求教师一以贯之地做好班级发展建设工作，即适时跟进并引领学生发展，全面指导促进学生逐步实现自我管理和自我教育。据此，我们把班主任工作规范梳理成三个方面，即理念与人格践行规范、班集体常务工作规范和班集体建设工作规范。其中，根据班集体发展分期，班集体建设工作规范又分为班集体初期建设工作规范、班集体中期建设工作规范和班集体后期建设工作规范。

1. 理念与人格践行规范

（1）班主任的先进教育理念

1）学生主体。学生是自身发展的主体，是班集体的主人。相对而言，班主任是为学生个人和班集体服务的人，是引领和支持学生发展和班集体发展的人。因而，班务和班级活动是学生自己的事务，理应由学生策划、讨论、决定、践行和享用，教师不能包办代替和发号施令，而只能发起、指导、促进、参与、协同、评议和分享。教师在学生和班集体面前并无特权，不可高高在上、我行我素，更不可表现出一副不依靠学生的样子，这样做无异于自动脱离学生群体，自动与学生隔绝。相反，教师应把自己视为班级所有平等人员中的首席成员，事事、时时依靠学生，与学生商量，让学生帮自己分忧解难，发挥学生的主体作用，让学生在教师面前有价值感，使师生关系更加密切。当然，学生经验不足，也许会办不好事情，但这不是班主任包办代替和发号施令的理由，因为即便办不好也是一种必要的学习经历，多一份经历就多一份成长，毕竟过程比结果更重要，成长比结果更重要。

2）自教自管。自教，即自我教育；自管，即自我管理。一个好班主任不仅要善于教育管理学生，而且要善于通过教育管理学生来逐步实现学生的自教自管。正如叶圣陶在论述语文教学时说的，教就是为了不教。同样，班主任教育管理学生的最终目的也是不教育管理学生，即最终实现学生的自教自管。如果没有这一理念，班主任就会一味地强调发挥自己的教育管理作用，甚至认为离开自己，学生就不会顺利发展，班级就会变得散、乱、差。事实上，那些注重引导学生自教自管的班主任，他们的工作在前期推进缓慢、效果不佳，但育人就是这样不见其增却日有所长，及至中后期学生的自教自管能力逐步形成，班主任工作就日渐轻松起来了。我国首批特级教师魏书生的实践表明，学生一旦养成自教自管的能力，班级教育教学在有教师和无教师的情况下不会有多大差别。比如，魏先生曾身兼数职，是语文教师、班主任、校长和县教育局局长，并且不少时间在国内四处讲学，他本人并非全程守在学校或班上，那些慕名而去的人不时只能在他的班上观摩学生自己组织的新课学习。这个事实表明，培养学生自教自管能力的作用是巨大的。

3）民主公正。民主，即给予学生自主权，尊重学生建议权，发挥学生参与权，尽可能地多让学生讨论、听取学生意见和集思广益。公正，即以事实为准绳，以制度为依据，对事不对人、一碗水端平、一视同仁。班主任要依靠学生，让学生发挥主体作用，培养学生自教自管的能力，就必须确立民主管理和公正待人的理念，否则，依靠学生就无从谈起，学生的主体作用就发挥不出来，自教自管能力也培养不起来。

4）正面教育。正面教育，即着眼于学生发展，发掘学生的积极性、进步性，激发学生正能量的教育。正面教育能使人看到希望、受到激励，在不知不觉中产生上进心理，减少或消除不良心理。班主任坚持正面教育，就是要用正面事例阐述正面道理，营造正面舆论，发掘正面力量。唯有如此，才不至于轻易否定或打击学生的积极性，才能最大限度地团结、激励和引导学生，进而不断积蓄有利于学生个人和班集体健康发展的正能量。

5）集体教育。集体教育，即在集体中利用集体力量来改变和激励个体的教育。人是群居动物，具有从众心理，其动力来自群体，压力也来自群体。青少年更是如此，他们在集体中喜欢比、学、干、帮、超，具有良好的动力机制，很容易接受教育。然而，一旦进入家庭或个人独处的环境中，就可能会变得随遇而安、随心所欲、随随便便，或者懒散无力、不思进取，甚至难以教育。班主任坚持集体教育，就是要时刻把自己和学生置于集体之中，时刻直面集体，与集体同呼吸、共命运，用集体的荣誉、道义、利益和舆论等因素来约束、感染、改变和激励每个学生。

6）言传身教。言传，即教师通过语言、行为所进行的教育，通常含有苦口婆心、煞费心思、竭尽所能之意。班主任工作具有全面综合性、复杂动态性，常常需要班主任全力以赴并使出浑身解数，该说教的人、事、物、境，就必须说教，甚至还要说尽说透。然而，仅有说教是不够的，最重要的是带头行动，用行动来感染、感召学生，把他们带入不得不跟从的情形中，迫使学生改变自己并行动起来。因而，身教比言传、言教更有力度，实效更佳。

7）因材施教。集体中的学生千差万别，他们的兴趣、个性、特长、理念和人生经验等各有特点，他们的发展模式、发展速度等也不尽相同，因而在客观上需要因材施教。班主任坚持因材施教，一是要尽可能地考虑每个学生的特殊需要、特殊发展和特殊情况，使"特例"变得更精彩；二是要审慎权衡"特例"是否等于班级特权，是否有违班级公正，使"特例"变得更理性。

8）活动化人。活动，即班集体活动，包括校内外开展的课程活动、文体活动和社会实践活动等。化人，即对人予以感化、浸化、融化和转化，使人发生潜移默化的变化。学生只有通过集体活动才能展露性情、敞开心扉，彼此间才能交流互动、增进了解、心有所感、情有所悦，进而形成共同情感、共同心理，成员之间声气相通。班主任要高度重视班集体活动，不仅要全面规划、精心策划，把所有学生带入活动中去，而且要善于发掘活动的教育意义，引导学生从中获得新知识、感悟新情意、形成新能力和建构新行为，充分发挥活动的化人功能。

（2）班主任的高尚人格

1）作风正派。其包括思想正、品行好、作风实、认同度高。其中，思想正指世界观、政治观、是非观、人生观和价值观高度契合中国主流社会要求；品行好指守法纪、重道德、讲诚信，具有良好的社会公德、职业道德和家庭美德；作风实指说实话、办实事、生活朴实、为人谦逊、注重实效等；认同度高指在一定范围内得到好评，口碑好。

2）热爱学生。苏霍姆林斯基说过："对孩子的热爱与关怀，是一股强大的力量，能在人身上树起一种美好的东西，使他成为一个有理想的人，而如果孩子在冷漠无情的环境中长大，他就会变成对善与美无动于衷的人。"[①]班主任热爱学生，一是关怀学生，即把学生装在心中，时刻关注学生的际遇得失，时刻为学生做好服务准备，时刻料理好班级事务，至少不会出现对学生情况一无所知或知之甚晚，不会出现在知道后不心动、不行动，不会因为延迟处理班务而给学生带来不便和烦恼；二是帮助学生，即为学生提供适时、适当的帮助，包括在思想、学习、人际和经济等方面的帮助；三是谅解学生，即面对学生的失误、错误和逆反，不生气、发怒、指责、训斥、打压、报复和厌弃，能认真听取学生的解释、述说和申述，能包容、原谅和理解学生，并给予学生鼓励，寄予希望；四是信任学生，即相信学生有发展前途、会努力向上、能诚实变好，相信学生有善良之心、美好之情、良好愿望和闪光之处，并托之以事、任之以职和委之以命；五是严格要求学生，即不溺爱、纵容学生，对学生提出"跳一跳可达标"的发展要求，并严格落实、常抓不懈，体现师爱的严肃性和高远性。

3）风格高尚。风格，即风度、品格。高尚，是指高级的趣味、情趣和人性。

---

① 转引自：李明新. 2017. 别忘了教师的核心素养[J]. 北京教育，（3）：26-27.

风格高尚是指做人、做事的风度品格脱离了低俗趣味，没有人的劣根性，体现出高雅、纯洁、高远、宽阔和谦逊等高级品位。班主任风格高尚，就意味着没有私心杂念，不计较、算计、捉弄和伤害学生；待人谦让宽容、自制力强，能与学生友好相处；心胸宽阔、目标高远，能带领学生走得更远、飞得更高；有奉献精神和创新精神，能引导学生取得卓越成就和实现人生价值。

4）为人师表。为人师表，即教师给学生树立道德和学问的表率。陶行知曾把"师范"解释为学高为师、身正为范，认为只有学识渊博、行为端正的人方能做教师。在当今社会多元化发展、网络普及程度高、独生子女较为普遍、学生主体意识强和中国努力建设创新型国家的情况下，班主任教师应努力使自己成为学生的求真之师、人本之师和创新之师。求真，即做真人、真事和真学问，这个真不仅是科学之真，也是心理之真和价值之真。人本，即以人为本，包括尊重人、重视人、了解人、理解人、团结人、帮助人、促进人、发展人、热爱人和探索人等。创新，包括学习创新、知识创新、思维创新、生活创新和实践创新等。

5）爱岗敬业。爱岗是感情投入，包括喜爱、扎根其中、融入其中，能从中发现兴趣、获得乐趣、发挥特长、取得成功和收获价值等；敬业是一种限定责任，包括肃然面对、全力以赴和无限信赖，要求自己对业务工作决不草率从事、敷衍了事、随随便便，必定尽最大努力、创最大效益、达最佳境界，更为重要的是，无论职业如何发展变化，决不贬损、轻视、嫌弃和变换自己的职业。班主任爱岗敬业，不仅可以最大限度地发挥班主任的工作潜能，为学生提供最佳的服务，给学生树立热爱生活、献身事业和追求卓越的人格榜样，而且可以让班主任本人精神焕发、充满活力、富有创新，游刃有余地面对复杂工作，进而在职业追求及专业发展上日新月异，不断取得新突破和新成就。

2. 班集体常务工作规范

班集体常务工作，即班集体日常运转的事务工作。一般来说，如何处理班集体常务工作，班主任会遇到三个问题：一是班集体常务工作涉及面广、头绪繁多，需要班主任耗费很多精力去处理；二是极大部分的班集体常务工作周而复始地出现，需要班主任把握每天、每周和每学期必须处理的工作；三是人的时间和精力有限，需要正确处理常务工作与高质量发展工作之间的精力分配问题。在时间和精力上，如果过于重视常务工作，难以将主要精力放在学生个性发展和班集体特色发展上，那么学生和班集体的高质量发展必将受到影响；如果不重视常务工作，班集体运转、凝聚力和整体氛围将很快出现问题，那么就谈不上学生个性发展和班集体特色发展了，学生个人和班集体的高质量发展自然也就没有了希望。

笔者认为，解决上述三个问题，需要班主任抓好关键性常务工作，需要梳理每天、每周和每学期必须处理的繁杂工作，需要在班集体发展的前期把常务工作做扎实，以便在中后期有更多的时间和精力做好高质量发展方面的工作。①每天常务工作包括：到班级巡查学生出勤情况、学习状态、教室卫生、班貌班风等；到操场、食堂、寝室督察学生出操、就餐和就寝情况；检查学生卫生轮值情况、作业完成情况；检查学生到校和离校情况；随时处理偶发事件。②每周常务工作包括：拟订周工作要点；升旗仪式到场督查学生；综合各方面情况准备好班会课；有计划地开展与个别学生谈话。③每学期常务工作包括：制订班集体学期工作计划；每两周召开一次班干部会议；每月更新一次教室布置、园地、板报和橱窗；召开一次家长会；组织学生参加学校各项竞赛活动或大型活动；有计划地联系科任教师、学生家长，及时了解并沟通学生情况；期末做好学生评定评优、学期总结、假期安排和离校事务。

3. 班集体建设工作规范

初期，即初步发展期，包括初建期、动荡期和稳定期。一般来说，初期指小学一、二年级，初一年级和高一年级。总体说来，初期班集体由散乱状态向有序状态发展，各种规范由建立到动荡再到稳定，集体凝聚力逐步增强，因而整个时期需要完善和强化集体常规，下大力气抓好班集体常务工作。

1）初建期。任何一个刚组建的新班，如果不经过一两个月的初建期的发展，则难以成为有组织、有秩序和能正常运转的班集体。在初建期，班主任需要重点做好六个方面的工作。第一，了解组织学生，主要包括：尽快熟悉学生，如每天记住几个学生的姓名、样貌和其在教室的座位（或寝室床位），简单了解他们的特长、爱好；根据学生特点，初步安排学生在教室的座位、寝室床位和学习组别。第二，组建班团委。根据学生的档案信息、态度和交流介绍，初步指定临时班干部、团干部，2—3周后再组织全班学生民主选举产生新的班干部、团干部。班主任在学生民主选举期间，一不干扰学生选举，二不发表任何推荐意见或带有倾向性的意见，选举结果照单全收，但应保留对班干部、团干部的调整权。第三，拟订班级目标。与班干部、团干部讨论制订班集体发展的近期目标和远期目标，初步形成后，由班干部、团干部组织全班学生开展小组讨论、寝室讨论和全班讨论，多次反复修订后由班主任审定发布。第四，制定班规制度。组织学生学习校纪校规，重点讨论学生守则，结合班级目标，提出班级制度初案；由班干部、团干部组织学生广泛讨论班级制度初案，并搜集、整理、修改意见；班主任审阅学生提出的意见，并与不同层面的学生讨论；师生达成一致意见后，由班主任发布即将试行的班规制度。第五，建立班级常规。根据班规制度，针对具体事务细化具体要求和流程，初步形成班级常规；在学生讨论修改、师生达成一致意见后，由班主任审定，由班委、团委组织实施。班级常规通常包括教室值日、寝室值日、三操、课堂、自习、就餐、就寝、劳动、小组活动、课程作业、班会和参加学校会议等方面的常规。第六，指导学生适应学校生活。教师解读校纪校规，明确安全、学籍、考试和纪律处分等方面的要求；介绍校内场馆、设施设备及使用要求，以及校外周边环境及注意事项；介绍课程安排、科任教师、学习规律；介绍学校大型活动，明确活动规律、学生参与及相关准备事项；组织学生参加生活专题交流会，邀请科任教师和高年级学生到班交流；介绍学校校史、办学理念和办学成就，重点介绍学校领导、组织机构和杰出校友。

2）动荡期。班级常规建立后，需要学生去执行、体验、认同和内化。然而，这个过程是一个痛苦的过程，他们必须打破原有的心理行为模式来适应新的班级常规，就像牛犊首次被戴上笼头那样，与班委和班主任发生冲突自然是不可避免的。在动荡期，班主任需要坚定意志、有耐心和细心、驾驭全局、反复博弈，并重点做好五方面的工作。第一，违纪处理。处理策略包括：调查违纪事实，师生共同确认；温习校规、班级常规，严格落实有关处理标准；说理教育，与当事人共同讨论形成处理意见；责成违纪学生写出自我检查，促进其反省、改正；在班集体中公布事情原委及处理结果，严重者由违纪学生当众检讨，特别严重者促其家长到校并报学校处理。第二，干部培训。有针对性地开展干部群体培训和个别培训，培训内容包括学生干部的角色意识、服务意识、思想境界、理解水平和管理能力等，以及现场组织能力、关键作用的发挥、干部之间的团结合作、干部与普通同学之间的关系处理等。第三，思想教育。有针对性地开展班会教育、组群教育和个别教育，教育内容包括情感教育、纪律教育、道德教育、人际教育和个性教育等。第四，心理疏导。有针对性地开展个别疏导和集体疏导，疏导内容包括环境不适、人际危机、学习困难、挫折遭遇、郁闷烦恼、情感偏差、狭隘自私和违纪受惩等不良心理。第五，班级活动。有针对性地组织开展校内校外活动，活动内容包括文体娱乐活动、竞赛活动、主题教育活动、郊游活动和社会考察活动等。

3）稳定期。动荡后的班集体将进入沉寂稳定时期，那些在冲突中遭遇失败、惩罚和挫折的学生开始变得老实、沉闷起来，而这些学生恰恰是班集体中最活跃、躁动和有能力的人，也是最需要关注和关心的人。稳定期风平浪静，教师正好可以深入学生、关心学生；稳定期孕育新的征程，学生开始适应班级常规，但离认同和赞同还有距离，因而班主任需要进一步发挥引导和促进作用，重点做好三方面的工作。第一，诊断学情，主要包括：有计划地开展个别谈心，把握学生的思想动态和心理症结；针对重点对象，全面分析其过去、现状和发展趋势，把握其行为、态度、习惯、状态、水平、特长和不足；全面梳理学生的思想性格、兴趣特长和发展方向，为学生提供建议，对全班学生进行分类、分层。第二，引导发展，主要包括：根据学情诊断，组建学生兴趣小组；引导学生个人制订中期发展计划；引导班委、团委制订班集体特色发展计划；引导班组制订活动计划和考评细则；针对计划需要和活动安排，提供人、财、物等方面的支持，搭建交流展示平台；等等。第三，落实目标，主要包括：宣示展出各类计划；定期对实施进展进行检查和交流；定期对取得的成效进行评比和交流；定期进行总结交流和展示汇报。

中期指小学三、四年级，初二年级和高二年级。班集体在经过初期之后，开始进入个人发展和班级特色发展的轨道，各种新情况、新问题迎面而来，发展是如此复杂缓慢，学生开始变得烦难浮躁。在发展期，学生个人特长和班集体特色开始建构生长，其结果势必会产生分化。在分化期，学生的思想、能力和品行等开始出现方向、类别、层次等方面的分化，他们之间的差异和差距将进一步加大。可见，班集体的发展中期实际上可细分为浮躁期、发展期和分化期。在浮躁期，班主任要引导学生改选班干部、团干部，调整学习小组，调整座次，修订班级常规，尤其要继续强化班级常规，开启行为规范和思想矫正的第二轮博弈。当然，这次博弈的范围、强度和时长与动荡期相比就差远了，不过是小范围、低强度和短时间的博弈而已。短期博弈是不可避免的，但更重要的是教师要提供引导和帮助，一者引导学生在品行修炼、成绩提升、特长发展和短板修补等方面加大投入力度，为班集体特色发展做出贡献，在集体发展中获得成长；二者要提供必要的帮助，如氛围营造、技术指导、团队协助和关心关注等。唯有引导发展，通过新目标、新愿景和新努力才有可能顺利度过浮躁期。在发展期，班主任无须过于重视班级常规，甚至可以把班级常规的标准下调到最低限度，以便师生把更多精力投入到学生个人和班集体的特长特色发展中去，班主任的主要任务就是关注、关心和及时提供引导、指导。在分化期，由于学生之间的差距越来越大，班主任的主要任务是强调团结、合作和互助，适时开展班团小组活动和参加学校大型活动，让学生切实体会到集体力量，避免个人主义膨胀和班集体凝聚力遭到削弱。

后期，即发展的全面成熟与结束阶段，具体包括调整期、成熟期和临别期。具体而言，后期指小学五、六年级，初三年级和高三年级。调整期，即班集体在经过中期阶段后，需要全面调整发展的宽度、高度和力度，整合各方面力量，发挥业已形成的优势；成熟期，即学生个人与班集体开始自主、稳定和高速地发展，在各个领域、各种场合频繁出彩、走向卓越，班风班貌焕然一新，并充满活力，集体运转自如且形同一人；临别期，即毕业分别来临，惜别之情日渐浓郁，美好的班集体永驻心中，并成为一世精彩的传说。在整个后期阶段，班主任要善于从事务工作者转向宏观引导者，无须再亲力亲为，只需要抽查了解、顺势而导。其中，在调整期教师要引导学生再次改选班干部、团干部，调整学习小组，调整座次和修订班级常规，重点引导学生自由组合、自定目标和自主努力，为参加各种展示竞赛做好准备，为争取更多环境支持做好协调；在成熟期教师要引导学生反复锤炼本领，尽可能多地迎接学校和社会检阅，学会在迎接检阅的过程中成长；在临别期，教师要引导学生珍惜友谊、理性惜别和控制冲动，要求班干部、团干部继续发挥骨干带头作用，直到全班学生顺利毕业、安全离校。

─────────── 第三章 ───────────

职前教师卓越培养的专业标准

专业标准是建立在职业标准基础上并具有学科原理性的高级标准，是衡量职业操作的科学性、成熟度和发达度的核心指标。教师专业标准即教师职业的专业标准，它规定了教师素质的专业知识、专业技术技能、专业品质和专业美质。教师专业标准是否健全，不仅关系到全体教师的专业发展水平，而且直接关系到教师专业的成熟水平和社会声誉。

随着福利国家的诞生，教师职业在 20 世纪中叶成了一门公共福利专业，并在 20 世纪 80 年代后期开始出现专业化浪潮。在美国，20 世纪 80 年代的一系列报告，如卡内基报告、霍姆斯报告等，纷纷提倡教师教育专业化，并在 90 年代达到教师教育专业化高潮。[①]1996 年，国际劳工组织和联合国教科文组织在巴黎会议上通过《关于教师地位的建设》，明确提出：教师工作应被视为一种专业，它是一种要求教师经过严格训练而持续不断地学习研究，才能获得并保持专业知识和技能的公共业务。[②]同年，第 45 届国际教育大会以"加强变化世界中教师的作用"为主题，再次强调：通过给予教师更多的自主权和责任提高教师的专业地位；在教师的专业实践中运用新的信息和通信技术；通过个人素质和在职培养提高其专业性；保证教师参与教育变革以及与社会各界保持合作关系。[③]

在中国，《中华人民共和国教师法》（1993 年）规定："教师是履行教育教学职责的专业人员。"《教师资格条例》（1995 年）和《〈教师资格条例〉实施办法》（2000 年）要求必须具备相应的学历、普通话水平、教师职业道德和教育教学实践经验等才能认定教师资格。2011 年，教育部颁布《教师教育课程标准（试行）》（教师〔2011〕6 号），次年颁布《幼儿园教师专业标准（试行）》《小学教师专业标准（试行）》《中学教师专业标准（试行）》，2013 年颁布《中小学教师资格考试暂行办法》（教师〔2013〕9 号）。2015 年，中国开始实施基于专业标准和教师教育课程标准的教师资格全国统一考试。

由以上足见，教师专业是一个相当年轻的专业，其专业化历史不过 30 年左右。难怪有人说教师专业是一个不成熟的专业，或者是半成熟的专业。我们认为，正因为如此，才需要进一步探索建构教师专业标准。当前，探索建构教师专业标准具有重要的现实意义。一是可以弥补我国中小学教师专业标准的不足，毕竟教育部颁布实施的这个标准只是合格标准或底线标准，不适合教师专业持续发展和卓越发展；二是引领中小学教师破解专业发展危机，这个危机便是教师角色的专业特征被严重遮蔽，教师工作的专业勇气和专业智慧严重流失，教师本人的专业意识和专业自信严重受损，教师难以成为教育教学王国里探索的主人。

本章讨论教师专业标准，讨论的基本理路是：从专业的角度看，教师的专业性体现在专业知识、专业技术技能、专业品质和专业美质等四个方面，其内涵是极为丰富的。其中，专业知识是专业的核心基础，专业技术技能是专业成熟的主要标志，专业品质和专业美质是专业声誉的基本保证。

① 周钩. 2015. 美国教师教育理论与实践[M]. 北京：北京师范大学出版社，67.

② 转引自：魏建培. 2011. 教师学基础[M]. 北京：清华大学出版社，31.

③ 赵中建，译. 1997. 国际教育大会第 45 届会议的建议[J]. 外国教育资料，（6）：4-9.

第一节　专　业　知　识

拥有一套独特的知识体系是一种职业成为一门专业的首要条件。因此，教师知识（即教师拥有和运用的知识）是教师专业区别于其他专业的核心基础。教师有哪些种类的知识，有什么样结构的知识，如何获得与运用知识，这些问题直接决定了其专业水准的高低。

对教师知识的研究发端于 20 世纪 60 年代末期，盖奇（N. L. Gage）在其主编的《教学研究手册》（*Handbook of Research on Teaching*）中以"教师知识及其如何发展"为标题，首次提出了"教师知识"这一概念。随后，施瓦布（J. J. Schwab）提出了"实践性样式"，这一术语对后来教师的实践性知识的研究产生了重要的影响。①20 世纪 80 年代，美国掀起了教师专业化运动，艾尔巴兹（F. Elbaz）、舍恩发表了对教师的实践性知识的见解，舒尔曼（L. S. Shulman）、格罗斯曼（P. L. Grossman）发表了对教师学科性知识的见解，就此形成了实践性知识和学科性知识两大研究取向。到 90 年代，实践性知识研究取向逐渐占领上风，加拿大学者康内利和克兰迪宁提出了教师的"个人实践知识"，马克斯·范梅南提出了教师的"教育机智"，这一研究取向延续到了 21 世纪的今天。

我国对教师知识的研究开始于 20 世纪末期，衷克定等在《论教师知识结构及其对教师培养的意义》一文中首次提出了"教师知识"这一概念②，辛涛等从教育心理学的角度把教师知识分为本体性知识、实践性知识、条件性知识和文化知识③。进入 21 世纪，叶澜等从教师专业发展角度把教师知识分为普通文化知识、专业学科知识、一般教学法知识、学科教学法知识和个人实践知识④，石中英从缄默知识的角度论述了教师知识⑤，陈向明等论述了教师的实践性知识的专业发

---

① 康晓伟. 2012. 当代西方教师知识研究述评[J]. 外国教育研究，（8）：84-91.

② 衷克定，申继亮，辛涛. 1998. 论教师知识结构及其对教师培养的意义[J]. 中国教育学刊，（3）：55-58.

③ 辛涛，申继亮，林崇德. 1999. 从教师的知识结构看师范教育的改革[J]. 教育研究，（6）：12-17.

④ 叶澜，白益民，王枬，等. 2001. 教师角色与教师发展新探[M]. 北京：教育科学出版社，237.

⑤ 石中英. 1998. 当代知识的状况与教师角色的转换[J]. 教育研究，（6）：53-58；石中英. 2001. 缄默知识与教学改革[J]. 北京师范大学学报（人文社会科学版），（3）：101-108；石中英. 2001. 缄默知识与师范教育[J]. 高等师范教育研究，（3）：36-40.

展作用①、构成要素②、知识论基础③和作为教师知识分子的属性④，钟启泉通过对日本学者的系列访谈探究了实践性知识的内涵和特征⑤，刘清华出版了我国教师知识研究方面的第一本专著《教师知识的模型建构研究》⑥，一批博士论文研究了教师个人知识⑦和教师的实践性知识的生成机制。21世纪20年代，我国对教师知识的研究进入多元化状态，学者先后研究了教师专业知识结构的开放性认知模型⑧，教师知识研究的生命取向⑨，教师学习取向的知识建构框架⑩，教师知识研究的实证化、视角多元化和本土化趋势⑪，教师知识的身份与立场⑫，教师的情绪性知识⑬，等等。

纵观上述研究发展过程，我们可以得出这样几个结论：①教师知识由学科性知识、实践性知识和情感性知识三大部分构成，这三部分知识都对提高教师专业性具有重要作用；②教师知识具有身份性和本土性特征；③国内外在21世纪以来更加重视研究实践性知识，生命取向和情感性知识正在成为未来的研究趋势；④教师知识的研究出现了一个悖论，即注重学科性知识研究才能保证教师专业的共同基础，注重实践性知识研究才能凸显教师专业的独特性，前者使教师专业有立足的底气，至少在其他专业面前不至于暗自羞涩，后者使教师专业更加智慧灵活，却可能会进一步削弱教师专业的共同基础。

在笔者看来，我国教师专业建设任重道远，学界和业界应该首先注重建设教师专业的学科性知识，以夯实教师专业的共同基础，尽快实现社会各界和教师之间对教师专业的共同理解。教育部颁布《教师教育课程标准（试行）》《中小学教师专业标准》《中小学教师资格考试暂行办法》，正是切中了这一当务之急。其次，应该大力加强对教师专业的技术技能的研究，而不是继续停留在原有的教师职业技能上，否则教师专业的共同知识基础就开显不出来，其结果是不仅教师的专业

---

① 陈向明. 2003. 实践性知识：教师专业发展的知识基础[J]. 北京大学教育评论，（1）：104-112.

② 陈向明. 2009. 对教师实践性知识构成要素的探讨[J]. 教育研究，（10）：66-73.

③ 陈向明. 2009. 教师实践性知识研究的知识论基础[J]. 教育学报，（2）：47-55.

④ 陈向明，王红艳. 2010. 从实践性知识的角度看教师的知识分子属性[J]. 全球教育展望，（1）：51-56.

⑤ 钟启泉. 2004. "实践性知识"问答录[J]. 全球教育展望，（4）：3-6.

⑥ 刘清华. 2004. 教师知识的模型建构研究[M]. 北京：中国社会科学出版社，68-119.

⑦ 周福盛. 2006. 教师个体知识的构成及发展研究[D]. 西北师范大学；吴卫东. 2007. 教师个人知识研究[D]. 华东师范大学.

⑧ 邵光华，周碧恩. 2012. 教师专业知识结构分析研究[J]. 宁波大学学报（教育科学版），（2）：69-74.

⑨ 康晓伟. 2012. 当代西方教师知识研究述评[J]. 外国教育研究，（8）：84-91.

⑩ 胡春光，王坤庆. 2013. 教师知识：研究趋势与建构框架[J]. 教育研究与实验，（6）：22-28.

⑪ 李长吉，沈晓燕. 2011. 教师知识研究的进展和趋势[J]. 当代教师教育，（3）：1-6.

⑫ 王坤庆，方红. 2012. 多重身份下的教师知识立场及其境界追求[J]. 教育研究，（8）：108-112.

⑬ 陈宁，丁强. 2014. 论教师的情绪性知识[J]. 教育理论与实践，（8）：30-33.

能力和水平难以提高，而且教师之间难以共同切磋和交流，也会降低社会和其他专业人士对教师专业的认可度。最后，当前不宜过于关注教师的实践性知识研究，尽管这方面的研究与西方教师专业研究潮流合拍并赢得了国内学界的认可，但我国教师专业在尚未建构好学科性知识和技术技能的情况下，奢求教师的实践性知识研究不仅无益而且有害，极有可能会导致我国教师专业陷入基础不牢、标志不明然而却用实践性知识来自我标榜独特性的混乱境地。

一、教师的学科性知识

　　学科性知识并非学科知识，而是指按学科方式组织起来的知识（即使这种知识来自个人经验情境或思想信念），这种知识具有逻辑性、去情境、价值中立、普适实证等特征。按照亚里士多德对知识的分类，学科性知识应当属于他所说的"理论知识"，因为教师的学科性知识是具有理论成分或理论意蕴的知识，纵然其中的某些知识是有关经验情境、方法规则、个人信念的，但也是用理论方式来呈现或表达出来的，尽管我们也可以说这些知识是经验与理论的混合性知识。在我国学界，研究者对教师学科性知识持有不同的视角和侧重点，因此对教师的学科性知识出现了多种称谓，如"理论性知识"[①]、"学科取向的'内容知识'"[②]、"学科教学知识"[③]、"学科教学法知识"[④]。其实，这些称谓都不够妥当。[⑤]从知识的组织与表达方式看，这些知识都是学科性知识中的一部分，不是完整的学科性知识。

　　学科性知识是教师专业的公共基础知识，也是教师专业化的重要依据。教师专业的学科性知识是无数教师、学者努力开发形成的智慧结晶，它表明了教师职业与医生、律师职业一样，同样具有普适、可实证的科学知识，其成为一门专业

---

① 陈向明. 2003. 实践性知识：教师专业发展的知识基础[J]. 北京大学教育评论，（1）：104-112.

② 邹斌，陈向明. 2005. 教师知识概念的溯源[J]. 课程·教材·教法，（6）：85-89.

③ 李长吉，沈晓燕. 2011. 教师知识研究的进展和趋势[J]. 当代教师教育，（3）：1-6；韩曙花，刘永兵. 2011. 西方教师知识与教师专业发展研究述评[J]. 外国教育研究，（11）：62-67.

④ 康晓伟. 2012. 当代西方教师知识研究述评[J]. 外国教育研究，（8）：84-91.

⑤ 笔者认为，教师知识的分类逻辑不应该是知识的性质和特征，而应该是知识的来源方式。从来源方式看，教师的知识只有两个来源，即外在给予的和实践生成的，类似于克兰迪宁所说的"给教师的知识""教师的知识"（参见：克兰迪宁·P. 琼，鞠玉翠. 2009. 知识与课程开发：教师教育的新图景[J]. 教育研究，（4）：48-54）。"给教师的知识"是以学科形式呈现的、可传递的知识，因而具有学科性，代表的是外在给予的，它不仅与内在生成的实践性知识是相对应的，也能概括舒尔曼所提出的七种知识。相反，上述的其他称谓不仅与"实践性知识"一道难以囊括教师知识的全部，也无法概括舒尔曼所提出的七种知识。

是不容置疑的。任何人一旦掌握教师的学科性知识，就在知识上为成为合格教师做好了准备，进而就有资格进入国家和公众认可的教师职业领域。可以想见，如果缺乏学科性知识，教师工作就会无理可据、无规可依、无法交流，每个教师从内容到方法都可以完完全全地自创一套，教师职业不仅不可能成为一个专业，更不可能成为国家和公众认可的福利专业，教育事业的发展和教师专业的提升都将是不可能实现的。

舒尔曼是研究教师学科性知识的第一人。当时美国学界普遍强调教学的一般特征而忽视了具体的学科内容，这种做法影响到了美国各州对教师的考评要求，舒尔曼因而提出了对学科知识和学科教学知识的研究，并于 1987 发表了论文《知识与教学：新的改革的基础》。这篇被广为引用的论文中提出了教师需要具备七种知识。这七种知识是：①学科知识；②一般教学法知识，指超越具体学科的关于课堂管理和组织的广义的原则和策略；③课程知识，指作为教师的"行业工具"的教材和教学计划；④学科教学知识，指将所教的学科内容和教育学原理有机融合而成的对具体课题、问题或论点如何组织、表达、调整以适应学习者的不同兴趣和能力以及进行教学的理解；⑤学生及其特征的知识；⑥教育背景知识，指涉及班级或课堂情况、学区管理和经费分配、社区和文化特征等的知识；⑦有关教育目的、目标、价值及其哲学和历史渊源的知识。[①]

研究教师学科性知识的代表人物还有格罗斯曼、伯利纳（D. C. Berliner）、科克伦（K. F. Cochran）、德鲁依特（J. A. DeRtuter）和金（R. A. King）等。其中，格罗斯曼于 1995 年提出六种知识：①内容知识，包括学科内容知识和学科教学知识；②学习者与学习的知识，包括学习理论、学生的身心特征和认知发展、动机理论及运用以及学生的背景等；③一般教学法知识，包括课堂管理与组织的知识、教学的一般方法知识；④课程知识，包括课程发展的过程、学科知识之间的联系、跨年级课程发展的知识；⑤教育环境知识，包括学生、班级、家庭及社区的知识；⑥自我知识，包括教师个人的价值观、意向、优缺点、教育哲学观念、对学生的期望、教学的目的等知识。[②]

进入 21 世纪，学科性知识作为教师的"知识基础"在美国受到高度重视。美国教育协会下属的教师委员会（Committee on Teacher Education），其组成包括由美国著名教师教育专家林达·达琳-哈蒙德（L. Darling-Hommond）和教师教育委员会主席约翰·布朗斯福德（J. Bransford）在内的庞大阵容，雄心勃勃地总结了近 20 年来关于学习、教学以及教师学习领域的实证研究成果，于 2005 年出版了大型研究报告《为变革的世界培养教师——教师应该学会的和能够做到的》。该报

---

① 王艳玲. 2011. 教师教育课程论[M]. 上海：华东师范大学出版社，101-102.

② 王艳玲. 2011. 教师教育课程论[M]. 上海：华东师范大学出版社，104.

告声称："在其他专业中，对专业人员应该知道什么和能够做什么的共享的理解和实践已经过了将近一个世纪的发展。这样的共享的理解使从业人员可从他们广泛的专业知识中获益，从而发展一种诊断性和战略上的判断，以便满足服务对象的需求。如果教师想要获得这样一种知识以便指导他们的实践，这样一种共享的理解也必须成为教学专业的一个现实。"[①]

该报告提出了教学知识基础的组织框架和关键领域，见表3-1。

表3-1　教学知识基础的组织框架和关键领域

教学知识基础的组织框架	教学知识基础的关键领域
教谁（基于社会背景下学习者的发展和学习）	理解学习者及其学习；理解学习者是如何发展的；了解语言的发展和使用
教什么（学科知识和技能以及学校教育的社会目的）	具备一种课程观（curriculum vision）
怎样教（设计课堂教学，以便多样化的学生能够学习具有挑战性的内容）	学科教学知识；教多样化的学习者；评价学习；管理班级

资料来源：王艳玲. 2011. 教师教育课程论[M]. 上海：华东师范大学出版社，104

该报告认为，对于教师培养来说，有关教育的理论、原则是必需的，但只拥有这些理论、原则也是不够的。教师教育最重要的是培养教师基于教育理论（知识基础）来建构自己的理解，形成正确抉择的能力："初任教师需要掌握关键性的理念和技能，同样，他们还应该具备反思、评价以及从自己的教学中学习以便不断进步的能力。"[②]

📖芬兰：重视去情境化的教师知识

经济合作与发展组织（OECD）于20世纪90年代中期启动了国际学生评价项目，考察成员国基础教育质量，芬兰连续三年稳居榜首。在芬兰，教师是最有影响力的职业之一。在芬兰的教师教育中，去情境化的教师知识是其培养教师的一个重要原则。去情境化的教师知识强调的是社会心理学的、社会学的、政治的、文化的、历史的等知识之间的整合与抽象，追求的是将知识从具体的学科中分离抽象出来，从而超越情境，形成一种纯粹的教学理论。去情境化的教师知识体现了官方课程标准，强调教师需要指导儿童和青少年的学习以及促进他们终身发展，需要为应用不同学科领域的知识做好准备。去情境化的教师知识是基于这一种思想而形成起来的：未来教师的培养需要有贯

---

① 转引自：王艳玲. 2011. 教师教育课程论[M]. 上海：华东师范大学出版社，104.
② 转引自：王艳玲. 2011. 教师教育课程论[M]. 上海：华东师范大学出版社，106-107.

穿整个职业生涯领域的、持续不变的理论支持，为达到这个目标，在
教师教育中就必须强调教师如何去教，学生如何去学。20世纪90年
代以后，尽管体现情境化知识的教师教育课程学分比重有大幅上升，
但总体来说去情境化的教师知识在课程中的实施是比较明显的。

资料来源：何蕾. 2014. 去情境化的教师知识：芬兰教师教育课程
的演进[J]. 中国大学教学，（8）：94-96

二、教师的实践性知识

所谓实践性知识，即有关实践的、源于情境经验的、具有主体个性化特点的
知识。教师的实践性知识是教师个人在特定教学情境中表现和再建构而形成的内
隐、缄默、个性化、情境化的知识。从认识论哲学看，学科性知识所遵循的是科
学实证主义逻辑，使用的是陈述的、逻辑的理论话语，追求的是普适的真实，即
"求真"；实践性知识所遵循的是实践应用逻辑，使用的是建构主义、解释主义和
批判主义话语，追求的是完善的价值，即"求善"。实践性知识并非一成不变的通
则或原则，而是变动的、反省的、整体的、直观的知识。

在学界，由于研究者的研究视角和研究重点的不同，对教师的实践性知识也
有不同称谓，如"教师个人实践理论""教师个人理论""教师个人实践知识""教
师个人知识"等，这些术语过于突出教师知识的个人性，遮蔽了教师知识的普适
性或通约性，而且前两个术语的内涵过窄，第四个术语的内涵则过宽。

实践性知识与学科性知识在教师专业发展中的作用是完全不同的。学科性知
识是区分教师专业与非教师专业的主要条件，是教师入职的基本前提，是教师作
为一个"专业"或"准专业"的基本标志。对于教师个人而言，学科性知识不仅
成为教师个人获取教师资格的依据，能促使教师个人教育教学水平的不断提高，
而且是教师的实践性知识发展和变化的重要影响变量。对于教师群体内部而言，
学科性知识是区分不同学科教师的基本前提，它决定了教师内部的专业分工。实
践性知识则不断塑造着教师的价值取向，丰富着教师的教育教学经验，形成教师
应对各种复杂情境的策略与方法，提升教师职业探索的兴趣与动力。实践性知识
具有强大的价值和行为导向功能，在教师接受学科性知识时起过滤的作用，并在
教师解释和运用学科性知识时起重要的引导作用，它促使教师在复杂、多变的教
育实践中不断对自己所遭遇的问题情境进行反思和重构，并根据具体情况采取干
预行动。可以说，如果教师没有学科性知识就无法成为教师，但仅有学科性知识
也无法成为"成熟的""具有个性特征的"优秀教师。[①]

① 邹斌，陈向明. 2005. 教师知识概念的溯源[J]. 课程·教材·教法，（6）：85-89.

　　艾尔巴兹是第一个对教师的实践性知识进行系统研究的学者。她对一名叫"莎拉"（Sarah）（有着丰富经验）的中学教师进行个案研究，得出结论：教师以独特的方式拥有一种特别的知识——"实践知识"。她指出，教师的学科知识[①]同教师具有的其他领域的知识一样，也是实践知识，它是由一定的实践情境塑造的，也为这一实践情境服务。她认为，教师的实践性知识是教师在专业实践中信奉和使用的知识，是基于学校和课堂的经验，面对教育教学实践问题所展现出来的知识[②]；教师的实践性知识突出了教师情境的行动和决策取向的属性，并在一定程度上是教师对该情境反应的一个函数[③]。

　　与艾尔巴兹提出的"实践性知识"相似，拉夫（Lave）提出了"情境知识"。他认为，知识是实践者在对他们所工作的具体环境的回应中发展起来的，教师的工作环境与其回应环境方式的不同则导致了教师知识的不同。实践者对环境的回应不是单方面的，也不是局部的，而是"全人行动，人景互动"，在互动中形成辩证的关系。"教师的知识和蕴涵这知识的行为共同组成了他们存在的情境；反过来，这一情境也是形成他们知识的一个不可或缺的部分。"[④]

　　加拿大学者康内利和柯兰迪宁通过对几名教师的观察和叙事化研究，发现了教师实践知识中的道德情感成分。他们指出了实践知识的个体性，称其为"教师个人实践知识"，认为这种知识存在于以往的经验、现实的教育情境以及对未来的计划与行动中，且贯穿于教师的整个教学实践，是教师在实际工作中对现成知识的不断内化而形成的个人经验。日本学者佐藤学认为，教师的实践性知识是以特定教师、特定教室、特定教材、特定学生为对象而形成的知识，是凭借经验主动地解释、矫正、深化现成知识而形成的综合性知识，在实践情境中总是直面某种判断和选择的决策功能的知识。我国学者陈向明认为教师的实践性知识是教师真正信奉的，并在其教育教学实践中实际使用和（或）表现出来的对教育教学的认识。[⑤]

　　另一种类型的实践性知识是通过对教师教学行动的反思发展而来的。1983年，美国麻省理工学院哲学教授舍恩在分析建筑师、工程师、管理者等的专业实践案例的基础上，提出"反思性实践者"这一概念。他认为，专业实践存在两大领域：一是"坚硬的高地"，这里情境、目标清晰，实践者能够运用科学理论和技

　　① 艾尔巴兹早于舒尔曼注意到教师的学科知识。参见：徐碧美. 2003. 追求卓越[M]. 北京：人民教育出版社，59.

　　② 转引自：康晓伟. 2014. 论艾尔巴兹的教师实践性知识思想[J]. 比较教育研究，（4）：85-90.

　　③ Elbaz F. 1983. Teacher Thinking: A Study of Practical Knowledge[M]. London: Croom Helm, 5.

　　④ 徐碧美. 2003. 追求卓越[M]. 北京：人民教育出版社，71.

　　⑤ 陈向明. 2003. 实践性知识：教师专业发展的知识基础[J]. 北京大学教育评论，（1）：104-112.

术去有效地解决问题；二是"低湿的软地"，这里充满"复杂性、模糊性、不稳定性、独特性和价值冲突"，实践者无法依赖现存的理论与技术去采取行动，只能去努力理解情境，积极探寻——在行动中反思、在行动中认识，调动已有经验、认识框架和各种资源来解决问题。舍恩的"反思性实践者"概念一经提出，立刻受到教育学界的广泛重视，因为这一概念强调要依靠教师自身的力量来融通教育实践中长期分离又无休止对立争论的两个领域——"理论"与"实践"。①根据舍恩的观点，教育实践情境是复杂的，它包含政治的、伦理的、文化的实践，教师以经验的反思为基础，是面向学生创造有价值的某种经验的"反思性实践家"，其专业基础是在复杂情境的问题解决过程中所形成的"实践性知识"，而不是专家给予的学科性知识。笔者认为，这种把实践性知识视为教师专业基础的观点是有失偏颇的，它忽视了专业分工和专业共同理解，其结果必然会损害专业基础。

综合来看，教师的实践性知识是教师在教学实践中形成的、有关教学实践的经验性知识，它包括因为对现成知识进行转化、应用和反思所形成的综合性知识（即初级水平的经验性知识），也包括对教育教学的个人认识（即中级水平的经验性知识）和实践智慧（即高级水平的经验性知识）。

关于实践性知识到底包括哪些知识，国内外学者的看法也不尽相同。笔者认为，以色列教师教育思想家艾尔巴兹和我国学者陈向明的见解值得重视。

艾尔巴兹认为，教师的实践性知识可分为五类：①自我知识，指教师对自我认知的实践性知识，包括教师在自我认知、教学胜任和与他人合作等方面的经验知识；②教学环境知识，指教师对周围环境认知的实践性知识，包括教师在课堂环境、与教师和行政人员的关系、政治环境和教育政策、社会情境创建等方面的经验知识；③学科内容知识，指教师在实际教学情境中逐渐摸索形成的学科知识，包括学科的学术性知识和应用性知识；④课程知识，指教师对课程认知的实践性知识，包括教师在任教学科上进行课程理解、确定学生需要及学习行为、课程目标及教学方案设计、课程组织实施和前后课程衔接等方面的经验知识；⑤教学知识，指教师对教学认知的实践性知识，包括教师在学习、教学、师生交往、教学评价和班级管理等方面的经验知识。在五类知识中，自我知识是实践知识的核心，其他知识则属于"实用性"的知识。②

陈向明把教师的实践性知识分为六类：①教师的教育信念，即教师个人心智中积淀的价值观念；②教师的自我知识，包括自我概念、自我评估、自我教学效能感、对自我调节的认识等；③教师的人际知识，即教师对人际交往原则的理解，

---

① 王艳玲. 2011. 教师教育课程论[M]. 上海：华东师范大学出版社，48，74.

② Elbaz F. 1981. The teacher's "practical knowledge": Report of a case study[J]. Curriculum Inquiry，11（1）：43-71.

包括对学生的感知和了解；④教师的情境知识，它主要通过教师的教学机智反映出来；⑤教师的策略性知识，指教师在教学活动中表现出来的对理论性知识的理解和把握，尤其是基于教师个人经验与思考的那部分知识；⑥教师的批判反思知识，主要表现在教师日常"有心"的行动中。[①]

　　教师的实践性知识有哪些表现形式？艾尔巴兹提出了原则、规则、意象三种表现形式。其后，康内利和克兰迪宁进一步提出七种"实践语言"：①意象，指教师过去的经验积累、理论理解与学校文化共同孕育而成的知识，它引导教师的实践教学行动。意象有情绪、道德的成分，例如，有些教师认为"教室如家"，即反映了一种教育意象。②规则，指教师在特定情境中所要求的具体行为，例如，要求学生发言必须先举手。③原则，指教师行为依据的合理准则。原则比规则的范围更宽，其目的隐含在对规则的陈述中。例如，有些教师的原则是：当期望学生做到时，教师自己一定要先做到；将其具体化为规则时，则可能是期望学生尊重教师，那么教师一定先要尊重学生。④个人哲学，指教师个体本身的自我反省与思考，其中包含了价值观与信念。例如，有教师认为，教育是引导学生追求完整、美好的自由生活。⑤隐喻，指个人的概念系统。例如，有教师认为，教育像栽培花朵或教学像登山，这些都是隐喻。⑥叙事连续性，指个人叙事经验的连续性，在这种叙事中，我们找到了生活经验产生的意义与理解。叙事连续性像一条线索，贯穿所有对生活经验的描述，让我们看到了在实践工作中意象、规则、原则等之间的相互关系。例如，有一位校长对学校的意象是"学校是一个生活社区"，"生活社区"的意象即是这位校长的一种叙事连续性，它贯穿于这位校长所有的教育经验叙事中。⑦规律或律动，指教学随着每年固定的节日或事件周期性地变化，师生情绪也跟着起伏变化，这些波动起伏形成了教育中的规律或律动。当然，对每位教师而言，可能有几种形态的律动，这些律动受学校、班级、学生以及个人因素的制约。[②]

三、教师的情感性知识

　　前述的学科性知识和实践性知识均属于"认知"范畴，在真、善、美三大领域中属于"真"这个领域。教育要培养真、善、美和谐发展的新人，就需要有真、善、美和谐发展的教师。因此，提高教师的专业性，就不能只培养教师的认知性素养，还需要培养教师的情感性素养。

　　情感是人类精神领域中的核心地带，是人类生命的存在维度，是人类前进的

---

① 陈向明. 2003. 实践性知识：教师专业发展的知识基础[J]. 北京大学教育评论，（1）：104-112.
② 胡春光，王坤庆. 2013. 教师知识：研究趋势与建构框架[J]. 教育研究与实验，（6）：22-28.

重要动力和源泉。对教师来说，情感不仅是教育教学的重要目标、内容，也是自身专业素养、专业生活的重要维度，它渗透在教师工作的每个角落，发挥着核心作用，关系到师生的个性发展、健康和幸福。但是，西方理性主义文化和中国儒家文化在 2000 多年的历史长河中对情感持有很多偏见，认为情感是一种生物本能，它支配人的心灵、扭曲人的判断，是需要用理性来控制的。另一些偏见认为，情感是难以捉摸的、无章可循的，情感是女性化、非专业的表现，情感不能提供任何知识，并可能会影响专业水平的发挥。

第二次世界大战后的人类性反思使西方学术界掀起了一场"情感革命"，由此情感才成为心理学、哲学、管理学和社会学等学科关注的焦点，并在教育学中闪亮登场。布鲁姆的目标分类学首次把教育目标分为认知领域、技能领域和情感领域，从学理上确认了情感与知识、技能具有平等的地位；人本主义教育学家罗杰斯提出"非指导性教学"理论，主张培养完整的人，强调以学生为中心，从学生的情感维度去组织教学活动，他认为教学成败的关键不在于教学技巧，而在于人际关系、情感态度。然而，新的教育学思想仍然难以改变那些固有偏见。20 世纪90 年代之前，教育学研究者常常把情感归于心理学领域，忽视了其作为社会文化现象对教育产生的日渐重要的影响，更很少研究教师的情感领域。[①]

从 20 世纪 90 年代起，情感再次成为教育学研究的热点，如戈尔曼的"情绪智力"、帕克（Parker）的"教学勇气"、诺丁斯（N. Noddings）的情感关怀理论、博勒（Boler）的情感力量说、戴（C. Day）的教学热情说、扎莫拉斯（M. Zembylas）的师生情感规则与情感劳动理论、哈格里夫斯的"情绪地理学"等，这些学说将过去情感教育"以情育人"的研究重心升华为对"育人之情"的强调。林斯顿（D. Linston）等总结道："长期以来，在教育学知识的本体论基础中情感被人们遗忘了，只有在研究特定问题（例如学习动机、教学倦怠等）时才会被提及。这也许是个考虑不周的建议，即现在是人们重建情感教育学术大厦的时候了。应该相信，教育是观念和情感的教育；师生互动是情感与思想的交流；若要探索自然和社会，师生就要带着情感与期望上路。"[②]

在中国，情感要取得与知识、技能一样的平等地位，依然还有待于继续努力。我国当前的教育局面是，德育为首、智育为中心、体育为辅助的教育格局由来已久，加上应试教育传统的影响，不仅导致情感教育长期缺位，而且导致一些人忽视了教育中的情感现象、情感问题和情感规律，即便涉及情感也是为了提高学习兴趣和教育教学效果。尽管 21 世纪的基础教育新课程把情感、态度、价值观作为课程的三维目标之一，但该维目标因为认识模糊、可操作性不强和难以评价而在

---

① 朱旭东. 2011. 教师专业发展理论研究[M]. 北京：北京师范大学出版社，37.

② 转引自：赵鑫. 2013. 国外情感教育研究的进展与趋势述评[J]. 比较教育研究，（8）：54-59.

实践过程中得不到很好实施。[①]在教师专业素养层面，我国教师教育长期以来过于重视知识、技能，用师德教育来取代教师情操培养，忽视了教师情操的内涵，这是我国教师教育难以培育优秀教师的重要原因。[②]我国教师教育长期以来缺乏情感教育的目标和内容，即便在 2011 年教育部颁布的《教师教育课程标准(试行)》中，也没有情感教育的要求或内容。值得庆幸的是，2012 年，教育部颁布的《幼儿园教师专业标准(试行)》《小学教师专业标准(试行)》《中学教师专业标准(试行)》在"个人修养与行为"这个领域中，对三类教师均提出了与情感有关的三点标准：富有爱心、责任心、耐心和细心；乐观向上、热情开朗、有亲和力；善于自我调节情绪，保持平和心态。

由以上足见，情感正在成为未来教育、教育学和教师专业素养的一个重点，职前教师应当掌握情感性知识。这些知识主要包括如下几个方面。

（一）情感的本质

情感有三重本质：一是作为个人的内心体验，情感是指人的感情状态、情绪、心境、效价体验等心理活动，包括心理体验、心理历程和伴随一定的身体运动表征，并映射出一个人的"整体精神面貌"[③]；二是情感作为社会文化的产物，存在于社会主体的交往之中，与社会文化（如社会规范）息息相关；三是情感作为互动和表演的载体，其中隐藏着情感主体的社会角色，情感"表演"是一种社会行为，并在展现和表现过程中引起他人产生情感。[④]

（二）教师情感的内涵

教师情感是教师在职场生活中的感情状态、情绪、心境、效价体验等心理活动，它是教师与所在教育情境、相关教育主体之间互动的结果，也是一定文化、社会、政治关系的产物。教师情感与其幸福感、身份认同密切相连，与师生关系相互作用，是教师变动的生活中的重要侧面，并具有境遇化特征，即存在于特定的社会、文化和政治环境之中。[⑤]

从情感的内涵指向看，教师情感包括教师自身情感、教师工作情感、对学生

---

① 毛豪明，吴娟. 2010. "情感态度与价值观"课程目标的理解与践行——基于安徽安庆、辽宁鞍山两市的调查分析[J]. 安庆师范学院学报，（3）：103-108；李飞，林珩，陈裕森. 2014. "情感态度与价值观"实施情况观察报告[J]. 闽南师范大学学报（自然科学版），（4）：110-114.

② 胡志金. 2014. 论新课程背景下教师优良情操的标准[J]. 教师教育学报，（4）：36-43.

③ 朱小蔓. 2005. 情感德育论[M]. 北京：人民教育出版社，4.

④ 朱旭东. 2011. 教师专业发展理论研究[M]. 北京：北京师范大学出版社，42-43.

⑤ 胡亚琳，王蔷. 2014. 教师情感研究综述：概念、理论视角与研究主题[J]. 外语界，（1）：40-48.

的情感和教师职业情感，见表 3-2。

表 3-2　教师情感的内涵指向

内涵维度	主要成分
教师自身情感	爱好、亲情、友情、社会情感、自我情感、国家和民族情感
教师工作情感	对教育教学工作的情感、对所教学科的情感、对所教内容的情感、对所在学校的情感
对学生的情感	对学生群体的情感、对学生个体的情感、对学生学习成果的情感
教师职业情感	对教育事业的情感、对教师职业的情感、对教师专业的情感

从情感的发生领域看，教师情感包括认知情感、审美情感、伦理情感和教育情感，见表 3-3。

表 3-3　教师情感的发生领域

功能维度	主要成分
认知情感	认识学生、教材、同事、组织、环境和教育教学规律所产生的情感
审美情感	对学生、教师、教学内容、教学活动和教学环境中的美所产生的情感
伦理情感	与学生、同事、家长、社会、民族、国家产生互动关系的情感
教育情感	有关教育事业、教育职业、教育专业、教育活动的情感

从情感的性质类型看，目前学界普遍认同的情感有七种，即快乐、悲哀、惊喜、恐惧、愤怒、厌恶和轻蔑。

从情感的性能特征看，教师情感有积极情感和消极情感。其中，积极情感如热爱、激情、友好、兴奋等，消极情感如冷漠、愤怒、伤心、难过等。

从情感的表现形式看，教师情感有言语性情感和非言语性情感。其中，言语性情感包括语词表情、语音表情和语调表情，非言语性情感包括面部表情、体态表情和行为表情。

（三）教师情感的特征

一是积极性。教师职业的育人性和学生的向师性要求教师情感必须是积极正面的，如热爱教育工作，热爱生活，身心健康，对工作与生活充满理想和追求；教书育人，待人接物，乐观、豁达、友善，充满朝气，给人以激情和活力；尽力调节和控制抑郁、悲观、狭隘、浮躁等不良情感，为学生树立良好形象。

二是丰富性。面对多样化的学生、复杂的教学内容、变化的教育环境和各种教育教学活动，教师需要有丰富的情感色彩，如要有诗人般的真情，但又不过于流露；有演员般的生动，但又不虚情假意。面对学生的情感变化，将心比心，同喜同乐，产生情感共鸣；面对不同的教学情境、教学内容，需要产生和表达相应的情感，以便引导学生入情入境，实现情知和谐发展。

三是稳定性。教师对教育职业应该具有稳定而又持久的热情，对教育事业忠贞不渝，"痴心不改"；对学术具有敬畏之心，执着追求；对学生关怀备至，表里如一；绝不因工作环境与条件的变化而影响对教育事业的热爱。一个对教育事业缺乏深刻了解，心境不稳定，三心二意，遇到困难和矛盾就消极、悲观的人，遇到不良刺激就情绪波动过大、反应过激的人，都是不适合做教师的，也无法成为好教师。教师一生中会面临诸多的困境和挫折，关键是要学会调节与控制，保持稳定平和的心境，防止情感波动。

四是深刻性。它表现在教师对身边的事物具有深刻的洞察力，对于学生身上发生的任何点滴变化，能够准确、及时地做出评判及应对。教师对国家、民族、文化具有深厚的政治感情，对人生、社会具有独特深刻的智慧情感，对学生发展、社会发展、未来世界有热烈憧憬的理想情感。

五是感染性。因为育人的需要，教师必须善于表达、传递情感，既要以情启智，又要以情促行，还要以情育情，充分发挥情感的启迪、感染作用。例如，教师要有端庄的仪表、得体的姿态、丰富的表情、生动的语言、亲切的关怀、真诚的微笑、期待的目光、由衷的赞叹、殷切的期望，这样才能更好地发挥情感的育人功能。[①]

六是表演性。教师情感的表达与传递必须符合育人需要和教学要求，这一原则就要求教师通过过滤不良情感、控制不良情绪、调动积极情感、移情入境、以情唤情等，在巧妙的情感表演中取得好的育人效果。通常，教师需要进行遮蔽性表演、仿真性表演和真情性表演。[②]所谓遮蔽性表演，即遮蔽自己的消极情感和不良情绪，自己心情不愉快，却要展现愉快。正如马卡连柯所说："和儿童们在一起的时候，就应当增加一些愉快的情绪，应当机警灵活，满面春风，我从来不让自己有忧愁的神色和抑郁的面容。甚至我有不愉快的事情，我生病了，我也不在儿童面前表示出来。"[③]所谓仿真性表演，即模仿表达学科内容中的情感因素，让学生入情入境，学得有趣有效。所谓真情性表演，即源于教师真实地表达内心情

---

① 张意忠. 2010. 论教师职业情感的生成与培育[J]. 高等教育研究，（5）：56-61.

② 遮蔽性表演和真情性表演，即霍赫希尔德（Hochschild）所说的情感表层表达和情感深层表达，前者指个体抑制自己真正的感受并伪装出被期望的情感，后者指改变自己内在的情感体验以表达出适当的情感，或者内心情感在与组织的表现规则一致时自然呈现出来。参见：徐志刚，朱兴国. 2012. 教师情感表层表达探析[J]. 当代教育科学，（12）：15-17.

③ 转引自：埃德加·莫兰. 2004. 复杂性理论与教育问题[M]. 陈一壮，译. 北京：北京大学出版社，17-19.

感，把真心、真情、真爱以自然展露的方式传递给学生。

（四）教师情感的功能

教师情感具有多种功能，如感染功能、动力功能、信号功能、调控功能、迁移功能、保健功能，见表3-4。

表3-4　教师情感的功能

功能类别	功能描述
感染功能	用自己积极炽烈的情感影响学生的学习情绪，以创设良好的教学氛围，激发学生的学习动机，使学生更主动积极地投入学习
动力功能	积极的情感能够使教师热爱学生、热爱教育事业，并以亲切的方式和学生交往；可以使学生得到积极的情感反馈，这有助于学生正确地认识自我、主动地发展自我，从而走向自尊、自爱、自信和自强
信号功能	通过表情更准确地传递教学信息（包括认知信息与情感信息），使学生更容易理解与记忆
调控功能	有效地强化学生的良好行为，消除不良行为，使其向社会要求的方向发展
迁移功能	使学生把自己在其他方面的积极情感迁移到学习上来，以增强他们的学科情感及对学校教育活动的喜爱
保健功能	情感孕育、表达、交流可以激发师生的身心活力，丰富师生的生命体验，提高师生的自我价值感

资料来源：杨多. 2008. 试论教师情感技能的理性修炼[J]. 教学与管理（理论版），（4）：32-33；陈振华. 2013. 教师情感管理的意义与方式[J]. 教育科学，（4）：76-81

（五）教师情感的专业意义

上述多种功能不仅表明了教师情感对教育教学工作有重要作用，也表明了对教师个人的专业化成长有重要意义。

加拿大学者马克斯·范梅南曾追问道："教育学是否有这样一些根本条件，缺少了它们教育生活就不可能呢？"为此，他列出了三条"教育学的条件"：一是爱和关心孩子；二是对孩子的希望；三是对孩子的责任感。并且断言："假如我们对孩子的责任感、希望和爱全部丧失了，我们就理所当然地怀疑我们是否准备好了从事教育孩子的工作。"[①]不难发现，这三条"教育学的条件"都是指向教师情感方面的。

有研究表明，在自然工作状态下，优秀教师比一般教师在情感能力上有突出特点。从某种意义上来说，优秀教师的成长就是情感能力的发展过程，这个过程

---

① 转引自：屠锦红. 2014. 教学情感研究引论[J]. 湖南师范大学教育科学学报，（3）：58-62.

可以描绘成三种形象。一是知识型教师，如知识渊博的；有权威的；足智多谋的；经验丰富的；切合时宜的；能解答学科中的任何问题的。二是技能型教师，如组织教学良好；时间分配合理；能有效地反馈；精心准备；善用材料和教具；语言清晰；指导明确；能开展有趣的活动；能编制优良的教学材料；能开展富有挑战性的活动。三是情感型教师，如亲切的；容易接受的；积极的；是很好的聆听者；具有良好的示范性；移情能力；目光接触；情感响应；留意的；不具威胁性；开放的；尊重人的；赏识学生；不故作姿态。[①]

教师情感的多种功能与意义催生出了一项新研究，这就是西方于 21 世纪初兴起的师生情感修养研究，一系列相关论著相继问世，如《情感修养的培育》[②]、《情感修养手册》[③]和《情感修养：行动中的理念》[④]等。可以说，这些论著将对培养和提升教师情感产生积极的推动与指导作用。

第二节　专业技术技能

我国教师教育界长期重视教师的职业技能，很少有研究涉及教师的职业技术，也很少有研究涉及教师的专业技术和专业技能。到目前为止，国内学界未曾认真讨论过教师的专业技术技能问题，这不仅不利于职前教师的卓越培养，也不利于教师专业尽快成为成熟的专业。

在本书第二章第三节有关"教师职业技术技能"部分，我们阐述了技术技能，并在表 2-2 中为专业技术是科学原理的操作化；专业技能是原理性技术的人为转化。在这里，我们进一步提出：教师的专业技术是教育学及其他学科原理知识的操作化，教师专业技能是运用教师专业技术的专项行动能力。根据这一见解，我们可以尝试梳理出它们的主要内涵。当然，这些梳理只是一种探讨，权作抛砖引玉。

一、教师专业技术

探讨教师专业技术，需要解决两个问题：一是用什么标准来衡量教师专业技

---

① 张庆，沈永江. 2011. 希腊教师情感能力发展探析[J]. 外国中小学教育，（12）：44-46.

② Sharp P. 2001. Nurturing Emotional Literacy[M]. New York:David Fulton Publishers, 86.

③ Park J, Had A. 2003. The Emotional Literacy Hand-book[M]. New York:David Fulton Publishers, 54.

④ Spendlove D. 2008.Emotional Literacy:Ideals in Action[M]. New York:Continuum, 127.

术？二是教师专业技术包括哪些项目？

回答第一个问题，需要紧扣教师专业技术的基本含义。笔者认为，教师专业技术之所以是教师专业技术，主要有三条衡量标准：一是技术特征显著，即操作要领客观稳定、系统严明，极少或不含有个人特征和变化的可能性，人们可以在不同情境和不同情况下使用，并且使用方法和结果不会有明显差异；二是原理知识充足，即逻辑严密、理据充分，人们不得不遵照执行；三是教育教学有效，即可以帮助教师迅速取得良好的教学效果，足以证明技术的力量。

回答第二个问题，需要对教师专业技术提出具体项目来逐一论证。按照本书第二章对教师职业技术技能的分类方法，教师专业技术应分为教学性专业技术、教育性专业技术和通用性专业技术。下面，我们将重点讨论教学性专业技术的项目问题，对其余两类专业技术的项目问题则暂时不予讨论，因为在没有确立教学性技术的项目之前，对这两类项目问题的讨论既没有多大可能，对教师专业发展的意义也不大。

教学性专业技术包括哪些项目？这要从教学实践的操作事项中来择取，即找出那些在教学工作中经常使用和相对独立，并且技术特征显著、原理知识充足和教育教学效果好的操作项目。沿着这个思路，笔者从教师的全部教学流程中找出10个操作项目，它们是学情诊断、文本解读、教学设计、课堂营造、多维导学、差异教学、资源开发、实验教学、教学评价和教学反思。这10个项目以往被人们视为教学技能，因而没有人探究它们的技术性以及如何开显它们的技术性，进而遮蔽了它们成为教学技术的可能性。此外，笔者发现，中外教育家创建了丰富的教学思想，并在实践中形成了相应的教学范型，由于这些范型含有充足的教育教学原理知识并在学校实践中得到广泛施行，因而也是可以对其如何操作进行技术化开显的。像这样的教学范型也可以选出10个项目来，如行为主义教学、认知主义教学、建构主义教学、人本主义教学、开放教学、整合教学、范例教学、发展教学、启发教学和情境教学。尽管这些教学范型在业界广为人知，但由于缺乏技术开显意识，人们将其视为教学思想方法而未能形成专项技术，对于教师专业走向成熟同样没能发挥应有的作用。至此，笔者认为开显教学性专业技术可以有两个思路：一是项目技术化，即对上述10个项目的操作进行技术化建模；二是思想技术化，即对上述10种教学思想的实施进行技术化建模。也就是说，我们至少可以先建立20项专门技术。当然，教学领域不只这20项专门技术，今后还可能开显出更多项目。倘若如此，那么教师专业成为成熟的专业就指日可待了。

上述两个思路如何进行技术化？因篇幅所限，我们不可能在这里对20个项目逐一分析，下面仅以学情诊断为例来略做探讨。根据专业技术的衡量标准，我们需要回答三个问题，即学情诊断的技术性、原理性和实效性问题。为便于理解，下面先讨论实效性问题，然后讨论原理性问题，最后讨论技术性问题。

（一）学情诊断的缘起性和实效性

了解与分析学生是教学设计的前提和起始环节，是进行教学改革和教学调控的依据与动因。教师如何了解与分析学生，可采用哪些具体的操作技术，相关研究并不多。张大均曾提出了召开教师座谈会、设计问卷调查表和查阅研究文献等方法[①]，但仅凭这些方法还远远不够。我国教育界之所以长期不重视研究教师在了解和分析学生方面的操作技术，一个重要原因是：在面授教学情境中，教师往往通过交谈、倾听、观察、问答、批改作业、课后辅导、解决纠纷、考卷分析、他人反应、组织活动等方式来了解和分析学生，而这些方式又是教育教学工作的自然组成部分，因而有关了解和分析学生的操作技术问题被涵盖在教育教学的技巧和方法之中，这在某种程度上就不具备对它进行独立研究的可能性。

从术语角度看，"了解""分析"这两个术语过于粗疏、抽象，缺乏技术操作特征。在医学上，医生了解、分析患者是通过望、闻、问、切的中医技术和一系列检查化验的西医技术来完成的。同样，教师了解、分析学生也应当建立一整套科学的操作流程和操作技术。医生了解、分析患者叫病情诊断，教师了解、分析学生应叫学情诊断。"诊"即探察对象的情况，"断"即断定对象的因果发展及即将实施的干预措施。所谓"学情诊断"，就是教师对学生的学习起点、学习进程和学习问题进行查探，并判定其状态、性质、类别、原因和发展趋势，制订出适当、可行的干预措施或方案。既然是探察，就需要有探察的工具和方法；既然是断定，就需要有断定的依据和材料。由此可见，重视研究学情诊断的操作技术是教育学的科学化发展要求。[②]

笔者认为，把"了解、分析学情"改为"学情诊断"，至少有四个好处：一是凸显学情的内隐性，强调教师要获取学情，须得花一番"捕捉""透视"的功夫，而不能像"了解、分析"那样简单从事；二是体现学情的复杂性，强调教师要从多个方面、用多种方式和手段、按多种需要进行多次查验，而不能像"了解、分析"那样缺乏问题意识和目标方向感；三是凸显教师的专业性，强调教师要在把握学情的基础上，具备判别和断定的功夫，如判定其状态、性质、类别、原因和发展趋势，制订出干预措施或支助方案，而不能像"了解、分析"那样粗疏、空泛地得出几点结论；四是提高学情分析的科学性，有利于解决中小学教师在学情分析上存在的诸多问题。有调查表明，我国中小学教师基本上靠经验来判断学情，很少做学情分析，即使做分析，也是手段简陋、过程粗糙，三言两语、

① 张大均. 1997. 教学心理学[M]. 重庆：西南师范大学出版社，101.
② 胡志金. 2009. 远程教学学情诊断研究[J]. 中国远程教育，（8）：41-46.

缺乏深度，很多只是一种浅层次描述、一种印象判断。[①]究其根本原因，主要是教师无视或轻视"学情分析"，经验主义、主观主义和形式主义现象严重，视角单一、方法简陋。[②]

（二）学情诊断的操作原理

作为专业技术，学情诊断有三个基本原理。

1. 探知原理

学情诊断的第一环节是"诊"，"诊"的首要任务是把学情诊准、诊实。那么，教师如何才能诊准、诊实学情呢？

从教师施诊的角度看，学情可分为三类：一是表象学情，即教师可直接感知到的，学生表现出来的学情信息，如学习的行为、态度、习惯、状态、水平以及发展水平和发展状态等；二是内在学情，即教师无法直接感知到的，学生自身隐藏的学情信息，如学习的身心要素、身心机制以及学生已有的经历、知识、经验等；三是关联学情，即教师可以直接或间接感知到的，与学生学习或发展相关联的学情信息，如学习与发展的环境要素和过程要素等。对于表象学情，教师可以通过感知来做出判断，但这样的判断也仅仅是一种浅表的印象判断，而且多几次这样的判断还容易形成心理定式，这也是我国很多教师的学情分析陷入主观主义、形式主义的一个重要原因。对于内在学情，教师只能通过交流、访谈、材料分析等间接手段做出判断，但这些判断是否准确，还需要用表象学情来验证。对于关联学情，教师可以通过直接感知和间接手段来做出判断，但这些判断局限在对前两类学情做出相关解释、脉络梳理和机制洞察等方面。由此可见，对于表象学情，需要探查其所包含的内在学情信息；对于内在学情，需要采用间接手段探测其内隐信息；对于相关学情，需要探究其中的内在脉络和各种联系。据此，我们可以把教师如何掌握学生学情概括为：探查表象学情，探测内在学情，探究关联学情。"探查""探测""探究"构成了教师掌握学生学情的三种基本方式，这三种基本方式体现了以"探"为核心、以"知"为目的的操作原理，简称为"探知原理"。

探知原理的提出，对教师把握学情提出了新的要求：一是树立精准学情观，全面、准确地掌握学生的学情信息，消除目前对学情以小见大、以点带面、由此及彼

---

① 周晓阳. 2010. 基于"学情判断"的教学有效性观察与思考[J]. 上海教育科研，（2）：85-86；冯齐林. 2010. 从学情分析入手，谈教学内容的分离与重组[J]. 教学月刊：中学版（教学参考），（10）：31-33；陈隆升. 2012. 从"学"的视角重构语文课堂——基于语文教师"学情分析"的个案研究[J]. 课程·教材·教法，（4）：42-48.

② 马文杰，鲍建生. 2013. "学情分析"：功能、内容和方法[J]. 教育科学研究，（9）：52-57.

等惯性套路；二是掌握分类探知技术，对表象学情、内在学情和关联学情分别予以探查、探测和探究，提高探知的技术水平，改变目前随意了解、零星捕捉、眼见为实、简单分析、即知即是等惯常做法；三是养成科学探究的态度，把学情探到深处、细微处和关联处，革除目前盛行的经验主义、主观主义、形式主义等不良作风。

2. 设诊原理

"诊"的过程即由表入里的探知过程，因而这个过程不是一种率性随意的展开过程，而是一种按照预先设定的诊查项目、操作程序而进行信息探求的过程，这个过程就是设诊。设诊，即设定诊断，其所包含的基本原理是：把所有需要诊查的问题按科目进行编排，每个科目预先设定相应的操作流程和技术手段，操作者一旦选定科目，就必须按照所预设的操作流程和技术手段有条不紊地开展诊查活动。

学情诊断需要设置哪些科目？这是需要进一步探讨的。在这里，我们根据诊断的目的提出三类科目，即起点诊断、疑难诊断和水平诊断。

1）起点诊断，即对学生的学习起点进行诊断。学生的学习起点通常包括教育活动的学习起点和教学活动的学习起点。其中，教育活动的学习起点主要指学生的身心发展水平、发展现状、发展特点，以及与特定教育活动相关的思想、兴趣、性格、能力、习惯、经验、情感等心理现状。教学活动的学习起点主要指学生在特定教学内容、教学活动上的已有知识、经验和能力。在实践中，有经验的教师会进一步找出学生的不良起点，如不良的发展趋势、学习风格，有瑕疵的知识、经验和思维方式，并在教育教学过程给中适时揭示、解剖，进而引发学生的认知冲突、惊奇，收到良好的教育教学效果。

2）疑难诊断，即对学生身心发展与学习上的疑难杂症问题进行诊断，以探查问题的结构要素、成因、性质和发展趋势，进而找到解决问题的方式、方法和措施。

3）水平诊断，即对学生发展在某个教育教学周期内业已达到的水平、状态和趋势进行诊断，以了解和确证教育教学的工作成效，并为后续教育教学工作如何谋划找到参考依据。水平诊断与起点诊断似乎有相似之处，但二者在本质上有很多不同：一是目的不同，水平诊断是为了判别学生发展业已达到的水平，起点诊断是为了确定即将展开的教育教学工作的起点；二是内容不同，水平诊断针对业已完成的教育教学内容，起点诊断针对即将进行的教育教学内容；三是方式不同，水平诊断应用标准常模来得出标准差，起点诊断无需用标准常模得出标准差，只需要明确对象起点的具体情况即可。由此可见，水平诊断是一种以数量足够、来源真实、内涵贴切的信息为前提，以标准常模为参照，以内在机理为线索，从而对学生学情的性质、原因、趋势及相应干预措施等做出推断性结论的综合判断过程，其实质就是要做好在信息、常模、结论三者之间的循环修正。

设诊原理的提出,对教师把握学情提出了新的要求:第一,建立清晰的科目意识,掌握起点诊断、疑难诊断和水平诊断的操作思路;第二,具有严谨的流程意识,遵循科目和项目的操作流程;第三,具有科学的技术意识,不断总结和应用各科目和项目的操作技术。该原理要求建立普适的技术标准,也就是说任何一名教师,无论工作在什么学校,有何种专业背景,有怎样的水平层次,都可以遵循同样的操作流程和操作标准。

3. 知行双致原理

学情诊断的第二环节是"断"。"断",即在"诊"的基础上对学生学情做出断定。显然,这里的学情断定是对已经获得的学情信息进行断定,通常包括两个方面的断定:一是认知断定,即对已获得的学情信息进行认识和把握,弄清楚它们的性质、原因和发展态势;二是干预断定,即在认知断定的基础上,应当采取哪些教育措施。由此可见,认知断定是第一步,干预断定是第二步,而且这两步之间是密不可分的。可以说,学情诊断的过程就是从认知断定到干预断定的延展过程,它要求教师对学生学情的诊断既要有认知层面的内涵,又要有干预层面的内涵,要把认知与干预两方面的内涵结合起来。这即是学情诊断的知行双致原理。

在学校现实中,由于教师缺乏知行双致的原理意识,在学情诊断中很容易出现"有知无行"或"无知而行"的不良做法。有知无行,即在学情认知环节做得深入细致,但在干预环节做得粗浅单薄,甚至缺乏相应的干预措施,这样的学情诊断显得虎头蛇尾,对改变师生现有行为不会有多少帮助。无知而行,即在学情认知环节做得粗浅单薄,在干预环节做得周全细致,这样的学情诊断显得依据不足、主观性强,干预措施的科学性难以令人信服。

知行双致原理的提出,对教师诊断学情提出了新的要求:第一,既要有认知断定,也要有干预断定,二者缺一不可;第二,要把重点放在干预断定上,所提出的干预措施要有学情的认知断定作为依据;第三,认知断定与干预断定要互相呼应,二者之间要有一定的逻辑关联。

(三) 学情诊断的操作模型

上面提出了三个科目,即起点诊断、问题诊断和水平诊断。下面,以前两个科目为例,建立相应的技术操作模型。

1. 起点诊断操作模型

学生起点包括身心发展起点和学习起点两个方面,二者关系密切并互相制约。相应地,起点诊断包括身心起点诊断和学习起点诊断。

(1)身心起点诊断

该诊断的目的在于大致了解学生身心发展的基本情况,尤其要重点了解异常学生和学生异常情况，如有身心缺陷的学生、异常发展的学生和有异常环境经历的学生等。教师在了解之后，便要形成教学意向，或者调整教学方略，以便让教学的时间分布、内容取舍、层次高低和策略选择等教学顶层设计能够大致适配学生的身心发展特点。身心起点诊断一般用于新接手班级的学生，教师要诊断全班学生的整体情况和异常情况，因而需要采用查档案、问卷调查、访同事、观察和交谈五种操作方式。其中，查档案是全面采集信息，问卷调查是全面统计、归类信息，访同事是捕捉异常信息，观察是发现异常信息，交谈是挖掘相关信息。五种操作缺一不可，全部流程建模见图3-1。

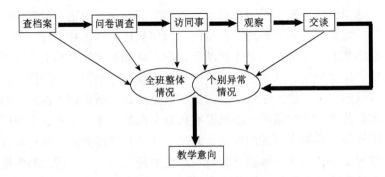

图 3-1   身心起点诊断操作模型

（2）学习起点诊断

该诊断的目的在于把握学生的学力情况，尤其要重点测查学生的已有知识经验、学习倾向、学习能力和学习维持力。其中，已有知识经验主要测查其缺陷或不足；学习倾向主要测查由非智力因素构成的心理动力倾向，由生理因素和智力因素构成的认知倾向，由经历、经验、活动和环境等因素构成的实践操作倾向；学习能力主要测查认知操作能力、工具操作能力、范式操作能力和元学习操作能力；学习维持力主要测查学习意志力、学习投入力、学习保障力和精神品质力。教师在测查之后，便要对学生进行分层分类，以及制订有针对性的教学方案，以便让具体的教学目标、教学重难点、教学过程和教学方法等尽可能地适配学生的学习特点。学习起点诊断一般用于教学准备阶段，教师需要诊断全班学生的分层分类情况和特殊学情，因而需要采用量表测评、专题交谈、分类整理、重点观察和材料考察等五种操作方式。其中，量表测评是全面测查信息，需要制发知识经验测评量表、学习倾向测评量表、学习能力测评量表和学习维持力测评量表；专题交谈是定向测查信息；分类整理是深度挖掘信息；重点观察是深度测查信息；材料考察是夯实测查信息。五种操作缺一不可，全部流程建模见图3-2。

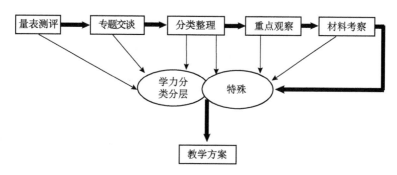

图 3-2　学习起点诊断操作模型

2. 问题诊断操作模型

学生的问题包括身心发展问题和学习问题。这里讨论的是教学诊断技术，因此，下面只讨论学习问题诊断。

教师进行学习问题诊断，首先要诊查学习问题的类型，然后探查问题的具体状况（如问题的结构要素、成因、性质和发展趋势），最后确定干预方案（即解决问题的方式、方法和措施）。根据学习心理学和学习原理，可以把学习问题分为四种类型：一是动力不足型，即学习动力有问题，如学习需要、学习兴趣、学习乐趣、学习压力和学习成功感等较弱；二是能力不强型，即学习能力有问题，如知识经验基础、认知能力、动手操作能力和自我管理能力等较差；三是品质不良型，即学习品质有问题，如学习意志、学习风格和学习心态等有缺陷；四是环境不佳型，即学习环境有问题，如受到人际关系、家庭条件及氛围、社区人员及风俗、社会风气和自然地理等环境的困扰。在学习问题的状况上，教师需要查明问题要素的主次结构、关联机制、历史脉络、发展程度、形成原因、性质作用和发展趋势等，并与学生及相关主体讨论达成共识。在干预方案上，要明确问题解决的总体思路或框架、阶段性任务、具体安排、人员分工和支助措施等。因此，诊断学习问题总体上分为三个阶段，各阶段所需采用的诊断方式和流程略有差异。其中，在诊查学习问题的类型时，教师首先要建立问题常模，熟悉四类问题的构成要素及呈现模型，然后搜集学生的问题表现，并将其与常模对照联系，进而确定学生问题的类型，这个过程就需要观察学习状态、抽查学习行为、查评学习任务完成情况、测查学习能力、询问原因、查访环境因素和比照问题常模等方式；在探查学习问题的具体状况时，对于动力问题主要采取行为观察、量表调查和结构交谈等方式，对于能力问题主要采取任务测查、材料测评和反思分析等方式，对于品质问题主要采取行为分析、作品分析和问题讨论等方式，对于环境问题主要采取人际观察、家社访查和师生交谈等方式。在确定干预方案时，教师需要采取对比回顾、同行交流、师生交流等方式，把以往类似个案、同行经验和学生意见结合起来，梳理问题脉络和解决思路，统筹设计解决方案。全部流程及操作方式，可建模为图 3-3。

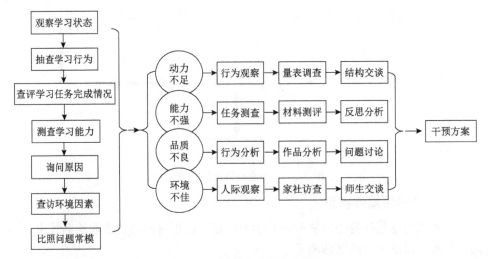

图 3-3　问题诊断操作模型

以上是学情诊断技术化的部分示例。笔者认为，上述项目一旦形成技术化的操作流程、操作要领和操作模型，其重大意义将不可估量。一是技能项目的技术化，可以丰富并提升技能项目的内涵，形成稳定的操作水平，并快捷地用于传播、培训和应用，从而避免教学技能肤浅随性、教师操作水平参差不齐和教师训练不得要领，避免给社会造成教师缺乏专业水准、教师专业不够成熟的印象；二是思想项目的技术化，既可以掌握应用现当代教学思想方法，极大地提升教师教学的含金量，也可以使教师拥有更加丰富的高级专门知识，体会科学原理的神奇魅力，还可以增加或拓展教师同行之间的共同分享和理解研讨，从而避免教学工作机械重复、教学知识浅显无味、教学研讨话题陈旧，避免给教师自己和其他专业人士留下教师专业水平不高的印象。在此，笔者呼吁教学研究者和一线教师要大力推进上述项目的技术化进程，为早日把教师专业变为成熟专业而奉献自己的力量。

二、教师专业技能

教师专业技能，即教师专业技术的人为转化。教师专业技能的基本特征是：原理上基于学科知识，操作上体现专业技术的个人性（含有教师个人的实践性知识）。从根本上说，教师专业技能具有双重属性，即原理依据的学科性和技术特征的主观性。可以这样说，专业技能介于职业技能与专业技术之间，它比职业技能更有学科原理性，比专业技术更有个人主观性，是学科原理性和主观技术性的混合。专业技能的这种双重混合性实际上更加贴近教育的本质特点，它一方面体现了教育的科学性，另一方面体现了教育的艺术性。正如本书第二章认为教师职业具有全面综合性的本质特征，教师需要具备八个方面的技术技能，因而，教师专业技能的双重属性更有利于教师胜任综合性极强的教育实践任务：一方面可以应对教育实践的硬性要求，另一方面也可以适应教育实践的软性要求，进而有效解决来自"坚硬的高地"和"低湿的软地"的双重任务。由此可见，探讨教师专业技能对教师专业发展同样具有极强的现实意义。

探讨教师专业技能，旨在解决教师职业技能的原理性不明、技术性不强的问题，即内在依据不足、操作程式不够稳定、技术含量不高，因而需要提升它们的专业技术性。但是，这个"提升"是有限度的，第一个限度是并非所有职业技能都能提升，只有那些含有专业技术属性的职业技能才可能得到提升；第二个限度是不可能完全将其提升为专业技术的标准，毕竟职业技能是基于职业实践经验而形成的，因而只能在某些专业性或技术性上适度提升，使其变成介于职业技能与专业技术之间的教师专业技能。由此，探讨教师专业技能应解决的问题是：哪些教师职业技能可以提升成教师专业技能？如何提升？

我们在第二章表 2-4 中罗列了教师职业技能，其主要包括备课、上课、批改作业、教学管理和班主任工作，拓展技能有听课、评课、交际、管理、家访、家校合作和校地联动。其中，主要技能均以教育教学专业知识为基础，而拓展技能则只有听课和评课是以教育教学专业知识为基础的，其余的拓展技能则是以其他学科知识为基础的。备课、上课、批改作业、教学管理、听课、评课和班主任工作这七项职业技能具有教育教学专业性，因而是可以提升为专业技能的。必须指出的是，班主任工作是极为复杂的综合性工作，其技能项目不仅包括处理具体事务的操作技能，还包括班集体的组织技能、管理技能、建设技能、教育技能，以及面向个别学生、学生小组和学生小团体的教育技能。在班主任工作的这些子项技能中，教育技能有教育学原理知识和基本稳定的操作程式，因而是可以提升为专业技能的。但是，班主任工作的其余子项技能是难以提升成为专业技能的，比如，事务性技能缺乏学科原理性知识，组织、管理和建设技能虽然涉及教育学原理知识，但它们毕竟以管理学原理知识为主，算不上教师专业技能。总体来看，可能会提升成为教师专业技能的项目有 6 项，它们是备课、上课、批改作业、教学管理、听课和评课。

（一）备课

备课需要解决的问题是原理性知识没有得到强化，教师备课的随意性大，不少教师备课简简单单地应付了事，并且自我辩护时各有说辞。在以往把备课作为职业技能时，一般要求是备学生学情、课程标准和教材，具体要求是把准学情、吃透课标和弄通教材。如果作为专业技能，这些要求就显得很不够，至少是专业内涵不足、专业水平要求不高。从专业内涵看，备课应从"三备"扩展到"七备"，即增加备学段全局、生活知识、学科前沿和活动情境，绝不能画地为牢而局限于学生眼前发展、书本知识、陈旧信息和静听课堂之中，教育的本义不是眼前发展、书本教学、面向过去和静听课程，不是只见树木不见森林，而是为未来生活做准备，培育人的终身发展智慧，必须着眼全局、联系实际、立足前沿和身心参与。从专业水平看，应当明确提出"七化"要求，即教学工作统筹化、教材内容学习化、教学内容生活化、学科知识前沿化、教学方法创新化、课时内容整合化和教学活动设计化，具体参见第二章中的"教学准备规范"。并且，教师要对"七备""七化"给予具体的操作规范，确保落实教育原理性知识，确保体现出专业技能比职业技能具有更高的技术规范。

（二）上课

上课需要解决的是学生掌握不实、建构不深、互动不多和拓展不宽的问题。教师上课局限于书本知识要点和纸上解题，大面积存在照本宣科、一讲到底和封闭教学等虚假育人现象，致使学生掌握的是浅表知识、呆板技能，未能逐步建构学科素养和发展素养。当然，导致这一问题的原因众多，但教学技能缺乏专业性是显而易见的。在以往把上课视为职业技能时，一般要求是把握目标、突出重点、突破难点、环节完整，具体要求是讲授生动、巧妙提问、适时点拨和善于调控。尤其是在应试教育的背景下，强调上课要把学生讲懂、把题型讲透、把习题练够和把"组复新巩布"[①]课堂环节落实。从职业技能看，满足这些要求，诚然足以胜任课本教学的任务了，却严重缺乏教育专业内涵。从教育专业内涵看，上课首先是让学生先动起来，其次才是教师的讲、问、点拨和调控。因为从本质上说，课堂是学生发展的课堂，不是教师表演或传授的课堂。教师如何让学生动起来？一是让学生在课前动起来，教师要引导学生完成以问题为主、课本内容与生活密切结合的自主学习任务，让他们把所见所感、所学所做和所思所惑带入课堂，而不是把千篇一律的课本预习或空空如也的心灵带入课堂；二是让学生在课中动起来，教师要组织学生汇报或展示课前自学的收获，及时追问或提出有深度的问题，引导学生自我反思和互相讨论，要有针对性地讲授课本知识、揭示学科奥秘和展示戏剧性冲突，组织学生练习并掌握相关的知识和技能，要适时地提出新线索、新材料和新问题，营造新情境，留下新疑问，让学生带着更多疑惑和探求欲望走出课堂；三是让学生在课后动起来，要给学生布置书本知识练习任务，但更

---

① 指组织教学、复习、新知识教学、巩固练习和布置作业。

要有深化课堂学习所思、所感的探求任务，或者有下一次课的自学任务，从而把课堂学习延伸到课后、课内学习扩展到课外。由此可见，上课要把培养学生的自主学习、合作学习和探究学习能力放在首位，而不仅仅是掌握课本知识和相关技能；上课并非单纯地上课，而是导学，即从课前、课中和课后的多个角度或多种维度引导学生自主学习、合作学习和探究学习，简称为"多维导学"。可以说，上课是形式，导学才是实质。如果上课缺乏导学，就等于失去了教育的灵魂，其专业内涵和专业水平也就会大打折扣。为此，笔者强烈建议把上课改为导学，把上课技能改为导学技能，并尽快探索建立课内、课外导学技能的操作规范。

（三）批改作业

批改作业需要解决的问题是机械性或标准化作业过多，批改方式局限于打钩或叉，反馈方式局限于对标准答案。正因为批改作业变成了机械活儿，不少教师开始象征性地抽改几本，或者浏览部分作业而不再批改，然后将作业发给学生，统一对答案，学生之间互相画钩或叉，评分数和标日期，作业批改也就完成了。也许在家长、学校管理者及其他人看来，这是教师工作不认真，因而需要规定教师该怎么批改作业以及必须批改多少作业。但是，作为职业技能，批改作业的操作要领确实过于简单，简单得只剩下"及时批改、精批细改、师生互改、使用红笔、及时反馈"等外延性要求。像这样缺乏专业内涵的事务性机械活儿，教师每天要完成数十本，而且要一辈子重复下去，这是极其考验人的。然而，批改作业并非没有专业内涵，并非只能是机械活儿，主要是因为长期以来教师缺乏专业意识，有意或无意地滑入了机械活儿的深渊。笔者认为，批改作业至少有三方面的专业性。第一，批改作业是对课堂教学效果的评价，它是一种教学评价行为，其中甚至包含教育评价行为，评价学和教育评价学正是支撑它的学科原理。第二，批改作业是对学生学习的诊断，它是一种学情诊断行为，具有教育学专业内涵。第三，批改作业是课堂教学的延续，教师布置什么样的作业、布置哪些作业和布置多少作业，均取决于课堂教学目标有哪些、进行得怎样及学生的基础如何，批改什么、批改得怎样将直接影响到教学反馈和后续教学如何进行，因而布置作业与批改作业与教学专业性是密不可分的，在作业批改之中直接包含了课堂教学的专业性。由此可见，要减少批改作业的机械重复性，就需要增强教育教学的专业性。因此，将批改作业由职业技能变为专业技能的要点是：根据教学目标来布置作业，在中小学实施三维目标的情况下，至少不能只布置知识与技能这一个维度的作业；对学生分类、分层来布置作业，至少不能只布置一个类别和层次的作业；根据学情诊断来批改作业，将其视为学生发展的材料，从作业中发现学生的学习状态和个性特点，而不只是答题的对与错、是与非，从而深化批改作业的内涵；根据教育评价学来批改作业，批改方式多样化，尽可能地让学生卷入其中，形成互动式、协商式和合作式批改，而不只是由教师一个人孤立完成；根据教学反馈和后续教学需要来批改作业，不能把它变成孤立的环节。总之，满足教学需要的批改作业才能使师生变得主动积极，批改过程才会变得更有乐趣和活力。

（四）教学管理

教学管理需要解决的问题是教师习惯于针对学生的不良学习行为，局限于课堂活动之中，侧重于隐蔽控制和惩罚控制，普遍采用提醒、提问、批评、罚站、罚作业和罚留（课后留下来），个别教师甚至当场冷嘲热讽。在作为职业技能的情形下，学界和业界很少研究教学管理的专业性，致使教学管理严重缺乏教育学和管理学内涵，在教师职业实践中表现得简单粗暴，在教师的心目中变得无足轻重，甚至部分教师在课堂上不会管、不愿管，更多的教师在课外压根儿就不管。从根本上说，教学管理既有教育学又有管理学作为学科支撑，其本身就是一种专业技能。据此，教学管理作为专业技能的要领应包括：第一，教学管理覆盖教学全程和全部教学，哪里有教学，哪里就有管理；第二，教学管理可分为要素管理、过程管理、机制管理、人员管理和目标管理，其中，要素管理指教学资源、教学时间、教学工具和教学环境的优化，过程管理指围绕教学目标对教学要素进行计划、组织、调配和控制，机制管理指建立教学组织、教学制度、教学程序和教学标准并保证它们的有效运行，人员管理指对学生分工分组、激励、指挥和调控，目标管理指教学目标的制定、分解、合成、进度调控和结果运用；第三，教学管理的幅度、力度、方式和效度取决于教学共同体的成熟度，它们在教学共同体的初期、中期和后期是有所不同的，但古训说得好"由严入宽易，由宽入严难"，初期不宜松弛；第四，教学管理的核心是激发学生的潜能和美好愿望，帮助学生实现成功和发展，是调动学生而不是控制学生，因为控制式管理是浅薄管理，终将会沦为失败管理。

（五）听课

听课需要解决的问题是心态浮躁、理念狭隘、技术不实和思考缺位，大部分教师习惯于完成听课任务，凭主观感受"看看、听听、记记"，听课流于浅表，没有多少收获，一些教师甚至认为是浪费时间，还不如自己备备课、改几本作业更有成效。在作为职业技能的情形下，由于缺乏专业心态、专业理念、专业技术和专业思考等诸多专业内涵，听课变得无趣无方，这是听课效果不佳的重要原因。自中小学实施新课程以来，一些专家和学者大力探讨了听课的专业内涵，提出了不少专业化听课的建议[①]，这些建议对听课由职业技能变为专业技能大有裨益。概括起来，作为专业技能的听课，其主要要领有：第一，听课心态专业化，如阅读心态、取经心态和吸纳心态。所谓阅读心态，即把听课视为阅读教育教学活动之书，因而需要多读、多记、多想，正如著名特级教师余漪说："我的特级教师是听课听出来的"，窦桂梅说："几年来我听了校内外教师的 1000 多节课"。所谓取经心态，即把听课看作是专业成长路上的采蜜、取经，听到好课能开眼界、长见识，听到有瑕疵的课能以人为镜、少走弯路。所谓吸纳心态，即在听课时把自己融入课中、把课汇于心中，并从中梳理问题、汲取养料。正如日本课程专家佐藤学所说：与其说我要观察课堂中发生了什么，不如说我要将课堂中发生的一切都吸纳于心。第二，听课理念专业化，如准备理念、参与理念和欣赏理念。所谓准备理念，即听课前要有意识地做好专业化准备，如选择要听什么样的课，带着什么样的教学理念去听课，这堂课讲什么，教材内容怎样，教学目标有哪些，有无名师课例，如果是自己讲如何设计这堂课，等等。所谓参与理念，即听课时要让自己的心思和情感参与其中，最好以学生角色或同行角色去听课，尽可能地顺应课堂思路、跟随课堂节奏、接纳和响应师生情感行为，使自己处于"学"或"教"的情境之中。所谓欣赏理念，即以欣赏者的心态、眼光进入课堂，尽可能地发现和赏识教师的教学优点，尽可能地理解教师的教学意图和教学思路，而不能对教学优点视而不见，也不能轻易否定教师的教学意图和教学思路，对于出现的问题，可以平和亲切地与教师探讨交流。第三，听课技术专业化，如课堂观察技术化、记录手段技术化。所谓课堂观察技术化，即借助观察量表实行结构化观察，把观察做到定向、定面、定点和定时。所谓记录手段技术化，即使用摄影机、摄像机、录音机等记录活动情景，采用摘要式、评点式、叙述式、分类系统式和图表式等方法做听课记录。第四，思考专业化，即主要思考教学目标是否恰当、教学内容和资源是否丰富及应用如何、教学设计是否科学及其理念如何、教学过程是否优化及其展开如何、教学效果是否实在及学生学得如何、教学特色是否凸显及其创新性如何、教师素养是否完善及其发挥如何，等等。

（六）评课

评课需要解决的问题是评课理念过于世俗、评课内容过于繁杂、评课标准过于抽象，因而导致评课深度不足、效度较低。在通常情况下，学校教师之间评课常常碍于情面而难以启齿，要么先客气一番，把优点说一大堆，然后蜻蜓点水般地说一两点不足；要么来个"三一"开，优点讲三点，不足讲一点；要么云里雾

---

① 余文森，黄国才，陈敬文. 2011. 有效备课·上课·听课·评课[M]. 3 版. 福州：福建教育出版社，192-236.

里，抓住一点就不着边际地赏析、回顾、引述，最后谦虚地恭维一番，就戛然而止；要么似笑非笑，一团和气，实在挨不过时才顺应三言两语；要么只听不说，即便轮到自己发言时，也只是羞涩地摇头："我是来学习的，没什么意见。"为什么会出现这些现象？一个重要的原因就是评课缺乏专业性。在不少人看来，评课就是走过场，怎么评以及评与不评都没什么差别，反正评课没有权威标准和固定内容，说的人可以说多说少、说东说西，最关键的是要多说优点、少说缺点（最好是不说缺点），以免因为评课而得罪人。可以说，因为缺乏专业性，评课在很多学校里变味儿了，评课不再具有研究和研讨的性质，不再是教师专业发展的重要契机，而是一场给人"好评"或"差评"的游戏会，是权衡人际利害关系的"试金会"。从教师专业发展的角度看，评课的本质不在于评，而在于研，评课实在应该改称为"研课"。因为在通常情况下，评课的目的不是要评出某堂课的好坏优劣和水平等次，而是以这堂课为契机来共同研究和探讨课堂教学的策略和智慧，以促进所有在场教师的教学专业能力的提升。明确了这一点，就可以极大地增强教师评课的专业意识。在此基础上，如果进一步明确评什么以及怎么评的基本规范和操作流程，那么，一团和气的评课风气是可以破除的。为此，笔者在借鉴国内专家和学者研究建议[①]的基础上，提出评课的专业化操作要领，主要有：第一，评课理念专业化，如变评课为研课，召集人事先明确将要研讨的问题，并让所有人员有所准备；第二，评课过程专业化，如评课的过程环节包括召集人引导性发言、执教者反思发言、参评人依次发言、召集人引导问题讨论、所有人互动讨论和召集人总结发言；第三，评课内容专业化，如根据课型、学科特点、学段学情、学段目标、教材和资源环境等因素，统筹确定评课的内容主题，以学期或学年为单位确定系列主题，在一定时段内集中在一个主题内容上，至少不能每次都搞大而全的评课；第四，评课标准专业化，如根据学段和学科特点，确定评课的大体标准，甚至在此基础上细化出老、中、青教师的评课标准，至少不能无区分地用统一的标准去评所有的课。在评课标准上，要体现专业眼光和专业智慧，旗帜鲜明地倡导真实课而不是表演课，生成课而不是预设课，互动课而不是独讲课，全生课而不是优生课，特色课而不是周全课，探索课而不是守成课。

以上便是我们对教师专业技能的基本探索。不得不说，这些探索还很不成熟，有待于学界、业界继续努力。需要讨论的是，教师专业技术技能的基本指向是学科理性及由此形成的技术程式，这个方向似乎有悖于当前学界提倡教师的实践性知识这一潮流，显得有点不合时宜。但如果我们深入审视教师专业的发展历程和当今我国教师专业的发展现状，那么，这种不合时宜的问题就可以豁然自明了。

---

① 余文森，黄国才，陈敬文. 2011. 有效备课·上课·听课·评课[M]. 3 版. 福州：福建教育出版社，237-276.

我们认为，西方学界之所以从技术理性转向实践性知识，无非有两个原因。一是教师专业无法像医生、律师专业那样具有确凿的技术性，再继续沿着技术理性的方向走下去，就永远无法跻身于技术成熟的专业之列，因而必须另辟蹊径；二是教师专业的本质不是普适技术，而是独特的实践，在复杂、模糊、不确定的"低湿的软地"领域，任何理性技术都不管用，只能依靠教师的个人实践性知识或反思性实践知识。应当说，这两个理由是成立的，开启教师的实践性知识研究也是明智的，但这并不意味着技术理性的教师专业化就可以停步了，更不意味着教师专业化就可以抛弃技术理性的支撑。成熟的态度应当是：在教师专业化的征程中，既要让技术理性解决"坚硬的高地"存在的问题，又要让实践理性解决"低湿的软地"存在的问题，理应软硬两手兼顾，不能非此即彼、互相抵牾。

就中国教师的专业水平情况看，我国教师在今后相当长的一段时间内还需要继续提高专业技术技能水平，还需要补上技术理性这一课。据报道，在教育部酝酿出台教师教育标准之际，领衔研制标准的新课改首席专家钟启泉教授表示，按照他领衔起草的标准，"现在的绝大多数老师不合格。现在我国的中小学老师存在三个主要问题：不读书、不研究、不合作"[1]。此言一出，立刻招致很多网友的反驳，这些人的情绪激烈。第二天，教育部新闻发言人就"辟谣"说：该报道严重失实，极大地伤害了广大教师的感情，造成了非常恶劣的影响。[2]其实，钟启泉先生的本意并非要贬低中小学教师，而是认为"目前我国师范生在大学接受的教师教育，与社会发展实际至少落后50年"，接受的是书本式、封闭式教育。[3]也就是说，当前绝大多数教师不合格的主要原因是落后的教师教育造成的。但他同时认为，目前教师中存在的"不读书、不研究、不合作"问题，也是其中的重要原因。应该说钟启泉先生的这两点见解是客观的，但第一个原因否定了过去的师范教育，第二个原因刺痛了一线教师的自尊心，这就必然招致教育行政部门和中小学教师的反感。当然，保护自尊心是一回事，但客观需要则是另一回事。

总之，我国教师教育学界需要做好技术理性的教师专业化研究，不能只跟风研究教师的实践性知识，教师专业要跻身于成熟专业之列，还有很多工作要做。因此，重新发现教师的专业技术，真正把那些体现教师专业性的技术技能项目研究好、推广好，其现实意义是难以估量的。

---

① 朱治华. 教育部拟出台教师教育标准 多数老师或不合格[EB/OL]. （2010-06-27）[2019-12-31]. http://news.qq.com/a/20100627/000909.htm.

② 教育部. 教育部："绝大多数老师不合格"报道严重失实[EB/OL]. （2010-06-29）[2019-12-31]. http://news.qq.com/a/20100629/000907.htm.

③ 计琳. 2012. 为了未来教育家的成长——华东师范大学教授钟启泉解读新出台的《教师教育课程标准》[J]. 上海教育，（7）：36-37.

第三节 专 业 品 质

如果说专业知识、教师专业技术技能是教师专业性的第一、第二要素，那么，第三要素是什么呢？长期以来，国内学界在这个问题上可谓众说纷纭，学者先后提出了专业情感、专业情意、专业性向、专业自我、专业精神和专业伦理等概念。笔者认为，这些要素均属于专业知识、专业技术技能之外的非智力要素。如果把它们中的任何一个要素与专业知识和专业技术技能相提并论，就在分量和逻辑上不对等。但如果把它们合成一个整体，然后与专业知识和专业技术技能相提并论，就在分量和逻辑上对等了。为此，我们从专业素养的建构角度，提出"专业品质"这个术语，并用它来统合上述诸多要素。

一、教师的专业品质辨析

在解释什么是专业品质之前，需要先讨论一下"品质"的内涵。

从英、汉两种语言的解释来看，品质是人或事物内在具有的、不可见的抽象特征，这种特征对人或事物本身具有区别意义和价值意义。作为区别意义，品质是事物本身所具有的性能、质的，属于事实概念；作为价值意义，品质是人的认识结果，是满足人的需要的结果，属于价值概念。可见，对品质的科学定义应该把品质的事实概念与价值概念统一起来。因此，我们对品质的界定是：品质，即人或事物满足一定价值标准的性能特征。其中，人的品质是人的心理或精神方面的性能特征。

品质与品性是两个相互关联、接近的概念。品性常常被解释为"个体的品质和性格"，但这种解释是望文生义、就词解词，相当于把词语进行了一次扩充，在逻辑上属于自我循环，只能是概念说明，算不上定义或概念解释。因此，我们需要对品性进行重新理解。一是把品质与品性统一起来看，品质是关涉质量的性能特征，而品性则是关涉秉性的性能特征。二是从汉语的使用情境来看，人的品质常常是历练、凝练出来的，而人的品性往往是养育、沉淀出来的。由此可见，品质具有功能性、人为性意味，品性具有潜质性、天然性意味。

基于对品质的上述理解，教师的专业品质是能满足一定教育价值标准的、教师心理或精神方面的性能特征，这些性能特征是可以通过教育训练、实践历练来形成的，并且教师原有的心理潜质和精神秉性也是可以通过训练和历练的化育而成为性能特征的。

教师专业品质的内涵成分是复杂的，我们可以从下面两个角度来把握。

从内容成分看，教师的专业品质由三个方面的品质融合形成。一是教师个人的天然潜质，如教师的专业性向；二是通过专业训练获得的行为品质，如教师的专业热情、专业方式、专业责任和专业作风；三是教师实践养成的精神品质，如专业理念、专业情意、专业道德、专业伦理、专业精神和专业情操。

从价值标准看，教师专业的优良品质主要指教师的个性品质、行为态度品质和精神品质，如专业潜质的优异性、专业态度的热情性、专业作风的严谨性、专业方式的独特性、专业责任的担当性、专业理念的先进性、专业情意的纯洁性、专业道德的高尚性、专业伦理的规范性、专业精神的执着性和专业情操的优良性等。教师的专业品质体现的是教师专业实践的理想追求、自我要求和价值取向，是教师做好职业工作和促进自身发展的内在动力。

二、教师的专业品质内涵

为进一步理解教师的专业品质的复杂内涵，我们可从十个方面来梳理。

（一）专业性向

专业性向是主体在专业领域中的适应倾向，这种倾向来源于主体的个人特质。教师的专业性向是指教师成功从事教育工作所应具有的人格特征或适合教学工作的个性倾向。一个人能把自己塑造成什么样子，取决于他开始塑造时所具备的材料。[①]教师的专业性向是教师的特殊人格和潜在能力，是教师专业发展的基础。如果教师在人格特征和基本能力上与教育工作所要求的性向相反的话，那么就不可能成为一名合格教师；如果教师具有适切的专业性向，则成为合格教师就具有更大的可能性。[②]教师的专业性向通常包括心灵的敏感性、爱的品质、交流沟通的意愿、对教育工作的兴趣等人格特质，以及语言表达、交流沟通和逻辑思维等能力特征。[③]

（二）专业方式

专业方式是主体在专业领域里形成的思维方式和操作方式。每个专业的背后

① 李大圣. 2005. 教师的专业性向与优质教学[J]. 教育研究，（7）：80-82.

② 吴秋芬. 2008. 教师专业性向与教师专业发展[J]. 教育研究，（5）：68-72.

③ 吴秋芬. 2008. 教师专业性向的内涵及其特征[J]. 中国教育学刊，（2）：37-40.

都有一个或多个学科作为支撑，不同学科有不同的内容范围、思维方式、操作理念和操作方式，因而也就形成了不同的专业方式。与医生、律师等职业相比，教师职业的专业操作方式有自身的独特之处，如教学双边的交往合作性，教学双方的互动性，教学情境的营造性、生成性，师生之间情感、精神和认知的协同性，教师自身活动的手段性和榜样性，教育与教学的融合性，对人的发展的促进性，等等。

（三）专业理念

专业理念是主体在专业领域里形成的理性认识、思想观念。教师的专业理念主要有七个方面，即职业观、学生观、教师观、教育观、教学观、伦理观和校本观。其中，教育观、教学观中均包含具体的质量观、评价观和课程观等。必须指出的是，前七种观念是上位层次的理念，质量观、评价观和课程观属于下一个层次的理念。

（四）专业情意

专业情意是主体在专业领域里形成的情感、意向和志向。教师的专业情意主要包括教师的专业情感、专业意向和专业理想三个层次，而专业则包括主教学科专业、教育专业和教师自身的专业发展三个方面。这就是说，专业情意共有九个方面的内涵，它们是学科专业的情感，如热爱主教学科并具有学习热情和钻研激情；教育专业的情感，如热爱学生并具有培养学生的热情和激情；自身专业发展的情感，如对学科专业和教育专业怀敬持之心、自豪之情；学科专业的意向，如有关注学科发展和学科前沿动态的兴趣；教育专业的意向，如有一定的教育探索意愿；自身专业发展的意向，如在自身专业素养的发展上有明确的选择、谋划；学科专业的志向，如达到理想的学科专业水准；教育专业的志向，如培养出理想学生；自身专业发展的志向，如成为优秀教师；等等。

（五）专业责任

专业责任是主体在专业实践领域所承担的行为责任。教师的专业责任主要有学科教学专业责任、教育专业责任和自身专业发展责任。其中，学科教学专业责任包括要求学科知识具有全面性、准确性、前沿性，要求文化知识具有先进性、多样性、深入性，要求实践知识具有丰富性、独特性、有效性，要求专业能力具有均衡性、熟练性、特长性，等等。教育专业责任主要包括保护学生生命安全、维护学生身心健康，诊断学生学情，把握并满足学生的成长需要，对学生进行引导、指导和教育，言传身教，对学生严格要求、公平公正，培养全面自由发展的理想人，营造良好氛围，建设优秀团队和让学生幸福成长，等等。有研究指出，教师的专业责任主要有：了解每个学生的需求并满足其需求，认真地组织好自己的专业教学实践活动，如保证永远以学生的利益为重，保证参与教学实践活动的人（教师、专家、管理者）都是称职的，把凡是对教学实践活动有益的相关知识都作为决策的基础，对一时难以解决的问题要继续去寻找和发现最适合的解决方案。[①]自身专业发展责任包括及时掌握学科前沿知识和新的教育教学技能，更新自身的教育理念、知识，提高能力，持续提升专业品质，主动规划专业发展，并为之持续努力，等等。

（六）专业作风

专业作风是主体在专业领域形成的行为风格。专业作风源于教师在专业方式、专业理念、专业情意和专业责任等方面的自觉担当和长期形塑，并呈现出稳定性和一贯性的特点。教师的专业作风主要包括治学严谨务实、工作勤奋踏实、待人真诚愉悦、为人乐观豁达、育人耐心严格和追求尽善尽美，等等。

（七）专业道德

专业道德是主体在专业领域形成的行为规范。专业道德是职业道德中的一部分，也可以看作是与专业理念、专业行为密切相关的、具有隐性特点的职业道德。教师的专业道德主要包括教师专业行为的正义性、公平性、正当性和利他性等。其中，正义性要求体现人类正义、国家民族正义和社会正义；公平性要求面向所有学生一视同仁；正当性要求正面、适度和理据充分；利他性要求排除私心杂念，一心一意地为他者服务。

（八）专业伦理

专业伦理是主体在专业领域形成的有关人际关系的秩序规范。专业伦理的基本特点是：具有道德性，是有关伦理方面的道德要求；具有情感性，是自觉自愿的伦理；具有理念性，是自主自为的伦理。教师的专业伦理主要有三层内涵：一是在专业人际上的民主、平等、尊重；二是在专业情感上的热爱、关心、帮助；三是在专业行为上的赋权增能，促进所有相关的人发挥潜能、主动发展和幸福快乐；等等。

（九）专业精神

专业精神是主体在专业领域形成的行为风范。教师的专业精神包括爱生敬业、

---

① 王春光，谢江巍. 2002. 教师专业化与教师专业责任——美国教师专业化发展的新路径[J]. 外国教育研究，（12）：57-60.

恪守真理、严谨治学、躬身践行、诲人不倦、学而不厌、教学相长等。专业精神的核心是专业自主，即自觉、独立、自律地运用专业自主权，体现专业的真知灼见和操作规律，尊重专业团体的声音和权利，融入并推动专业团体的发展，努力提高专业行为的权威性和公信力。

（十）专业情操

专业情操是主体在专业领域形成的情意和操守。"情操"这个词本身具有丰富的人文内涵和鲜明的褒义色彩，在中国传统文化中常常用于表达一个人优秀的坚贞品质。笔者认为，情意是契合主体心理需要、价值取向和追求目标的积极性心理体验（如情感、态度、理念），操守是主体自觉坚守的行为准则和个性品质（如行为特质）。情意具有内在性，是操守的内在基础；操守具有外显性，是情意的外在显现。[①]仅有良好的行为品质而缺乏情感、态度、理念的支撑，就不能称为情操，因为情操具有理性智慧的自觉自为特征。同样，仅有良好的情感、态度、理念而缺乏良好的行为品质来印证，也不能称为情操，因为情操具有人生追求的实践特征。如此看来，优秀的价值理念、态度、情感和特质最终必然会凝结成为情操，情操实际上是一个人的优秀价值理念、优秀态度、优秀情感、优秀特质的结晶。教师的专业情操是教师职业情操的精华部分，主要指教师在专业实践中长期形成的、具有专业情意特点的行为操守，如学思结合、知行统一、导学育人、为人师表、公正民主、自尊自律、终身学习等。

第四节 专业美质

专业美质，即主体在专业实践中形成并展现出来的美学素质。按照前述教师专业品质的界定，从逻辑上看，教师的专业美质理应属于教师专业品质之一。但是，笔者认为教师专业美质应当独立出来，理由有三：其一，在真、善、美三大精神领域中，美是最高领域；其二，它源于美学学科，在德、智、体、美、劳五大学科知识领域中，美育是独立的领域；其三，在马克思主义哲学看来，美是人的本质属性之一，审美生产和审美实践则是实现人的自然性和社会性统一的基本途径之一。由此可见，在人类精神领域、学科领域以及哲学领域，教师专业美质

---

① 胡志金. 2014. 论新课程背景下教师优良情操的标准[J]. 教师教育学报，（4）：36-43.

远比教师专业品质更高级。可以说，它是在教师专业品质基础上形成的一种更高级和更综合的精神品质，将对教师专业实践和专业发展起到引领性和开创性作用。

一、教师需要专业美质的缘由

教师职业的专业实践对美的客观要求，决定了教师为什么需要专业美质；古今中外教育家对美的教育追求，昭示了教师专业美质的应然存在和已然存在。

（一）教师需要专业美质的客观缘由

1. 教育目的的必然要求

我国教育的目的是培养德、智、体、美全面发展的社会主义建设者和接班人。正如《教育部关于切实加强新时代高等学校美育工作的意见》（教体艺〔2019〕2号）指出的："美是纯洁道德、丰富精神的重要源泉。学校美育是培根铸魂的工作。"可以说，美育是我国素质教育的基本内容之一，培养学生的审美素质是我国素质教育的基本目标之一。我国教育的这一根本要求决定了我国教师必须具备专业美质，也决定了我国教师职业必须把专业美质作为教师专业标准的基本维度之一。

2. 教师劳动的本质要求

教师劳动是一种精神劳动，这种劳动的根本目的是"在一定的政治经济文化结构制约下，通过建立教育关系和教师劳动对象化而实现人的本性的发展"[1]。何谓人的本性？在人本主义哲学看来，人的本性是实现人的生理需要、安全需要、爱与归属需要、尊重需要、认知需要、审美需要和自我实现需要，从而成为一个完善的、主动发挥作用的人。由此可见，审美是学生作为人的本性发展内容之一，教师要促进学生的审美发展，就必须具备一定的专业美质。

3. 教师职业特点的要求

如前所述，教师职业有四个特点，即纯粹的利他性、无缝的引领性、无限的教化性和复杂的智慧性。教师是为理念而生的人，教师的一切努力都是为了培养理想的、完善的人，培养至善至美、尽善尽美、追求卓越的人。为此，教师不仅要按照教育的规律来劳动，而且要"按照美的规律来建造"[2]。教师的劳动过程是超越自我、超越现实、忘我工作的过程，是实现人的本质力量对象化的过程，

---

① 王希尧. 2008. 人本教育学[M]. 成都：四川教育出版社，99.

② 马克思，恩格斯. 1979. 马克思恩格斯全集（第42卷）[M]. 马克思恩格斯列宁斯大林著作编译局，译. 北京：人民出版社，96-97.

是一种美的建造过程和体验过程。"人不仅像在意识中那样理智地复现自己，而且能动地、现实地复现自己，从而在他所创造的世界中直观自身。"[①]由此可见，教师的劳动过程及其所体现的四个特点无不渗透着美的要素和美的灵魂，教师职业是一种感情愉悦、精神快乐、思想解放、心灵幸福的职业，而任何一名教师要想从事和享受这种职业，就必须具备良好的专业美质。

> 对于一个教师来说，真诚皈依自己的职业，心无旁骛地致力于自己的事业，把自我从无尽的愤懑、满腹的牢骚中解脱出来，努力寻求心灵力量的支撑，然后尝试着以从容之心面对一切教育对象和现象，心平气和、脚踏实地地在自己的教育征途上徐徐前行，发现并收藏工作中所有快乐的火花，让它累积的光明照亮我们的教育探索之路，点燃我们的职业幸福感，让每一位孩子都感受幸福，获得幸福。用幸福培养幸福！
> 资料来源：陈世勇. 2011. 用幸福培养幸福[J]. 新课程（上），
> （1）：136

4. 教师职业内容的要求

教师肩负着学科教学和班主任工作，其中，学科教学包含学科内容美和学科教学过程美，班主任工作包含学生精神品质美和班主任工作过程美。比如，学科内容美，语文中有人物美、语言美、意境美、故事美；数学中有奇妙的数图美、数形美、公式美和严密曲折的推导美；物理中有物质形态的变化美、运动形式的转换美和力的平衡和谐美；化学中有物质构造的多样美和化合分解的变幻美；历史中有悠久文化的灿烂美和荡气回肠的画卷美；地理中有地方人文美、自然风光美；政治中有道德情操美、思想深邃美；等等。再如，学科教学过程美，教师使教学过程生动形象，使学生产生"如临其境、如闻其声、如见其形"的体验，成为师生共同拥有的一段充满愉快、值得回味的审美历程。[②]可见，一名教师要想把职业内容的美表现出来，把职业实践过程的美创造出来，使其成为学生的精神食粮，就必须拥有良好的审美素质，并在职业领域深入开展审美活动。

5. 教师职业对象的要求

学生是教师的服务对象，也是教师的审美对象和创造美的对象。他们身上随时随地焕发出生命的活泼美、灵动美、纯真美、能动美和发展美。教师与学生朝

---

① 马克思，恩格斯. 1979. 马克思恩格斯全集（第 42 卷）[M]. 马克思恩格斯列宁斯大林著作编译局，译. 北京：人民出版社，97.

② 李亚峰. 2008. 教师职业的美学认识[J]. 教育理论与实践，（17）：32-33.

夕相处，只有拥有良好的专业美质，才能及时、准确、敏锐地捕捉到学生表现出来的各种美，才能感受到学生身上散发的各种美，才能激发和培育学生的精神品质美。从学生的角度看，中小学生具有向师性，他们会把许多美好的品质和愿望投射到教师个人身上，甚至在无形之中把教师视为美的使者、圣的化身。然而，一旦教师出现缺陷或不足，就会对学生心灵产生很大的冲击，甚至给学生心灵造成难以愈合的创伤。

6. 教师职业生涯的要求

教师的职业生涯表明，大部分教师的职业发展会在合格教师、胜任教师阶段停滞不前，停滞不前的原因就在于这些教师体会不到教师职业的快乐与幸福，陷入了职业倦怠。其中，一个根本原因就在于教师缺乏专业美质，再加之受到现实社会中功利主义的侵袭，使得他们在教师职业中缺乏美的情趣、美的体验和美的创造，从而在功利的泥潭中患得患失，在待遇不优、条件不佳、工作艰辛的工作境遇中感到疲惫。与此相反，那些拥有良好专业美质的教师却能在职业生活中不断发现美、表达美、体验美和创造美，他们心胸开阔、超越功利、情趣高雅和乐观进取，不仅能收获教师职业的快乐与幸福，而且能使职业生涯顺畅发展，甚至成为令人赞誉的专家教师。这表明，教师的专业美质往往会直接影响到教师职业的幸福度和职业发展的顺畅度。对此，我们不能不说教师的专业美质是教师专业素质中极为重要的素质。

📖感受教师的职业之美

每次走进校园，我都会深深感动着，没有哪一种职业有着这样的殊荣：被人千百次地问候：老师，您好！老师，您好！……每当沐浴着那些清脆的童声，听到那仿佛来自天籁的纤尘不染的问候，感受到孩子们那水晶般纯洁的心灵时，我就会醉心于自己当初的选择——当一名老师。

……

有人说：工作是美丽的，在我的眼里工作着、且工作在教师岗位则是最美的！这份美丽虽没有花的事业那样娇媚，但更多了一份朴实；虽没有果的事业那样荣耀，但更多了一份恬静。

……

"长大后，我就成了你，才知道那块黑板，写下的是真理，擦去的是功利……"多年的教师生涯告诉我们，教师的事业是清贫的，更是艰辛的，没有鲜花掌声，也没有功名利禄，有的只是平凡岗位上的充实与快乐、平凡人生的淡泊与宁静。

……

一根教鞭，两袖清风，三尺讲台，四季忙碌……这正是我们教师职业的真实写照。教书育人，绝不是简单的说教，而是来自生命内核神谕般的启示：它需要的是一种崇高的奉献精神和人格魅力！一种深厚的知识内涵和文化修养！教师在教书育人的过程中也净化着自己的心灵，使自己飞翔的心时时享受着纯真的牵引。教书育人，能让我们终身为之骄傲和自豪、为之奋斗和努力的美丽事业！

资料来源：唐琴. 2005. 感受教师的职业之美[J]. 班主任之友，（7）：49

（二）教师需要专业美质的历史缘由

在历史上，不少中外教育家不仅强调了美在教育实践中的重要作用，而且身体力行地在教育实践中创造了美的教育生活，给学生树立了美的教师形象。

孔子是中国古代第一个追求教育美的光辉典范，他给学生留下了崇高美的教师形象："仰之弥高，钻之弥坚。瞻之在前，忽焉在后，夫子循循然善诱人，博我以文，约我以礼，欲罢不能。"[1]记录并总结我国先秦时期教学思想的《学记》，首次提出了"善喻""博喻"，主张广泛借用生动贴切的形象来暗示或寄托抽象的道理，这种方式其实就包含了审美感知、审美想象和审美体验。

我国明代教育家王守仁认为教育应当像时雨春风那样使学生欢欣鼓舞、日长月化，揭示了教师应当具有培育生命美的教学情怀。"大抵童子之情，乐嬉游而惮拘捡，如草木之始萌芽，舒畅之则条达，摧挠之则衰疾。今教童子，必使其趋向鼓舞，中心喜悦，则其进自不能已；譬之时雨春风，沾被卉木，莫不萌动发越，自然日长月化。"[2]

在西方，柏拉图主张培养学生从小对美的爱好。他发人深省地问道："我们不是应该寻找一些有本领的艺术家，把自然的优美方面描绘出来，使我们的青年们像住在风和日暖的地带一样，四周的一切都对身体有益，天天耳濡目染于优美的作业，像从一种清幽境界呼吸一阵清风，来呼吸它们的好影响，使他们不知不觉从小就培养起对于美的爱好，并且培养起融美于心灵的习惯吗？"[3]亚里士多德主张培养学生在德、智、体、美等方面和谐发展，其中，少年期以音乐教育为核心，高年

---

① 洪镇涛主编，程明霞注释. 2012. 论语·子罕[M].上海：上海大学出版社，89.

② 转引自：孙培青. 2009. 中国教育史[M]. 上海：华东师范大学出版社，259.

③ 柏拉图. 2008. 柏拉图文艺对话集[M]. 朱光潜，译. 北京：人民文学出版社，54.

级要学习诗歌、文学等学科。他认为教学应遵循中庸、可能和适当三个原则，并考虑"旋律和韵调及其在教学上的使用"。①他 41 岁时创办学校"Lyceum"（即阿波罗神殿附近的杀狼者——吕刻俄斯），经常带着学生在花园的林荫大道上一边散步、一边讨论哲理，因此后人把亚里士多德学派称作"逍遥学派"。可见，亚里士多德营造的是自由、幸福的教育生活，并强调要培养多方面具有和谐美的人。

17 世纪，捷克教育家夸美纽斯指出："教学论的意思是指教学的艺术，这是一种把一切事物交给一切人类的全部艺术，这就是说，它不会使得教员感到烦扰，或使学生发生厌恶的心情，它能使得教员与学生全都得到最大的快乐。"他说："它又是一种教得彻底、不肤浅、不铺张，却能使人获得真实的知识、高尚的情谊和最深刻的虔信的艺术。"②

18 世纪，瑞士教育家裴斯泰洛齐把教育视为园艺艺术。他说："教育像园艺家的艺术，在他的照料下，成千株树木繁茂和生长。他除促进实际生长外没有别的了；生长的原理在树林本身，他只栽培和浇水……教育家也是如此，他不是给与人能力。他只是照看，不让任何外在势力伤害和骚扰。他留心使发展按它本身的规律进行。"③

苏联教育家马卡连柯认为，教育学要实现教学美，教师要学会表演，掌握演剧方面的技巧，要善于运用表情，要能控制情绪，在学生面前要"机警灵活，满面春风"④。苏霍姆林斯基认为，"美是一种敏感的良知的教育手段"⑤。他的《教育艺术》一书系统地描述了教师说话的艺术、批评的艺术、课堂教学的艺术以及备课的艺术等。教育家赞可夫专章论述了教学美思想，他呼吁教师应当看到教学美："它就在我的身旁，在我们周围。"⑥当教师吸收、感到了教学美，那么教学美就会成为教师精神丰富性的取之不竭的源泉之一。

1968 年，美国学者克莱德·E. 柯伦发表了其著名的《教学的艺术》一文，认为教师"能懂得塑造美、增进美的方法。他们能成为艺术家，人类关系的艺术家，成为人的问题这个艰难领域中的美的创造者"，"当教师更多地懂得了美的素质怎样深入人心的生活，当他们能有意识地来完善、扩展这种美的体验方法时，

---

① 华东师范大学教育系，杭州大学教育系. 1985. 西方古代教育论著选[M]. 北京：人民教育出版社，118，120.

② 夸美纽斯. 1984. 大教学论[M]. 傅任敢，译. 北京：人民教育出版社，1，244.

③ 转引自：马骥雄. 1991.外国教育史略[M]. 北京：人民教育出版社，254.

④ 转引自：王绍文，张莉. 1997. 浅谈教学美思想的发展历史[J]. 广西师范大学学报（自然科学版），（S1）：105-107.

⑤ 苏霍姆林斯基. 1983. 教育的艺术[M]. 肖勇，译. 长沙：湖南教育出版社，190.

⑥ 赞可夫. 1980. 和教师的谈话[M]. 杜殿坤，译. 北京：教育科学出版社，112，114.

他们也就踏上了教学艺术之路"①。

1985 年，美国斯坦福大学教授艾斯纳（E. W. Eisner）出版了《教育想象》一书，认为"教师可以运用自己的技巧和能力，使师生都能感受到一种美"，指出一名富有美感的教师或一名普通教师，不管教任何科目，科学的或艺术的，都应该将教材当作美感模式的认知之教学。②

自 20 世纪 80 年代以来，我国先后出版了《教育美学》（叶学良，1989 年）、《教师美学》（杨明森，1989 年）、《教学美学导论》（钟以俊、焦凤君，1991 年）、《教育美学》（何齐宗，1995 年）等专著。③

由以上足见，中外教育家追求教育美、教学美和教师职业美的历史源远流长。这一历史表明：美是教育的基本属性之一，美的追求是教师的职业追求之一，美学素质是教师职业的专业性表现之一。同时，这一历史还表明：在中外部分优秀教育家那里，美已经成为一种教育实践现实，美学素质已经成为一种教师专业素质。当然，由于历史局限性和社会欠发达等原因，中外教育家对美的追求没能成为他们所在时代的普遍现实，只能说是代表了教育发展的美好方向。然而，历史进入 21 世纪的今天，人类信息时代的物质文化、精神文化和制度文化已经达到了高度发达水平，为美的教育实践提供了前所未有的优越条件。我们坚信：历史上中外教育家对教育教学美和教师职业美的追求是可以逐步成为普遍现实的，美成为教师职业的专业性表现之一也是可以实现的。

二、教师专业美质的内涵

就像知识、能力、道德成为教师的专业素质那样，要想使美成为教师的专业素质，就需要专家学者、业界同人、教育行政机构和教师个人共同努力。其中，就教师个人而言，需要加强对美的学习、修炼和实践，拥有美的知识、美的理念、美的心态和美的眼光，全面培养教师职业的专业美质。而且，这项美的修养需要从职前教师阶段开始。

（一）教师专业美质的内涵探讨

首先，要有美的知识和美的理念，主要包括什么是美，美在哪里，有哪些美，如何审美，怎样创造美，什么是教育美、教师美，如何创造教育美和教师美，等等。

---

① 克莱德·E. 柯伦. 1985. 教学的艺术[J]. 周南照，译. 教育研究，（3）：47-48.
② 转引自：李如密. 2008. 国内外教学美学研究状况及存在问题[J]. 教育学术月刊，（1）：3-7.
③ 王绍文，张莉. 1997. 浅谈教学美思想的发展历史[J]. 广西师范大学学报（自然科学版），（增刊）：105-107；檀传宝. 1995. 教育学和美学交叉研究的三种水平[J]. 中国教育学刊，（3）：18-21.

其次，要有美的心态和美的眼光，主要包括美的职业心态、美的工作心态，发现教育教学美的眼光。其中，在美的职业心态上，教师不是为了生存而工作，而是为了创造美好生命、享受职业幸福而工作。正如马克思所言，"在选择职业时，我们应该遵循的主要指针是人类的幸福和我们自身的完美……人类的天性本来就是这样的：人们只有为同时代人的完美，为他们的幸福而工作，才能使自己也达到完美。如果一个人只为自己劳动，他也许能够成为著名学者、大哲人、卓越诗人，然而他永远不能够成为完美无疵的伟大人物"①。"能给人以尊严的只有这样的职业，在从事这种职业时我们不是作为奴隶般的工具，而是在自己的领域内独立地进行创造。"②在美的工作心态上，正如苏联美育专家阿里宁娜所说："美应当渗透于一切形式的课内课外工作。""如果教学法是从孩子认知的年龄特点出发，目的在于满足他们的认识需要，而教师又努力勉励学生，振奋学生的精神，帮助他体验发现的欢乐，感受自己的长处，享受认识的才能带来的快感，那么，学习过程也就获得了审美性质。"③教师应当牢记苏霍姆林斯基的名言："没有一条富有诗意的、感情的和审美的清泉，就不可能有学生全面的智力发展。"④"学校的任务在于，把美感和许多世纪以来创造的美变为每个人心灵的财富，变为个人的和人们之间的关系中的审美素养。"⑤

再次，要全面把握专业美质的内涵，主要包括教师形象美、教师工作美。其中，教师形象美分为教师的内在美（如知识美、能力美、品质美和情趣美）和外在美（如语言美、服饰美、举止美、风度美）两个方面，教师工作美分为学生美、学科美、环境美、交往美、教学美、教育美和教研美等。总体来看，教师职业的专业美质共包含15种美，具体见表3-5。

表3-5 教师职业的专业美质

维度		内涵举例
A₁教师形象美	B₁知识美	学科知识的精通美、通识知识的渊博美、教育知识的规律美、实践知识的智慧美和美学知识的诗意美
	B₂能力美	学科专业能力的卓越美、教育教学能力的创意美、管理能力的统合美、通用能力的畅达美

① 马克思，恩格斯. 1982. 马克思恩格斯全集（第40卷）[M].马克思恩格斯列宁斯大林著作编译局，译. 北京：人民出版社，7.

② 苏联教育科学院. 1986. 马克思恩格斯论教育（下卷）[M]. 华东师范大学《马克思恩格斯论教育》辑译小组，辑译. 北京：人民教育出版社，315.

③ 阿里宁娜. 1989. 美育[M]. 刘伦振，张谦，译. 北京：教育科学出版社，15.

④ 苏霍姆林斯基. 1983. 教育的艺术[M]. 肖勇，译. 长沙：湖南教育出版社，161.

⑤ 苏霍姆林斯基. 1983. 帕夫雷什中学[M]. 赵玮，等，译. 北京：教育科学出版社，432.

续表

维度		内涵举例
A₁ 教师形象美	B₃ 品质美	专业理念的高远美、专业伦理的关爱美、专业道德的正直美、专业作风的严谨美、专业责任的担当美、专业情意的激情美、专业精神的敬持美、专业情操的坚贞美
	B₄ 情趣美	生活趣味、爱好特长、学习快乐、工作激情、休闲怡然、交流融洽、人文智慧、机智活泼、崇尚自然、情景交融
	B₅ 语言美	准确精练、条理明晰、恰到好处、音调悦耳、节奏张弛、生动丰富、扣人心弦、发人深省、幽默风趣
	B₆ 服饰美	自然端庄、朴素整洁、简洁大方、搭配协调、格调典雅
	B₇ 举止美	仪容端庄、形体端直、举止得体、表情怡悦、体态大方、充满活力
	B₈ 风度美	和蔼可亲、彬彬有礼、从容高雅、谦恭诚信、勇于担当、知错能改
A₂ 教师工作美	B₉ 学生美	活泼伶俐、聪慧灵动、纯真可爱、积极向上、卓越发展
	B₁₀ 学科美	学科中的智慧美、文化美、人文美、自然美和环境美
	B₁₁ 环境美	社会风气美、地方文化美、周边自然环境美
	B₁₂ 交往美	民主平等、真诚热情、廉洁自律、自尊自信、友好和谐
	B₁₃ 教学美	美的教学方案、美的教学形式、美的教学环境、美的教学生活、美的教学效果
	B₁₄ 教育美	美的教育内容，美的教育形式，美的思想、情感、道德、个性和品质，美的集体生活
	B₁₅ 教研美	美的教研氛围、内容，美的教研过程，美的教研效果

最后，教师要积极创造和体验教师职业美。教师职业美是客观存在的，但如果缺乏教师个人的实践、体验、发掘和创新，它就会处于遮蔽状态，其价值与意义就得不到开显和澄明。因而，教师只有积极地、不间断地创造和体验教师职业美，才能与美同行，与幸福同在。

（二）职前教师专业美质的培养

职前教师由于缺乏职业实践的情境和经历，因而还不能全面养成教师专业美质，只能在某些方面和某种程度上养成一部分教师专业美质。根据职前阶段的学习情境与发展任务，建议职前教师从七个方面增进专业美质。

1）全面增强专业美质的意识，包括全面了解、感知教师专业美质的内容、分布和表现形态，深入理解多种专业美质的内涵及其相互关系。

2）初步领悟教师专业的知识美，如发现和感受学科知识、通识知识、教育知识和实践知识等的精妙美。

3）初步培养教师专业的能力美，如发现和感受学科专业能力、教育能力、管理能力和通用能力等的应用美。

4）重点培养教师专业的品质美，如深入体验和内化教师专业的理念、伦理、道德、作风、责任、情意、精神和情操等方面的内涵美。

5）深入培养教师专业的情趣美，如教师个人的生活、爱好、学习、工作、交往、娱乐等方面的情感趣味美。

6）持续修炼教师的形象美，如提高教师个人的语言美、服饰美、举止美和风度美。

7）初步认识和体验教师的工作美，如感知体验学生美、教材美、教学美和教育美等。

中编

职前教师卓越培养规律

　　当今国内职前教师教育的基本模式是基于专业人才培养方案的课程化操作模式,这种模式被学界称为教师专业化大学培养模式。其整个培养过程是按学期逐步实施方案所设置的通识课程、学科专业课程、教育专业课程、教育见习和实习活动及毕业论文写作,就像工厂流水线那样简单明了。可以说,这样的培养模式似乎突出了专业知识教育,但实行的却是先关门进行专业知识教育然后再开门去中小学见习和实习,存在严重脱离中小学教育实际的倾向。与20世纪90年代的师范教育相比,这一模式不仅弱化了教师职业技能训练,而且忽视了教师职业品性培养;与非教师专业的职业教育相比,不仅没有自己的个性特色,而且有违教师职业教育的基本规律。

　　正如本书第三章所述,教师专业长期以来缺乏技术技能,并且专业品质混乱而不翔实。因此,当前这种把职前教师教育完全专业化的培养模式是相当危险的:职前教师教育的空洞化不可避免,一方面忽视了现有职业技能和职业规范,另一方面却缺乏专业技术技能和专业品质。笔者认为,职前教师教育既是专业教育,也是职业教育。如何准确地把握和统整这两个方面的教育内容及操作程式,深入探索职前教师的培养规律,应当说是我国职前教师卓越培养的重要主题,也是国内教师教育学界和业界急需研究的重要课题。

　　本编探索职前教师卓越培养规律,旨在明确职前教师的培养目标,突出职前教师的品性培养,强调职前教师的多维建构。

第四章

职前教师的"三优潜质"培养律

　　优异潜质是职业人还没有经过岗位实践验证或显现出来，处于潜隐和迟效状态，却具有长远性和根本性发展功能的特质。教师个人的专业知识、专业能力和专业品质三方面潜质，简称为"三优潜质"。与在职教师有所不同，职前教师的"三优潜质"指知识优化、能力优秀和品性优良。职前教师有无"三优潜质"，不仅关系到他们能否顺利入职，而且关系到他们入职后是否具有可持续发展的潜力。因此，职前教师教育机构不仅要培养职前教师的合格专业素养，更应当培养他们将来赖以持续发展和卓越发展的"三优潜质"。

教师教育界普遍认为，职前教师教育的目标和任务是培养能够顺利入职的合格教师，即把一个普通人培养成为一名准教师。因此，职前教师教育机构应当重视培养职前教师的职业素质和专业素质。然而，人们似乎忘记了这样一个事实：一个人可能把自己塑造成什么样子，取决于他开始塑造时所具备的材料。[1]就职前教师而言，他们所具有的人格潜质和能力潜质不仅是其成为合格教师的必不可少的天然基础，而且是他们专业素质发展的潜能支撑和根源导向。一名职前教师的成长，不仅是其教师专业素质从无到有、从低到高、从合格到优秀、从优秀到卓越的发展过程，也是其教师专业潜质从孕育到萌芽，从枝繁叶茂到繁花似锦、花果飘香的生长过程。可以说，任何一名职前教师，如果缺乏相应的非专业潜质作为基础，那么他的专业素质就难以顺利培养起来；如果在培养专业素质的过程中不重视培养相应的专业潜质，导致专业潜质缺乏或不够优异，那么他们将在今后的专业发展生涯中缺乏内生优势和发展潜力。无数卓越教师的成长历程表明，他们在青少年时期就孕育了某些优异的非专业潜质，并在职前教育阶段形成了优异专业潜质，正是这些优异潜质使得他们在入职后的历练中脱颖而出，顺理成章地成了卓越教师。由此可见，培养职前教师的优异潜质是职前教师教育机构不可推卸的责任，要想培养卓越的职前教师，不能不培养其优异潜质。

第一节   "三优潜质"的培养依据

"三优潜质"是一个新概念，我们需要明确这个概念的来源及内涵。"三优潜质"成为培养职前教师的新目标，我们需要讨论它有哪些培养依据。

一、"三优潜质"的来源及内涵

"三优潜质"，来源于潜质、优异潜质，并与教师专业素质相关。

（一）潜质与优异潜质

潜质是潜能的特质。在理解潜质之前，需要先理解潜能。

潜能即潜在而未被开发和利用的积极性能量。人本主义心理学告诉我们，每

---

① 李大圣. 2005. 教师的专业性向与优质教学[J]. 教育研究，（7）：80-82.

个人都有不同的潜能。人为什么具有潜能？一是通过亿万年的生命演化、生理遗传而累积形成人体内的机能性能量；二是人类千万年的社会实践和文化积淀而累积形成人心理上的精神性的能量；三是通过个体努力实践和积蓄而形成机能性和精神性的能量。它既是自然进步的结晶，又是社会文化的积淀，也是个人实践的积蓄。马克思把前两种潜能称为"人自身自然中沉睡的潜能"，我们不妨也把后一种潜能称为"人自身实践中沉睡的潜能"[①]。潜能作为潜在的积极性能量，自然地具有潜在的积极性的特质。一个人一旦具有某方面的潜能，就意味着他在某方面具有了内在的本能性和能动性，并在发展趋势上具有了内在的规定性，而这些潜能性特质正是我们所说的潜质。在汉语语境中，当我们说某人具有某方面潜质时，实则是指其具有超越常人的潜在特质，是具有较好的发展潜力或可塑性的。也就是说，潜质实则指优异特质，其内涵相当于优异潜质。

（二）教师的"三优潜质"

教师的优异潜质，即教师面对教育教学实践时自身潜在具有的本能性、能动性和发展规定性。从心理学的角度看，教师的优异潜质主要有生理特质、心理特质和思维特质，这是教师的非专业潜质，如生理上的运动特长、五官功能特质，心理上的认知风格、情感模式、意志特点和道德取向等特质，思维上的清晰度、严密度、流畅度和深广度等特质。从教师专业的角度看，教师的优异潜质主要有专业知识、专业能力（即所掌握的技术技能）和专业品质三方面的特质，这是教师的专业化特质，如专业知识的全面性和教育性，专业能力的独特性和有效性，专业品质的高尚性和规范性等。概括起来，教师的优异潜质包括非专业潜质和专业潜质。为进一步明确教师优异潜质的内涵，笔者根据教师职业标准和专业标准，将其列表如下（表 4-1）。

表 4-1　教师的优异潜质内涵表

潜质类别		潜质要素举例
非专业潜质	生理特质	身体健康、声音洪亮、发音清晰、视觉敏锐、听觉灵敏、充满活力等
	心理特质	正直、公正、爱心、热情、开朗、积极、友善、平和、幽默、坚毅、勇敢、敏感、耐心、细心，有沟通交流意愿、服务意愿、审美情趣、理想主义等
	思维特质	条理性、精准性、严密性、探究性、综合性、辩证性、多元性、创新性等
专业潜质	知识特质	学科性知识的广博性、透彻交融性，情感性知识的正面积极性，实践性知识的境域性、智慧性等
	能力特质	观察的敏锐性、交际的友好性、表达的艺术性、活动组织的完善性、教育教学的智慧性、师生交流的深入性、总结反思的深入性、技术技能的特长性等

---

① 胡志金. 2015. 信息时代的终身学习策略[M]. 北京：中央广播电视大学出版社，225.

续表

潜质类别		潜质要素举例
专业潜质	品质特质	爱业性、敬业性、乐业性、名利淡泊性、乐观向上性、情趣高雅性、审美性、学思结合性、知行统一性、公正民主性、自尊自律性、为人师表性等

在表 4-1 中，非专业潜质来自广泛的生活、实践和学习，是教师个人通过遗传、环境、学校教育和自我培养等多途径、多渠道形成的，因而在形成方式上具有泛在性、综合性、模糊性和可控性较低等特点，缺乏专业性内涵。相对而言，专业潜质则是在学科专业和教育专业的教育实践和自我培养中形成的，因而在形成方式上具有设计性、系统性、明细性和可控性强等特点，其专业性内涵是明确的。就两者在教师培养和专业发展上的功能看，非专业潜质和专业潜质均是必不可少的，但显而易见的是，前者是基础性的，后者是核心性的，并且后者是在前者的基础上生长和发展起来的。正是鉴于非专业潜质和专业潜质的这些特点，从教师教育的专业角度出发，我们把教师的专业潜质称为"三优潜质"。

二、培养"三优潜质"的主观依据

一般来说，职前教师教育的职前性限定了它不可能培养出卓越教师，而只能培养出合格的入职教师。早在 1975 年，联合国教科文组织在第 35 届国际教育大会上就提出："由于一般知识和教育知识以及教育活动的持续变革和发展，所以不大可能为师范生提供其终身职业生活所需要的知识和技能。因此，职业开始准备和职前教育及培训阶段，应该被看作教师持续的教育过程中的第一个阶段。"[①]国内外学界普遍认为，作为给入职教育和在职培训做准备的职前教育，是不可能培养出卓越教师的。职前教师教育阶段之所以不可能培养出卓越教师，主要有四个方面的原因：一是专业人才成长的基本规律决定了优秀教师不是教育出来的，而是在教育实践中历练出来的；二是教师职业的复杂性决定了教师的成长不可能一蹴而就，卓越教师的成长必须经历从新手到合格、从合格到胜任、从胜任到优秀、从优秀到卓越的发展过程；三是职前教师在职前培养阶段的主要任务是掌握专业基础知识、培养专业基本能力和培育专业基本品性，只能在有限的时间里培养教师的基本素质，建构基本的素质结构，这个过程是教师职业之专业素质基本成型的培育过程，是判断其能否成为合格教师的过程，而不是优秀教师出炉的过程；四是职前教师在职前培养阶段的主要经历不是教育实践，而是借鉴和学习前人的

---

① 联合国教科文组织. 1999. 全球教育发展的历史轨迹：国际教育大会 60 年建议书[M]. 赵中建，译. 北京：教育科学出版社，397.

知识和文化,是处于以继承性掌握为主、自主性建构为辅的学习阶段,而非创新性建构累积阶段,更非创造性发挥展示阶段,这就从根本上决定了职前教师在这个阶段不可能成为卓越教师。

但是,职前教师教育机构也是有培养卓越教师的美好愿景的。尽管它只能培养合格的入职教师,但在职前教师的素质培养上却从来没有,也不会止步于合格的入职标准:它胸怀培养卓越教师这一美好愿景,针对职前教师的个性特点,根据他们的现有潜质,尽可能地引导和培养能有助于他们将来成为卓越教师的优异潜质,尤其是尽可能地培养他们的"三优潜质"。应该说,职前教师教育机构的这一主观愿望,既符合职前教师的发展理想,也符合职前教师教育的职责和使命。

就职前教师而言,他们年轻并富有职业梦想、教育理想,他们的专业发展之路就像美丽的画卷才刚刚展露咫尺,发展前景不可限量,谁不想在未来某个时候成为卓越教师? 谁都有可能在未来的职业生涯中成为卓越教师。因而,职前教师需要和渴望职前教师教育机构培养他们的"三优潜质"。如果职前教师教育机构这样做,那么将对职前教师产生巨大的鼓舞、激励和引导作用;相反,如果职前教师教育机构不这样做,那么职前教师就看不到希望,甚至会遮蔽或抹杀他们心中的美好愿望,难以激发他们的发展潜能和调动他们的主体能动性。

就职前教师教育而言,它负有培养未来卓越教师的"三优潜质"的职责和使命。这是因为教师教育是促进教师专业终身发展的教育,从职前教育到入职教育,再到在职教育,其职责和功能就是促进教师的专业素质从无到有、从低到高、从合格到优秀、从优秀到卓越不断发展,而这个发展过程在本质上就是教师的专业素质不断优化的过程,也是朝着卓越教师这个培养目标不断迈进的过程。可以说,无论是教师职前教育还是入职教育和在职教育,都负有立足本阶段特点而竭尽所能地促进教师个人素质卓越化的职责和使命。正因为担负着这样的职责和使命,各个阶段的教师教育才能接力培养卓越教师,卓越教师人才方能竞相涌现、潇洒登台。

三、培养"三优潜质"的客观依据

职前阶段是职前教师专业成长的起始阶段,职前教育在这一阶段培养未来卓越教师的优异潜质,并将其视为在培养合格教师基础上的高级目标和任务。这一目标和任务的确立,有着以下客观依据。

(一)卓越教师的成长规律

一般来说,优异潜质是职业人还没有经过岗位实践验证或显现出来,处于潜隐和迟效状态,却具有长远性和根本性发展功能的特质。对于职前教师来说,职前教师有无"三优潜质"，不仅关系到其能否入职，还关系到其入职后是否有可持续发展的潜力。从学校用人单位的角度看，一名职前教师有无"三优潜质"，直接关系到该教师能否成为可造之才。因为有"三优潜质"的职前教师，即使某些专业素质训练不到位，即使看起来在某些专业素质上不够好，却因为具有"三优潜质"而在教育实践环境中呈现出专业发展的良好势头和潜力，并极有可能通过持之以恒的实践努力而成为卓越教师。相反，如果缺乏"三优潜质"，即便专业素质合格或优秀，即便在教育教学实践中干得出色并成了优秀教师，即便自己也很努力，但往往因为缺乏"三优潜质"而难以持续发展下去，难以成为真正的卓越教师。在学校现实中，任何一名教师只有把优异潜质和优秀专业素质两方面在岗位实践中融合好、历练好，并持续努力追求卓越，才能取得卓越业绩，才能成为卓越教师。可以说，卓越教师是"三优潜质"和优秀专业素质两方面持续发展的自然结果。卓越教师的成长规律是："三优潜质"是成为卓越教师的可能，良好的专业素质是成为卓越教师的基础，卓绝努力是成为卓越教师的保障，有利于主体作用发挥的适宜环境是成为卓越教师的条件，四者缺一不可。

卓越教师的成长规律表明，"三优潜质"是职前教师成为未来卓越教师的内在可能性，因而是职前教师教育阶段极为重要的培养任务和目标。

（二）专业人才的成长规律

从人才学的角度看，专业人才的成长有一个内在素质持续建构、持续优化，并通过实践活动逐渐产生质变的漫长过程，这个漫长过程可以追溯到孩童时代（如个性特质的形成、职业愿景的萌发等），也可以追溯到职前教育阶段（如专业素质的建构、聚焦和提升等）。事实上，古往今来的许多职业明星和杰出人才在孩童时代或职前阶段就表现出与众不同的某些优异潜质，并且这些优异潜质与他们的生活经历和受教育经历密不可分。诸多成功事例表明，早期培养尽管不一定能造就人才，却可以在一定程度上为人才的顺利成长和卓越成长有针对性地培养某些优异潜质。优异潜质不在于多，也许就那么一两项，但关键在于这一两项优异潜质必须针对性强，要对专业人才发展起到长远性和关键性作用，要能支撑专业人才走过漫长的成长过程和实现质的突破。

就教师专业人才而言，其职业实践的专业性特征要求教师人才必须具有四方面的卓越专业素养，即纯粹的利他性、无缝的引领性、无限的教化性和复杂的智慧性。纯粹的利他性，就是要全心全意热爱学生和教育工作，做到爱业、敬业和乐业，并且富有发自内心和灵魂深处的激情，把专业实践视为自己的生命实践和实现人生价值、理想的事业。无缝的引领性，就是要融入学生的精神世界，去唤醒、激发和引导学生发展，与学生实现心与心的交流和全面互动，用自己的知、情、意、行去唤醒、激发和引导学生的知、情、意、行,整个过程运行要运用专业技术技能和富有艺术灵性。无限的教化性,就是要不断促进学生发展,让学生持续处于优质发展状态之中,教师为此全面、全程努力,不辞辛苦,不怕烦难,不断探索,永不停步,整个过程需要顽强、勇毅、忍耐和责任担当等卓越精神品质。复杂的智慧性,就是随时随地判断、决策和实施,使教育教学行为更富有针对性和有效性,不断解决学生在发展过程中所遇到的复杂问题,教师为此使出浑身解数,穷尽各种智慧,整个过程充满了艺术和创新。总体来看,教师专业人才的这些卓越素养不仅全面多样,而且高级复杂,更为重要的是,它们都深深融入教师的整个生命之中,是教师全部经历、学识、情感、愿景、品质的集中体现,是教师灵魂的化身和投射。教师人才的这些卓越专业素养所具有的生命性、集中性和灵魂性,无不表明教师专业人才的成长离不开教师的全部生活和经历,离不开教师个人生命特质的长期养育,而且这种养育同样是从孩童时代开始,在青少年时期扩展累积,并在职前教育阶段集中强化的。

由以上可见,教师人才的成长规律是:卓越专业素养并非纯粹的专业素养,而是专业素养与教师个人的人生经历、生命情感、思想灵魂和精神品质的全面融合,因而包含了教师个人的众多优异潜质,这些优异潜质不仅能助力教师增强专业素养的纯粹性,而且与专业素养融合凝结成"三优潜质",进而形成教师专业发展的内在本能性、能动性和规定性,对教师专业发展起到支撑和引领作用。教师人才的成长规律表明,"三优潜质"是在职前教育阶段开始生成的,并将对教师专业发展持续发挥支撑和引领作用,职前教师教育机构要想培养卓越教师,就必须把它确立为自己的重要目标和任务。

(三)人才培养的落差规律

人才培养的过程漫长,要素复杂,影响因素繁多,往往会导致从标准到成才、从预想到结果有落差,如果仅比照入职合格标准来实施,其结果往往难以达到标准。取法其上,得乎其中;取法其中,得乎其下;取法其下,得其下下。[①]这个说法可视为人才培养落差规律的哲理写照。

这个规律告诉我们,职前教师教育机构如果只根据合格教师专业标准来培养职前教师,这种想法或做法不仅是狭隘的,也是实现不了的。因此,职前教师教育机构要想使所培养的人才质量达到合格教师标准,就必须按照高于或优于入职

---

① 笔者认为,这是我国古代的实践哲学思想,广泛用于修身、军事、治国和治学等方面。例如,孔子说:"取乎其上,得乎其中;取乎其中,得乎其下;取乎其下,则无所得矣。"《孙子兵法》曰:"求其上,得其中;求其中,得其下;求其下,必败。"唐太宗《帝范》卷四载:"取法于上,仅得为中,取法于中,故为其下。"严羽的《沧浪诗话》载:"学其上,仅得其中;学其中,斯为下矣。"

合格标准来实施，否则将难以达到提高职前教师入职率这一现实目标。但必须指出的是，我们这里所说的高于或优于入职合格标准，不是拔高入职合格标准，如拔高到在职教师、优秀教师所要达到的标准，而是深化合格标准的内涵，拓宽合格标准的视野，增强合格标准的活力，提高合格标准的效能。而契合这些要求的最佳选择，则是培养职前教师的"三优潜质"。因为"三优潜质"是专业素养特质和教师个人生命特质的融合，一旦将其确立为培养职前教师的重要目标和任务，就不仅深化了合格标准的内涵，拓宽了合格标准的视野，而且必将增强合格标准的活力，提高合格标准的效能，并在总体上对职前教师卓越培养发挥引领和推动作用。可以说，确立"三优潜质"培养目标，制定"三优潜质"培养标准，不仅有助于提高职前教师的入职率，而且有助于培养更多的未来卓越教师。

第二节　"三优潜质"的培养内涵

表 4-1 列举了教师的潜质内涵，但这是针对在职教师而言的，与职前教师的具体情况不尽相符。职前教师的具体情况是缺乏独立生活实践，缺乏教育实践经历，他们不可能历练形成专业品质，因而也就不可能有专业潜质。根据第三章第三节对品质与品性的辨析，品质具有历练性，品性具有养育性，职前教师缺乏专业品质，却可能在专业学习生活中形成专业品性。有学者介绍了美国近年来对新教师的专业素质分类，即分为知识、技能、品性三维结构。[①]这个提法值得参考，对于职前教师来说，"品性"比"品质"更适宜。因此，对职前教师而言，不宜探讨专业品质潜质，而应当探讨专业品性潜质。也就是说，在"三优潜质"的内涵上，职前教师的"三优潜质"与在职教师的"三优潜质"是有所不同的。

一、知识优化

在教师专业化的要求下，职前教师不仅需要掌握学科性知识，而且需要掌握实践性知识和情感性知识。其中，学科性知识包括专业类学科知识、教育类学科知识、通识类学科知识，实践性知识包括教师职业知识、教师自我知识、教师反思知识和教师实践语言，情感性知识包括情感认知知识、教师情感知识、学生情

---

① 张建桥. 2011. 美国教师教育之"品性"标准探微[J]. 比较教育研究，（2）：36-39.

感知识、教育教学情感知识、职业情感知识。这些知识在每个项目里还有无数小类知识体系，真可谓面广量大、种类繁多，需要职前教师付出艰辛努力才能掌握。

然而，在信息时代的社会发展和教育变革面前，一个人掌握和建构的知识是有限的，也不可能完全满足教师职业发展和专业发展的需要，解决这个矛盾的唯一途径就是优化知识的种类、成分、结构和性能，使职前教师的专业知识全面、协调、有效，以便他们在今后的职业生涯中能够继续学习和有效学习。因而，知识优化是职前教师的知识优异潜质的主要指标，其内涵包括知识种类优化、知识成分优化、知识结构优化和知识性能优化。

1）知识种类优化，即教师知识分为职业知识、学科性知识、实践性知识和情感性知识四大类，由于种类复杂，容易导致在认识上混乱不清，在掌握上应对无方，直接让人产生杂乱无章、海量无限和无法学习掌握的畏难情绪，因而需要按一定的逻辑方法把这些种类序列化、定位化。

2）知识成分优化，即针对学科性知识的逻辑化和僵化特点，增加知识的活性成分和建构功能，避免呆板地学习，为帮助职前教师深入掌握并达到融会贯通，因而需要对知识内容进行活性优化。

3）知识结构优化，即针对知识结构的不全面、欠稳定、关联不足和有效性低等方面的问题，对知识进行系统化、模块化、融合化和集成化处理，从而提高知识结构的全面性、稳定性、关联性和有效性。

4）知识性能优化，即针对各类知识的优势功能不凸显、协作功能难以形成等问题，对各类知识的性能给予强化，并根据学习实践需要对各类知识性能进行取舍重构，从而提高知识性能优势和形成多种性能的共同活力。

二、能力优秀

能力优秀通常指特定对象的能力在完成特定任务时取得优效、在特定群体中表现出众，优效和出众是衡量能力优秀的显性标准。然而，一个人的能力之所以出众和优效，根本原因是这个人具有内在的优异潜质，这种潜质在结构上以能力潜质为核心，以知识潜质和品性潜质为辅助，它们合力支撑才能使一个人的能力显得优效和出众。任何人如果缺乏内在优异的能力潜质，或者内在的能力潜质仅处于一般水平，那么他的能力就不可能显得优效和出众。退一步说，即便他偶尔显得能力优秀，也是不可能持续和持久的。因而，能力优秀不能仅指显性的操作能力优秀，还应当包括隐性的能力潜质优异。

从教师专业和教师职业生涯发展的角度看，职前教师能力的隐性潜质比其显性操作能力更重要，也更关键。这是因为职前教师只是教师专业发展和职业发展的初始阶段，其职业能力和专业能力自然也处于初始阶段，某些职前教师即便在某些方面的操作能力显得优秀，也并非内含饱满、操作到位的真优秀，而是在同辈群体中显得优秀和在解决虚拟问题时取得优效。可以预见的是，一旦改变参照对象，或者置身于教师岗位的真实情境中，原本所谓的能力优秀就可能变得不优秀，甚至可能连优秀的影子都看不着。由此，我们认为职前教师能力方面的优异潜质值得探讨和培养，它是职前教师能力优秀的内核，对职前教师能力的持续发展具有深远意义。

由以上可见，职前教师的能力优秀包括显性的操作能力优秀和隐性的能力潜质优异，前者指能力应用优效、表现出众，后者指具有良好而独特的能力潜质。

职前教师能力的优异潜质到底指哪些潜质？笔者认为，能力的优异潜质是指能力的某些潜在特质，如能力成分的独特性、能力结构的优化性和能力性能的生长性等。具体来说，主要包括四个方面：一是蕴含一定的专业性，含有专业知识、专业技术技能、专业品质和专业美质等成分，这些成分对能力生长起到支撑、调控和导向等重要作用；二是蕴含一定的个人特点，即能力含有个人经验和个性倾向，这些成分使得能力生长富有个人特色；三是具有交叉融合性，即多种能力彼此协作、互相融合，其生长路径更宽、活力更旺；四是具有随机生成性，即能力面对问题情境会自动适应新要求、生成新操作和取得新成效。概言之，职前教师的能力优异潜质即指能力的专业性、个人性、融通性和生成性。

三、品性优良

品性，即基于个人特质的精神性能特征。品性优良，通常指一个人的精神性能达到高级状态，如纯正、高雅、高尚、美好等。当我们认为某个人品性优良时，实际上就是指这个人的品性在同伴群体中显得更高级，具有别人所不具备的高级品性。但是，这个人的品性为什么比别人更高级，为什么比别人具有更多的高级品性？其原因无外乎两点：一是这个人长期受到良好环境的熏陶，自己注重个人品性修炼；二是这个人的众多优良品性已经完整地融入他的生命中，并形成了一系列的优异潜质。其中，品性优异潜质是一个人的品性生长和发展的内在动力机制，因而对一个人的品性培养与发展具有决定性作用。

对教师而言，他们历练形成的是专业品质，他们的专业品质优异潜质是教师个人非专业的品性优异潜质与专业品质融合而形成的。这个形成过程是复杂多变的，尽管可能还伴有疑惑、犹豫、游离和反复等插曲，但可以确定的是：其一，这个过程是教师在职业岗位和专业实践中的历练过程；其二，教师主动地追求优良的专业品质，怀有立德树人的美好愿景和意志决心；其三，教师以朴实的个人性向、丰富的经验智慧去理解和内化教师专业品质的纯正内涵;其四,教师逐步形成并反复锤炼自己的专业品质,使其内涵充盈、正面积极;其五,教师在不同问题情境中,激活并发挥自身的专业品性,敏锐地判断自身专业品性所面临的种种考验,以开放包容的态度及时地调整和完善自身的专业品质;其六,把握历练机会,着意提高专业品质的内涵层次,不断向着高雅、高尚的境界迈进。从中可见,一名教师的专业品质优异潜质主要包括品质的愿景性、坚执性、充盈性、正面性、活跃性、开放性和高远性。

对职前教师而言,他们形成的是专业品性,具体包括专业性向(即个人特质)、专业行为态度和专业精神现象三方面。尽管他们同样主动追求优良的专业品质,怀有立德树人的美好愿景和意志决心,也用朴实的个人性向、有限的经验和知识去理解和内化教师专业品质的纯正内涵,但因为缺乏职业岗位历练和专业实践,他们只能通过学习的方式来形成初步的专业品性。因此,职前教师的专业品性优异潜质实际上只有三点内涵:一是品性的愿景性,即养成什么样的专业品性以及用来实现什么样的愿望;二是品性的积极性,即对养成专业品性的主动态度和热情;三是品性的内化性,即对专业品质的吸收力和达成力。

第三节 "三优潜质"的培养策略

根据上述"三优潜质"的内涵,下面讨论有关的培养策略。

一、知识潜质培养策略

教师知识的优异潜质体现在知识优化上,即知识种类、成分、结构和性能的优化。

(一)知识种类优化

知识种类优化,首先要对不同类别的知识给予学习定位,其次要加强各类知识之间的关联、结合。鉴于教师知识复杂多样,这里只讨论职业知识、学科性知识、实践性知识和情感性知识四个大类知识的优化问题。

在四类知识的学习定位上,要针对知识的类别特征明确不同的学习要求。具体来说,职业知识是有关职业实践的行情知识,属于客观信息知识,学习时重在了解、明白，达到知晓即可；学科性知识是有关学科原理的知识，属于客观原理知识，学习时需要深入理解、把握脉络、领会实质、掌握内涵、迁移应用和解决问题等，达到融会贯通；实践性知识是有关教师实践操作的经验知识，属于经验智慧知识，学习时需要感知、体验、领会、反思和重构等，达到深入领悟；情感性知识是有关教育实践领域的情绪情感知识，属于心理体验知识，学习时需要感知体验、明晰判别和调整互动等，重在体验表达。概言之，即了解职业知识，掌握学科知识，领悟实践知识，体验情感知识。

在四类知识的关联、结合上，要针对知识的地位和作用明确不同的安排要求。具体来说，职业知识是教师进入职业实践的基础知识，因而基础知识要先行，否则就会影响后续效果；学科性知识是教师开展职业操作的主干知识，也是教师专业的本体知识，因而对本体知识要吃透，否则就会影响实践水平；实践性知识是教师开展职业操作的条件性知识，也是教师专业的智慧性知识，因而对智慧性知识要应用，否则就难以指导实践行为；情感性知识是教师开展职业实践的动力性知识，也是教师专业的导向知识，因而对动力性知识要体验，否则就会影响整个实践的状态和效果。与此同时，基础知识需要与本体知识结合，否则基础就不成其为基础，本体就不成其为本体；体验性知识需要与基础知识和本体知识结合，否则就会导致体验无法展开，基础缺乏支点，本体缺乏灵魂；动力性知识需要融合本体知识和条件性知识，否则就会导致动力无着力之处，本体和条件变得机械、干瘪。

（二）知识成分优化

学科性知识以固化形态呈现和传播，其逻辑严密、结构清晰、表达简约、人所共学，因而在知识分类上属于显性知识、理性知识和普适知识，并且绝大部分也是良构知识。对此，学习者只需要理解、识记、梳理、归纳和练习，就可以掌握。但是，学科性知识毕竟是从生活、生产和社会实践中提炼出来的，它们毕竟还是与生产生活和社会实践有关联的，这种关联就隐含了情境及其境脉，因而学科性知识也包含或关联着部分的隐性知识、感性知识、实用知识、境域知识和劣构知识。对此，学习者需要识别学科性知识是如何包含或关联这些知识的，这些知识到底有怎样的内涵，如何把它们融合、统整起来，从而成为活性的学科知识，即达到融会贯通。相反，如果学习者只停留在掌握学习阶段，以为识记于心就可以了，那么，这样的学习就会失去活性优化和建构优化，教师自己就会变成书呆子。

如何实现学科性知识成分的优化？笔者认为学科性知识以陈述性知识为主，可采用认知心理学提出的知识"四化"策略对其进行优化。此外，鉴于上述各类知识成分之间存在关联性，可据此探索新的优化策略。

认知心理学关于陈述性知识的"四化"策略，即知识的条件化、结构化、自动化和策略化。[①]其中，知识的条件化是植入知识的应用情境，找出知识的产生条件，以便学习者知道在什么情境下使用；知识的结构化是形成知识的结构层次、结构网络，把零星散乱的知识组织成具有一定逻辑结构或功能结构的链条、框架，以便学习者掌握它们之间的先后联系或运作程序；知识的自动化是通过多次温习、练习和应用等过程来强化知识成分之间的固定联结，达到自动联结的熟练程度；知识的策略化是形成关于知识的如何学习、如何思维和如何操作等加工方法（元认知），找出认知和应用的具体路径与技巧，以便学习者能够便捷地学习使用。显然，通过"四化"的操作，原有的知识就变成了条件化知识、结构化知识、自动化知识和策略化知识，知识就被活化了。"四化"策略对职前教师的知识学习具有重要意义，因为他们仍然以学习书本上的学科性知识为主，所获得的知识容易脱离实际甚至变成僵化的知识和呆板的知识，因而极其需要被活化。

根据知识成分之间的关联性，还可以提出新的四种优化策略：一是挖掘隐性知识，如概念、命题、原理、案例、规则、策略、价值等成分所隐含的文化知识、生命知识、情感知识和社会知识，如此等等；二是增补感性知识，如增加知识的情境信息、表现细节和形象语言等；三是探求境域知识，如根据知识的各种关联性，找出知识的历史文化境脉、地域风情境脉和社会生活境脉等；四是解析劣构知识，如对问题情境知识、结构残缺知识等给予分析和解剖，使其变得清晰和完善起来。

（三）知识结构优化

学习者在经过一段时间的学习之后，便形成了自己的知识结构。但是，初步形成的知识结构是不完善和不稳定的，不利于有效提取和快速提取。因而，这样的知识结构在客观上需要优化。优化的主要思路：一是系统化，即从知识结构的完整性看，使知识的结构体系更加全面系统；二是模块化，即从知识的稳定性看，使关联性知识成为一个相对独立且完整的模块；三是融合化，即从知识的关联性看，使不同领域、类别和层级的知识之间交叉融合；四是集成化，即从知识的应用性看，使不同领域、类别和层级的知识围绕某些主题形成相应的集成整体。

1. 系统化

根据系统论的观点，职前教师的学科性知识由四个层级系统构成，其中，学科门类是第一层级系统，各门具体学科知识是第二层级系统，学科知识单元是第

---

① 张庆林. 1995. 当代认知心理学在教学中的应用[M]. 重庆：西南师范大学出版社，61-75.

三层级系统，概念、命题、规则和原理则是第四层级系统。据此，职前教师要实现知识系统化，就需要反复检视、思考、梳理和整理自己的知识结构，逐一把握各层级系统知识的完整性。

在第一层级系统上，要看知识的学科门类是否完整，自己将来的主教学科是什么，从事这一学科的教育教学还需要哪些门类的学科知识。比如，从事中学语文教学，就要看其是否有足够的社会学、哲学、历史学和美学等学科知识，是否有心理学、教育学知识。在第二层级系统上，要看主教学科的知识单元是否完整。比如，语文学科要看是否有足够的汉语言知识、文学知识、语体知识和文艺理论知识。其中，汉语言知识包括古代汉语和现代汉语；文学知识包括中国文学和外国文学；语体知识包括口头语体和书面语体，而口头语体包括说话、谈话、朗读、朗诵和演讲，书面语体包括法律、事务、科技、政论、文艺、新闻和网络七种语体；文艺理论知识包括文学理论、美学理论、影视理论、创作理论、文学评论和比较文学理论等。在第三层级系统上，要看构成知识单元的知识是否完整。比如，文学知识、中外文学史知识是否完整，文学作品的类别知识、经典知识是否完整，文学语体知识是否完整，文学理论知识是否完整，等等。在第四层级系统上，要看节点知识的要素是否完整。比如，在文学作品的类别知识中，文学体裁知识是否完整，具体包括：一是体裁种类是否完整；二是每种体裁是否包含发展脉络、代表性作家作品、流派风格和价值评析等基本要素。

2. 模块化

模块，即由多个要素构成的、结构功能相对独立且完整的组合体。从知识层级系统看，模块化主要发生在第四层级系统上，主要目的是使众多知识点形成一个稳定且完整的组合体，既能防止知识的散乱佚失，也可以增强学习、提取和应用的便捷性。

模块化的操作思路主要是归类整合，主要有四步：一是定类，即按知识的逻辑结构或功能用途来整合。比如，小学生初步学习了"排列组合"知识之后，教师为提高学生的解题能力，通常把使用同一解题策略的习题归在一起，让学生在一段时间内练习同一类型的习题，这种做法就是按功能用途来整合知识模块的。二是归类，即把类型相同、相近、相关联的知识找出来，放在一起。三是组合，即按照一定的逻辑结构或功能用途把它们组合起来，尽可能地使它们互相联结、有序、协调和互补，构成一个整体。四是整合，即针对诸多不和谐、不完善的知识要素及其成分进行调修、增删，使断裂处连接起来，不协调处协调起来，散乱无序处有序起来，不完善处完善起来，进而形成一个相对协调、完善和独立的整体。

3. 融合化

模块化是解决知识之间的联结组合问题，但无法解决知识内部成分的丰富和生成问题，而要解决这个问题就需要融合化。融合化，即把两种或两种以上的不同要素成分有机地合而为一，生成一个新的整体。

融合化的操作思路主要是交融生成，即把不同知识要素及其成分有机地互相渗透、交相融合，进而生成一个成分更丰富、特质更鲜明、功能更新颖的新的知识整体。与模块化相比，融合化不再着眼于知识之间的协调、互补和共同发挥作用等问题，而是着眼于知识成分之间的同一性、相通性和有机生成性等问题。因而，融合化操作主要有五步：一是定需，即确定需要通过融合来解决的问题，如发现知识内涵不丰富、结构性能有缺陷、境脉不翔实和解决实际问题的实效欠佳等；二是定点，即确定融合的着力点，如在知识的某个维度、节点和某种结构层面上，具体的触点、接口是什么；三是定性，即确定双方或多方的可融性、有机性，如有哪些可以融合的要素及成分，融合度有多大，融合的时机、方式和规律有哪些；四是交融，即展开互相渗透和交相融合的过程，不断调整和控制，确保渗透适度、融合妥当；五是生成，即生成新的知识整体，看是否能达到目标，是否需要发起新的融合，等等。

4. 集成化

上述优化是针对知识本身的优化，没有考虑实际应用的复杂情境，这就意味着还不能够有效地解决实际问题。因而，还需要针对实际问题来进行更高级的优化，即知识的集成化。所谓集成化，即根据实际需要把各种不同的知识模块集中，组合成一个更大、更强的综合整体。

集成化的主旨是解决实际问题，具有极强的针对性。在集成化之前，学习者需要明确现实实践中存在哪些问题情境，这些问题情境的哪些因素制约了人们的实践以及是如何制约的，以及解决这个问题需要应用哪些知识。比如，针对小学生习作教学，我们要把有关知识模块集成化，如果不明确小学生习作教学通常存在哪些问题，就无法确定要集成哪些知识模块，只能想当然地把习作教学的理论知识模块组合在一起，这样集成的知识整体不仅缺乏集成性，也缺乏实效性。相反，如果事先阅读有关小学生习作教学方面的文献和通过访问了解小学语文教师及学生，就知道需要集成学生习作心理、习作教学理论、优秀教师实践策略及案例等相关知识模块。

通常情况下，集成化的知识模块由模块主题、问题情境、操作路径和知识模块四部分构成。其中，问题情境即所要解决的实际问题，操作路径即集成目的和操作思路，知识模块即具体集成的知识模块内容。就操作路径而言，主要包括：第一，为谁而集成，是为教师教学操作，还是为学生学习，这是集成的目的；第二，为谁干什么而集成，是为教师讲授、演示、指导、辅导和管理而集成，还是为学生的理解掌握、探究生成、自主学习和合作学习而集成，这是集成的倾向；第三，整合哪些知识模块，是整合学科性知识模块，还是整合实践性知识模块、情感性知识模块，在学科性知识模块中是整合主教知识模块还是相关学科知识模块，是整合学科本体性知识模块还是学科教学性知识模块等，这是集成的判断；第四，整合成什么样子，是整合成结构化的知识库，还是整合成教学化的知识包，这是集成的功能和目标。

在上述路径的引领下，集成化操作需要使用一系列具体操作规则、流程、方式和技巧。其中，集成化的操作规则包括：第一，主次规则，即多个知识模块以谁为核心，核心模块与其余模块之间如何衔接，确保集成化的主题性；第二，简约规则，即各模块不能过于臃肿庞杂，尤其是非核心模块不能过于庞大，确保能体现集成化的集约性；第三，统整规则，即统一整合各模块的样式、结构，形成内在一致的结构脉络，确保体现集成化的整体性；第四，联通规则，即各模块之间互相协作响应，共同形成新的整体，确保集成化的一体生成性。这四项规则依次展开，即集成化的操作流程。至于方式和技巧，在不同的操作流程阶段上则各不相同。具体来说，在主次操作上，主要采取判断、比较的方式，即根据集成化的主题和思路来判断、比较核心模块和非核心模块，因而需要采用功能性、主次性、活跃性、扩展性和凝聚性等判断比较技巧；在简约操作上，主要采取简化、集约的方式，即对各知识模块进行去粗取精、删繁就简、统一约束和集中功能，这就需要采用删减、调整和整合等技巧；在统整操作上，主要采取建模和格模的方式，即建立知识模块的标准模式，并据此衡量其余知识模块，对不符合标准模式的知识模块进行调修、增删，这些操作需要采用建模、对标、调整、修补、增加和删减等技巧；在联通操作上，主要采取测试、调补的方式，即把集成模块应用于实际问题情境，测试各模块之间彼此协作响应的性能，针对存在的问题对各模块再次进行调整、修补，这就涉及应用设计、测试、测量、调整和修补等技巧。

（四）知识性能优化

知识的种类优化、成分优化和结构优化分别有利于知识的掌握、活化和提取，但还没有涉及知识的功能和作用。面对复杂多样的知识，如何发挥它们各自的优势和功能，使它们从多角度形成共同合力，就是知识性能优化问题。所谓知识性能优化，即根据知识本身的性质和特征，在学习过程中有目的地强化或重构其固有的优势和功能。据此，优化操作的主要思路有：学习强化和取舍重构。

1. 知识性能的学习强化

知识性能的学习强化，并非对知识性能本身的强化，而是学习者在学习过程中对各类知识所固有的主要功能在主观上给予明确定位、领会和体验，使其在学习者的心目中不断得到强化。由于知识的类别、层次很多，无法逐一详述，这里仅以教师知识的大类为例，探讨如何在学习过程中进行强化。

首先，比较鉴别，明确定位各类知识的主要功能。比如，职业知识对教师职业实践起规范和指导作用，其所包含的环境知识对教师职业行为具有规范作用，学生对象知识对教师职业操作具有指导作用；学科性知识对教师专业实践具有支撑和引领作用，其所包含的专业学科知识具有支撑作用，教育学知识（尤其是教育哲学知识）具有引领作用，通识学科知识具有沟通和延伸作用；实践性知识对教师专业实践具有导向决策作用，其所包含的情感价值知识和样例模式知识具有导向功能，情境经验知识和操作技艺知识（近似于实践智慧知识）具有决策功能；情感性知识对教师专业实践具有调控作用，其所包含的积极情感具有发动、感染、保健等作用，消极情感具有抑制、调控等作用。

其次，联系实际，明确领会各类知识的主要功能。教师知识是来自教师职业实践和专业实践的，是从这两方面实践中总结和提炼出来的，因而强化教师知识的性能，就需要把这些知识还原到教师实践中去，让教师知识的性能直接显现出来，学习者就可以得到直观鲜明的情境和知识性能发挥作用的种种形态，从而在自己的脑海中留下深刻印象，领会到知识性能的主要功能。

最后，调查分析，明确体验各类知识的主要功能。教师知识是来自教师实践的具身知识和在场知识，因而具有教师的个人特点，尤其是卓越教师的知识更富有鲜明的个性。如果职前教师在学习教师知识的过程中能够调查和访问不同类型、层次的在职教师，尤其是卓越教师，那么就可以获得知识性能在教师实践、教师专业发展和教师职业生涯中如何具体发挥作用的强烈体验。并且，这样的体验极有可能会成为职前教师终生难忘的记忆。

2. 知识性能的取舍重构

对职前教师而言，职前阶段的学习任务是建构职业专业素养。面对各类复杂的知识，职前教师在学习强化这些知识的主要性能的基础上，还需要进一步把这些知识性能加以取舍、组织和调整，以便形成一幅全面和谐的知识性能图，这就是知识性能的取舍重构。如果说对知识性能的学习强化是在学习过程中并伴随其他学习行为而展开的，那么取舍重构则是需要专门进行研究和独立运作的。因为取舍需要反复研判和独立决策，重构需要全面梳理和统筹整合，这两种操作都是在较长时间单位内单独运作的，无法伴随其他学习行为。

对知识性能的取舍重构，不可能一蹴而就，而是必须多次操作和渐进操作。多次操作，就意味着有可能操作不当或操作失误，甚至可能会推倒重来；渐进操作，就意味着有可能每次前进一点或完善一点，也意味着在不同学习阶段有不同的操作。但无论怎么操作，都必须立足于自身素养的建构需要，必须围绕和突出各类知识的主要功能来进行，一个总的原则性操作思路是：教育哲学知识突出智慧化，教育教学知识突出实用化，学科知识突出融合化，通识知识突出广博化，教师品性知识突出涵养化，个人实践知识突出多样化，各类知识要尽可能地体现出建构性、教育性和实践创新性。

二、能力潜质培养策略

职前教师能力的优异潜质，指其能力的专业性、个人性、融通性和生成性。如何培养这四种潜质，一个总体原则是不能脱离具体能力的培养过程。因为能力潜质是在具体能力的培养过程中逐步生成的。因此，探讨能力潜质培养策略的基本思路是：首先，明确职前教师需要培养并形成哪些具体能力；其次，结合具体能力来讨论四种潜质的培养问题。

教师的具体能力很多，但职前教师的具体能力则不多。对职前教师来说，他们因为缺乏职业岗位实践和专业实践，只能抓住教育教学基本环节的主要操作项目，通过模拟、练习和观摩等形式，初步培养形成有限的操作能力。职前教师应抓好哪些具体能力？一是从教学工作基本环节看，应抓好学情诊断、文本解读、教学设计、多维导学、课堂教学、教学评价、教学反馈和教学反思8项能力；二是从教育工作基本环节看，应抓好认识理解学生、组织管理学生、引导转化学生、规范教育、主题教育和活动教育6项能力；三是从辅助能力看，应抓好环境能力和对象能力，即适应学校环境的能力，与学生对象交流和互动的能力。总体来看，共计16项能力，这些能力是职前教师入职前所必须具备的操作能力。需要注意的是，所谓职前教师能力优秀，至少意味着这16项能力全面优秀，如果其中任意一项有缺陷或短板，就谈不上优秀。

（一）能力的专业性培养

上述16项能力均是教师的专业实践能力，而不是一般性的师范职业技能。如何培养这些能力，绝不能像师范教育时代那样仅限于模仿训练和微格训练，徒有其表地依样画葫芦，因为这样做实际上就是屏蔽了能力的专业性内涵，直接抹杀了能力的第一潜质。

作为专业实践能力，需要全面把握能力的专业性内涵，把能力建构在专业知识、专业技术技能、专业品质和专业美质的沃土上，确保能力富有专业识见、专业智慧、专业情意和专业旨趣，使教师卓有成效地胜任教书育人工作。具体而言，各项能力的专业性内涵如下。

1）学情诊断。理解学生及其学习，理解学生是如何发展的，敬畏学生的发展秘密和发展潜能；掌握科学的诊断技术，审慎周密地善始善终；有人文情怀，把交流、关怀贯穿始终。

2）文本解读。披文入情，知人论世，遵循文论之道；把握文脉，领会意蕴，体悟艺术匠心；有探究兴趣，把相关文本、文情联系起来；有教育情怀，紧扣教育目的、教学目标和学生的基础与发展。

3）教学设计。有扎实的作风，把准学情、吃透课标和弄通教材；有全面、前沿的视野，着眼学生的生活、全面发展，把握学生的学段全程、终身发展，吸收、融合学科前沿成果；体会学生的情感，建构丰富的学习生活和多样化的学习活动，把学生主体理念贯穿始终。

4）多维导学。深入理解学生及其学习，有针对性地适时导学、促学和督学；树立导学的艺术化意识，做好理念引导、策略指导、过程查导、交互构导、面授讲导、实践领导、信息传导和疑难辅导等工作。

5）课堂教学。深入理解课堂及其教学，确信课堂是学生的课堂，是为了学生身心和谐发展的课堂；学会营造多元范式的课堂、丰富有趣的魅力课堂、融合社会生活的课堂；注重调动学生的积极性，让学生学会自主学习、合作学习和探究学习；能把握课堂发展规律，适时匹配学生的身心发展需要。

6）教学评价。确立增值评价理念，重视发展性评价和过程性评价；确立协商评价理念，实施多维评价。

7）教学反馈。树立双向反馈理念，确保教与学双方信息畅通和彼此调整；养成理性反馈态度，把握反馈的情感性、及时性和灵活性。

8）教学反思。树立深度反思理念，确保教学实践的品性完善、理念更新和行为改进；养成持续反思的习惯，坚持不断地扩展和深化教学反思。

9）认识理解学生。学会从多角度、多方面去了解和理解学生，把学生视为具体的人、有潜能的人、发展中的人和有多维本质的人。

10）组织管理学生。学会建立多方面的组织管理机制，引导学生自主管理，把民主管理、发展管理和分类引导等理念贯彻始终。

11）引导转化学生。学会搞好师生关系并成为学生的良师益友，把引导转化工作变为一种发自肺腑的身心交融活动，变为师生互相激励、期望和欣赏的活动。

12）规范教育。全面把握道德行为规范的本质内涵，学会激励学生成为受人欢迎的、有教养的人，建立相应的程序，并组织多种活动，不断强化学生完善自我的内部动力。

13）主题教育。系统设计整个学段的主题教育活动，注重情境营造、资源利用和组织发动，坚持引导学生感知、探究、实践和展示，不断丰富学生的精神生活，提升学生的精神品质。

14）活动教育。树立"无活动不育人"的教育理念，事前注重活动设计、活动组织和氛围营造，事中注重学生的感知、体验和历练，事后注重学生的反思、总结和展示。

15）环境能力。具有与环境互动的意识，善于把握人和事与环境之间的关系，能迅速有效地适应环境、利用环境和建设环境。

16）对象能力。具有与对象互动的意识，善于倾听、理解和把握作为对象的人，能与来自各方面的人和具有各种特点的人进行恰当有效的交流和互动。

（二）能力的个人性培养

能力的个人性，指个人的经验、经历和心理倾向等特质。通常情况下，一个人需要具备哪些能力，采用什么样的途径、方式和方法来培养，最后能达到什么程度，这些都离不开其个人性特质。同样，一个人在一系列的能力培养和形成过程中，与此相关的个人性特质也在不断地生长、完善，并逐步融入其整个心理结构之中，成为其个性潜质的一部分。可以说，任何一项能力的培养和形成，既以个体的相应的个性特质为基础或起点，也以形成个体的相应的个性潜质为关键或终点。还可以说，一个人的能力越是具有个人性特质，就越是具有个性特点，其能力的个性潜质也就越加丰富。据此，我们认为职前教师的能力培养需要重视其能力的个人性特质，并把它作为能力培养的要素之一或任务之一。

为什么要培养职前教师能力的个人性特质？我们还可以来看看万世之师的孔子在职前阶段是如何培养自己的。

孔子的职前时期可分为仰慕圣贤和求学谋生两个阶段。

他6岁时在母亲教导下演习周礼，开始了解周公和周文王，这两位圣贤成为孔子一生效仿的对象，是其在未来教师实践和社会实践过程中参照的"原型"。

15岁时，孔子开始志于学，一方面是自学《诗》《书》《礼》《乐》，另一方面是在20岁开始任委吏（管理粮仓的小官）和到21岁改做乘田（管理牛羊畜牧的小吏），也就是专业学习与社会实践同时进行，理论与实践结合。这些为孔子从事教师职业奠定了治学、为人、修德、人生阅历、社会智慧等方面的基础。孔子在当时开办私学的竞争中不仅没有败下阵来，而且办得更有特色，课程齐全，凭借"有教无类"和"因材施教"，孔子在一开始入职就从适应期过渡到能力形成期。这不能不说得益于孔子30岁之前求学谋生的社会实践活动。

资料来源：周志平. 2009. 孔子的教师职业生涯与教师成长[J]. 新
　　　　　课程研究，（153）：32（略有改动）

众所周知，孔子是鲁国王族后裔，但家世衰落，无依无靠，这是他萌生复古理想的重要原因。然而，复古理想则是他演习周礼、仿效圣贤和自学礼乐文化经典的主要动力。同样是因为无依无靠，孔子只能自谋职业，担任小官小吏。但正是这些独特的个人经历、经验和人生志向，为他从事教师职业奠定了坚实的知识、能力和品质等方面的基础。相反，如果缺乏这些鲜明的个人性内涵，那么，孔子能否成为人类的卓越教师就可能要另当别论了。由此可见，在职前阶段培养职前教师能力的个人性特质，是极其重要的。

如何培养职前教师能力的个人性特质？根据上述见解，笔者建议采取以下策略。

1）愿景导向。描述自己的人生理想和职业愿景，明确能力的选择指向、价值内涵以及能力培养的内在动力。

2）体验化用。回忆自己所经历过的学习生活和所遇到过的教师形象，明确能力培养的操作指向和达成愿景。

3）经验利用。梳理个人人生经历，从中找出可用来培养相应专业能力的人生经验。

4）个性应用。明晰自己的个人倾向，如兴趣、爱好、性情、理念和意志等方面的特点，明确在能力培养过程中需要取舍与补充、弱化与强化等各种注意事项。

5）社会实践。积极参加社会实践活动，广泛培养观察、表达、倾听、交流、组织、管理和解决实际问题等综合能力，为专业能力培养奠定良好的基础。

6）教育参与。尽早参与学校教育教学工作，或者开展中小学学生个别辅导和婴幼儿辅导照料等活动，为专业能力培养积累相关的感性经验。

7）品性培养。在生活、学习和社会实践中养成良好品性，尤其是要养成善于思考、勤于动手、求真务实、主动积极和追求卓越等品性，为专业能力培养注入持久活力。

8）理性审视。针对不同的能力项目，全面审视自己已有的个人性特质，一方面积极发挥个人性特质的作用，另一方面防止盲目滥用个人性特质，力争适当、优效地凸显能力的个人性特点。

（三）能力的融通性培养

能力的融通性指能力项目具有彼此协作和互相交融的性能。在通常情况下，能力是逐项培养形成的，这种培养方式当然有它的科学依据，但也容易使人在能力应用上形成单项操作的思维定式和僵化模式，不少人要经过较长时间的应用实践和反思领悟才能打破这种思维定式和僵化模式。因而，如何在能力训练和学习阶段有效避免或减少学习者应用能力的思维定式和僵化模式，就是我们要探讨的能力融通性问题。

在学校实践中，大部分教师的专业能力都不同程度地存在融通性不高的问题。一个普遍的现象是，不少教师把教学专业能力局限在学科教学领域，甚至局限在课堂教学上，而不会应用到教育工作或班主任工作之中。更有甚者，个别教师在课堂上循循善诱、温文尔雅，一旦承担班主任工作，就屡屡与学生发生冲突，在处理学生违纪犯规和师生矛盾时无法控制情绪、招招失灵，心性控制能力极为低下。

如何培养职前教师的专业能力的融通性？笔者建议采取以下策略。

1）应用设想。在教学能力或教育能力培养的初期阶段，尽可能地罗列出该项能力的多种应用情境，设想在专业实践过程中可能在哪些问题情境中需要应用该项能力，明确该项能力的应用指向和应用范围。

2）交叉衔接。在教学能力或教育能力培养的中期阶段，尽可能地把相近项目的专业能力交叉衔接起来，使它们彼此协作，形成解决问题的合力。例如，学情诊断与文本解读的交叉衔接，在学情诊断中像文本解读那样把握脉络、条分缕析、逐层深入，在文本解读中像学情诊断那样探查、探测、探究。

3）综合应用。在教学能力或教育能力培养的后期阶段，针对实际问题情境尽可能地综合应用多种单项能力，突破单项能力和教育教学能力之间的楚河汉界。例如，解决学生之间的打架问题，一般需要先冷却学生的激动情绪，然后了解实际情况，再教育引导，最后做出处理决定。在此期间可以应用到的专业能力有对象把握、环境调控、问题诊断、认识理解学生、引导转化学生、反思、反馈和评价等。

4）迁移应用。在教学能力或教育能力培养的后期阶段，形成这两方面能力交叉融合的迁移应用意识。例如，把教学能力应用到教育工作领域，学会在教育工作中使用学情诊断、文本解读、项目设计、多维导学、评价、反馈和反思等操作能力，学会在教学工作中使用认识理解学生、组织管理学生、引导转化学生、规范教育、主题教育和活动教育等操作能力。

（四）能力的生成性培养

能力的生成性指某项具体能力在面临问题情境时能顺利适应情境要求和随机生成操作策略，因而在解决问题时具有良好的适应性和创造性特征。与此相反的情形是，某项具体能力在面临问题情境时不知如何展开操作，即便操作，也显得机械呆板，解决问题时成效较低。在以往的认知心理学看来，能力适应性问题是能力知识的条件性问题，没有形成条件化的能力知识，就不会有较好的适应性；问题解决的成效性问题主要涉及主体的内部动力强弱度、问题情境因素明晰完整度、操作技能熟练度和个人经验智慧的独特性等。可见，认知心理学研究解决了能力的适应性问题和问题解决的创造性问题，但没有研究能力的生成性问题。

从技术技能型人才的实践经验来看，一个人的某项能力之所以具有极强的生成性，关键因素有：第一，敏锐的观察力，即能准确抓住问题的关键或症结；第二，精细的追溯力，即能有条不紊地追根溯源，直至找出问题的形成原因；第三，丰富的探索力，即能通过不同路径展开多样化的探索过程，尝试应用不同的解决策略和操作程式；第四，超凡的忍耐力，即能忍受反复尝试所带来的失败，有百折不挠、不达目的不罢休的意志品质。可以说，拥有这四项关键能力，对增强职前教师专业能力的生成性同样是至关重要的。据此，笔者对职前教师的专业能力培养提出以下建议。

1）问题观察。在能力培养形成的后期阶段，不应满足于能力项目的熟练操作，而应当进一步熟悉能力项目的应用领域，对该领域里要解决的问题进行归类整理，并在教育见习、演习、实习和研习的过程中仔细观察和分析这些问题，掌握问题的类型、结构以及能力应用的思路和策略。

2）问题追溯。在能力的应用阶段，学会针对具体的问题情境去分析、查找问题根源，尤其要养成条分缕析、有条不紊地查找、排除和分析等行为习惯。

3）多样探索。在解决问题的过程中，不应当满足于单一的问题解决方式，而应当探索尝试多角度、多路径的解决策略，把具有创新性的方式作为能力应用的重要目标，有意识地持续积累问题解决的多元智慧和多样范式。

4）忍受挫折。在上述过程中，要树立追求卓越的质量意识和不达最优不罢休的雄心壮志，要有意识地锤炼自己的忍耐力和意志力，不怕折腾，不怕挫折，不怕走弯路，更不怕突然出现的新问题和新困难，要坚信百炼方能成钢、艰难困苦玉汝于成。

三、品性潜质培养策略

职前教师的品性潜质，即对培养形成教师专业品性的愿景性、积极性和内化性。这些品性潜质在培养形成教师专业品质的过程中具有重要作用，其中，愿景性具有导向作用和动力作用，积极性具有发动作用和调控作用，内化性具有吸收作用和达成作用。可以想见，如果职前教师拥有这些品性潜质，那么他们在教师专业品性的培养和形成上就不仅会事半功倍，而且会持续发力；相反，如果缺乏这些品性潜质，即便把培养训练做得扎扎实实，也只能取得表面性效果，他们在教师专业品性的培养形成上，既不会自主深化，也不会持续前进。

如何培养职前教师的品性潜质？这里提出三点建议。

1）愿景建构。愿景是持续发展和逐步深化的，职前教师的职业愿景需要在生活、学习和实践过程中不断明晰和变得卓越。阅读教育名著，与伟大灵魂对话，追寻伟大人物的足迹，心中就会生成卓越的职业愿景；走向人文生活，与美好人物、高尚品行为伴，职业愿景就会气韵充沛、内涵丰盈；走向教育实践，参与或承担教育教学工作，仿效优秀教师，聆听学生的心声，思考教育的真谛，职业愿景就会翔实生动、路径清晰。阅读、生活和实践是职前教师建构提升职业愿景的基本途径，舍此别无他途。

2）品质体验。教师专业品质不是在纸上就能学来的，也不是通过听课、训练就能得来的，而是必须通过自主践行、深入体验才能形成。职前教师在平时的学习、生活和教育实践课程中，要有意识地积极践行和体验教师专业品质，力所能及地领会、把握和养成诸多教师专业品质内涵，如专业理念的先进性、专业道德的高尚性、专业作风的严谨性、专业态度的热情性、专业方式的独特性、专业伦理的规范性、专业精神的执着性、专业责任的担当性和专业情操的优良性等。只有在积极践行和体验的过程中，才能养成教师专业品性的积极性和活跃性，并逐步沉淀成为自己的专业品性潜质。

3）品性修炼。职前教师尽管缺乏以形成专业品质的岗位实践，但应秉持"虽不能至，然心向往之"的追求理念，在平时的生活、学习和实践课程中加强专业品性修炼。例如，在生活中做到心地善良、性格开朗、性情愉悦、情趣高雅、心胸开阔、意志坚定和自我完善，在做人上做到心态积极、克勤克俭、真实自然、友好中和、品行端正、热爱生命和风格高尚，在从教准备上做到热爱教师职业、热爱教育事业、热爱学校生活、热爱学生、为人师表和终身学习。[①]可以说，尽可能广泛地修炼专业品性，是职前教师走向卓越所必不可少的日常功课。从根本上说，专业品性的持续修炼是职前教师培养形成教师专业品性内化力的唯一途径。因为职前教师的专业品性需要容纳和内化教师专业品质的基本内涵，并在今后的职业实践中历练生成具有个人独特性的教师专业品质。简言之，专业品质是在专业品性的基础上历练和生长出来的。如果说专业品质是绚丽夺目的精神之花，那么专业品性则是灵脉深广的富饶之地。

---

① 胡志金. 2014. 论新课程背景下教师优良情操的标准[J]. 教师教育学报，（4）：36-43.

第五章

职前教师的品性培养律

　　我国百余年来的师范教育和20世纪90年代以来的美国教师教育均重视职前教师的品性培养,这一做法符合道德情操的建构生长规律和教师专业人格的培养规律。品性由个人特质、一般品性、职业品性和专业品性四个层面构成,它们是次第生成的,后者以前者为基础。个人特质是在一个人的婴幼期至少年时期形成的,一般品性是在青少年时期及成年早期形成的,因而职前教师的品性培养应当以职业品性和专业品性为主,以一般品性为辅,并且要先培养一般品性,再培养职业品性,最后培养专业品性。培养时,要注重整体设计培养体系的递阶性,全面融入职前教师生活,全面建构培养场域,突出品性培养方式的针对性和独特性,形成学生自我内部精神要素的生长合力以及自我培养与院校培养的互动合力。

教师职业的本质特征是教师与学生合作并在学生身上缓慢进行精神生产，这就要求教师自己首先要拥有丰富而优秀的精神内涵。然而，要拥有丰富而优秀的精神内涵，并非在短期内就能轻松达成的事，它需要漫长、复杂和艰苦的努力过程。这个过程既包括教师在职前时期的生活历练、职业学习、专业学习和品性养成，也包括在入职后的岗位历练、专业实践和品质锤炼。从根本上说，教师职前、职后的一切活动都是形成教师精神内涵的活动，是最终凝练形成教师品性、品质的活动。反过来看，教师的品性、品质如何，则又是衡量教师精神内涵的主要指标。可以说，教师的品性、品质不仅是衡量教师精神内涵的主要指标，而且是教师进行精神生产的核心要素，它们无迹无痕，贯穿于教师职业的各个方面和教育教学的全过程。具体来说，师生合作的精神生产不仅基于教师品性、品质而展开，而且以教师品性、品质为内容、动力和目标，在生产过程中发挥着引领功能和榜样作用。

本章探讨职前教师的品性培养，主要基于三点考量：一是国内外教师教育界对此鲜有探讨，对职前教师的品性内涵至今尚不明确；二是我国 20 世纪的师范教育重视对师范生的品性培养，21 世纪的教师教育忽视了对职前教师的品性培养，但无论重视还是忽视，均对品性内涵和品性培养缺乏理论认识；三是品性培养对职前教师的顺利入职和未来成为卓越教师至关重要，如果品性培养不足或存在缺陷，就会给他们的职业胜任和专业发展留下隐患。

第一节　品性的培养依据

品性是一个复杂的概念，我们需要明确这个概念的内涵结构。品性成为职前教师的培养目标，我们需要讨论它有哪些培养依据。

一、品性的内涵结构

如前所述，品性与品质的内涵较为接近，都是指人的精神性能特征。但是，品性与品质也存在区别。具体来说，它们之间主要有三点区别：一是来源性质不同，品性基于人的潜质、经验和个性而形成，富有个人性和灵活性；品质基于实践历练、普遍规律和共性要求而形成，富有普适性和稳定性。二是结构成分不同，品性由个人特质、一般品性、职业品性和专业品性四个层面构成。个人特质指个人的性向特质（如倾向特质、性格特质、经验特质和能力特质），一般品性指一般性的心理要素、行为态度、仪表形象和精神现象等方面的品性；职业品性指符合职业需要的性向、认识、情感、态度、能力和精神现象等方面的品性；专业品性指符合专业要求的性向、认识、情感、态度、能力和精神现象等方面的品性。品质由个人特质、一般品质、职业品质和专业品质四个层面构成。个人特质指个人的性向特质，一般品质指一般性的心理要素、行为态度、仪表形象和精神现象四方面的品质，职业品质指符合职业需要的心理要素、行为态度、仪表形象和精神现象四方面的品质，专业品质指符合专业要求的心理要素、行为倾向、仪表形象和精神现象四方面的品质。三是生成变化不同，品性是在个人特质的基础上经由生活历练而生成一般品性，再在一般品性的基础上经由专业学习与培养而生成专业品性；品质是在个人特质和一般品性的基础上经由生活实践的反复锤炼而生成一般品质，再在一般品质和专业品性的基础上经由专业实践的历练以及反复锤炼而生成专业品质。需要明确的是，这里所谓的"一般品性""一般品质"，并非水平意义上的"一般"，而是范围或领域意义上的"一般"，其确切含义是普通范围或领域里的品性和品质，是与"专业品性""专业品质"相对存在的概念。

进一步看，品性的四层结构其实是一种四元结构。因为各层结构是相对完整的，自有逻辑理路，它们互相联系，每层结构的要素成分之间相生相发。具体来说，个人特质是原初品性，它先作为个人后续形成的新品性的起点和支撑，继而融入新品性里，就像酵面成为馒头的一部分，悄然无痕地隐身其中。一般品性是个人经过后续努力形成的新品性，是个人的特质生长、经验沉淀和个性发挥的融合生长，它作为人的高级精神素养，无影无迹，自然展露并渗透在人的心理要素、行为态度、仪表形象和精神现象等之中，为进一步发展人的独特性、完善性和高级性提供基础性支撑。职业品性是个人在个人特质、一般品性的基础上，经由职业学习和职业实践而形成的、以备从事职业活动的专门品性，专业品性是个人在个人特质和一般品性的基础上，经由专业学习和训练培养而形成的、以备从事专业活动的专门品性。

二、品性培养的历史依据

师范教育、师范学校历来重视培育师范生的良好道德、思想、情感、学习和生活等方面的品性，重视培育其良好的个性特征（包括态度特征、意志特征、情绪特征和理智特征），这是师范教育之所以是师范教育的核心内涵，也是我国师范教育不同于西方师范教育的体现。

西方国家并没有把培养教师的学校称为"师范学校"，而是称为"示范学校"，用的是"normal school"这个术语。最早把教师训练学校称为示范学校的是阿尔伯特·费尔卑格，因为奥地利女皇玛利亚·特丽莎命令他根据普鲁士新教学校的"realschole"模式（该模式以非经典的、近代课程为特点）创办学校，于是他把自己在西里西亚创办的奥地利教师训练学院称为"normal schule"。法文 normale 源于拉丁文 Norma，原意是木工的"规矩""标尺""模型"，意即评价事物所依据的标准。1795 年，法国巴黎师范学校正式成立，1816 年，法国第一次以法令的形式对小学教师提出了能力达标的证书要求，规定未达标的教师都必须到"The short-term normal school"进行观摩学习。在此背景下，巴黎师范学校的一个宗旨就是建立教学能力的评价标准，并按此标准去训练教师。[①]20 世纪 20 年代之前，西方英语国家普遍用"normal school"来指代中等及其以下的教师培养机构。西方教师培养史表明，由于西方文化的总体特征是属于知识智慧文化，不是属于道德智慧文化，因此，教师培养学校对教师品性的重视程度远不如对知识和教学能力的重视程度高。

我国把培养教师的学校称为"师范学校"，是因为我国有着源远流长的儒家道德文化，特别注重教师的传道作用，把教师视为世人学习的道德楷模。[②]"师范"一词最早出现在后汉，赵壹在《报皇甫规书》中写道："君学成师范，缙绅归慕。仰高希骥，历年滋多。"[③]可见，"师范"是一个双义合成词，大意是"学习的榜样"，这一用法一直延续到清末前期。西方的"normal school"在清末时期传入中国，并没有被译为"教师学校"，也没有被译为"示范学校"，而是被译为"师范学校"，并进而产生"师范教育"的概念，这符合中国文化的特征，也容易被当时的国人所接受。由此可见，把培养教师的学校称为师范学校，把培养教师的教育称为师范教育，是中国文化的独特选择，赋予了中国文化德性内涵。

在培养什么样的教师这一根本问题上，师范教育历来优先重视培养教师的道德品质、性格气质、行为规范和仪表风度，认为"教师做人的道德就是教育的道德"[④]。我国师范学校创始人盛宣怀在创办南洋公学师范院时就极为重视教师的品性，认为"臣惟师道立则善人多，故西国学堂，必探源于师范"[⑤]。他把师范

---

① 梁忠义，罗正华. 1998. 教师教育[M]. 长春：吉林教育出版社，33.

② 古人对"教师"的界定有诸多经典之言，如《周礼·地官司徒序》："师，教人以道者之称也。"《礼记·文王世子》："师也者，教之以事，而喻诸德者也。"扬雄的《法言·学行篇》："师者，人之模范也。"《韩诗外传》："智如泉涌，行可以为仪表者，人之师也。"韩愈《师说》："师者，所以传道、受业、解惑也。"

③ 转引自：宋嗣廉，韩力学. 1998. 中国师范教育通览[M]. 长春：东北师范大学出版社，2.

④ 杨启亮. 2011. 教师培养的国际视野与本土实践. 参见：朱士群，胡璋剑，张群. 教师教育：国际视野与本土实践——第四届教师教育国际研讨会文集[C]. 北京：中国科学技术大学出版社，8.

⑤ 转引自：陈学恂. 1986. 中国近代教育史教学参考资料（上册）[M]. 北京：人民教育出版社，309.

生分为五个层次，第五个层次才是教师合格标准，即"性厚才精，学广识通，行正度大，心虚气静"①。其中，"性厚""行正""度大""心虚""气静"均属于品性范畴，在 8 个指标中占据了 5 个指标，显示了师范教育对教师人才的优良品性的独特要求。

"师范"一词有其独特的内涵，陶行知的解释尤为经典：学高为师，身正为范。陶行知提出的这八个字，曾经是我国许多师范学校的校训，对 20 世纪 50—80 年代成长起来的教师产生了深刻影响。在国人看来，所谓师范，即人之模范。可以说，优先重视培养师范生的优良品性，把师范生培养成为品学兼优的人之模范，是我国师范教育最宝贵的优良传统，也是我国师范教育最能凸显中国文化特色的教育经验。

值得注意的是，美国在 20 世纪末期也开始重视培养教师的品性。1992 年，美国州际新教师评价与支持联盟首次将"品性"（disposition）作为新教师教育的标准之一。2001 年，美国最大的教师教育认证机构——全美教师教育认证委员会（The National Council for Accreditation of Teacher Education，NCATE）在《教师专业发展学校的标准》中正式使用"品性"代替原有的"态度"，形成教师教育标准的新三维：知识、技能和品性。2008 年，NCATE 在《教师教育机构鉴定的专业标准》中再次强调"所有教育工作者都要具有相应的知识、技能和专业品性……"②由此可见，把品性作为职前教师教育的重要内容和主要标准之一，不仅在我国师范教育史上，而且在国外当今教师教育现实中，都已经成为不争的事实。当然，必须指出的是，我国师范教育之所以重视品性培育，是因为品性与道德融为一体，美国之所以重视品性标准，是因为品性比态度更具有评价操作的可表征性，中美两国在这一点上的区别是不容忽视的。

三、品性培养的专业依据

培养职前教师的品性，至少要遵循两条专业基本规律，即道德情操的建构生长规律和教师专业人格的培养规律。

（一）道德情操的建构生长规律

品性与道德、情操既有联系，又有区别。笔者认为，品性是道德在个体身上与个人特性的融合生长，具有天然的个人性；道德是个人品性在社会层面上与社

---

① 转引自：陈学恂. 1986. 中国近代教育史教学参考资料（上册）[M]. 北京：人民教育出版社，312.
② 张建桥. 2011. 美国教师教育之"品性"标准探微[J]. 比较教育研究，（2）：36-39.

会规范的融合生长，具有显著的社会性；情操是品性、道德在个体身上的特色生长，具有稳定的超越性。总体上看，"品性"是"道德"的天然基础和内生土壤，"道德"是"品性"在社会化情境中的外化和升华，"情操"是"品性"与"道德"在经过融合、沉淀、淬炼后的高级合金，是超凡脱俗的人性美。可以说，品性是原初性道德，是根源性情操；道德是社会化品性，是规范性情操；情操是新生性品性，是自为性道德。如此看来，品性、道德、情操可谓是人性发展的三个递进阶段。当一个人处于品性阶段时，心有所欲而不惧道德，无心于道德而自以为有德，率性而为则可能跌于道德底线之下；当一个人处于道德阶段时，心有所欲而畏惧道德，有心于道德而处处自守，率性而为则束于道德规矩之内；当一个人发展到情操阶段时，心有所欲而不逾矩，无心于道德而自成道德，率性成真而道德自在其中。

由以上可见，品性是道德、情操的起始。一个人的培育与发展，首先必须形成良好的品性，然后才有可能形成良好的道德，最后才能形成超越尘俗、自然独特的情操。反观我国学校德育之所以多年来屡遭诟病，根本原因就在于学校德育远离品性培育，过于注重思想教育、政治教育、道德教育、法律教育，即便21世纪以来象征性地增加了心理健康教育，也因为忽视品性培育而没有多大实际效果。对于未成年人，或者对于职前教师来说，最要紧的是首先要培育他们的品性，只有品性良好了，道德才可能扎根其中，否则就只能强行灌输道德。而强行灌输道德的严重后果，正如我们所看到的那样，不仅会导致培养的人是道德空心人、虚假双面人，而且会把美好的育人事业变成惨无人性的心灵蹂躏工程。因此，为避免这种悲剧在教师教育领域里滋生或蔓延，教师教育者必须认识到品性、道德、情操三者之间的辩证关系对教师教育的重要意义，认识到品性、道德、情操与教师成长分期之间的基本适配规律。笔者认为，这个规律即职前教师阶段以优先培育品性为主，以道德（师德）教育为辅，以情操养育为愿景；入职教师、合格教师、胜任教师阶段以道德（师德）教育为主，以品性培育为辅，以情操养育为愿景；骨干教师、专家教师阶段以情操养育为主，以道德（师德）教育为辅。

从职前教师的品性发展看，职前教师是以成人身份进入职前教师教育领域的，他事实上已经具备了一个自然人和社会人的一般品性，相对于职前教师教育来说，这些品性可以称为基底品性。一名职前教师的基底品性尽管有可能部分符合教师职业的基本需要或某些需要，但从根本上看，这些基底品性与教师职业要求标准相比是存在结构性和功能性差异的。因此，职前教师的发展任务是通过进入教师教育活动来更新、完善和提高自己的基底品性，从而建构出符合教师职业要求和专业要求的标准品性，这个发展过程在实质上就是品性职业化和专业化的过程。在这个过程中，教师职业教育和专业教育，尤其是教师职业的道德教育，只能在职前教师的基底品性上展开，将职业道德融入基底品性之中，犹如植物在土壤中生长发育，职业道德一旦离开品性就会行将枯萎。在这个过程中，教师的职业道德与职前教师的基底品性融合生长，一方面基底品性开始职业道德化，另一方面职业道德开始品性化，从而完成教师职业道德素质的心理建构。从职前教师职业道德的建构生长看，职前教师的"品性"是职前教师"道德"的天然基础和内生土壤，职前教师的"道德"是职前教师品性专门化的自然结果；从职前教师职业道德的行为表现看，职前教师的"道德"是职前教师所建构的道德心理在一定社会情境中的外化，也是职前教师的基底品性经过道德化发展之后在一定社会情境中的外化和升华。因此，把品性作为职前教师教育的重要内容，把教师职业道德内涵融于品性培育之中，既是职前教师品性发展的内在必然要求，也是职前教师建构教师职业道德的心理规律要求。

（二）教师专业人格的培养规律

从专业教育促进个体人格的变化看，职前教师的品性是职业素养和专业素养在一个人的精神上的初步达成。由普通人成为专业人的变化，不仅仅是知识、技能的变化，而且是思想、理念、情感、态度、行为倾向、仪表、性格和气质等精神要素的变化，是一种人之为人的整体人格变化。这种变化分三步完成：一是由于对职业知识、职业技术技能和职业规范的学习和掌握，以及对专业知识、专业技术技能和专业品质的学习和掌握，导致个体产生相应的职业属性和专业属性，使得个体的思想、理念、情感、态度、行为倾向和仪表等逐渐发生变化，逐渐内化、融合职业要求和专业内涵，逐渐显示职业与专业的价值、功能和特征，这就是个体职业品性和专业品性的形成；二是由于职业素养和专业素养的持续植入，尤其是职业品性、专业品性的持续生长以及职业教育实践对品性的体验、整合和建构，它们逐步进入个体的性格系统并相互作用、合二为一，使个体的性格、气质发生显著变化，使个体成为一个真正意义上的准专业人，这就是专业性格的形成；三是由于职业历练和专业实践，职业品性和专业品性得到丰富和完善，并进一步融入个体的专业性格中，经由解决复杂问题时的实践磨炼和反复锤炼，在专业性格的主导下逐步形成个体稳定的专业精神现象，这就是专业品质的形成。由此可见，普通人之所以能变成专业人，就在于专业品性变成了一个人的人格内核；专业教育之所以不同于职业教育，就在于凸显了职业品性、专业品性，培育了具有完整意义的专业性格，为入职后历练形成专业品质奠定了重要基础。可以说，要想把一个普通人变成专业教师，就必须从职前教师的品性培育着手，并且也只有从品性着手才是从人的整体性着手，才能从根本上改变并培养一个完整的人。因此，把品性作为职前教师教育的重要内容，是由教师专业人格培养规律所决定的。

第二节　品性的培养内涵

品性的四元结构表明，个人特质主要是个体在婴幼期、童年期和少年期的生活过程中形成的，一般品性是个体在少年期、青年期和成人期的生活实践和学校教育中形成的，唯有职业品性、专业品性才是个体在青年期的专业教育、职业实践和专业实践中培养形成的。对职前教师来说，一般品性早已经初步定型，在职前教育阶段只能进行查漏补缺或匡正完善，因而他们的品性培养内涵理应集中在职业品性和专业品性上，或者说职前教师的品性培养内涵应当以职业品性和专业品性为主，以一般品性为辅。

一、一般品性

一般品性指一个人在多种活动中显示出来的心理要素、行为态度、仪表形象和精神现象等方面的性能特征。所谓多种活动，通常分为日常生活、文化生活、社会事务、生产劳动、正规学习、人际交往、社会实践、体育运动和艺术审美等活动。

对职前教师而言，他们通常涉足日常生活、正规学习、文化生活、人际交往、社会实践、体育运动和艺术审美等活动，这些活动统称为职前系列活动。他们的一般品性，则是从职前系列活动中体现出来的。也就是说，职前系列活动包含了他们的心理要素、行为态度、仪表形象和精神现象等方面的性能特征，并且不同活动所包含的品性内涵也是有差异的。因此，有必要讨论职前教师在不同活动中的一般品性的主要内涵。需要说明两点：一是职前教师到底需要培养形成哪些一般品性，这个问题在国内外教师教育界并未得到全面探讨。可以说，这个问题既是我国师范教育在教师品性培养上针对性不强、有效性较低的一个重要原因，也是我国 21 世纪以来职前教师教育忽视教师品性培养的一个重要原因。二是一般品性有良好品性和不良品性之分，但职前教师需要养成良好品性，因而下面我们不讨论不良品性，所讨论的一般品性均指其良好品性。

（一）日常生活品性

在日常生活中，职前教师的品性主要体现在做人、做事和待人三方面。

1. 做人品性

职前教师的做人品性主要有：在心理要素上，自尊、自立、自爱、自律、自强；在行为态度上，勤勉俭朴、乐观幽默、愉悦豁达；在仪表形象上，爱整洁、有朝气；在精神现象上，重感情、重道德、有理念、有追求；等等。

2. 做事品性

职前教师的做事品性主要有：在心理要素上，自主、沉着、果敢、坚毅；在行为态度上，积极、主动、合作、探索；在仪表形象上，举止得当、进退有方、潇洒自信；在精神现象上，不畏困难、不惧失败、不患得失、不损人利己；等等。

3. 待人品性

职前教师的待人品性主要有：在心理要素上，善良、真诚、热情、平等；在行为态度上，友好、团结、尊重、理解、宽容；在仪表形象上，整洁、大方、礼貌、有度；在精神现象上，乐于助人、扶危济困、直言坦诚、信守承诺；等等。

（二）正规学习品性

在正规学习中，职前教师的品性主要体现在课业学习、个性发展和集体生活三方面。

1. 课业学习品性

职前教师的课业学习品性主要有：在心理要素上，动机高级、目标明确、求知欲强；在行为态度上，热爱学科专业、勤学苦练、诚实谦逊、合作探究；在仪表形象上，站直坐端、朴素整洁、活泼自信；在精神现象上，乐观向上、追求卓越、追求理想；等等。

2. 个性发展品性

职前教师的个性发展品性主要有：在心理要素上，认知正确、情绪良好、兴趣雅正、三观进步、性格和善、自控能力良好；在行为态度上，遵章守纪、适应环境、励志修身、注重全面发展、积极历练和更新自我；在仪表形象上，注重内涵素养、完善自我形象、追求自信优雅；在精神现象上，求真、向善、向美，富有责任心和进取心，富有情趣和爱心，心胸和视野宽阔，理念意志坚定；等等。

3. 集体生活品性

职前教师的集体生活品性主要有：在心理要素上，向往、容纳、信赖集体；在行为态度上，关心、热爱和维护集体；在仪表形象上，适应集体要求、内化集体精神；在精神现象上，民主平等、团结协作、乐于奉献、坚持原则；等等。

（三）其他活动品性

1. 文化生活品性

职前教师的文化生活包括校园文化生活、网络文化生活和社会文化生活三个方面。其优良品性在校园文化生活上，主要指热爱学校环境，爱护学校财物，维护学校秩序，言行适度，主动做好教室、寝室和公区卫生，自觉保持环境安静、干净和整洁，积极参加兴趣小组、校园文化活动，发挥特长参与校园文化建设，把自己视为校园文化的主人；在网络文化生活上，主要指娱乐适度、交友审慎、言论恰当，有节制力、辨别力，有身份感、现实感和道德感，网络信息净化意识强，学习交流定位正确；在社会文化生活上，主要指不媚俗跟风，积极参与健康进步的社会活动，有独立的判断力和学习鉴别力。

2. 人际交往品性

职前教师的人际交往包括师生交往、同学交往和社会交往三个方面。其优良品性在师生交往上，主要指精神相通、心气相应、真诚自然、适时互动，做到尊师敬长、讲究礼节、心有感恩，以学习行动及卓越成长来报答师长的关心和爱护；在同学交往上，主要指明辨是非、平等相待、心气相通、团结互助，平时做到互相理解、谦让、关心，急难时做到着眼大局、倾力相助、勇于担当；在社会交往上，主要指坚持原则、有礼有节、有理有据，做到不贪便宜、不存幻想、不失规范等。

3. 社会实践品性

职前教师的社会实践包括社会兼职、志愿服务和专业实践三个方面。其优良品性在社会兼职上，主要指讲诚信、重实干、守规则，做到尽职尽责、历练修身、弘扬正气；在志愿服务上，主要指热心公益、乐于奉献、追求进步，做到履约尽职、做细做实、善始善终；在专业实践上，主要指热爱学生、乐于从教、善于学习，做到虚心学习、细心观察、用心感悟、踏实行动等。

4. 体育运动品性

职前教师的体育运动包括生活体育、课程体育和竞技体育三个方面。其优良品性在生活体育上，主要指有强身健体意识，坚持体育锻炼，体验锻炼乐趣；在课程体育上，主要指学习认真、操练严格、敬畏体育科学；在竞技体育上，主要指能吃苦耐劳、能进行团队合作、勇于拼搏、敢于竞争等。

5. 艺术审美品性

职前教师的艺术审美包括艺术欣赏、艺术评论和艺术创作三个方面。其优良品性在艺术欣赏上，主要指情趣高雅、感情丰富、感觉灵敏、鉴赏力强，能领略各类艺术的不同魅力；在艺术评论上，主要指具有一定的艺术理论修养，能掌握艺术评论的基本方法，能恰当地判断艺术作品的优劣；在艺术创作上，主要指具有艺术创作的实践体验，懂得艺术创作的基本规律，能领略一两种艺术创作的奥秘。

二、职业品性

职业品性指一个人在职业活动中显示出来的心理要素、行为态度、仪表形象和精神现象等方面的性能特征。一般职业人的职业品性可分为职场适应品性、角色扮演品性和素养建构品性，分别简称为"职场品性""角色品性""素养品性"。同样，教师的职业品性也由与教师职业相对应的职场品性、角色品性和素养品性三部分构成。由于职前教师是准教师，缺乏职业实践基础，因而他们的职业品性只能参照在职教师的优良品性来培养。

（一）职场品性

教师的职场即是学校，学校则是由物理（空间）、精神、历史、社会、文化、组织、育人、合作、冲突和变革等十大场域构成的。因而，职前教师要适应学校生活，就需要培养相应的诸多品性。

1）空间场域的灵敏性。学校空间具有丰富的环境性、教育性、社会性、建构性、生命性、交往性和生成性内涵，是师生精神生长的乐园。因而，职前教师应具有相应的感悟力、体察力、亲和力、交往力和生长力，具有职业实践所需要的活力、热情、细腻、机敏、开放等性格特质。

2）社会场域的协调性。学校是社会的缩影，各种社会问题会集中渗透到学校中来。因而，职前教师应有足够的敏锐性、识别力，具有全面协调、灵活应对的策略意识和驾驭能力，坚守教育理想信念，保持从教定力。

3）历史文化的丰富性。学校包含人类学校发展和自身发展的历史基因，是传播人类多学科文化、多民族文化、古今文化和中西文化的场所。因而，职前教师应具有古今中外的文化知识、广泛多样的技艺才能、丰富多彩的文化趣味、兼容并包的文化胸襟以及透彻超越的哲学智慧。

4）组织育人的全融性。学校育人是一种组织行为，是通过学校环境、育人活动、教师言行和教师精神品质来实现的，因而要符合学校的性质、任务和规程，这就要求教师将自己与学校组织、学校环境和各类育人活动等全面融合，将自己的言行与教师专业品质全面融合，或者说教师个人至少不应当在自己与学校组织、学校环境和各类育人活动之间出现分离和失调现象，不应当在自身言行与教师专业品质之间出现分离和失调现象。同样，职前教师也应具有这种全面融合的品性，一是全面容纳学校组织、学校环境、各类育人活动和教师专业品质；二是把它们与自身融为一体；三是将其整合为自己的生命要素和生长潜能。

5）合作冲突的混合性。学校是广泛合作和多种冲突持续的场所，教师在合作中面对冲突，在冲突中寻求合作，因而需要具有混合处置心态、混合处理策略和混合驾驭能力。同样，职前教师也应在职前系列活动中全面培养混合心态和混合驾驭能力。

6）固化变革的节奏性。学校是规律化运作的固化场所，也是社会革新和实践创新的变革场所，教师在固化中追求变革，在变革中自觉趋于固化，因而需要把握固化与变革的辩证关系和节奏规律，明确固化与变革的内容范围、时间节奏和行为节奏。同样，职前教师应当在日常生活和正规学习等系列活动中学会把握继承与创新、固化与变革的针对性和节奏性，形成相应的领悟能力。

（二）角色品性

学校教育是处于时代发展中和社会要求下的，其功能是特定的，但其内容是复杂的、综合的。教师是学校教育的主体，学校的特征决定了教师的职业角色具有时代变化性、社会复杂性、职能规定性和行为综合性。同样，职前教师在成为准教师的过程中也应该具备相应角色品性。

1）职业角色的时代性。信息时代的教师不再是工业时代的学科教学者，而是学生学习的促进者，教师是促进学生学会自主学习、合作学习、探究学习和终身学习的人。因而，职前教师应具备相应的品性，即自主学习、合作学习、探究学习和终身学习的个人特质、行为态度和性格特征。

2）职业角色的社会性。教师职业是为社会公众谋永久福利、为国家和民族谋未来前途的职业，它在客观上要求满足社会公众、国家和民族的需要，要求教师具有高尚的思想道德、优异的专业素养、全面的领导力、高度的责任心和忘我劳动的事业心。因而，职前教师应具备相应的品性，即优良的思想道德、专业素养、组织领导力、责任心和事业心。

3）职业角色的职能性。教师职业实践要求教师要做好全面育人、学科教学、学生管理、全面合作、资源开发、教育教学研究和自身全面发展等七项工作，因而职前教师应当具备相应的品性，即教育、教学、管理、合作、开发、研究和发展七个方面的个人特质、行为态度和性格特征。

4）职业角色的综合性。教师职业的育人实践具有生产性、服务性、管理性、宗教性、医药性、演艺性、政治性和科学性，因而职前教师应当具备相应的品性，即精神生产、发展服务、人文管理、敬畏之心、诊断干预、表演展示、时代政治和科学建构实施等方面的个人特质、行为态度和性格特征。

（三）素养品性

教师职业的角色复杂性和实践职能的综合性对教师的职业知识、职业技术技能、身心品质和职业规范等提出了一系列的职业素养要求。同样，职前教师应在职业素养要求上具备相应的素养品性。

1）职业知识的全面性和人文性。教师职业知识包括职业的环境知识、对象知识、人际知识、内容知识、操作知识和文化知识，这些知识指向教师职业实践操作的不同层面，具有全面性；同时，这些知识旨在为学生发展服务，来自教师个人和教师行业集体的实践经验，具有显著的人本性、人际性、情境性和实务性。因而，职前教师应了解教师职业知识的构成、性质、来源，在职前系列活动中通过各种途径，持续积累这些知识，不断增强自身职业知识的全面性和人文性。

2）职业技术技能的全能性和特长性。教师职业技术技能共有 22 项，其中，主要技术技能有 10 项，拓展辅助技术技能有 12 项，这些项目不可谓不多。任何一名教师要胜任教师职业，都必须全面掌握这些项目并达到熟练应用的程度，否则缺少或忽略任何一项技术技能都将给职业实践带来障碍和缺憾。而且，尤为重要的是，每一名教师都应当拥有 2—3 个优势特长项目，这样在职业实践中才能有底气、有自信。当然，如果能拥有 4 项及以上的优势特长项目，那么这样的教师就可以得心应手地开展职业实践了。职前阶段是教师技术技能的生长黄金期，职前教师应充分利用自身的敏捷性、时间富裕性和技术技能反复训练性等有利因素，尽可能地多掌握职业技术技能，不断提高自身职业技术技能的全能性和特长性。

3）身心品质的健康性和优异性。教师职业的复杂性、无限性和育人灵魂性要求教师具备良好的身心品质，这些品质共计 14 项。各项指标的标准应该是健康并优异的，否则教师将难以满足职业要求。职前阶段是教师身心素养快速生长和集中生长的关键期，错过这个时期，将会造成难以弥补和无可挽回的缺憾，因而职前教师应充分抓住这个关键期，千方百计地全面锤炼自己的身心素养，不断增强身心素养的健康性和优异性。

4）道德规范的高尚性和实践性。教师职业是为人师表的职业，是国家严格要求思想道德、言行举止、仪表风范和职能性质的职业，新时代教师应当明确教师职业道德规范的首要性、根本性、高尚性和实践性。首要性，即教师职业道德是教师从事一切工作的前提，是第一重要的，具有一票否决的作用；根本性，即教师职业道德是关乎教师职业一切工作的根本，是关键命脉，具有决定作用；高尚性，即教师职业道德不是普通行业和一般水准的职业道德，所谓的底线道德、基本道德在教师身上没有任何育人意义，教师身教重于言教的这一职业特性和培育未来理想之人这一教育本质决定了教师职业道德必须具有超越性和高远性；实践性，即教师职业道德既是教师职业规范，也是教师职业实践内容，它要求教师身体力行，在职业实践中全面、全程和全方位地一以贯之，将其化为无形的教育力量。为此，职前教师应了解教师职业道德的内涵、性质和功能，不断培养相应的高尚品性，并在职前系列活动中努力践行。

5）操作规范的精准性和优效性。教师职业是育人职业，是为公众福利和国家民族未来命运负责的职业，因而教师在进行职业操作时，落实职业操作规范是第一位的，是负责任的首要要求。必须指出的是，落实操作规范要注重精准性和优效性，先做到不走样，然后再不断改进并完善这些规范。在本书第二章，我们全面探讨了教学工作规范和教育工作规范。对于这些操作规范，职前教师应逐步领会并在职前系列活动中尝试、掌握和内化，尤其应在教育实践活动中加以应用和体会，不断提高操作规范的精准性和优效性。

三、专业品性

如前所述，在来源上，职前教师的专业品性是职前教师在个人特质和一般品性的基础上，经由专业学习培养而形成的，是对教师专业品质持续内化的结果；在发展上，是职前教师在入职后的岗位实践中对已有专业品性逐步历练形成自身的教师专业品质；在构成成分上，是职前教师在专业学习与培养活动中显示出来的心理要素、行为态度、仪表形象和精神等方面的性能特征。

进一步看，职前教师专业品性的四方面成分具有多种内涵。其中，心理要素包括适合专业指向的意愿、情感、兴趣、感知和能力等因素，这些专业指向因素即是专业性向因素，如心灵的敏感性、爱的品质、交流沟通的意愿、对教育工作的兴趣等人格特质，以及语言表达、交流沟通和逻辑思维等能力特征。[①]行为态度包括具有专业内涵的认知、观念、情感和行为意向等因素，如专业方式、专业理念、专业情意、专业责任和专业作风。仪表形象包括具有专业内涵的容貌、姿态、服饰和风度，体现了一个人的专业品位和专业修养。精神现象包括具有专业内涵的理想、信念、道德、伦理、审美、精神和情操等。据此，我们把职前教师的专业品性分为专业性向品性、专业行为态度品性、专业仪表形象品性和专业精神现象品性四个方面。

（一）专业性向品性

专业性向由具有专业倾向或专业内涵的意愿、情感、兴趣、感知和能力等因

---

① 吴秋芬. 2008. 教师专业性向的内涵及其特征[J]. 中国教育学刊，（2）：37-40.

素构成。职前教师的专业性向品性则是指职前教师在这些因素上所具备的性能特征。

1）意愿品性。主要包括：①向往教师职业，喜爱教师职业的精神生产性、生活稳定性、育人美好性；②向往教师生活，喜爱校园的纯洁性、文化性和生命性，喜爱教学的知识性、交互性和探究性，喜爱教育的精神性、智慧性和引导性；③向往教师人格形象，喜爱教师的道德高尚、待人热情、为人儒雅，以及受人尊敬；④愿意淡泊名利、进业修身、甘为人梯；⑤愿意平心静气、与学生为伴、教学相长；⑥愿意献身教育、终生跋涉、培育理想的学生。

2）情感品性。主要包括：①重情感，有情味、情意、情谊和情义，重人性，不因利害情、重利轻义、唯利是图；②积极正面，待人接物热情，热爱生活、学习和工作，情感内涵真诚、自然、纯洁，情感性质向上、向善、向美；③内涵丰富，有生活情感、人文情感、社会情感和国家民族情感，有现实情感、历史情感和理想情感，有自然情感、生命情感和人类情感，有是非情感、价值情感、美丑情感和信念情感；④稳定性好，情感内涵相对延续，情感性质不易改变，情感反应不易过激，情感波动不过于明显，对不良情绪情感调控有力；⑤感染力强，懂得情感表达技巧，善于营造情感氛围，善于调动积极情感，移情入境、以情唤情，能感染、感动他人；⑥专业性优，如热爱学生，对学生有亲切感、亲和力，热爱教师职业、学科专业和学校生活，能从中找到乐趣和自信；等等。

3）兴趣品性。主要包括：①广泛性，即对生活、社会、文化和艺术等领域具有多样化的兴趣，如了解、认知、观摩、参与、欣赏、探究和实践等兴趣；②集中性，即集中对某些事物或个别领域有浓厚兴趣，如对教育领域的某些现象、问题、思想、模式、风格和内容等特别感兴趣；③深度性，即对所感兴趣的事物或领域进行深入学习和探究，如喜欢听教育故事、看教育案例、读教育书籍、谈教育生活、学教育知识，等等；④稳定性，即对集中感兴趣的事物或领域保持较长时间的探究兴趣，如对教育领域、教育人物和教育工作等持续保持浓厚的兴趣；⑤动力性，即对感兴趣的领域、事物和活动产生学习和掌握的情感动力，不断克服困难，并乐此不疲。

4）感知品性。主要包括：①敏感性，即感觉灵敏，如对教育实践领域中的语言、行为、动作、姿势、声音、表情、心灵和情感等基本元素具有敏感性；②细腻性，即感知入微，能把握细节信息；③准确性，即能准确把握和领会信息的内涵和意味；④优化性，即综合多种信息，能抓住主要信息；⑤验证性，即能综合验证信息的准确性和有效性，不被信息表象所迷惑，不盲目断定，不急于下结论。

5）能力品性。主要包括：①多样性，即具有多领域、多类别和多样式的能力，如与教师职业相关的生活、社会、管理、信息、学习和教育等领域的能力，表达、沟通、交往、谈判、辩驳、展示和讲演等人际能力，批判、建构、实践和创新等发展能力；②优效性，即对多样能力掌握熟练、应用有效，在同辈群体中有竞争优势和胜出的可能；③关联性，即多样能力互相促进、彼此映衬，能形成整体人格效应；④指向性，即多样能力指向个体的人生目标、职业目标，如为从事教师职业和进行教育实践做准备；⑤内涵性，即多样能力具有知识底蕴、经验成分、文化意味和德性指向，对人的成长和发展有所裨益。

（二）专业行为态度品性

专业行为态度包括专业方式、专业理念、专业情意、专业责任和专业作风。职前教师的专业行为态度品性则是指职前教师在这些要素上所具备的性能特征。

1）专业方式品性。主要包括：①独特性，即专业操作方式独特，如教学操作具有情境营造性、师生互动性、知情协同性、教学教育融合性和内容生成性等；②完整性，即专业方式相对完整，如教学操作方式相对完整，包括学情诊断、备课（教学设计）、上课（多维导学）、批改作业（布置评价）、听课（准备、参与、欣赏和思考）、评课（研课）等；③生态性，即专业方式适合学生学情和教学情境；④智慧性，即专业方式在应用时能综合联动、随机生成和富有个性；⑤统整性，即专业方式多样整合并全面适应学生发展、学科发展，能根据学生的学段特点及发展趋势、学科特点及发展前沿等综合应用。

2）专业理念品性。主要包括：①纯粹性，即专业理念无个人私心、杂念，全心全意为学生发展服务，如在职业观上不仅仅把教师职业视为谋生手段，在学生观上不是仅把乖巧听话的学生视为好学生，在教师观上不是仅把会上公开课、会抓考分的教师视为好教师，等等；②理想性，即专业理念包含未来发展的美好愿景，具有激励作用，如在职业观上把教师职业视为为公众谋福利、为国家和民族谋富强，让千家万户安心和放心、满意、充满希望和获得幸福，让每个学生成为未来的优秀公民和创业创新人才，等等；③行动性，即专业理念能落实到个人行动中，切实发挥引领作用，如在教育观上有自我教育、自我完善的行动意识，在教学观上有追求卓越质量的理想信念，在伦理观上有民主、平等和关爱的切实做法，在校本观上以校为家，等等。

3）专业情意品性。主要包括：①真挚性，即对学科、专业、学生和学校感情真挚，发自内心，将其视为自己生命的价值所在；②意愿性，即对学科、专业、学生和学校有积极愿望，或对它们格外热爱、珍惜和信赖，或依赖它们提升自己，或在专业实践中想要有所建树，等等；③志向性，即对学科、专业、学生和学校有奉献志向，或发挥学科专业的实践价值，或更新完善学科专业的理论内涵，或培育理想学生，或促进学校更好地发展，等等。

4）专业责任品性。主要包括：①严肃性，即严肃认真地对待学科、专业、学生和学校所涉及的所有事务，不掉以轻心，不希图轻松安逸，不回避或逃避问题，做到尽心尽力、迎难而上、持续前进；②责任性，即明确自己对学科、专业、学生和学校所应尽的责任，不半心半意、半信半疑和虚情假意，不抱怨、嫌弃和抛弃，在维护其声誉、发挥其作用和促进其发展等方面切实负起一份责任；③担当性，即在危难、危急和重大等紧要关头，有舍我其谁、勇于担当的勇气、气魄和意志，有不怕难、不畏苦、不惧险和不计得失的探索精神、献身精神。

5）专业作风品性。主要包括：①务实性，即在专业实践中讲实情、做实事、求实效，不唯书、不畏上、不媚俗，不攀附权贵，不迷信权威，不弄虚作假，一切为了学生发展；②卓越性，即在专业实践中不断反思改进、持续提高质量，做到虚心学习、戒骄戒躁、持续努力和尽善尽美；③一贯性，即在专业实践中保持一贯要求、一贯追求和一贯风格，走自己的路一丝不苟，做自己的事扎扎实实，谋自己的业悠远深刻。

（三）专业仪表形象品性

专业仪表形象包括具有专业内涵的容貌、姿态、服饰和风度。职前教师的专业仪表形象品性则是指职前教师在这些要素上所具备的性能特征。

1）专业容貌品性。主要包括：①面容洁净而富有朝气；②目光亲切而富有热情；③发式整洁而自然大方；④表情丰富而充满活力，能根据专业实践情境随机表达喜、怒、哀、乐等情感。

2）专业姿态品性。主要包括：①坐姿端直、自然、轻松、稳定，气定神闲，专业情怀隐含其中；站姿挺直，气息下沉，端庄伟岸，精神饱满，胸有成竹，专业自信悄然流露。②行姿优雅，头正肩平，迈步轻松，步幅均匀，稳健敏捷，专业精神自然洋溢。③能根据教育教学情境，随机通过体姿传递专业信息、表达专业情意。

3）专业服饰品性。主要包括：①自然得体，即穿戴适合自己的年龄、身材、气质，适合教师职业场域的规范要求，适合季节特点、地域特点和学生审美特点，给人自然和谐的美感；②合情适境，即适合教育教学内容和专业表达需要；③简朴大方，即穿戴简单朴素，不奢侈昂贵，给人一种落落大方的美感；④高雅纯正，即穿戴雅致，给人一种淡雅、典雅、纯洁、高尚等美感；⑤变化适当，即教师穿戴形成自己的风格，在保持风格的前提下适当变换，一成不变会让学生感到无趣，变化过大和过于频繁会让学生感到怪异。

4）专业风度品性。主要包括：①包容性，即容纳各种学生及其各种过失，不急躁，不冒失处置；②智慧性，即能灵活应对各种复杂问题，提前预防各种意外，综合应用各方面的信息，能快速抓住实质、规律，洞察事物的本质；③幽默性，即举重若轻，轻松应对，并能以幽默的方式化解矛盾、破解难题，或者生动有趣、趣味横生地摆脱尴尬、拘束；④涌智性，即智如泉涌，各种奇思妙想、专业识见随机生成、一触即发，令学生如沐春风。

（四）专业精神现象品性

专业精神现象由具有专业内涵的理想、信念、道德、伦理、审美、精神和情操等要素构成。职前教师的专业精神现象品性，则是指职前教师在这些要素上所具备的性能特征。

1）专业理想品性。主要包括：①目标完美性，即立志培养理想的学生，明确理想的学生的知识、能力、品性等方面的特征；②境界体验性，即立志追求卓越境界，明确自身的卓越工作素养和卓越工作状态；③专业价值性，即立志做出专业贡献，明确教育专业或学科专业的创新方向和具体领域。

2）专业信念品性。主要包括：①先进性，即信念来源于时代前沿和教育科学；②完善性，即信念的结构和内容没有缺陷，各部分之间协调一致；③坚定性，即信念成为行动意志和内心动力，能抵御各种冲击、干扰和失败。

3）专业道德品性。主要包括：①高尚性，即不计个人私利、恩怨和执念，一切为了每一个学生的成长和发展；②超越性，即超越习惯之知、世俗之见，目光深远，深度践行专业育人规律；③恒常性，即坚持一以贯之，在专业实践的各个方面和各种细节之中全面践行专业道德。

4）专业伦理品性。主要包括：①人本性，即尊重每个人的角色定位和个性特点，尊重人与人之间的安全距离，维护每个人的精神空间，给每个人安全感、秩序感和主体感；②纯正性，即保持人与人之间的纯洁性、友好性，消除利用、算计、虚伪和欺骗，防止过度热情，不搞歪风邪气，不拉帮结伙；③发展性，即在专业实践中增进他人福祉、促进他人发展、给予他人关爱和发挥他人作用，促成共同学习发展的专业团队。

5）专业审美品性。主要包括：①生命性，即在专业实践中有生命美学理念，能欣赏生命美、展现生命美和创造生命美；②慧眼性，即在专业实践中有独特的审美能力，能发现常人不能发现的美；③展现性，即在专业实践中能充分展示教育中的各种美；④建构性，即在专业实践中能自主营造美的情境氛围和进行教育教学活动。

6）专业精神品性。主要包括：①饱满性，即精神内涵达到极致，令人叹服或肃然起敬；②自主性，即自主遵循专业实践规律，无须外在的检查进行约束；③坚韧性，即勇于锤炼自我，直面各种困难，越挫越勇，初心不改；④独创性，即探索解决独特问题的方法、形成独特范式、达到独特境界和做出独特贡献。

7）专业情操品性。主要包括：①情意性，即行为方式发自个人性情，自觉自愿、自能自主；②操守性，即行为方式符合专业道德规范，自我坚守、自我纯化；③乐趣性，即行为方式富有快乐、趣味，怡然自得、乐在其中；④自由性，即行为方式率性成真，超越主客之分、人我之界，无拘无束、自成风范、自有风尚。

第三节　品性培养的策略

根据品性的四元结构及其内涵，职前教师的品性培养应以他们的个人特质和一般品性为基础，重点培养职业品性和专业品性。在培养策略上，一是要根据职前教师的成长过程，设计从一般品性到职业品性再到专业品性的递阶统整体系；二是要注意品性生长的性质和特点，把品性培养融于职前生活之中；三是要遵循品性生成规律，全面建构品性培养场域；四是要针对不同品性的内涵，突出品性培养方式的针对性和独特性；五是要尊重学生成长规律，形成学生自我内部精神要素的生长合力，形成自我培养与院校培养的合力。

一、品性培养设计

职前教师的品性培养内容丰富，客观上需要全面设计。设计时，需要确立几条基本的设计理念：一是同步性，即品性培养要立足职前成长过程，与职前生活同步；二是渗透性，即在职前生活中渗透品性培养，尽量不单独实施；三是递阶性，即把一般品性、职业品性和专业品性视为三个生长阶段，三阶段构成递进的关系；四是统整性，即统一整合品性培养，使其成为一个培养系统。简言之，同步、渗透、递阶和统整是品性培养的四大设计理念。

（一）同步设计

职前教师在校四年，一般把第一学年视为适应期，把第二、三学年视为发展期，把第四学年视为毕业期。在适应期，职前教师的主要目标是适应大学生活，形成自己的学习模式和生活模式，这个时期可谓职前教师人生的新起点，因而是一般品性培养的最佳时期。尤其难得的是，大学新生入学教育（军训）以及第一学年集中学习公共课都为一般品性培养提供了良好契机，可设计形成一般品性的培养系列。在发展期，职前教师的主要目标是掌握专业知识和专业技能，同时开始教育见习和教育演习①，因而需要设计培养初步的专业品性和职业品性。在毕业期，职前教师的主要目标是培养专业应用能力和职业实践能力，尤其是教育实习、教育研习和毕业设计（论文、创作）撰写，为集中培养职业品性和专业品性提供了有效途径，因而需要设计培养高阶的职业品性和专业品性。

（二）渗透设计

在适应期，把一般品性培养要求渗透到军训生活、学前教育、宿舍生活、早操、课程教学、社团活动、课外活动和校外社会实践等各个方面。在发展期，把专业品性培养渗透到课程教学之中，把职业品性培养渗透到教育见习、教育演习之中，把专业品性和职业品性两方面的基本内涵渗透到宿舍生活、早操、社团活动、课外活动和校外社会实践等各个方面。在毕业期，把专业品性的高阶内涵渗透到专业课程和毕业设计（论文、创作）撰写中，把职业品性和专业品性两方面的高阶内涵渗透到教育见习、教育演习中。

（三）递阶设计

从整体看，适应期、发展期和毕业期三个时期的品性培养设计即是一种全局性的递阶设计。从部分看，各个时期的品性培养也需要逐步递进设计。在适应期，大一上学期分为入学教育（含军训）和初步适应期，大一下学期分为自主适应期和全面适应期；在发展期，大二学年为探索形成期，大三学年为自主发展期；在毕业期，大四上学期为专业实践期，大四下学期为毕业准备期。我们可根据这八个时期前后关联的递进关系来设计品性培养的相应内容及其定性要求，确保职前教师品性能够持续递进生长。

（四）统整设计

职前教师的品性培养是一个整体，一般品性、职业品性和专业品性三部分之间既各自独立，也相互联系。如何进一步增强三部分品性之间的关联，提高品性培养的整体效应，这就需要统整设计。设计时，一是要立足职前教师的阶段性生活内涵，尽可能地渗透那些与三部分品性相关的培养内涵；二是要把握三部分品性之间的关联性，在一种品性培养中融合或嵌入其他品性的培养内涵；三是各时期的各种品性培养要形成统一流程和统一要求，所有品性培养要有相对统一的操作范式，从而实现心理统整和效果统整。

---

① 教育演习，即根据教师职业实践的关键节点，在模拟教育情境中对备课、微格教学、试讲和班主任工作等进行演练操习。

根据上述设计理念，我们可初步构建一套品性培养体系，见表 5-1。

表 5-1　职前教师品性培养体系

时期	品性培养目标	品性培养策略与要求
大一上学期	完善日常生活品性	有针对性地演练培养日常生活品性
	初步养成正规学习品性和进行其他活动的良好品性	营造一般品性培养的宣传氛围 举办一般品性培养的专题讲座 各门课程落实正规学习品性的培养要求 其他活动落实相关品性的培养要求 演练培养正规学习品性 举行座谈会
大一下学期	巩固日常生活品性	定期检视日常生活品性并给予强化
	完善正规学习品性和进行其他活动的良好品性	有针对性地演练培养正规学习品性 有针对性地演练培养进行其他活动的品性 举行交流评议会
	初步培养职业素养品性	营造职业素养品性培养的宣传氛围 举办职业素养品性培养的专题讲座 在教育见习中感知职业素养品性 演练培养职业素养品性 举行座谈会
大二上学期	巩固正规学习品性和进行其他活动的良好品性	定期检视正规学习品性并给予强化 定期检视进行其他活动的品性并给予强化
	初步养成职业素养品性	营造职业素养品性培养的宣传氛围 举办职业素养品性培养的专题讲座 在教育见习中落实职业素养品性 演练培养职业素养品性 举行座谈会
大二下学期	继续巩固正规学习品性	定期检视正规学习品性并给予强化
	完善职业素养品性	有针对性地演练培养职业素养品性 举行交流评议会
	初步养成专业性向品性	营造专业性向品性培养的宣传氛围 举办专业性向品性培养的专题讲座 在专业课程中落实专业性向品性的培养要求 演练培养专业性向品性 举行座谈会

续表

时期	品性培养目标	品性培养策略与要求
大三上学期	巩固职业素养品性	定期检视职业素养品性并给予强化
	完善专业性向品性	有针对性地演练培养专业性向品性 举行交流评议会
	初步养成专业行为态度品性	营造专业行为态度品性培养的宣传氛围 举办专业行为态度品性培养的专题讲座 在教育见习中落实专业行为态度品性的培养要求 演练培养专业行为态度品性 举行座谈会
大三下学期	继续巩固职业素养品性	定期检视职业素养品性并给予强化
	巩固专业性向品性	定期检视专业性向品性并给予强化
	完善专业行为态度品性	在教育演习中落实专业行为态度品性的培养要求 有针对性地演练培养专业行为态度品性 举行交流评议会
大四上学期	巩固专业行为态度品性	定期检视专业行为态度品性并给予强化
	初步养成职业场域品性、职业角色品性、专业仪表形象品性和专业精神现象品性	营造教育实习有关品性培养的宣传氛围 举办教育实习有关品性培养的专题讲座 在教育实习中落实有关品性的培养要求 举行座谈会、交流评议会
大四下学期	完善专业精神现象品性	引导专业精神现象品性的培养 在教育研习中有针对性地培养专业精神现象品性

二、品性培养生活

品性是抽象的，它无形无迹，隐含在一定的行为现象中，因而是不可能离开人的行为活动来给予单独培养的；品性是弥漫的，它来无影去无踪，因而是不可能按照计划目标来给予定制培养的；品性是渐生的，它不见其增，但日有所长，因而是不可能在短期内就培养成功的；品性是渐染的，它依境而生，因境而化，因而是不可能脱离环境而独自生成的。品性的这些特点要求品性培养生活化，即营造一种品性生活，个体身在其中、心在其中、感在其中、行在其中，被其中的品性浸润和染化，从而渐渐生长出相应的品性。也就是说，职前教师品性培养的最佳策略是营造一种充满品性培养内涵的生活。并且，这一策略的有效性已经在我国师范教育史上得到了充分验证。

如何营造职前教师的品性培养生活？下面提出五点建议。

（一）全面把握职前教师的生活时空

职前教师的生活时空，即职前教师四年在校期间的校内外活动时空。

1）校内活动时空。主要包括：正规学习时空、日常生活时空和其他活动时空。正规学习时空包括：①师生教学活动的课堂、教室、教学楼、实验实训场所和运动场馆等；②职前教师自主学习的自习室、图书馆和网络平台等。日常生活时空包括：①职前教师起居、用餐、购物的宿舍、食堂、餐饮店、商店和文印店等；②职前教师自由活动的校园广场、干道、小径和景观等。其他活动时空包括：①职前教师参加的集体活动、团队活动；②职前教师自主开展的交往、运动、审美和文化建设等。

2）校外活动时空。主要包括：①社会实践活动、志愿者活动和教育实践活动等；②自主开展的兼职、郊游和逛街等；③寒暑假生活。

（二）因时因境渗透品性培养内涵

在职前教师的全部生活时空中渗透品性培养内涵，需要做到因时、因境。所谓因时，即根据职前教师品性培养体系，首先把准在不同时期需要渗透的品性培养内涵，其次把准在某个时期内的具体时间节点上多种品性培养的现状，从而确保所渗透的内涵符合品性培养的总体进度和职前教师自身的需要程度。所谓因境，即针对职前教师现时所处的时空情境类型和特点，选取最恰当或最容易融入的品性培养内涵来进行渗透，从而确保品性培养内涵与职前教师所处的时空情境融为一体。

（三）有机融入品性培养要求

在渗透品性培养内涵时，要融入有关的培养要求，并且这种融入是有机融入。所谓有机，一是情境之机，即品性培养要求能顺应情境中的某些要素或性能，给人一拍即合、一入即合之感，职前教师做起来没有阻隔或困难；二是心理之机，即品性培养要求能顺应职前教师的心理需要或心理准备，给人瞌睡就来了枕头的感觉，职前教师做起来不会抗拒或应付。当然，有机不是自然形成的，也不是依靠运气等来的，而是教育者营造出来的。也就是说，教育者要提前营造相应的时空情境和情境氛围，提前唤醒职前教师的心理需要。

（四）灵活嵌入品性培养引导

引导职前教师在生活中自主进行品性培养，需要在他们的全部生活时空中嵌入有关品性培养的引导要素，并且这种嵌入要做到灵活多样。在引导要素上，要灵活选择不同引导内容，如认知类引导、情感类引导和操作类引导。在嵌入方式上，要灵活采取不同方式：一是在生活环境中嵌入有关品性培养的名言警句、提醒语、办事规程、操作流程和宣传信息，发挥环境的引导作用；二是教师参与其中，发挥教师的身教作用；三是班干部、团干部活跃其中，发挥榜样作用；四是定期组织竞赛活动，发挥组织的作用；五是定期进行专题展示和信息发布，发挥宣传作用；六是组织评议评比和推举活动，发挥评价的作用。

（五）统筹建构品性培养活动

品性培养活动不是单纯的行为活动，而是一种复杂的活动课程，其实质是人的品性从无到有、从初成到完善、从内化到固化的培育过程。传统师范院校在品性培养上存在的问题是缺乏课程意识，普遍把品性培养视作行为训练活动，因而形塑倾向更明显。然而，我们应当看到，品性培养不仅是外在的形塑过程，更是内在的生成过程。对职前教师来说，他们不同于中小学生，在品性培养过程中的主体能动性更强，如更能够自我感知、自我理解、自我取舍和自我改进等。一句话，职前教师的品性培养活动是一种建构生长过程。因而，在职前教师生活中建构品性活动，需要用课程范式来统筹。具体来说，一是把每一种品性活动视为一门活动课程，要有总体设计，如明确其目标、内容结构、活动次数、资源、路径和策略等；二是把每种品性活动视为由多阶次构成的持续推进过程，明确每次活动的目标定位及其与前后活动的关系；三是把每次活动视为一个建构生长过程，明确其起点、核心和具体展开过程，在展开过程上尽可能地遵行感知、理解、探究、操练和反思等基本程序。

三、品性培养场域

有什么样的场域，就会生成什么样的品性。如果要全面、全程、全方位地培养职前教师的一般品性、职业品性和专业品性，那么就应当全面、全程、全方位地建构或营造相应的品性培养场域。通常，职前教师的品性培养场域可分为校级层面、院系层面、专业层面和校外实践层面。

（一）校级层面的品性培养场域

在校级层面上，应重点培养一般品性，把各种区域、活动变成一般性的培养场域。主要包括：①校园公共活动区域，如教学区、图书馆、校史馆、档案馆、宿舍区、食堂、实验实训场所、运动场所、研究基地或中心、校园干道和校园网络平台等；②涉及学生服务的部门工作区域，如教务处、学生处、财务处、保卫处、后勤处和信息服务中心等工作区域；③学校重大活动，如校园艺术节、文化节、运动会、升旗仪式、招聘会、学术会、开学典礼和毕业典礼等；④学生课外活动，如学生社团活动、技能比赛活动等。

（二）院系层面的品性培养场域

在院系层面，应重点培养专业品性，把各种区域和活动变成专业品性的培养场域。主要包括：①院系办公区域，如办公室、会议室、教研室、资料室、研究中心或基地等；②院系教学活动，如教学竞赛、教学检查和教学交流等；③院系育人活动，如各种动员会、汇报会、座谈会、竞赛评比和专题讲座等。

（三）专业层面的品性培养场域

在专业层面，应重点培养专业品性，把各种教学区域和教学活动变成专业品性的培养场域。主要包括：①专业教学活动区域，如专业教室、专业实验室、专业实训场所和专业展览室等；②专业教学活动，如专业课堂教学、实验实训教学和课外指导辅导。

（四）校外实践层面的品性培养场域

在校外实践层面，应重点培养职业品性，把校外实践活动变成职业品性的培养场域。主要包括：①校外社会实践活动，如事前培训、事中指导和事后总结与表彰等活动；②教育实践场域，如教育见习、实习和研习等活动。

四、品性培养方式

品性培养方式多种多样，但具体选用哪些方式则取决于品性培养内涵、品性培养场域和品性培养过程。

（一）一般品性的培养方式

一般品性散见于日常生活活动之中，其形成过程具有自然性、情境性，教育方难以集中干预，因而一般品性的培养方式应当以自我培养为主，以教育引导和训练评比为辅。

日常生活品性的培养，主要取决于职前教师自己的自我教育和自我修炼，包括自定目标、自寻榜样、自我观摩、自我体验、同伴交流、同伴互相激励监督、自我反思、自我调整和自我磨砺等。与此同时，职前教师教育机构需要给予支助、引导和促进，主要包括：①营造具有良好品性的生活场域，提倡友爱善良、互助合作、互尊互谅的平等交往风气，建设整洁、有序、团结的寝室文化，建设文明有序、卫生节俭的食堂文化，倡导俭朴、勤奋、向上的生活作风；②开展生活品性竞赛，评选生活品性优良标兵，定期举办相关专题教育、交流展示活动；③组织开展生活品性自查自评、小组评议，针对存在的问题开展专项教育、专项训练和专项总结。

正规学习品性的培养，主要取决于职前教师教育机构的引导训练和职前教师的探索完善。首先，职前教师从一个高中学习者变为大学正规学习者，在客观上需要一定的引导训练，包括：引导其适应大学课堂的教学特点，学会在课余时间完全自主学习，学会利用大学的学习资源和设施设备，学会自主发展个性，学会在大学集体中生活学习；训练听课、做笔记、查资料、讨论、展示和上讲台发言，训练言谈举止、仪表形象、遵章守纪，训练宣传动员、策划组织和协调沟通能力，训练克服困难和完成具有挑战性的活动任务，等等。其次，职前教师需要不断探索、调整自己的方式方法，不断积累各方面的经验和技巧，不断磨砺、锤炼和完善相应的心理素质，不断提升相应的精神品质。

其他活动品性的培养，主要取决于职前教师的自我学习和自我培养，包括：根据自己的兴趣爱好，主动积极参加教育机构组织的各种文化活动、体育活动和艺术审美活动；根据自己的个性特点和发展需要，主动积极开展人际交往活动和社会实践活动；结合各种活动不断总结反思、自我调整和自我完善。与此同时，职前教师教育机构要全面规划和营造丰富的校园文体生活，扶持丰富多彩的学生社团，充分发挥学工系统的宣传、组织和评价作用。

（二）职业品性的培养方式

由于职业品性培养需要利用相应的职业场域、角色榜样、职业内涵及其相关资源，其形成过程是从无到有的，具有集中生成性和逐步生长性，可以集中干预或培养。因此，其培养方式以教育培养和教育实践为主，以榜样学习和自我培养为辅。

在职场品性培养上，职前教师教育机构应在第一时间安排职前教师进入中小学开展职场见习，引导、指导职前教师逐步把握学校生活特点、教师职业生活特点，初步培养职前教师的职场感和职场品性。职前教师教育机构要全面规划职场品性的培养安排，统筹设计职场品性内涵在教育实践环节的有机分布，尤其要突出在教育见习环节对职场品性的感知、理解、体验、归纳和总结，并引导职前教师在此基础上自主培养相应的教育实践品性。

在角色品性培养上，职前教师教育机构应建立教育界优秀教师资料库，引导职前教师了解、观摩和学习优秀教师的角色品性内涵，组织开展相应的专题讲座、座谈交流和角色模拟表演等活动，要求职前教师找到自己要学习的榜样教师，并形成相应的学习心得和自修计划。

在素养品性培养上，职前教师教育机构应全面统筹教师素养品性的内涵，要通过专题讲座、资料发送和文献研讨等方式，让职前教师知晓作为优秀教师的全部职业素养，引导职前教师结合生活实际和现有基础形成素养品性的自主培养规划和近期培养计划。在此基础上，充分发挥班团组织、学习小组、社团组织和各种积极的非正式学习组织的作用，引导其开展多种多样的素养品性演练、竞赛、展示和评比等活动。

（三）专业品性的培养方式

由于专业品性需要在专业学习、教育实践活动中培养形成，其形成过程是从无到有、从微到显、从单一到复合、从初步到完善的过程，具有集中生成性和持续生长性。因而，专业品性可集中培养、递阶培养，需要采取教育培养和自我培养交叉结合的方式。

在专业性向品性的培养上，一是职前教师教育机构要引导职前教师认识专业性向品性的基本内涵，营造专业性向品性培养氛围，把专业性向品性落实在相应课程的学习过程中，初步培养职前教师对专业性向品性的认知体验；二是职前教师教育机构要在教育见习中组织职前教师感悟和体验专业性向品性，通过观摩、访谈、参与协同、思考、阅读和讨论等方式，内化生成专业性向品性；三是教育方要针对专业感知品性和专业能力品性，组织开展专项演练活动和专业汇报展示活动，强化这两方面品性的生成和生长。与此同时，职前教师要积极响应、主动加强自我培养，包括广泛阅读相关专业书籍（尤其是阅读教育学名著），主动探索专业性向品性的内涵、生成生长规律，不断反思、总结和交流专业性向品性培养的经验得失，持续检查、调整、改进并完善自我培养的方式方法。

在专业行为态度品性的培养上，一是职前教师教育机构要加大专题讲座力度，引导职前教师深入认识专业行为态度品性的内涵；二是要提出具体要求，将其落实在专业课程的实操训练之中，引导职前教师对专业行为态度品性形成初步的认知体验；三是在教育演习过程中，引导职前教师自我反思，提出反复历练的具体要求，通过观摩、演练、反思、总结、交流和感悟等方式，初步生成专业行为态度品性；四是针对专业方式品性和专业理念品性，组织开展专项演练活动，强化两方面品性的生成和固化。与此同时，职前教师要主动深化培养专业行为态度品性，包括阅读分析教育实践案例，自主训练形成专业方式品性，广泛探索完善专业理念品性，实践培育专业情意品性，实践历练专业责任和专业作风品性，等等。

在专业仪表形象品性的培养上，一是职前教师教育机构要组织专题讲座和专项训练，让职前教师认知体验相应的内涵；二是利用影像资料组织观摩优秀教师的仪表形象，并开展相应的讨论交流活动；三是在专业课程实操训练、专业汇报展示、教育演习和教育实习等系列活动中落实仪表形象要求；四是组织开展专项演练、竞赛评比活动，定期强化职前教师的相关意识和能力；等等。

在专业精神现象品性的培养上，一是要组织优秀教师或杰出毕业校友进校演讲、现身说法，激发职前教师对养成专业精神现象品性的强烈愿望；二是组织职前教师广泛学习中外教育家的专业精神现象品性，并通过读书笔记评比、演讲和讨论等方式，引导其生成专业精神现象品性；三是组织职前教师观看教育影片，感悟体验优秀教师的专业精神现象品性；四是在教育实习和教育研习过程中提出相关具体要求，引导职前教师在实践中去寻找、体验和思考专业精神现象品性；等等。

总之，品性培养需要根据品性类别采用多样化的培育方式。总体上来说，品性培养需要采取环境濡化、氛围感染、认知体验、操练演练、反思交流、强化评价、实践探索和改进锤炼等基本方式。品性内涵的复杂性、品性生成的多端性和品性生长的多阶性决定了品性培养方式在客观上要全面组合、前后衔接和交叉结合，即一方面需要系统地把握各种培养方式，另一方面需要灵活选用和巧妙组合那些独特、有效的培养方式。

五、品性培养合力

品性属于人的内部精神成分，因而品性的生成生长实质上既是人的内部精神要素发生变化的过程，又是人的内部精神要素与外部环境要素发生互动的过程。一种新品性能否顺利地培养形成，首先取决于职前教师的自我培养能否形成内部精神要素的生长合力，其次取决于职前教师的自我培养能否与外部教育（尤其是院校教育）之间形成互动合力。这两方面的合力，即是品性培养的内部合力和外部合力。

（一）内部合力

一种新品性进入人的内心世界，会引起多种精神要素发生变化，这个过程包括品性认知、品性情感和品性意志三个环节。其中，品性认知是品性进入人的内心世界的前提，那些不被认知或认知不深、不全的品性是难以进入人的内心世界的；品性情感是品性在人的内部精神世界的落地生根，那些缺乏情感认同和情感体验的品性注定要被很快遗忘或被排除在人的内心世界之外；品性意志是品性在人的内心世界生长的原动力，那些缺乏意志或意志薄弱的品性必然半途而废、烟消云散。这三个环节是持续发生和相互作用的，因而它们之间所形成的合力就是品性生成生长的合力。三个环节所形成的合力是一种整合力，其中自然包括各环节内部要素所形成的合力。

1. 品性认知合力

品性认知是品性培养的第一环节，这一环节由品性的经验认知、情感认知、理性认知和审美认知构成。这四种认知不仅各有妙用、渐次递阶，而且彼此作用、形成合力，从而构成一条持续生长和不断完善的认知链。

1）经验认知。学习者应用自身已有经验对品性的感性认知，即经验认知。具体来说，学习者调用在先前生活经历中形成的与品性有关的情境、形象、细节、记忆和感受，自然而然地对品性展开自我认知，形成笼统的、直观的初步认识。与后续形成的认识相比，这些初步认识也许是表象的、片面的、零碎的和残缺的，甚至可能是狭隘的、世俗的和扭曲的，然而，它们却是后续认知的基础，并将在后续认知过程中持续发挥基底性、支持性和关联性作用。

2）情感认知。学习者应用自身的情感特质对品性的体验认知，即情感认知。具体来说，学习者把自己的需要、动机、兴趣和理想融入品性之中，对品性的具体内涵产生情绪、倾向、选择和情感，自觉或不自觉地对品性产生态度和行为，形成了对品性的意向性认识。与后续认知相比，这些认识也许可能是盲目的和有偏颇的，然而它们却是后续认知的方向和动力，并将在后续认知过程中持续发挥选择和推动作用。

3）理性认知。学习者应用自身的理性能力对品性的抽象认知，即理性认知。一般来说，学习者通过阅读、观察、思考、交流和实践等方式，对品性的具体内涵进行分析、归纳、整理和提炼等，自觉努力地全面深入把握品性的内涵、特点、性质和应用，形成了对品性的理性认识。与前面已经完成的认知环节相比，这些认识也许是干瘪的、脱离实际情境的，然而它们却是完整的、高阶的，在整个认知链条中持续发挥统整作用。

4）审美认知。学习者应用自身的美学能力对品性的直观认知，即审美认知。一般来说，学习者通过审美体验、审美想象、审美活动和审美欣赏等方式，对品性的具体内涵、过程和结果等进行审美直观，形成了对品性的美的认识。这些认识具有直觉性、体验性、想象性和理想化特点，也可能远离现实、难以实现，然而它们却是人类共同追求的美好方向，是未来的愿景，在整个认知链条中发挥着引领和召唤作用。

由以上可见，形成品性认知合力，需要做好以下几方面的工作：第一，保持四种认知机制的完整性，即任何一种品性的认知都要经由这四道认知加工程序，四者缺一不可，否则就会导致品性认知出现缺漏，导致品性认知不完整和不完善，认知合力也就无从谈起；第二，保证四种认知程序的有序性和衔接性，即任何一种品性的认知都必须依次经过四道认知加工程序，四者的顺序不得颠倒和错乱，否则就会导致品性认知出现混乱，如果四种认知之间不能彼此借力、持续推进，认知合力也就不可能形成；第三，消除或减少四种成分之间的矛盾，尤其要注意降低或减少四种认知成分的负面特性，不断优化四者的正面特性，强化四者之间的协调性、一致性和互补性，至少四者不得各自孤立、彼此抵触和互相冲突，否则就会导致品性认知出现内耗，认知合力遭到破坏；第四，加强品性认知的统筹设计，确保四种认知在时间上充裕，在过程上完整，在关联上密切，建构持续递阶的完整认知链条，从整体上形成纵横联系、深层互动和持续生长的品性认知合力。

2. 品性情感合力

品性情感是品性培养的第二环节，这一环节由品性的情绪反应、情感生成、情感体验和情感表现四个过程构成。这四个过程是前后相续并持续深化的系列过程，它们构成了品性情感的完整链条。品性情感是品性融入个人内心世界的标志。可以说，一种新品性能否在人的内心世界顺利地落地、生根，通常取决于品性情感链是否能形成积极性合力，以及积极性合力的强弱程度。

一般而言，提高品性情感的积极性合力，需要做好以下几点：第一，警惕并消除对品性的不良情感，确保形成积极性情感，前者如郁闷、犹豫、惶惑、浮躁、冷漠和抗拒等，后者如认同、接纳、激赏、向往、快乐和热爱等；第二，采取多种方式强化积极性情感，确保积极性情感有感染力、渗透力和扎根力，如利用榜样人物的积极情感增强感染力，通过情境氛围和体验活动增强渗透力，利用现实问题增强扎根力；第三，丰富品性的感性内涵，确保情绪反应、情感生成和情感体验能够具体展开、持续深入，如营造品性培养的环境、情境和氛围，展示现实问题、实践案例和榜样人物；第四，优化设计情感表现，确保情感链条形成合力，如开展品性角色模拟表演，引导揣摩品性的情绪反应、情感生成、情感体验和情感表现，把这四个过程合为一体。全国三八红旗手、内江师范学院外国文学专业教授王彤组织学生坚持了十五年的莎士比亚戏剧表演，给无数学生注入了强大的精神情感力量，彻底改变了学生的精神状态和品性风貌，给学生的一生留下了宝贵财富。[①]她的杰出实践表明，角色表演是形成品性情感合力的有效途径，也是

---

① 王彤. 2019. 永不谢幕的经典——莎士比亚戏剧课程参与性教学对话录[M]. 成都：四川大学出版社，157-320.

集中强化品性情感的有效途径，这种活动将持续影响人的一生。

3. 品性意志合力

品性意志是品性培养的第三环节，这一环节由品性的意志决定和意志执行两个过程构成。品性意志是品性历练生长的标志。可以说，一种新品性能否显著成为个人的实践行为特征或者成为个人的人格特征，关键取决于品性意志的强弱，即品性意志决定和执行过程的持续合力。

一般而言，提高品性意志合力，需要做好以下几点：第一，开展励志教育，明确品性培养的目标和任务，激发职前教师践行品性、锤炼品性的决心和勇气；第二，培养职前教师的决策素养，如在全面认知和情感体验的基础上果断决定、周密计划，努力排除干扰、停止纠结和消除患得患失，把品性意志变为坚定行动，将周密计划付诸实践；第三，历练职前教师的行动意志，在科学决策和灵活应对的基础上，敢于面对困难、战胜困难，攻克难关，即使遭遇挫折，也不灰心丧气，坚定不移地持续践行品性和锤炼品性。

4. 知情意合力

知情意合力包括知、情、意三者的统整力、协同力和转化力。其中，统整力指知、情、意三者的目标方向一致、要求标准相似、方式方法同构，从而形成整体运作力量；协同力指知、情、意三者互动协作，从而形成互动互补的协作力量；转化力指知、情、意三者互相转化、互相促进，从而形成持续深化、循环递阶的生长力量。

一般而言，提高知情意合力，需要做好以下几点：第一，品性培养项目化，统一设计某种品性的培养目标、要求标准和方式方法，提高目标、标准和方式方法之间的匹配度，确保知、情、意三者运行的统一性；第二，品性培养项目系列化，明确品性培养项目的系列化安排，要求项目之间衔接自然、前后相续，切忌项目之间混乱无序；第三，品性培养项目环节化，每个项目要按照知、情、意三个环节递进展开，切忌重认知环节，忽视情感环节和轻意志环节；第四，品性培养环节互促化，在认知环节要以知引情、以知导志，在情感环节要以情动意、以情励志，在意志环节要以意求知、以志激情，切实把品性认知转化为品性情感，把品性情感转化为品性意志，让品性意志强化品性认知和激发品性情感，从而实现品性的有效生成和优质生长。

（二）外部合力

品性培养的外部合力指职前教师的自我培养与院校培养之间的互动合力，或者指职前教师与院校教育要素之间的互动合力，主要包括职前教师与院校教育环境之间的合力（即人境合力）、与院校教师之间的合力（即师生合力）、与同伴群体之间的合力（即生生合力）。

1. 人境合力

职前教师与院校教育环境之间的合力，首先取决于院校教育环境对职前教师品性自我培养的支持力，其次取决于职前教师对院校教育环境的利用力。

如何提高院校教育环境的支持力？一是如前所述，建构各类品性的培养场域；二是根据职前教师品性培养体系，建构品性递阶的培养场域。建构品性递阶的培养场域，可采取的主要策略有：①建构年级化的系列场域，如包括专业教室、专业实验、专业实训室和基础教育学校等；②各年级使用相应的系列场域，并且每年定期依次进入上一个年级的系列场域；③各年级进入上一个年级的系列场域后，要在原有基础上有所创新，即超越往届职前教师的场域设计与建构。

如何提高职前教师对院校教育环境的利用力？一是职前教师要长期有意识地培养自己对院校教育环境的识别力、吸纳力、互动力和改造力。其中，环境识别力即对环境的时空分布、要素、特征、结构、运行和功能等方面的认识和鉴别能力；环境吸纳力即对环境的吸收、接纳、转化、融合等心理操作能力；环境互动力即与环境之间进行信息交换和身心调适的行为能力；环境改造力即改变或完善环境的实践能力。二是院校方面（如班主任、辅导员、校团委和学生处等）组织不同层面和类型的专题交流、专项展示活动，让环境利用力优秀的职前教师现身说法。三是院校方面编印校园环境指南，每位职前教师人手一册。四是院校方面汇集校园环境动态，定期推送校园环境利用的各方面动态信息。

2. 师生合力

师生之间是否能形成合力，以及形成什么样的合力，主要取决于教和学两方的行为态度，尤其是教的行为态度。

就教的行为态度而言，主要有三点：一是教引导学，即教师对学生有引导力，走在学生的前面，而不是跟在学生的后面，更不能放任学生"自主发展"和"自由发展"；二是教匹配学，即教师对学生有理解力，要密切结合学生实际，不脱离学生的实际，更不能忽视学生的学情和发展现状；三是教提升学，即教师对学生有提升力，精准促进学生有效发展，不能散漫低效，更不能庞杂无效。

就学的行为态度而言，主要有四点：一是学敬服教，即学生敬佩和服从教师，不质疑教师的教育行为，更不游离于教师的教育之外；二是学配合教，即学生主动积极配合教师，提前做好充分准备，保质保量甚至超质超量地完成教师布置的任务；三是学促进教，即学生主动反馈对教师工作的合理化建议，促进教师持续改进教育行为和方法；四是学超越教，即学生有探究勇气，不局限于教师的方法、见解和领域，能提出新方法、新见解和新领域与教师交流探讨。

3. 生生合力

职前教师之间的合力不仅是品性培养或课业学习方面的合力，更重要的是情谊合力和身心发展合力。这种同伴合力对人的影响在内容范围上是多方面的，甚至可以是全方位的；在时间长度上是相对持久的，甚至可以持续人的一生。

通常情况下，提高职前教师同伴之间的合力，主要策略有：①营造团结互助的群体氛围，如在班级、寝室、学习小组、协会团体和专项活动组等内部营造友好、合作、互相关心的氛围；②提高人际协调能力，如主动了解关心他人，主动沟通和交流不同意见，容纳和听取不同意见，理解和包容他人的过失或不足，尽可能地求同存异，等等；③提高自身的人格修养，如树立大局意识，以集体或共同目标为重，尊重他人的意见、主张，多付出、少索取，讲诚信、讲贡献，等等；④开展系列活动，尤其是要开展有合作性、竞争性和挑战性的活动，在活动中展示各自的个性、发掘各自的潜力、促进各自的发展，同时加深彼此认识、加强彼此协同、结下彼此情谊，从而提高同伴合力。

总之，品性培养是极其复杂和艰巨的。本章探讨了职前教师品性培养的依据、内涵和策略，但还有待于业界进一步深化和完善。

第六章

职前教师的多维建构律

职前教师的成长过程，是职前教师对知识、技能、品性、审美、实践（含实验、实训、设计、创作）和研究六方面素养的建构过程，简称为多维建构。职前教师是多维建构的主体，自我培养和自我历练是多维建构的主要方式，院校及专业教育为其提供相应支持。多维建构的基本规律是：明确六维素养的建构标准，适配采用生态建构方式，营造相对完善的建构场域，采取目标定位与统整规划、自我导向与开放优化、把握职前生态与形成专业学力等建构策略。

　　职前教师的自我培养和院校培养，旨在实现职前教师由普通人变为准教师，归根到底是把有关教师职业与教师专业的知识、技能、品质、美质以及自主发展的策略和方式等内化为职前教师的生命素养。这些众多素养的内化过程，实质上是教师职业的多维素养内涵与职前教师个人各种身心要素之间不断融合、生成、生长的过程，也是职前教师主动通过多维方式、多维场域和多个时间节点建构教师多维素养的过程。把职前教师的培养过程视为教师生命素养的多维建构过程，有利于消除职前教师对院校培养的过度依赖和院校培养对职前教师自我发展的过度脱离，能促进职前教师自我培养和院校培养进一步科学定位、全面合作。具体地说，职前教师的自我培养定位于全面达成教师生命素养的多维建构，为此职前教师必须足够努力，并全面响应和利用院校培养；院校培养定位于为职前教师的多维建构提供相应的支持，为此院校必须全面营造能满足职前教师需要的多维场域等。据此，我们把有关职前教师多维建构和院校培养多维支持的依据、内涵和策略，统称为职前教师的多维建构律。

　　本章探讨职前教师的多维建构规律，旨在为职前教师的自我培养提供引导，为院校培养提供参考。

第一节　多维建构的依据

　　职前教师的多维建构，主要有三方面的依据。

一、专业人才的成长规律

　　专业人才是掌握专业知识、形成专业能力和养成专业品质的专门人才。专业人才的成长，固然需要他人指导或院校教育培养，但更为重要的是必须自我培养和自我历练。这是因为外来的指导或培养必须经由专业学习者的自我努力，如转化成自己的内部因素，与自己原有的精神要素融合起来、固化下来、生长起来和应用展现出来，最终才能成为其生命的一部分。

　　专业人才成长的基本规律是：以专业学习者的自我培养和自我历练为根本、主要方面，旨在实现专业素养的自我建构；他人指导或院校教育培养不过是促进学习者自我培养和自我历练的外在辅助力量、次要方面，旨在适配并促进学习者在专业素养上的自我建构。遵循这一规律，专业人才就能迅速成长，院校专业教育就能取得实效。相反，违背这一规律，专业人才的成长就会遭遇阻碍，院校专业教育就会变得低质、低效。比如，那些自我建构动力不足、方式不佳和自我历练不够的专业人才，即便受到再多再好的院校专业教育，也无济于事；那些无暇顾及学习者自我建构、无力支持学习者自我建构的院校专业教育，即便把课程排得满满当当、把设施设备建成世界一流、把教师变成清一色的博士后，也仍然难以培养出杰出的专业人才。

从根本上说，专业人才的成长不是一蹴而就的，这个过程是复杂而漫长的生长过程，是一个普通人向专业人全面蜕变的过程。成为一个专业人，不仅要掌握专业知识，还需要形成专业能力、专业品质和专业美质，需要把专业发展的方式策略变为自我精神生命的一部分。把这些所有要素变为一个人的内在生命要素，就需要逐一、持续地展开诸如生成、内化、历练和优化等建构过程，需要改造旧的认知模式、行为模式和心理结构，从而建立新的认知模式、行为模式和心理结构。在这一系列过程中，自我需要付出足够的努力，如展开学习知识、练习技能、养成品性、审美修养、实践操作和研究问题等六维学习。可以说，六维学习基本上明晰了专业人才自我培养和自我历练的内容与方式，足以说明专业人才成长过程的复杂性、漫长性和蜕变性，也足以体现专业人才成长过程的多维建构性。

二、专业教育的基本规律

专业教育是以培养专业人才为目标的教育，其基本规律有以下两个方面。

第一，立足专业人才的六维学习，为专业人才的多维建构提供相应支持。专业教育应遵行这一基本规律，即明确自己的定位和作用，改变以教为中心、以学科学术知识为主线的传统做法，全面统整设计六维学习所需要的内容、场域、方法、教师团队和管理考评机制，切实做到以专业学习者为中心，以专业学习者的自我建构为核心，以专业学习者的自我成长为主线，在不同成长时期给予不同的引导、指导、支持和促进，使专业教育的教、管、评等方面适配、引导和促进专业学习者的学，努力形成学教合力、学管合力和学评合力。

第二，立足专业素养的融合生长，为专业人才的递阶发展提供相应支持。尽管专业人才的知识、能力、品质、审美、实践和研究等素养在某个节点和内涵上有先后生成顺序，但在总体上是交叉融合、彼此促进和相生相长的，当这种生长变化累积到质变发生时，就会出现整体素养的递阶生长，即实现专业人才的递阶发展。为此，专业教育应立足专业人才的多维素养融合生长，抛弃培养就教育化、教育就课程化、课程就学科化、学科就知识化、知识就考试化的狭隘落后的人才培养模式，抛弃"公共基础课+专业基础课+专业发展课+教育实践"的机械叠加的课程设置模式，转变先理论后实践、重理论轻实践的传统教育模式，改变重能力轻品性、重专业学科知识忽视职业知识和个体自我知识的传统做法，努力把理论问题与实践问题、专业知识与职业知识、普适知识与自我知识、专业能力与职业能力、专业品性与职业品性、专业美质与审美体验等多维素养交叉融合起来，使知识学习、技能练习、品性养成、审美修养、实践操作和问题研究等多维学习交替演进，按照时段递进、模块递阶方式进行全面统整设计：把课内与课外、校内与校外、课程与文化、学习与生活、理论与实践、知识与能力、品性与品质、个人与集体、学生与教师等有机统一起来，为专业人才的递阶发展提供境脉涌动的、可建构的多维场域。

三、教师人才的本质特点

教师人才的本质特点是精神高尚性、复杂智慧性和全面综合性，这些特点在客观上要求培养职前教师必须进行多维建构。

正如本书第二章所述，教师职业的纯粹利他性、无缝引领性和无限教化性决定了教师专业具有强烈的人文探索性，教师职业的复杂智慧性表明教师专业具有很强的实践智慧性。作为教师，当面对需要引领成长的学生时，他必须负责任地、有深度地思考"人、人生和人的成长"，在社会、文化与成长个体之间，在历史、现在与未来之间，在知识、能力与品性、道德、情操之间，在自我与他人、世界之间，探索什么是真的，什么是善的，什么是美的，什么是可行的，什么是最佳的，什么是最基本的，什么是需要实践的，什么是可以创新的，什么是必须继承和传承的，从而建构自己的人本哲学和教育哲学，为教师职业的纯粹利他性、无缝引领性、无限教化性和复杂智慧性提供强有力的理念支撑，为教师职业的智慧生活、终身发展注入永葆活力的内生源泉。因此，培养职前教师尽管离不开知识、能力和道德，尽管也需要进行必要的知识掌握与考试、技能训练与考核、品性养成与惩戒、道德说教与评比等，但从根本上说它不是培养技术复制员、知识传播员和道德说教员，而是要培养精神探索者、灵魂引导师和智慧实践家。为此，职前教师必须学知识、练能力、养品性、做实践、研问题、探人性和成德性，必须通过多维度全面地建构教师的生命素养。相应地，职前教师教育机构需要建构人文性、知识性、技能性、品德性、审美性、实践性和研究性等多维场域，如个性化、弹性化和多端口的多维活动平台，民主性、平等性和关怀性良好的多维主体，友好性、交互性、共享性充裕的多样团队，公正、规范、优效、激励的多维机制，等等。

同样，正如本书第二章所述，教师职业具有精神生产性、对象服务性、过程事务的管理性、情怀心胸的宗教性、学情诊治的医药性、表达展示的演艺性、追求进步的政治性和策划实施的科学性。可以说，教师职业对教师提出的素养要求是全面综合、高度复杂的，而培养这些素养是不可能在一个领域、一种范式和一种模式下完成的，它客观上要求职前教师培养必须进入多领域、建构多范式、运行多模式，必须拥有多维建构的意识、视野、能力和环境。因此，职前教师的自我培养和自我历练必须是多维地展开，职前教师教育机构也必须提供相应的多维支持，否则，我们就不可能培养出素养全面、潜质优异和终身持续发展的未来卓越教师。

第二节　多维建构的内涵

职前教师的多维建构，其内涵包括：一是职前教师需要建构多维度的教师素养；二是职前教师培养需要采用多维度的建构方式；三是高师院校需要营造多维度的建构场域。

一、六维教师素养

职前教师的培养实质是从知识、技能、品性、审美、实践（含实验、实训、设计、创作）和研究六个维度，全面建构教师职业专业素养，即需要建构六维素养。当然，六维素养并非职前教师培养内涵的全部，但至少是最主要的培养内涵。

（一）知识素养

衡量职前教师知识素养的高低优劣，主要有四点标准：一是知识种类是否完整，即要求在约定俗成范围内的知识种类要齐全，不能有缺失；二是知识成分是否丰盈，即要求在各类别知识、各模块知识和各节点知识上要深入细致，有大量细节和人所不知的知识信息；三是知识结构是否完善，即要求知识形成系统化、模块化、融合化和集成化；四是知识性能是否优化，即要求知识能迅速有效地解决实际问题。有关内涵，可参见第四章的"知识潜质培养策略"。

（二）技能素养

衡量职前教师技能素养的高低优劣，主要有五点标准：一是技能的种类是否完整，即要求职业和专业的技术技能种类齐全，不能有缺失；二是技能的专业性是否到位，即要求技能富有专业识见、专业智慧、专业情意和专业旨趣，能胜任职业要求和满足专业诉求；三是技能的个人智慧性是否独特，即要求技能饱含个人的经验、体验、心理倾向和精神现象；四是技能的协作性是否融通，即要求技能与技能彼此协同融合使用；五是技能的有效性是否突出，即要求技能适应性好、生成性高，能创造性地解决问题。有关内涵，可参见第四章的"能力潜质培养策略"。

（三）品性素养

衡量职前教师品性素养的高低优劣，主要有四点标准：一是品性的种类是否完整，即要求一般品性、职业品性和专业品性种类齐全，不能有缺失；二是品性的内涵是否到位，即要求品性能胜任职业要求和满足专业诉求；三是品性是否融入个人生命，即要求品性成为个人的自觉追求和精神内涵；四是品性是否具有优异潜质，即要求品性具有愿景性、积极性和内化性，不断修炼和历练，持续形成高级精神品质。有关内涵，可参见第四章的"品性潜质培养策略"。

（四）审美素养

衡量职前教师审美素养的高低优劣，主要有三点标准：一是有无审美知识和审美理念，即要求知道什么是美，美在哪里，有哪些美，如何审美，怎样创造美，什么是教育美、教师美，如何创造教育美和教师美，等等；二是有无审美心态和审美眼光，即要求以美的心态进入教育生活，以美的情趣从事教育工作，在教育生活及专业实践中发现美和体验美；三是有无欣赏美和创造美的能力，即能欣赏各种艺术美、自然美、生活美和社会文化美，能创造美的情境、氛围、形象和事物，甚或创造美的艺术作品，能用美的理念营造教育生活和从事教育教学工作。有关内涵，可参见第三章的"教师专业美质的内涵"。

（五）实践素养

职前教师的实践包括学科专业实践和教育实践两方面，主要有课程实验、课程实训、毕业设计或毕业创作和教育实践等形式。衡量职前教师实践素养的高低优劣，主要有四点标准：一是有无实践兴趣和实践理念，即要求乐于实践、深入实践，把实践视为成人成才的根本途径，视为人的存在方式，懂得实践的哲学意义和逻辑规则；二是有无实践性知识，即要求具有实践的情境性知识、相关要素知识、策略性知识、操作性知识和组织控制性知识；三是有无实践性能力，即要求具有价值实现能力、情境应答能力、系统操作能力、渐进操作能力和实践素养建构生长能力；四是有无实践性品性，即要求具有实践主体品性、实践要素品性和实践过程品性。有关内涵，可参见第八章的"职前教师教育实践的理念革新"。

（六）研究素养

职前教师的研究包括学科研究和教育研究两方面，主要有问题探究、课程论文、毕业论文和教育调查研究等形式。衡量职前教师研究素养的高低优劣，主要有五点标准：一是有无问题意识，即要求具有发现问题、分析问题和解决问题的意识；二是有无资源意识，即要求具有搜集利用文献资料、实践信息和他人经验的意识；三是有无分析能力，即要求具有逻辑思维、分析方法和分析工具，能分析和归纳问题的形成原因、发展历史、现实状况、构成成分、内在结构、性质特点和解决策略等基本要件；四是有无表达能力，即要求具有专业性的沟通、交流、表达和展示能力；五是有无卓越意志，即要求具有解决问题的坚强意志和卓越愿景，具有超越自我、持续完善的研究毅力。

二、多维建构方式

培养上述教师素养，需要采用相应的建构方式。一是从素养的生成过程看，认知和掌握是生成建构知识素养和技能素养的基本方式，实践和体验是生成建构品性素养、审美素养和实践素养的基本方式，探究是生成建构研究素养的基本方式；二是从素养的深化拓展看，对话、反思和重构是深化素养建构的主要方式；三是从素养的生长规律看，生态、交互、递阶是六维教师素养生长的基本规律。

（一）生成建构方式

1. 认知和掌握

认知和掌握是生成建构知识素养和技能素养的两种基本方式。其中，认知方式包括感觉、知觉、记忆、想象和思维等环节，旨在理解知识的内涵，以及对知识进行分析、归纳，形成概念、判断和推理，在心理上与学习者个人已有的知识经验和心理机制建立相应的联系，实现心理上的初步内化和初步掌握。掌握方式包括操作练习、迁移应用、强化记忆和深度理解等环节，旨在固化知识与学习者的身心联系，形成学习者对知识的精确反应和自动反应机制，甚至达到熟能生巧的程度。当然，知识素养和技能素养在建构方式上是有差异的，前者重在认知，常常在认知过程中嵌入一定比例的掌握；后者重在掌握，常常在掌握过程中嵌入一定比例的认知。

2. 实践和体验

实践和体验是生成建构品性素养、审美素养和实践素养的两种基本方式。其中，实践方式包括个人实践与集体实践、生活实践与专门实践、应用实践与创造性实践等，旨在掌握相关知识、解决实际问题和拓展生命内涵，形成关于真、善、美的价值体验和丰富情感。体验方式包括认知体验、行为体验、情境体验、想象体验、情绪情感体验、人际交流体验和价值成效体验等，旨在强化理解认同、身心协同和心理动力，形成素养的生成生长态势。当然，品性素养、审美素养和实践素养这三种素养的建构是以认知和掌握为基础的，但认知和掌握两种方式的运用是镶嵌在实践和体验过程之中的，并且不以认知和掌握为目的。

3. 探究

探究是生成建构研究素养的基本方式。探究方式包括问题探究、资料探究、实践探究、方法探究和表达探究等。问题探究是对问题进行定性定量探究，旨在明确问题的程度、性质、结构、成分和发展趋势，形成对问题的准确认知和清晰把握。资料探究是对有关研究资料、实践资料和历史资料进行归纳整理、比较鉴别，旨在去伪存真，继承前人的研究成果，形成对问题研究的新思路。实践探究是对问题进行实地考察、调查和操作，旨在获得第一手资料信息，形成对问题研究的新证据和新感悟。方法探究是对问题研究思路和研究方法进行新构想、新尝试，旨在获得科学完善、便捷有效的新思路和新方法，形成对问题研究的新设计。表达探究是对问题界定、研究过程和研究结论等进行专业表达，旨在让同行人员能够准确清晰地理解，获得对问题研究的交流评价。

（二）深化建构方式

1. 对话

对话不是平庸的交谈，也不是简单的交流，更不是向他人灌输、强加自己的主张，或者控制别人的手段。对话是高级精神追求和解放行为，是敞开心灵、消除遮蔽、激活思想情感的平等交流，是产生爱、谦逊、信任、希望和批判性思维的创造行为。正如保罗·弗莱雷所写的：

　　如果我总是注意别人的无知而从不意识到自己的无知，那么我怎么能对话？

　　如果我自以为不同于其他人——仅仅是"物"，在他们身上我见不到别的"我"，那么我怎么能对话？

　　如果我自认为是"纯洁的"人群中的一名成员，是真理和知识的拥有者，而所有不是成员的人都是"这些人"或"未经洗礼的人"，那么我怎么能对话?

　　如果我一开始便假设,对世界的命名是英才的任务,人出现在历史中是退化的表证,因此应避免,那么我怎么能对话?

　　如果我对别人的贡献不闻不问,甚至感到被冒犯,那么我怎么能对话?

　　如果我担心自己被别人取代(这是让我痛苦和软弱的唯一可能),那么我怎么能对话?[①]

　　由此可见,对话的发生需要以优良品性为前提,对话的过程实质上是优良品性的深化建构过程。古人云:与君一席话,胜读十年书。有人说读一本名著就是与大师对话。这些论断告诉我们,要寻找有思想、有智慧和有优良品性的人,与这样的人展开对话,或者阅读这样的人的著作,我们的心智才会得以启迪,兴趣才会得以激发,反思才会得以发生,灵魂才会得以洗涤,各种素养建构才会得以深化。

2. 反思

　　反思对素养建构的深化作用主要表现在三个方面:一是改善素养建构过程,如对素养建构的目标、计划、内容、行为、心理机制等进行反思,发现问题或不足,进而对这些要素加以完善、调整和控制;二是批判创新素养内涵及其建构,如对素养的内涵及其社会心理文化结构(包括观念、精神、习惯、思维模式、制度、体制和传统等)进行反思,对认知困境(如认知冲突、认知疑难、认知虚假和认知错误)和实践困境进行反思,分析问题并提出新的素养内涵和建构方案;三是完善自我建构,如古代儒家注重自我反思学习,提出自我反省(即"吾日三省吾身","反求诸己"),观察学习(即"见贤思齐","见不贤而内自省"),相师从善(即"三人行必有我师"),推己及人(即"己所不欲,勿施于人"),等等。

3. 重构

　　重构,即重新建构。重构的发生源于自我蜕变,自我蜕变源于迷茫困境或新思想、新事实给个体自我所带来的思想情感震荡。因此,重构可分为三个环节:一是心理震荡之后的澄净期,学习者开始心理重构,重新制订或调整素养建构计划;二是澄净之后的历练期,学习者开始行为重构,重新展开素养建构的操作历练;三是历练之后的新生期,学习者心理结构发生质的变化,进而引起行为和形象的突变。这一发生发展过程表明,重构对素养建构的深化作用主要表现在:一是提高素养建构的针对性,重构旨在走出迷茫困境和契合新思想、新事实,从而

---

① 保罗·弗莱雷. 2001. 被压迫者教育学[M]. 顾建新, 等, 译. 上海:华东师范大学出版社, 39.

使素养建构的目标更明确、路径更有效、措施更得力；二是提升素养建构的动力性，重构本身就意味着重新聚合并充分利用力量和资源，意味着直面困难、奋发向上、坚韧执着，从而加大素养建构的力度和强度；三是探索素养建构的创新性，重构源于个人的独特经历和独特认知，更具个人独特性和创新性，重构的构想、历练和新生三个环节浸润着学习者个人的探索性，每前进一步都意味着对原有建构是实质上的修正、完善和创新。

（三）生长建构方式

1. 生态

一个人在什么时候生成什么素养，素养生成需要哪些条件，生成之后如何生长，这就好比一粒种子需要适时适地播撒和在适宜的环境中生长。也就是说，素养建构需要遵循生态规律，否则就不会有好成效。据此，我们把遵循生态规律的素养建构方式简称为生态建构方式。

生态建构方式主要有三种：一是基于学习者内部生态的素养建构，如根据学习者的兴趣、目标、个性特点和认知基础等内部心理状态，有针对性地进行素养生成生长建构；二是基于学习者外部生态场域的素养建构，如根据院校环境、课程活动、课外活动和人际互动等，随机进行生成生长建构；三是基于学习者发展节律的素养建构，如根据学习者的发展状态、发展阶段，匹配进行生成生长的建构。生态建构的目的和重点不是生成，而是生长：基于内部生态，确保自主生长；基于外部生态，确保便捷生长；基于发展生态，确保持续生长。

2. 交互

各类素养之间不是分离的、无关的，而是相互关联、相互作用的。其中，知识素养是其他素养的基础，技能素养是实践素养的基本内涵，品性素养是其他素养的灵魂，审美素养是其他素养的温润剂，实践素养是其他素养的推进器，研究素养是其他素养的深化器。

各类素养之间具有关联性，因而素养建构是不可能单项推进的，而是交叉推进、交融推进的。所谓交叉推进，即在同一时段内先后交替建构不同类别的素养，如某项知识素养生成后，需要尽快建构相应的技能素养，同时还可能嵌入相应的实践素养、品性素养和审美素养。所谓交融推进，即是在同一素养中融合其他相关素养，如在某项品性素养中融合相关知识素养、审美素养，在实践素养中融合相关的知识、技能、品性、审美和研究等方面的素养。交叉推进有利于发挥各类素养之间的关联协同作用，形成不同素养彼此促进的生长合力；交融推进有利于发掘各类素养之间的密切联系，形成一定时段内主要素养的优势生长。

3. 递阶

各类素养在生成之后，均有一个从低到高、从弱到强、从单一到复杂的生长过程。这个过程也是素养从量变到质变，从一次质变到二次质变，乃至多次质变的递阶生长过程。所谓递阶生长，即是素养的结构成分、性质功能从一阶次向二阶次跃进，从二阶次向三阶次跃进，如此持续地生长下去。

就像植物生长要拔节，人的生长要分期一样，素养生长也是有节点的，其生长的全部过程是由关键节点前后相续、持续递阶而构成的，分期递阶生长是素养生长的本质特征。正如第五章对"品性培养设计"的讨论那样，职前教师在校四年可分为适应期、发展期和毕业期，职前教师的品性培养可分为初步养成期、巩固期和完善期（参见表 5-1）。

正因为各类素养的结构成分和性质功能本身存在阶次，职前教师的素养培养过程存在分期，因而职前教师的素养建构需要遵循递阶建构规律。这一规律要求：一是适阶建构，即素养的内涵及建构方式要适合当前素养的生长阶次，不能超前，也不能延后，否则会严重阻碍素养的持续生长；二是统整建构，即素养建构要着眼于素养生长全程，注重前后阶次的关联性和前后相续性，不能把建构孤立在某一阶次上，否则会造成后续递阶困难，难以持续生长；三是强化建构，即在递阶生长的节点上要有针对性地给予强化，把关键节点的建构功夫做实做优，正如维果茨基所谓的"最近发展期"、蒙台梭利所谓的"关键期"那样，递阶节点也是稍纵即逝的，错过递阶节点就像错过"最近发展期""关键期"，损失是同样难以估量的。

三、多维建构场域

建构场域是职前教师建构全部素养的场域。从分类看，职前教师的建构场域包括知识、技能、品性、审美、实践和研究等场域类型。从构成看，各类建构场域均包括氛围、资源、行动者、活动和机制等场域内涵。一般来说，各类场域及其内涵是通过职前教师和院校双方共同营造而形成的，但院校无疑是场域营造的主要责任方，也是场域营造的主导力量和主体力量，职前教师则是积极响应和参与的配合力量。

（一）知识建构场域

知识建构场域包括：①作为资源的知识集成体，如知识包、知识平台和知识印刷品等；②作为环境氛围的知识集成地，如图书馆、教学楼、课堂、实验实践基地和研究院所等；③作为行动者的知识主体，如教师、教研组、受邀来校专家、学生同伴和学生团体；④作为活动的知识传播形式，如教学、讲座、课外活动、实验实践活动、讨论会和研讨会等；⑤作为对运行机制的组织、管理、评价，如课表、活动安排、活动方案、管理要求、检查督查、评价标准、奖惩制度、评比活动和奖惩活动等。

一个好的知识建构场域，主要标准有：①知识集成体种类齐全、内容完善和及时更新，且分类别、分模块和分层次存放，学习者能便捷地获取所需知识；②知识集成地整洁安静、宽敞舒适，学习者乐于常来久待；③知识主体热情、谦逊、乐学、好研，学习者能受到感染、鼓舞和引导，能经常与人交流和分享；④知识活动形式多样，传播交流氛围浓郁，学习者能受到吸引并乐在其中；⑤知识教育运行机制流畅、安排有序、管理规范、服务周全、标准明确、评价公正，学习者能顺利参与和自主开展学习活动。

（二）技能建构场域

技能建构场域包括：①作为资源的技能知识集成体，如技能包、技能训练平台和技能知识印刷品等；②作为环境氛围的技能集成地，如技能实训中心、技能实训场馆（或教室）和实验实践基地等；③作为行动者的技能主体，如技能教师、受邀来校专家、学生同伴和协会团体；④作为活动的技能传播形式，如技能观摩、技能训练、技能竞赛、实验实践活动和大型文体活动等；⑤作为运行机制的组织、管理、评价，如技能训练流程、技能活动安排、技能活动方案、管理要求、检查督查、评价标准、奖惩制度、竞赛评比和奖惩活动等。

一个好的技能建构场域，主要标准有：①技能知识集成体种类齐全、内容完善，并能及时更新，学习者能便捷地获取所需技能和知识；②技能集成地整洁宽敞，设施设备齐全、先进，学习者能愉快地操练、乐此不疲；③技能主体刻苦认真、技有所长、乐于合作，学习者能受到鼓励和引导，能与教师和同学协作交流；④技能活动形式多样，传播交流氛围浓郁，学习者能持续不断地受惠受益；⑤技能教育运行机制流畅、安排有序、协作有力、服务周全、标准明确、评价公正，学习者乐于参与和能自主开展技能活动。

（三）品性建构场域

品性建构场域包括：①作为资源的品性知识集成体，如品性包、品性展示报道平台和品性知识印刷品等；②作为环境氛围的品性集成地，如院校、院系和专业三个层面的品性培养场域（参见第五章）；③作为主体的品性行为者，如教师、教研组、受邀来校专家、学生同伴和学生团体；④作为活动的品性传播形式，如班会、主题教育、专题讲座、文体课外活动和学校重大活动等；⑤作为对运行机制的组织、管理、评价，如品性素养要求、品性活动安排、品性活动方案、管理要求、检查督查、评价标准、奖惩制度、评比活动和奖惩活动等。

一个好的品性建构场域，主要标准有：①品性知识集成体种类齐全、内容完善，并能及时更新，学习者能便捷地获取所需品性知识；②品性集成地整洁有序、榜样有范、氛围良好，学习者能心有所感、行有所范和神有所涤；③品性主体纯正、高尚、积极、智慧，学习者能受到感染、鼓舞和引导；④品性活动形式多样，传播交流氛围浓郁，学习者能受到吸引并乐在其中；⑤品性教育运行机制流畅、安排有序、管理规范、服务周全、标准明确、评价公正，学习者乐善向美，能持续践行优良品性。

（四）审美建构场域

审美建构场域包括：①作为资源的审美知识集成体，如审美包、审美平台和审美知识印刷品等；②作为环境氛围的审美集成地，如艺术院系、艺术教研室、艺术教室、艺术实训室、艺术展览场馆、校园园林、校园雕塑和校园建筑等；③作为行动者的审美主体，如教师、教研组、受邀来校专家、学生同伴和学生团体；④作为活动的艺术传播形式，如艺术课程、艺术讲座、艺术展览、课外文体活动和学校重大活动等；⑤作为对运行机制的组织、管理、评价，如艺术素养要求、艺术活动安排、艺术活动方案、管理要求、检查督查、评价标准、奖惩制度、评比活动和奖惩活动等。

一个好的审美建构场域，主要标准有：①审美知识集成体种类齐全、内容完善，并能及时更新，学习者能便捷地获取所需审美知识；②审美集成地整洁大气、作品精美、氛围雅致，学习者能沉浸其中、流连忘返；③审美主体神清气朗、品位高雅、见多识广，学习者能受到感染、鼓舞和引导；④审美活动形式多样，传播交流氛围浓郁，学习者能受到吸引并乐在其中；⑤审美教育运行机制流畅、安排有序、管理规范、服务周全、标准明确、评价公正，学习者乐善向美，能持续养成审美素养。

（五）实践建构场域

实践建构场域包括：①作为资源的实践知识集成体，如实践包、实践平台和实践知识印刷品等；②作为环境氛围的实践集成地，如实验室、实训室、创作室、设计室、社会实践基地和教育实践基地等；③作为行动者的实践主体，如教师、教研组、受邀来校专家、实践基地指导教师、学生同伴和学生团体；④作为活动的实践传播形式，如实践课程、实践指导、实践讲座、实践动员部署、实践交流展示和实践总结评比等；⑤作为对运行机制的组织、管理、评价，如实践素养要求、实践活动安排、实践活动方案、管理要求、检查督查、评价标准、奖惩制度、评比活动和奖惩活动等。

一个好的实践建构场域，主要标准有：①实践知识集成体种类齐全、内容完善和及时更新，学习者能便捷地获取所需实践知识；②实践集成地整洁规范、流程明确、设施设备完善，学习者能顺利适应、得心应手；③实践主体认真负责、经验丰富、合作互助，学习者能受到感染、鼓舞和引导；④实践活动形式多样、传播交流氛围浓郁，学习者能受到吸引并乐在其中；⑤实践教育运行机制流畅、安排有序、管理规范、服务周全、标准明确、评价公正，学习者乐于实践，能持续养成实践素养。

（六）研究建构场域

研究建构场域包括：①作为资源的研究知识集成体，如研究知识包、研究成果平台和研究成果印刷品等；②作为环境氛围的研究集成地，如图书馆、研究室、研究基地等；③作为行动者的研究主体，如教师、教师研究团队、学术研究组织、受邀来校专家、学生同伴和学生团体等；④作为活动的研究传播形式，如学术会议、学术讲座、研究项目推进会、研究成果评比等；⑤作为对运行机制的组织、管理、评价，如研究素养要求、研究活动安排、研究活动方案、管理要求、检查督查、评价标准、奖惩制度、评比活动和奖惩活动等。

一个好的研究建构场域，主要标准有：①研究知识集成体种类齐全、内容完善，并能及时更新，学习者能便捷地获取所需研究成果；②研究集成地整洁安静、资料丰富、建档规范，学习者借阅顺利；③研究主体方向明确、经验丰富、乐于分享合作，学习者能受到感染、鼓舞和引导；④研究活动形式多样，传播交流氛围浓郁，学习者能受到吸引并乐在其中；⑤支持研究的运行机制流畅、管理规范、服务周全、标准明确、评价公正，学习者乐于参与研究和自主研究，能持续养成研究素养。

第三节　多维建构的策略

职前教师的多维建构内涵极为复杂，因而需要探讨更为有效的建构策略。从多维素养看，第一，职前教师要明确自己的目标定位，要有所为有所不为，不能眉毛胡子一把抓，更不能幻想一口吃成大胖子；第二，要学会统整规划，利用有限的时间、精力实现效益最大化；第三，要坚持自我导向，走自己的路，咬定青山不放松，一以贯之地推进自我建构；第四，要开放优化，向业界标杆、学长师长、同伴群体和业界同行等广泛学习，确保自我建构的有效性；第五，要坚持生态建构，确保多维素养持续生长；第六，要形成专业学力，确保多维素养走向卓越、终身有用。

一、目标定位与统整规划

目标定位，即职前教师要定位发展成为什么样的教师。只有明确要成为什么样的教师，才能明确要建构什么样的教师素养。只有明确要建构什么样的教师素养，才能进行统整规划。

（一）目标定位策略

成为什么样的教师，一般来说，需要明确：①时代要求，如信息时代、中国新时代和中国教育改革实践等要求（参见第一章）；②就业面向，如选择农村学校或城市学校、公立学校或私立学校、中小学幼儿园或职业学校等；③教师类型，如品性良好、道德高尚、情操优良、育人有道的伦理型教师，知识丰富、技能熟练、决策有效、引领有方的胜任型教师，乐学乐教、诲人不倦、育人不厌的快乐型教师，反思实践、才学宽广、善于研发的创新型专业教师，集伦理、胜任、快乐和创新于一身的理想型教师。

（二）统整规划策略

统整规划，即在院校学习的四年时间里，职前教师既要全面构建教师素养，又要突出重点；既要保证达到合格标准，又要确保部分素养达到优秀标准。为此，我们可以编制一个职前教师素养规划量表，见表 6-1。必须指出的是，这只是一般情况下的参考样表，每位职前教师需要根据自己的目标定位来重新编制适合自己的个性化量表。

表 6-1　职前教师素养规划量表

素养维度	素养模块	合格项目（占比60%）	优秀项目（占比40%）	权重/%
知识	通识知识	生活知识、社会知识、人生知识、文理知识、时代前沿知识、本土知识	东西方文化知识、职业知识	5
	学科专业知识	学科理论知识、学科技能知识、学科情意知识、学科历史知识、学科实践知识	学科方法知识、学科前沿知识	10

续表

素养维度	素养模块	合格项目（占比60%）	优秀项目（占比40%）	权重/%
知识	教育专业知识	教育学知识、心理学知识、教学心理学知识、课程与教学法知识、校本及其环境的知识	学生及其特点的知识 教师及其发展的知识	10
	教育实践知识	了解学生、备课、上课、课堂管理、批改作业、集体教育、个别谈心、家校合作、校地联动	学生发展指导知识	10
能力	通用能力	观察、听、说，外语； 学生管理、学习管理、班务管理、活动管理，生活交往、社会参与	读写、教学媒体 自导学习、开放学习 自我管理、心理调控	10
	学科专业能力	读写、思维、实验、实训、实践和自主学习	学科思维、学科技能	10
	教学能力	多维导学、差异教学、教学交流、资源开发、研究实验、教学评价、教学反思	学情诊断、文本解读 教学设计、课堂教学	10
	教育能力	规范教育、主题教育、团队教育、活动教育、环境教育，言教、身教	理解学生、激励学生 引导学生、培育学生	10
品性	一般品性	日常生活、文化生活、人际交往、社会实践、体育运动和艺术审美等品性	正规学习品性	5
	职业品性	职场品性、素养品性	角色品性	5
	专业品性	性向品性、仪表形象品性和精神现象品性	行为态度品性	10
审美	教师美	知识美、能力美、品性美、服饰美、举止美和风度美	情趣美、语言美	3
	教师工作美	学生美、环境美、教学美、教育美和教研美	学科美、交往美	2

二、自我导向与开放优化

自我导向，即以自我愿景及其规划目标为引导，持续展开自主性学习实践活动。开放优化，即在自主学习过程中保持开放心态，结合社会要求、他人经验和现实情况等，持续优化调整自己的学习方式、学习内容。可以说，这两者是相辅相成的，如果没有自我导向，就无所谓开放优化，如果没有开放优化，则自我导向可能就会变得故步自封。

（一）自我导向策略

如何自我导向，一般来说需要做好以下几点：①完善自我，如强化精神自我、弱化物质自我，优化理想自我、认清现实自我，提振原则自我、减少实用自我，增强动力自我、抑制消极自我，形成并保持品性优良、动力强劲的自我观[①]；②自主操作，如根据自我愿景制订学习规划，根据学习目标、现有资源和现实情境决定怎么学，根据自己的基础、能力和进展来安排或调整学习进程，根据学习内容的性质和特点、自身特点和资源条件选择学习方式，根据学习问题的特点决定解决问题的方式，根据阶段性学习的成效及时整理归纳、总结反思和制订新的学习计划，等等；③慎独耐抗，如对自己独立负责，独立探索解决学习问题的方法，独立承受学习的长期艰苦性，耐得住寂寞、孤独、贫穷和困苦，抗得住非议、不公、挫折、坎坷、干扰、失败和痛苦等不良遭遇，有恒心、有定力，有自我约束的坚强意志，有坚持到底、一以贯之的顽强毅力。[②]

（二）开放优化策略

怎么开放优化？一般来说需要做到：①瞄准标杆，即找到适合自己愿景的业界领军人物，了解其生平经历、主要成就、思想观念、实践案例和风格特点，将其作为自己的学习榜样；②博采众长，如访问学长、身边优秀教师、业界杰出人士和业界专家，阅读他们的著述，倾听他们的见解和建议；③团队学习，如寻找志同道合的伙伴，经常交流分享、相互合作、互相鼓励，开展互惠学习、共同学习和合作探究学习；④理实交融，即把理论与实践交叉融合起来，改变"先学好理论再去实践"的传统做法，克服学非所用、脱离实践的不良传统倾向。在理实交融上，荷兰学者弗雷德·科萨根（F. Korthagen）等提出了现实主义教师教育理论，要求职前教师的学习始于经验和实践，更多形成与教育情境密切相关的知识、体验和反思，获得亚里士多德所谓的"实践智慧"。[③]

三、把握职前生态与形成专业学力

生态建构，即把职前教师的多维素养视为一种生长的有机体，建构时要遵循有机体的生成生长规律，这里主要指把握职前教师的生态特征。专业学力，即专业学习力，这里指把职前教师的多维素养转化形成专业学力，建构时要紧扣专业学力的生态发展要求。这两种建构均有助于促进多维素养的持续生长，其中，前

---

① 胡志金. 2009. 自我观：远程学习者的第一内动力[J]. 中国远程教育，（21）：30-31.

② 胡志金. 2015. 信息时代的终身学习策略[M]. 北京：中央广播电视大学出版社，208-209.

③ Kessels J, Korthagen F. 2001.The relation between theory and practice:Back to the classics. In: F. Korthagen, J. Kessels, B. Koster, et al. Linking Practice and Theory: The Pedagogy of Realistic Teacher Education. Mahwah: Lawrence Erlbaum Associates Publishers, 24, 26-31.

者有助于多维素养在相似生态环境下的持续生长，后者有助于多维素养在后续不同生态环境下的持续生长。

（一）把握职前生态

如何把握职前教师的生态特征，一般来说需要把握以下四方面的情况。

1）自我主体状态。自我主体状态即个体内部环境，主要包括个体的生活状态和身心健康状态。对职前教师来说，有什么样的自我主体状态，就会孕育生成什么样的教师素养。即是说，良好的主体状态孕育生成优秀的教师素养，而不良的主体状态则甚至连合格的教师素养也难以形成。众所周知，当今职前教师群体中存在不少"情痴"、"网虫"、投机主义者和事务主义者，他们或因情感波澜而伤害身体健康，或因精神空虚而陷于网络之中，或因投机取巧而混学、混考、混职务，或因缺乏主见和定力而忙于事务活动，东一榔头西一棒子，像这样的身心状态显然是不可能生成良好的教师素养的。

2）外部情境状况。职前教师的外部情境主要是院校提供的复杂情境和模拟情境。复杂情境，即职业指向的岗位情境、实践操作情境和社会活动情境等；模拟情境，即职前教师在专业学习期间所涉及的院校情境、专业情境、课堂情境、班组情境和任务活动情境等。一般来说，职前教师应审视两类情境的利弊，把两类情境结合，灵活应用，既要在模拟情境中培养基本素养，也要在复杂情境中培养更接近实践要求的综合素养。

3）素养生长规律。职前教师的多维素养是生长着的、动态发展的、充满变化的。就单项素养来看，是由无到有、由低到高、由点到线、由线到面逐步生长、逐步扩展的；就多项素养来看，是相生相发、相得益彰，呈现出多维度、多因素的融合生长态势；就生长机制来看，是经验、知识、理念、个性逐步融合，是主体与环境的逐步协调，是素养结构逐步优化、功能逐步增强、个性特色逐步显著；就生长方式来看，其生长方式并非单向、逐项、直线式，而是多向交叉、多项交融、迁直交混式的。其中，多向交叉指在不同时节和情境中朝着多个不同方向交叉生长，比如，在这个时节和情境中朝着知识、能力、品性三个方向交叉生长，在另一个时节和情境中则朝着知识、实践和研究三个方向交叉生长，等等。多项交融指各种素养在不同情境中以不同方式和不同程度发生交融，达到你中有我、我中有你的状态，比如，交融方式既可以是中心交融式，也可以是平行交融式，还可以是多中心交融式，等等。迁直交混指生长轨迹可能有曲折前进型，也可能有直线前进型，还可能有高原停滞型，更可能有台阶跳跃型，等等。这些表明，职前教师需要从基本素养抓起，在初始阶段不能好高骛远，不能一鳞半爪、浅尝辄止，但也要注意选准素养的发展方向，要有总体布局；在中期阶段，要学会素养布局设计，把相关素养链接起来、贯通起来，使其相互促进，逐步形成模块化、特色化；在后期阶段，要善于抓住关键点去深化、拓展，要敢于上台阶、做飞跃，整体提升素养的档次，整体形成素养优势。

4）职前身心特点。职前教师的初生性、限定性、动荡性和迷茫性等生态特点，决定了其教师素养建构的独特性。

初生性，即教师素养的初步生成性。在内涵上，只能生成建构基本的、简易的教师素养；在方式上，停留在感性理解、浅层掌握、简单模仿和个人体验等层面；在效能上，明显存在机械、简单、片面、低效等不足。这些特点在客观上就决定了职前教师的素养建构不能贪大求全、好高骛远、急于求成，也不能坐而论道、只讲不练，更不能只练不悟、浅尝辄止。因而，正确的做法是既要注重打好基础、搭好结构、积累基本素养，又要学练结合、学思结合、逐步深入，要有持续修炼的思想准备。

限定性，即教师素养建构水平的有限性。由于职业经验缺乏、人生体验不足、社会经验不多，职前教师的理解力、领悟力、把握力和建构力都是有限的。唯一的办法就是大力增进职前教师的这些经验和体验，职前培养不能局限在校园里，不能局限在课堂和书本中，而应当由课内向课外延伸，由校内向校外延伸，把学习与实践、做人、做事结合起来。

动荡性，即职前教师的心理冲突。职前教师处于身心发展的青春期、从学生向职业人转变的交替期、初为成年人的适应期，加之信息时代和中国新时代的大发展、大变化和大挑战，他们不可避免地要承受各种冲击和矛盾，对社会、人生、职业和未来等不可避免地会产生诸多心理矛盾和心理动荡，从而导致职前学习出现断裂和冲突现象。为此，职前教师需要加强自我教育，院校需要加强引导教育，以便减少心理动荡，尽快渡过动荡期。

迷茫性，即职前教师的心理迷茫。主要有两种表现：一是人生迷茫，即把从事教师职业作为无可奈何的就业选择，缺乏教师职业愿景、职业情感，在职前教育中表现出得过且过、被动和逃避等消极行为；二是效能迷茫，由于职前教师受到初生性、限定性和动荡性的制约，建构缺乏方向感、动力感和有效感，遂产生焦虑、自疑、困惑和自我否定等不良心理。由此可见，素养建构要强化动力感和效能感，要及时完善职前教师对素养建构的认识、观念和体验。

（二）形成专业学力

学力是学习者在其自身环境中孕育生长出来并应用于学习活动中的动能性力量，具有终身性和生态性，因而学力又称为终身学力、生态学力。[①]从终身学习

---

① 胡志金. 2010. 对学力研究的扫描、反思与重构[J]. 教育导刊，（4）：66-68；苏兴仁. 2011. 学力结构论初探[J]. 人民论坛，（7）：206-207；胡志金. 2013. 生态学力论[J]. 教育导刊，（2）：8-11.

的生态学力看，专业学力是学习者在中小学课业学力之后，进入自我主导阶段所建构的生态学力。因而，专业学力有三个特点：一是作为生态学力，其成分依然由身心动力、认知结构力、操作能力、习惯潜力、环境利用力和精神品质力构成；二是具有专业定向的系统化特征，所有成分沿着专业方向系统化地建构起来；三是承前启后性，前承中小学时期课业学力的心智性和知识性，后启成人时期实践学力的情境性和创新性。据此可知，如果职前教师把教师素养的多维建构与专业学力的生成建构对接起来，把所建构的多维素养转化形成自己的专业学力，那么这些专业素养将在后续的教师岗位历练中进一步形成专业实践力，这无疑是有深远意义的。

如何转化形成专业学力，笔者建议在建构教师多维素养时，注意以下几点。

1）保持身心健康，激发身心动力，如适时运动、自我陶冶、自我激励和自我调整，勇于历练、锤炼意志、丰富情感和增强体验等，使强劲的身心动力为自己未来胜任教师工作提供有力支撑。

2）优化认知结构，既要广博学习，又要专精学习，既要进行理论学习，也要进行实践学习，要不遗余力地把知识转化成智力，把智力转化成实践力，让良好的认知结构力为未来的专业实践开辟广阔道路。

3）扎实训练，掌握技能，形成全面的能力和一种或两三种特长能力，使优异操作能力在未来的职业实践中发挥独特作用。

4）养成良好的生活习惯、人际习惯、学习习惯和专业实践习惯，把多维素养变成人生素养，让良好的习惯潜力惠及自己的一生。

5）努力适应各种环境，尤其要深入理解校园职场的多维内涵，持续建构对环境的识别力、吸纳力、互动力和改造力，使自己成为环境的主人，使环境利用力为将来从事教师职业成为必要的支撑。

6）全面锻造精神品质力，要把教师专业品性化为自身的卓越精神品质，在生活实践、学习实践和教育实践中刻苦磨砺，要全面拥有思想品质力、道德品质力、情感品质力、个性品质力和意志品质力，立志成为卓越教师，使全面品质力为开辟未来的教育事业提供巨大的支持。

下编
职前教师卓越教育实践

　　教师职业的专业性、综合性和终身性三大本质特点，决定了教师职业是精神生产、人文实践和智慧艺术探索的职业，也决定了教育实践在职前教师培养课程体系中的优先和核心地位，同时还决定了职前教师教育实践的目标多维性、内容复杂性和过程多阶段性等特点。可以说，在职前教师教育领域，教育实践是最重要的培养课程，也是内容最复杂、实施最艰难和存在问题最多的课程。如果说学科课程是整课程，那么教育实践则是散课程。如何把散漫、浅表和低效的散课程变为统整、精深和高效的整课程，是我国师范教育在 20 世纪未曾解决的历史性课题，也是我国教师教育界在当前及今后较长的时间内急需解决的重要课题。

　　我国师范教育历来重视教育实践，这可以追溯到 1897 年南洋公学师范院在开办之时就设立"外院"（即附属小学）以供师范生边学边教的创举。早在 1996 年，国家教育委员会就印发了《关于师范教育改革和发展的若干意见》，文件明确提出强化教育实践的要求，这一要求在 21 世纪教育部颁布的多个文件中均有延续，其中，《教师教育课程标准（试行）》（2011 年）把"实践取向"作为三大基本理念之一，《中小学教师资格考试暂行办法》（2013 年）明确把"实践导向"作为考试四大导向之一。

　　2013 年 3 月，教育部启动"推进教师队伍建设示范项目"，由137 所高校承担的308 个项目被分为 45 类，其中，"强化教育实践"

环节属于第 10 类，承担单位有陕西师范大学、辽宁师范大学、吉林师范大学、江苏师范大学、浙江师范大学、广西师范大学、廊坊师范学院、大庆师范学院、盐城师范学院、衡阳师范学院和内江师范学院，这 11 所院校由陕西师范大学牵头，每年举行两次推进会，并向教育部呈报进展情况。2016 年 3 月，教育部印发《教育部关于加强师范生教育实践的意见》，对教育实践的目标、内容、形式、规范、双导师制、考评体系和实践基地建设等提出系列意见。同年 7 月，教育部启动师范类专业认证，明确要求教育实践目标体现"三学会一践行"专业培养目标和支撑毕业要求，对实习生与双导师的生师比、实践基地容纳实习生数量、教育实践经费投入和中小学教材购置数量等规定了底线标准。

　　然而，我国职前教师的教育实践始终存在认识不到位、设置不合理、实施不规范等诸多问题。解决这些问题，尽管文件要求、教师教育课程标准和师范类专业认证可以起到一定的规范作用，但对于教育实践的观念更新、模式建构和实施标准等深层次问题，仍然需要深入研究。

　　本编探索职前教师的卓越教育实践，旨在梳理和剖析职前教师教育实践存在的诸多问题，深入探讨职前教师教育实践的新理念，全面建构职前教师教育实践的实施标准。

第七章

职前教师教育实践的问题审视

　　我国师范生教育实践走过 20 世纪，并延续成为 21 世纪的职前教师教育实践，其存在的诸多问题已经显露无遗。问题主要体现在三个方面：一是教育实践模式学理深度不足、模式定位不当、模式要素不全和操作性不强；二是教育实践理念因循认识论实践观、秉承传统知行观、倚重知识能力、偏重教育实习和淡化操作标准；三是教育实践在实施上目标内容不明、课程设置欠佳、条件资源不足、实施过程不实和质量评价随意等。唯有正视并解决这些问题，职前教师教育实践才能走向卓越。

我国职前教师的教育实践所包括的四大环节,在 20 世纪实施师范教育期间主要指教育见习、试讲、教育实习和毕业论文（设计）,在 21 世纪实施教师教育期间主要指教育见习、教育演习（试讲）、教育实习和教育研习。

为深入研究职前教师教育实践,本章主要解析我国职前教师教育实践所存在的模式问题、理念问题和实施问题。

第一节 模 式 问 题

职前教师教育实践模式是按照一定理念对教育实践要素给予目标化、组织化和程序化,形成特定的操作样式。因而,它集中体现了模式建构主体的时代背景、思想理念、目标诉求和策略方法。

一、职前教师教育实践的模式沿革

我国高等师范教育至今已走过百余年的历程,其教育实践环节大约经历了六个时期,形成了六种类型的模式。

（一）清末仿日型

清政府于 1902 年颁布《钦定京师大学堂章程》,于 1904 年颁布《奏定优级师范学堂章程》《奏定初级师范学堂章程》,这三部国家教育法令涉及高等师范教育的实习政策。当时朝野有识之士纷纷东渡日本寻求富国策略,因而 1902—1911年的晚清高等师范教育实习政策与日本极为相似。日本当时将教育实习分为观察、参与和实习三个步骤,先后按 6—7 次共计 14 周的时间来完成。其中,观察即客观地掌握学生的实情和学校的教育活动,参与即以教师助手的身份投入教育活动中,实习即在任课教师的指导下独立组织教育教学活动。

（二）民国仿美型

民国时期的教育实习模式受美国的影响较大。1913 年 2 月,国民政府教育部颁布《高等师范学校规程》,其中第 13 条规定:本科第三年级（本科三年制）学生,应令在附属中学校、小学校实地习练,专修科选科生最后学年亦如之。[①]1913

---

① 转引自:王叔新. 2007. 试论高师传统教育实习模式的演进及新模式构想[J]. 黑龙江高教研究,（3）: 111-113.

年 3 月颁布的《高等师范学校课程标准》在注释部分标明：第三学年第三学期实地教授。[①]1916 年 1 月修订的《师范学校规程》第 28 条规定：在本科第四学年，将本学年功课提前在第一、第二学期教授完毕，以第三学期专为实习之用。[②]这就是说教育实习安排在毕业前的最后一个小学期，时间为 3 个月左右。1938 年 7 月颁布的《师范学院规程》明确规定：师范学院招收高级中学或同等学校毕业生，本科修业四年，实习一年。[③]1944 年颁布的《师范学院学生教学实习办法》，规定：教学实习包括见习、试教和充任实习教师三部分。见习在第三学年进行，试教在第四学年进行（每生每周试教 3 小时），充任实习教师在第五学年进行（实习一年，享受专任教师最低级薪金，成绩合格者发给毕业证书和教师资格证明书）。[④]这一模式至今仍在我国台湾地区实施。

（三）新中国仿苏型

1951—1962 年，我国高等师范教育以学习苏联模式为主。1952 年，教育部颁布《师范学院教学计划（草案）》，规定本科生实习时间共计 12 周，分两次安排在第 6—7 学期。1957 年，《师范学院各系三、四年级教育实习暂行大纲》颁布，首次把教学实习变为教育实习，正式把班主任工作列入实习内容，实习分两次进行，第 6 学期在初中实习 4 周，第 7 学期在高中实习 8 周，体现循序渐进原则。[⑤]

（四）简短实用型

1963 年 8 月，教育部颁发《高等师范学校教学计划（草案）》，规定：教育实习 6 周，集中安排在第四学年一次完成。[⑥]这一模式有两个特点：一是实习时间较此前缩减了一半，实习安排较此前的分两次完成变为一次性完成，实习学校也由中学、高中两个层次变为其中的一个层次，体现了当时的环境要求；二是实习

---

① 转引自：王叔新. 2007. 试论高师传统教育实习模式的演进及新模式构想[J]. 黑龙江高教研究,（3）：111-113.

② 转引自：王叔新. 2007. 试论高师传统教育实习模式的演进及新模式构想[J]. 黑龙江高教研究,（3）：111-113.

③ 转引自：王叔新. 2007. 试论高师传统教育实习模式的演进及新模式构想[J]. 黑龙江高教研究,（3）：111-113.

④ 转引自：王叔新. 2007. 试论高师传统教育实习模式的演进及新模式构想[J]. 黑龙江高教研究,（3）：111-113.

⑤ 转引自：王叔新. 2007. 试论高师传统教育实习模式的演进及新模式构想[J]. 黑龙江高教研究,（3）：111-113.

⑥ 转引自：王叔新. 2007. 试论高师传统教育实习模式的演进及新模式构想[J]. 黑龙江高教研究,（3）：111-113.

注重简单实用，即只培养新教师初步适应中小学课堂教学和班级管理的态度与能力。尽管这一模式过于简短薄弱，不利于提高实习质量，但在我国师范教育史上首次摆脱了此前模仿外国模式的痕迹，较好地适应了我国当时社会经济发展水平不高、教育处于粗放发展阶段的实际情况，体现了适合中国国情的自主探索精神。这一模式由于受到"文化大革命"的影响而很快被搁浅，直到 1977 年恢复高考，20 世纪 80 年代初才重新开始实施。20 世纪 80 年代，我国社会百业待兴，人才紧缺，加之 70 年代的高峰期新生的人口进入基础教育学龄期，中小学教师十分紧缺，广大农村学校不得不聘请大量的民办教师，师范院校为加快师资培养，曾一度把三年制专科缩短为两年制，因而这一简短实用的实习模式顺理成章地被继续沿用。20 世纪 90 年代，由于学龄人口基数大、师范院校办学规模小，我国师资培养仍然供不应求，加之中小学用人单位在应试教育体制下对新教师的人才预期长期停留在课堂教学和学生管理上，因而简短实用型的实习模式再次得以沿用。进入 21 世纪，中小学用人单位在新课程实施背景下开始对新教师的人才预期提出高素质要求，但由于高等教育迈向大众化，师范院校招生规模急剧扩大、课程教师数量紧缺、实习经费有限、师范实习生数量庞大，加之实习基地学校数量不足、积极性不高，因而无力构建新的实习模式，只能一边继续沿用简短实用型实习模式，一边不断改进这一模式。事实上，尽管近年来已经涌现出多种多样的实习模式，但这些模式仍然没有脱离简短实用的窠臼。因此，有人认为简短实用型实习模式延续至今，已有 40 多年之久，直接影响了师范生实践创新能力的提高。[1]

（五）实用改进型

20 世纪 90 年代中期，我国部分师范院校开始延长教育实习时间，有的院校实习 8 周，有的院校实习 10 周，也有的院校实习一个学期。此后，随着师范院校招生规模的扩大、教育实习压力的增大，探索形成了多样化的实习模式，如变单一专业的集中实习为多专业混合编队集中实习，变教师蹲点指导的集中实习为委托实习基地学校全权负责的编队集中实习，以及实习生回原籍（母校）实习、到边远地区顶岗支教（置换）实习、自主联系自由实习，利用信息技术手段进行电子模拟实习，利用寒暑假开展假期式实习，利用课余时间开展选拔式教育实习，到师资短缺学校（如民办学校）进行带薪式实习，委托师资技能训练中心进行代训式实习，等等。[2]

---

① 转引自：王叔新. 2007. 试论高师传统教育实习模式的演进及新模式构想[J].黑龙江高教研究,（3）：111-113.

② 余明远. 2007. 教育实习模式述评[J]. 内蒙古师范大学学报（教育科学版），（11）：112-114.

（六）统贯整合型

进入 21 世纪以来，由于受到教师专业化培养、新课程改革要求和国外教师教育变革的影响，部分师范院校并不满足于对简短实用型实习模式的改进，认为教育实践不能局限在教育实习上，主张把教育实习与教育见习、试讲衔接起来，增加教育研习阶段，加强教育实践与理论课程的交织、整合，重视并拓展教育见习，延长教育实习时间，拓展实习的内容维度，使教育实践环节在本科四年全程中统贯起来。特别是自 2011 年 10 月教育部发布《教育部关于大力推进教师教育课程改革的意见》以来，教育实践的课程化取向得以确立，"实践取向"的教师教育新理念凸显出来，职前教师的形象被定位为"反思性实践者"，职前教师教育课程目标中特别设立了"教育实践与体验"维度目标，要求教师具有观摩、参与和研究教育实践的经历与体验，强调教育实践课程不少于一个学期。可以说，这两个文件进一步强化了教育实践全程统贯的主张。

研究表明，统贯整合的见解有五个方面：一是见习课程制度化、见习指导专业化、见习形式多样化、见习评价多元化。[①]二是把教育见习作为一贯性课程活动，提出相应的课程设置、管理措施、评价办法。[②]三是构建见习体系，如在第 1—6 学期开设学校体验、班主任工作、课堂教学、微格教学课程见习、课题研习五个主题。[③]四是把教育见习与教育实践的其余环节统合起来，如使教育实践"贯穿师范学习全程"，"年级不同，要求不同，循序渐进，各有侧重"[④]，使预习、见习、演习、实习、研习一体化[⑤]，用教育见习、教学实习、教育实习、专业发展四个项目使教育实践课程"过程化"[⑥]，用"走进校园""亲近儿童""历练教学""经营班级""顶岗实习"五大主题构成"全程全景教育实践体系"[⑦]。五是针对教育理论与实践分离的问题，构建现实主义教师教育模式，建立大学与中小学校联动辅导机制[⑧]，把教育实践课程从"理论之应用"取向转变为"实践中之理论"取向，在宏观层面关注大学与基础教育学校之间的伙伴合作，在微观层面关注指导教师的临床指导，按照"见习—实习—研习"的路径展开，根据不

---

① 张海燕. 2008. 教育见习：问题与对策[J]. 新疆师范大学学报（哲学社会科学版），（3）：90-93.

② 魏彦红. 2007. 教育见习：教师教育的一贯性[J]. 河北师范大学学报，（5）：139-141.

③ 张旺君，黄晓波，罗一帆，等. 2011. 构建高师教育见习新体系的思考与探索——实习支教背景下的教育见习课程改革[J]. 实验室研究与探索，（8）：359-362.

④ 章跃一. 2008. 关于我国教师教育实习课程改革的思考[J]. 课程·教材·教法，（11）：84-87.

⑤ 朱元春. 2007. 对教师教育中教育实践的重新审视[J]. 教师教育研究，（5）：35-39.

⑥ 曲鸿雁. 2011. 教师教育实践课程：过程与反思[J]. 中国高等教育，（1）：62-63.

⑦ 彭云. 2013. 构建高师全程全景教育实践体系的探索[J]. 江苏教育学院学报，（3）：1-3.

⑧ 桑国元. 2011. 职前教师教育实践的范式变迁与模式革新[J]. 教师教育研究，（4）：16-21.

同时段分散安排多次实践，使实践课程与理论课程在内容组织上体现分散性和交织性，在课程实施上体现探究性和整合性。[1]总体来看，第一方面研究所提出的措施停留在一般性见解上，没有进一步深化为行为规约；第二、三、四方面的研究停留在模式框架的设计层面上，分析和认识不深入，实际操作缺少细则；第五方面的研究提出了新见解，但偏重于学理探究，西化成分过多，对实际操作问题的研究不够。[2]

二、职前教师教育实践的模式问题

以上分析表明，我国高师院校对建构职前教师教育实践模式比较热衷，也做出了不懈努力，但各种模式都存在这样或那样的不足，并不能解决职前教师教育实践本身存在的问题，在综合复杂的教育实践上所能发挥的作用是相当有限的，想要通过模式创新来提高职前教师教育实践质量，至今也很难实现。

为什么我国职前教师教育实践模式无法发挥应有的作用？这是一个值得深入反思的问题。审视我国教师教育实践的上述六种模式，至少可以发现它们存在四个方面的问题。

（一）学理深度不足

学理，即学科的原理或规则。教育实践应当以教育原理、实践哲学和教师专业理论等有关内涵为引导和灵魂，否则教育实践就与一般性的事务活动没有什么区别。同样，建构教育实践模式应当从教育原理、实践哲学和教师专业理论等有关内涵中提炼出独特的理念，以此作为模式的建构原点、科学依据、组织线索和目标诉求，否则教育实践模式就没有灵魂，与一般性的实务操作程式没有什么差别。

然而，在上述六种类型的教育实践模式中，前五种模式都是事务性操作程式，既没有教育理念、实践理念，也没有教师专业理念，更谈不上三者融合形成独特的模式理念。其中，前三种模式是仿照他国做法，其内涵集中在如何安排上，既缺乏理念，也缺乏内在的结构机制和操作策略，根本谈不上是模式；至于简短实用型和实用改进型，尽管看起来像模式，也体现了自主探索精神，但模式理念是外在的，是基于现实条件有限的土法上马、因陋就简，内涵同样集中在如何安排上，缺乏内在的理念、机制和操作策略，因而仍然算不上模式。第六种模式具有

---

① 杨燕燕. 2011. 论教育实践课程[D]. 华东师范大学，121-138.
② 胡志金. 2014. 论教育见习的目标取向与目标研制[J]. 教师教育论坛，（10）：19-20.

一定的理念，但缺乏相应的关联机制、操作策略，难以落地实施和推广应用，因而也算不上真正的模式。

（二）模式定位不当

把我国早期的师范生教育实践称为仿日型、仿美型、仿苏型，用仿照的对象国来命名，这是不科学的。这种命名法忽视了模式的内涵，缺乏学理依据，除了说明模式的舶来性之外，并不能说明什么。至于简短实用型模式，同样脱离了模式的内涵，除了说明教育实践的时间变短、内容有限之外，并不能说明什么。而且，简短、实用这两个特点也是相对的，必须与前后模式的变化相比较，这在无意中表明模式是过渡性的、非独立形态的。再看实用改进型的模式，基本上是以组织管理方式来命名，除了说明教育实践的组织管理方式各有不同之外，并不能揭示模式本身的内涵。

模式命名不科学，其实质是模式定位不恰当。因为模式名称是模式的独特性所在。如果缺乏内涵独特性，那就只能依赖外在独特性了。事实上也是如此，前五种教育实践模式尽管名称各有不同，但模式的内涵实质上是大同小异的，即教育实践的目标、内容和操作方式没有什么差异：在目标上，职前教师要掌握在职教师的工作流程和操作方法，培养的是实操能力，并且主要集中在课堂教学能力和班级学生组织管理能力上；在内容上，主要是学科教学、班级管理；在操作方式上，主要有观摩、参与、实习和顶岗。可以说，前五种教育实践模式的定位是外在性的，不是内涵性的。这就像有人做了五道菜，尽管每道菜的名称不同，但它们的材料、工艺和味道都是一样的，唯一不同的就是刀法略有差异、呈现方式有所不同：或用盘子盛片状，或用碟子盛丝状，或用碗盛块状，或用钵盛圈状，如此等等。

（三）模式要素不全

模式是一个严密的整体，它包含一种严密的逻辑思路和相对固定的要素。就教育实践模式而言，应该包括背景理念、培养目标、实施流程、活动框架、策略方法和质量评价六个部分。并且，六个部分之间应具有依次演化和相互支撑的关系，从而构成一个有机整体。

从模式的结构要素看，上述六种类型的教育实践模式的结构要素是不完整的，尤其是前五种模式普遍缺乏培养目标、实施流程、策略方法和质量评价，这对于职前教师来说简直是无从下手。至于第六种模式"统贯整合型"，普遍体现了演进和统整的模式理念、实施流程和活动框架，有的侧重于制度机制、质量评价，有的突出了系列化、模块化、分层化和交织化等策略方法，应该说在结构要素和模式建构水平上有了很大的改观。但是，第六种类型的教育实践模式仍然不够完善，表现在：一是普遍缺乏培养目标；二是大部分缺乏培养理念；三是大部分缺乏策略方法。

（四）操作性不强

上述六种教育实践模式普遍是从组织者或教育者的角度来建构的，因而对于组织者或教育者来说，模式看起来是可实施操作的。但是，如果从职前教师的角度看，这些模式却是难以操作的，其可操作性则几乎为零。也许有人会问：如果可操作性为零，那么，职前教师在这些模式下就无法进行教育实践的操作了吗？当然不是这样的。我们说模式的可操作性为零，是从模式本身所具有的可操作性来说的，并非从实际发生的教育实践来说的。因为不科学的模式并不能概括或代表事物本身，两者可能完全是两码事。事实上，教育实践模式是从教育实践中概括出来的，但从外在依据来概括形成所谓的模式，是不可能代指真正发生的教育实践的。正如我们说前五种模式就像大同小异的五道菜，无论组织者、研究者为所开展的教育实践取什么名称，对于职前教师来说都是在重复同样内容、同样方式和同样收效的操作。也就是说，模式对职前教师的实践操作并没有实质性的影响，只是在时间长短、时间安排和组织方式方面有所影响。

总之，审视我国职前教师教育实践的模式问题，可以发现我国职前教师教育实践自身存在诸多问题。一是在理念上，教育实践的设计、组织和实施明显存在以教为中心、以组织管理者为中心的倾向，存在把教育实践视为模仿操作和实训操作的认识，缺乏教育实践的专业内涵、实践内涵和育人内涵；二是在目标上，普遍重视培养职前教师的实操能力，对教育实践的知识和品性目标认识不清并且长期忽视，而在长期重视的能力目标上也同样缺乏标准，不知道到底要达成什么程度的目标；三是在结构上，不完全清楚教育实践的结构要素和内在机理，只知道整体活动的内容框架或活动流程，缺乏对这些活动框架或流程的深入研究；四是在策略方法上，重视组织实施的策略方法，忽视了学习者的操作策略和生成生长策略，没有把教育实践视为职前教师的学习范式和养成范式；五是在质量评价上，缺乏系列化的评价指标和相应的评价方式，教育实践的育人质量成为说不清、道不明和不可控的主观评价效果。

第二节　理念问题

理念问题是首要问题。上述分析表明，我国职前教师教育实践主要有五个方面的理念问题：一是没有把教育实践视为专业实践，而是把教育实践定位于习得一线教师的实际操作经验，忽视了教育理论的指导作用，致使教育实践缺乏专业性内涵；二是没有把教育实践视为素养的生成探究过程，而是把教育实践视为教育理论的迁移应用，忽视了教育实践的情境性和智慧性，致使教育实践缺乏探究性和素养建构性；三是没有把教育实践视为教师实践素养的培养过程，而是只重视实践性知识和能力的培养，忽视了实践性品性培养，致使教育实践缺乏教育实践素养的整体建构；四是没有把教育实践视为教师实践素养的持续建构过程，而是只重视教育实习，忽视了教育见习、教育演习、教育实习和教育研习，致使教育实践环节缺乏连贯统整；五是没有把教育实践视为教师实践素养的标准化建构过程，而是只重视组织安排和顺利完成，忽视了标准的导向作用和质量保证，致使教育实践的目标、内容、实施和考评等缺乏操作标准。简言之，我国职前教师教育实践缺乏五个基本理念，即缺乏专业理念、实践理念、素养理念、统整理念和标准理念。

我国职前教师教育实践为什么缺乏这些理念？这是由传统认识、传统习惯两方面原因造成的。

一、因循认识论实践观

众所周知，我国高师院校一般把职前教师教育实践安排在职前教师学习了大部分理论课程之后。有研究指出，它遵循"理论—应用"的理念，是一种排斥师范生个体经验与主体性、轻视具体教育情境的教育实践课程，在师范教育课程体系中处于从属与补充地位，其作用是"验证"与"应用"教育理论。[①]把职前教师教育实践视为对教育理论、学科知识的"验证"与"应用"，教育实践的过程"无非是运用教育理论来达成教育操作的过程"[②]，这种认识所秉承的实践观即是认识论实践观。

在哲学上，认识论实践观在从亚里士多德到康德的 2000 多年时间里属于主流思想，即便在马克思的本体论实践观和伽达默尔等的存在论实践观盛行以来，认识论实践观依然在许多领域和许多人的意识中坚挺不衰。认识论实践观之所以坚挺不衰，就在于它重视理论的指导作用和应用环节，可以有效地提高人的认知有效性和解决问题的实效性，这对于以求知为主导、以有效为目的的人来说，无疑是理论圭臬。但是，认识论实践观的弊端是忽视了实践者个人的主体性和具体情境的复杂性，如果用于指导职前教师教育实践，就将因此错失教育实践的专业品

---

① 杨燕燕. 2010. 我国教师教育实践课程的历史回顾与发展愿景[J]. 教育探索，（5）：39-42.
② 金生鈜. 2014. 何谓教育实践[J]. 华东师范大学学报（教育科学版），（2）：13-20.

性，如情境性、智慧性和反思性等。^①显然，如果错失教育实践的专业品性，职前教师教育实践就只能培养出工匠型教师，这样的教师不仅很难胜任需要复杂智慧的教师工作，而且缺乏专业发展潜力。

二、秉承传统知行观

有不少人认为，"实践"即是"做"，"做"即是"实践"，把实践视为"实际的操作行动及其发生的实际现象状态"^②。因而，职前教师教育实践即是职前教师到学校中去观摩、参与和动手操作，以期习得一线教师的教育教学操作技巧和操作经验，至于一线教师的操作经验是如何形成的，以及操作行为背后的决策依据和智慧，则鲜有人探究。把职前教师教育实践视为对在职教师的教学操作行为进行由"知"到"行"的活动过程，这种认识所秉承的实践观即是传统知行观，与认识论实践观如出一辙。

有研究指出，"修身为本，内圣外王，知行合一，躬行实践"是我国一直传承的实践观，在马克思主义中国化的进程中，实践通常指社会实践（如生产劳动、科学实验），并始终在认识论框架内强调实践的功能是发现真理、获得正确认识，因而遮蔽了实践的本体论内涵。^③以马克思为代表的本体论实践观认为，实践是人的本质量的对象化活动，是人成为人的根本途径，这就是说人只有通过实践并在实践中才能生成人的一切属性。同样，职前教师教育实践是职前教师由普通人变成教育专业人的根本途径，它不是只解决职前教师对教育教学工作的知、行问题，而是必须生成或建构职前教师作为教育专业人的一切素养。可见，以传统知行观来引导职前教师教育实践显然是狭隘的、肤浅的，这样培养出来的教师往往只是模仿型教师，不仅难以成为创新型教师，而且极有可能会错过专业发展的关键成长期。

三、倚重知识能力

进入 21 世纪以来，在教师专业化、教师教育大学化潮流的冲击下，在师范类专业标准化和专业认证的推动下，我国高师院校更加注重培养职前教师的学科专业知识和教育学专业知识，职前教师教育实践更加强调习得和探究一线教师的实

---

① 邬志辉. 2007. 论教育实践的品性[J]. 高等教育研究，（6）：14-22.
② 金生鈜. 2014. 何谓教育实践[J]. 华东师范大学学报（教育科学版），（2）：13-20.
③ 冯向东. 2013. 实践观的演变与当下的教育实践[J]. 高等教育研究，（9）：15-22.

践性知识。与此同时，在教育信息化技术条件下，我国师范大学普遍建立了教师技能训练中心和远程互动录播教室，强调培养职前教师的教学技能，强调在职前教师教育实践中要习得和掌握一线教师的实践性能力。面对这两方面的趋势，我们应该看到职前教师教育实践不能仅以知识和能力为旨归，还需要习得和建构一线教师的实践性品性。因为从专业化的角度看，知识、能力、品性三者缺一不可，偏废任何一方都是有害的。我国师范教育历来注重培养师范生的道德品质、性格气质、行为规范和仪表风度，推崇养成教育，认为"教师做人的道德就是教育的道德"①。可以说，在职前教育实践中重视培育职前教师的实践性品性，不仅是教师专业化的内在需要，也是延续我国教师教育传统的需要。相反，如果职前教师教育实践忽视了教师品性，一味地倚重教师知识和教师能力，这样培养出来的教师往往只是实操型教师，虽然也能胜任教师工作，但有可能会因品性不足而难以成为卓越教师。

四、偏重教育实习

从中华人民共和国成立到 2011 年《教师教育课程标准（试行）》颁布，我国职前教师教育实践的时间均没有超过 12 周②，多数高师院校的教育实习时间为 6—8 周③，教育见习时间为 1—2 周。当然，也不排除一些院校的教育实习时间少于 6 周。④自《教师教育课程标准（试行）》颁布并实施以来，我国高师院校教育见习、实习的时间普遍延长至 16 周，个别院校延长为一个学期（其中，教育见习时间为 2—4 周不等）。此外，教育演习和教育研习普遍没有单独实施，前者一般作为教材教法课程中的训练项目和课外竞赛项目，后者一般作为教育见习和教育实习中的调研项目。不难看出，我国高师院校普遍重视教育实习，弱化了教育见习，轻视教育演习和教育研习，在职前教师教育实践四大环节上缺乏统整理念。实际上，这些做法很容易把职前教师培养成实操型教师，使他们知其然而不知其所以然，从而在教育实践中缺乏探究反思能力，在专业发展上缺乏可持续发展潜力。

---

① 杨启亮. 2011. 教师培养的国际视野与本土实践. 教师教育：国际视野与本土实践——第四届教师教育国际研讨会文集[C]. 北京：中国科学技术大学出版社，8.

② 杨燕燕. 2010. 我国教师教育实践课程的历史回顾与发展愿景[J]. 教育探索，（5）：39-42；《教师教育课程标准》专家组. 2008. 关于我国教师教育课程现状的研究[J]. 全球教育展望，（9）：19-24.

③ 曲鸿雁. 2011. 教师教育实践课程：过程与反思[J]. 中国高等教育，（1）：62-63.

④ 韩立福，于兴国，秦文孝，等. 2007. 高等师范学校教育实习现状调查报告[J]. 大学·研究与评价，（11）：32-38.

五、淡化操作标准

教育实践属于舍恩所谓的"低湿的软地",充满复杂性、模糊性、不稳定性、独特性和价值冲突,无法像工程那样运用科学理论和技术去有效地解决问题,因而只能依靠教师的认识、经验、思考和调用各种资源去解决问题,在操作上不可避免地存在主观性、模糊性。又由于教育实践属于散课程,所依存的情境充满变化,所操作的内容具有多样性,所合作的对象人员属于外单位人员,因而难以实施组织化和精准化的操作。总之,人们长期习惯了教育实践缺乏操作标准,在过去百余年的教育改革浪潮中,教师教育界始终没有深入研究教育实践的标准化问题。即便是教育部 2011 年出台的《教师教育课程标准(试行)》,也只提出教育实践的定性目标和实践时间的量化标准。一些高等学校师范类专业认证标准对教育实践提出了实践基地、实践教学方面的要求,如"每 20 个实习生不少于 1 个教育实践基地","教育实践时间累计不少于一学期","集中组织教育实习,保证师范生实习期间的上课时数","教育见习、教育实习、教育研习贯通,涵盖师德体验、保教实践、班级管理实践和教研实践等","实行高校教师与优秀中学教师共同指导教育实践的'双导师'制度"[①],这些操作要求仍然是对高师院校组织管理者的要求,是教育实践组织、管理和设置方面的操作标准,或者说是教育实践的条件保障标准,而不是指导教师的操作标准,更不是职前教师的操作标准。由此可见,教育实践的操作标准至今还停留在组织管理层面,师生操作标准仍很少有人问津,并将可能继续被淡化。可以说,正是师生操作标准的长期被淡化,才导致了教育实践的培养操作无方、素养建构无力和培养效果低效。

第三节 实 施 问 题

自 20 世纪 90 年代以来,我国职前教师教育实践的问题日渐显露出来。台湾学者叶连祺在 2000 年归纳了 11 个问题,具体如下:理念不当、内容过窄、时间过少、时段安排不当、学生准备不充分、经费不足、高校指导教师选派不易、指导工作未落实、成绩评价不完善、基地学校接洽难、优良基地学校不足等。[②]时

---

① 教育部高教司. 2019. 高校师范专业认证标准操作实施与教师教育质量体系保障建设指导手册[M]. 北京:高等教育出版社,8-9.

② 转引自:罗耀. 2005. 中美师范实习之比较研究[D]. 南京师范大学,6.

至今日，这些问题仍然没能得到解决，并反复出现在 2000 年以来的研究文献中。

目前，教育部强力推进师范类专业认证，要求秉持"学生中心，产出导向、持续改进"三大理念，确立"践行师德、学会教学、学会育人和学会发展"四大目标，重视对标建设和过程落实，这在很大程度上有利于推进解决我国职前教师教育实践的实施问题。但是，即便这样，教师教育界仍然需要全面审视当今职前教师教育实践所存在的问题。如果对存在的问题认识不清、审视不明，那么所谓的对标建设就会是盲目的、被动的，最终难以取得预期效果。我国职前教师教育实践的实施问题，笔者曾归纳为十大问题[①]，下面将其进一步概括为五个方面。

一、目标内容不明

先说目标不明。一是目标缺乏内涵标准。职前教师教育实践的目标在高师院校通常是掌握学科教学和班级教育这两方面的操作技能，《教师教育课程标准（试行）》要求具有观摩、参与和研究教育实践的经历与体验[②]，但这些目标要求均相当笼统，并没有细化标准。二是目标缺乏质量标准。职前教师教育实践缺乏明确的质量标准，高师院校考评、管理通常采用量化要求，如实践时间多少周、备多少节课、听多少节课、上多少节课、当多少周班主任、讨论多少次、总结或报告多少字等。这些量化要求的优点是操作简便，但缺点是容易流于形式，难以考评实践质量，常常会导致师生为完成量化任务而出现应付了事的行为现象。

再说内容不明。我国高师院校通常认为见习就是去中小学（幼儿园）听课、观摩教育活动、了解学生，实习就是跟随中小学（幼儿园）教师备课、上课、当班主任等。表面上看，见习、实习的内容是明确的，但实际上这只是一个笼统的内容范围，缺乏具体指向。比如，听课需要听哪些学科、类别、学段的课，听课要达到哪些标准，听课的重点是什么，这些都不清楚。《教师教育课程标准（试行）》对见习的要求是：了解课堂教学的规范与过程，感受不同的教学风格（小学只有前一项）。[③]这些要求进一步明确了见习的内容指向，但操作指向仍然显得比较笼统。

① 胡志金. 2016. 我国职前教师教育实践的十大问题及解决策略[J]. 教师教育论坛，（5）：1-6

② 教育部. 教育部关于大力推进教师教育课程改革的意见[EB/OL].（2011-10-08）[2019-12-04]. http://www.moe.gov.cn/srcsite/A10/s6991/201110/t20111008_145604.html.

③ 教育部. 教育部关于大力推进教师教育课程改革的意见[EB/OL].（2011-10-08）[2019-12-04]. http://www.moe.gov.cn/srcsite/A10/s6991/201110/t20111008_145604.html.

二、课程设置欠佳

《教师教育课程标准（试行）》要求教育见习、教育实习不少于 18 周，时间总量延长了，但有三个问题没有解决。

1）实践课程常常设在专业理论课程的后期，缺乏优先地位，"实践取向"落空。

2）对教育见习、教育研习重视不够，教育见习、教育演习、教育实习和教育研习四者没有形成相互衔接的系列课程，整个教育实践环节缺乏纵向统整。

3）教育理论课程的体系相对严密，与教育实践课程之间缺乏关联和互嵌，两者之间缺乏横向统整。

三、条件资源不足

在师资问题上，由于指导教师的数量不够、能力不足，一些教师因为有兼课或离家生活不便而不愿蹲点带队，即使被派出去了，也会出现缺位或脱岗现象。

在基地问题上，高师院校面临教育实践基地学校数量不足，与基地学校合作不稳定、不深入等问题。之所以会导致这方面的问题，主要原因有：一是中小学的应试教育压力大，教师工作劳累，无力承担教育实践指导任务；二是中小学的教学时间紧、教学任务重，教师害怕职前教师的教育实践耽搁教学进度、影响教学质量；三是高师院校所提供的指导经费有限，中小学的领导、教师不愿意承担指导任务；四是职前教师规模大，每年需要参加教育实践的人数众多，中小学校不堪重负；五是高师院校的职前教师教育与中小学教育脱节，职前教师的专业素养不高，中小学教师不愿意指导；六是缺乏相关的政策保障，中小学没有义务和动力承担高师院校的职前教师教育实践任务。诸多原因导致中小学的领导、教师不愿意接纳或指导职前教师的教育实践，即便碍于情面接纳了，也对职前教师的管理与指导不到位、不深入。这表明，高师院校在建立教育实践基地学校上存在诸多困难，不仅很难把教育实践基地建在地方的优质学校里（如所谓的"国家重点""省重点"学校），而且很难建立数量足够、持续稳定、合作深入的教育实践基地。

在经费投入上，我国职前教师教育实践缺乏统一的标准，缺乏投入的保障机制，表现出来的主要问题有：一是重点投在教育实习上，很少投在教育见习、教育演习和教育研习上。二是主要用于指导教师补贴、学生交通补贴、总结表彰等，很少用于基地建设、资源开发等。三是校际差异大，生均专项经费一般在 300—700 元，也有个别院校低于 300 元，而有些部属院校对免费师范生在教育实践投入上则达到 1000 元以上。基本情况是，"211"师范高校投入偏高，地方高师院校投入偏低，地方新建本科师范院校投入最低。四是地区差异大，东部地区高师院校投入偏高，西部地区高师院校投入偏低。

四、实施过程不实

首先是管理松散，主要表现在：一是管理"脱节"，不少高师院校的职前教师教育实践常常有计划无调研、有联系无交流、有部署无动员、有派送无反馈、有检查无整改、有总结无档案。二是管理"不到位"，一些高师院校的职前教师教育实践常常有带队指导教师，但大部分时间缺位、脱岗，到了现场也只是"露露脸"，有检查指导，但流于走马观花；有指导交流，但稀少浮泛；有总结评价，但随意编造。在现实中，职前教师教育实践的各个环节均不同程度地缺乏质量意识，整体流程漏洞百出，实践质量严重低下。更为糟糕的是，一些人对松散、敷衍已经习以为常，反而认为严格认真不正常，主张怎么简单就怎么做，怎么省事就怎么做，这些省事主义者堂而皇之地反对把工作做细、做实、做深，他们不是把聪明智慧用在创造性地开展工作和卓有成效地培养人才上，而是用在省力省心、多要经费上，用在如何偷工减料、如何应对管理要求、如何完成过关性任务上。这些情况表明，职前教师教育实践管理松散，教育实践环节缺乏深层次的质量文化。

其次是操作模糊，主要表现在：一是各院系之间缺乏统一的操作标准，不同院系有不同的操作要求；二是各指导教师之间缺乏统一的操作标准，不同教师有不同的操作要求；三是各基地学校及其指导教师之间缺乏统一的操作标准，不同基地学校及其教师有不同的组织和指导行为；四是各职前教师之间缺乏统一的操作标准，不同职前教师有不同的操作行为。各方主体都缺乏统一、明确的操作标准，从而导致责任心强的主体就多做一点，做得深入一点、细致一点，责任心差的主体就少做一点，做得浅一点、粗糙一点，因而出现五花八门、大相径庭的操作样式，出现浮于表面、流于形式的操作现象。

五、质量评价随意

教育实践的目标、内容、操作不够清楚，加之指导教师投入不够、学生数量过多、经费投入不足、基地学校支持不够等种种原因，最终导致教育实践的质量得不到保障，在质量评价上难免会出现随意性。在职前教师的评价上，或者凭职前教师的表现和书面材料酌情打分，或者凭印象打分，甚至在对名字与人完全陌生的情况下打一个不高不低的分。至于实践基地学校及其指导教师，通常很少对职前教师做评价，也很少对高校指导教师做评价，即便做评价，也会因为缺乏标准或碍于情面，常常"报喜不报忧"。同样，高校内部对教育实践的质量评价也存在"报喜不报忧"的现象，对成绩总结得浓墨重彩，对问题揭示得蜻蜓点水，而且年年提出的问题年年都在重复，老调重弹却不见改进。

此外，我国职前教师的教育实践长期以来被视为高师院校自己的工作业务，并没有上升到国家和社会层面来整体运作，因而缺乏国家层面的相关政策的支持。通常情况下，各高校对职前教师的教育实践自行组织、联系、计划、督查、总结和评价，教育行政部门、实习学校、用人学校、社会相关专业团体很少参与其中，鲜有监督、抽查和管理，形成了高校独立运作、自我封闭的实施模式。这表明，国家层面的政策缺位，导致了职前教师教育实践在相关社会主体之间缺乏利益共生机制和合作统整机制。

第八章

职前教师教育实践的理念革新

鉴于我国职前教师教育实践存在的理念缺陷问题，笔者认为，我国职前教师教育实践需要确立新的实践哲学观、实践逻辑观和实践知识观，建立职前特征、三维素养和四阶统整的实施理念，把教育见习、教育演习、教育实习和教育研习设计成为一个递阶的统整系统，使其能够持续培养职前教师的教育实践性知识、教育实践性能力和教育实践性品性，进而确保职前教师在实践层面上具备初步的职业胜任力。

　　近年来，强化教育实践环节正在成为我国职前教师教育的普遍趋势。然而，理念是行动的先导、行为的根源，如果只强化教育实践环节，而不及时更新教育实践的基本理念，那么现有落后的教育实践理念就会误导或抵消人们在强化教育实践环节上所做的诸多努力，甚至可能会出现强化得越多而错得越厉害的现象。

第一节　对实践的再认识

　　职前教师教育实践的理念问题，首先是有关实践的理念问题，即如何认识和把握"实践"这个术语的内涵。尽管"实践"是一个耳熟能详的术语，但我们仍有必要重新认识它。

一、实践哲学观

　　实践是职前教师教育实践的种概念，不同的实践观具有不同的指引功能。在哲学上，我们发现有三种不同的实践观。

　　一是认识论实践观。从亚里士多德到康德，西方哲学认为实践是人获取感性材料并验证认识的手段，理论高于实践，理论对实践具有奠基作用。中国古代的实践是践言践行的修身实践和知行合一的认知实践，认为实践是主观见之于客观的活动，是理论指导下的活动，是人获取感性材料并验证认识的手段。[①]在认识论视域中，理论与实践的关系预设是理论活动对于实践活动具有更为根本的奠基性：虽然实践构成了理论的内容，但实践的形式是理论的，即是以理论的方式构建起来的。[②]从认识论角度出发，实践是被当作学校教育中一种与"理论教学"对应的"实践教学"环节和方式、一种与"书本知识"对应的"实践能力"来看待的，这种认识论实践观实际上遮蔽了实践的本体论内涵。[③]

　　二是本体论实践观。其认为实践是本，理论是流，或者说是理论模仿实践，而不是实践模仿理论。在哲学史上，马克思第一次全面地确立了实践的本体论意义，主要有两点：其一，从实践的现实性和主体性出发，认为实践首先是人的感

① 陈士帅. 2011. 哲学视域下实践观的嬗变[J]. 鸡西大学学报，（4）：42-44.
② 王南湜. 2002. 实践观的变迁与哲学的实践转向[J]. 吉林大学社会科学学报，（6）：43-48.
③ 冯向东. 2013. 实践观的演变与当下的教育实践[J]. 高等教育研究，（9）：15-22.

性活动，离不开人的感觉器官、身体运动，人的实践是人的本质力量对象化活动，是人成为人的根本途径。其二，从实践的社会性和创造性出发，认为人的实践属于人的社会活动，其中包含了丰富的社会关系和深刻的社会意义，实践是形成人类社会、文化、历史的根本原因，尤其是生产实践是决定人类发展和历史的根源性力量，人类的道德、文化、宗教、政治、哲学等上层建筑是在生产实践的基础上形成的，而不是相反。在马克思看来，实践是人的本质力量对象化活动，是人成为人的根本途径，是人类社会发展得以实现的根源性力量；实践是先于理论的、自足的本体，是实践产生理论，理论依赖于实践，而不是相反。

三是存在论实践观。西方解释主义哲学家伽达默尔，存在主义哲学家胡塞尔、海德格尔，现象主义哲学家梅洛庞蒂等认为，实践不再是本体，而是人的一种存在方式，甚至是原初的生活本身，富有生命性、生成性：不再是自足的，而是动态生成的，并且常常呈现为一种动态变化过程；不再是自明的，而是从遮蔽的背景中不断展露或涌现出来的，并且常常是自然绽放出来的。实践是不可预设的，是现场生成的，理论是既定的、僵化的。伽达默尔明确把实践确立为一种生活方式，人的实践的突出特征是"自由选择"。此外，现象学家提出了"境域"这个概念，认为实践是一种整体性存在，并且是从背景中不断展露或涌现出来的。存在主义哲学家在亚里士多德和马克思的实践观中找到了依据，因为亚里士多德认为实践具有情境性、自由性和向善性三个特点，其中就包含了人的自由意志、正确欲望；马克思认为世界不是自在的，人的感性世界也不是自在的，而是在实践中生成、显现出来的，这也可以反过来说明实践自身是动态生成的。正因为如此，我国有学者认为马克思的实践观具有存在论色彩。[①]

面对上述三种实践观，我们认为，理论为本、实践为本和实践生存三种实践观各有偏颇。首先，理论与实践的关系是复杂的，不是单一的，生活实践和简单的生产实践并不需要多少理论，但专业实践、社会实践离不开理论，艺术实践则需要与理论保持若即若离的关系。其次，实践是变动的，不断生成、涌现、展露的，但仍然是一种实然的存在，是有规律可循的，是可以研究它的结构、要素、规则的。最后，实践是人的实践，必然会打上人的烙印，因而实践是有生存意义的。对于这三点认识，重点需要深化第二点认识，进一步提高对实践规律的把握能力。具体到职前教师教育实践上，我们应当引入本体论实践观和存在论实践观，把职前教师教育实践视为职前教师由普通人成为教师专业人的根本途径，增强职前教师教育实践的生命性和生成性，让职前教师在职前教育实践中建构专业实践素养。

---

① 朱立元，刘旭光. 2009. 论马克思主义实践观的存在论维度——与董学文、陈诚先生商榷之二[J]. 探索与争鸣，（10）：25-35.

二、实践逻辑观

认识论实践观之所以长盛不衰，就在于人们通常认为实践是一种充满不稳定性的、无规则或原理可言的事务性活动。换言之，实践缺乏内在的逻辑结构。

第一个研究实践逻辑的是法国社会学家皮埃尔·布迪厄。他在《实践感》一书中提出一个实践公式：［（惯习）（资本）］+场域=实践。在布迪厄看来，实践是由惯习、资本和场域相互作用而构成的。惯习是一种先于个人而存在并赋予个人某种身份的文化系统和心理习惯，资本即支配实践主体与场域结构的文化资本、权利资本和金钱资本，场域即由时间和空间构成的环境。[①]我国学者石中英进一步阐发了这一见解，并认为教育实践远非个人理性自主和观念系统的产物，它牵扯到许多客观的、非理论的历史与现实因素，是一列"自带轨道的火车"，有着自身的逻辑法则。[②]但是，这些见解仅从定义层面揭示了实践的结构逻辑，并没有从操作层面揭示实践的运作逻辑，因而还不能有效地指导职前教师教育实践。笔者认为，本体论实践观和存在论实践观揭示了实践的人本性，阐明了实践是源于人的价值实现和人与环境的互动需要，实践的最终结果是丰富和提高人的素养，使人成其为人。此外，从系统论、认知活动论看，实践是一个系统运作过程；从认知心理学层面来看，实践是一个渐进操作过程。

据此，我们可以将实践的起因、方向、过程、发展和结果构成一个完整的运作逻辑链条。

1）情境应答，即实践主体面临情境问题或情境任务，必须做出现实紧迫的、与情境相适应的操作行为。其中，实践情境是实践者和实践对象的共生场、联系场、运作场，也是实践的展开场、涌现场、生成场。对实践情境的把握不能局限在可感知的对象关系层面上，而应当拓展到相关联的社会历史文化层面上，这就是说，情境是镶嵌在场域和境域之中的情境。具体而言，境域是实践的整体背景，指实践对象的宏观背景，如所在国家和民族的社会文化、自然环境、间接相关对象、间接相关规约。场域是实践的时空场景，指实践对象所在的自然场、空间场、时间场和操作场，如特定场景中的自然、时间、空间和直接相关规约；情境是实践的生态现场，指实践对象的生态、相关对象的联系和复杂多样的境脉。三者的关系是：实践直接面对的是情境，情境镶嵌在场域之中，场域的背后是境域。制约实践的不单是情境，而是情境-场域-境域，即由情境、场域和境域三者融合而成的整体。

2）价值实现，即实践是人的本质量对象化过程，是人基于价值追求而展开的

① 郭莹莹. 2015. "教育实践的逻辑"之再思考[J]. 开封教育学院学报，（8）：147-148.
② 石中英. 2006. 论教育实践的逻辑[J]. 教育研究，（1）：3-9.

行为活动；实践的根本目的就是实践主体努力把自己拥有或认同的意图、愿景、目标、理论见解、理念、知识和经验等转化为现实存在，因此，实践是受到实践主体的内在价值所引导的。

3）系统操作，即实践是根据情境、场域和境域的引导，综合应用知识、经验、情境信息、规则、工具、内容、对象，按照一定的流程、规范，创造性地做出一系列的转换操作。

4）渐进操作，即实践是一个渐进操作过程，这个过程通常表现为由感性操作到理性操作（如由模仿操作、尝试操作到独立操作、熟练操作），由局部操作到全面操作，由低级操作到高级操作，由反思调控操作到自主创新操作，总体上呈现出一个完整的渐进发展过程。

5）建构生长，即实践是生成人、发展人和丰富人的根本途径，无论有意或无意，在客观上实践都是实践主体身心素养逐步建构、身心结构渐次生长的过程。实践不仅改变世界，也改变人自身。

明晰实践的运作逻辑，我们可以看到实践不是"理论之应用"，也不是"日常工作经验之习得"，更不能等同于"做"。我们认为，实践是人在现实情境中把自己的本质力量转化为现实存在并形成新的现实自我的行为活动。实践有自己的解释逻辑和运作逻辑，比"做"更丰富、更高端。根据实践逻辑，我们可以区分、识别各种"伪实践"。

1）缺乏自由主体性的人的行为活动不能称为实践，如奴隶的劳动、罪犯的劳改活动。

2）缺乏本质力量的行为活动不能称为实践，如机械模仿的行为活动、应付了事的行为活动、形式主义的教育活动、欺世盗名的艺术创作。

3）缺乏实践情境的行为活动不能称为实践，如按部就班地工作、模仿性地练习。

4）缺乏实践对象的行为活动不能称为实践，如个人生活的行为活动、囿于个人精神世界的行为活动。

5）缺乏实践工具的行为活动不能称为实践，如沉思、听、说、读、写、观察等。

6）缺乏规律性实践过程的行为活动不能称为实践，如"大跃进"生产运动、应试教育等。

7）缺乏正面性实践结果的行为活动不能称为实践，如散布歪理邪说的行为活动、损人利己的行为活动、危害社会的行为活动、违背人伦道德的行为活动等。

为警惕上述"伪实践"混入真实践，我们把具有实践逻辑要素的实践称为实践性实践。由实践性实践所生成的知识、能力、品性，我们称为实践性知识、实践性能力和实践性品性。

根据上述实践逻辑观，下面进一步讨论教育实践的内涵。

何谓教育实践？英国学者卡尔认为，教育实践是受教育活动内含之伦理规准所引导的实践性活动[①]，体现了实践的惯习、境域两方面因素。由此可见，教育实践是教育领域中的实践，它既有实践的逻辑，也有教育的逻辑。

从实践的逻辑看，教育实践主要是指学校情境中教师所施行的教育实践，这种实践是教师作为专业人员的专业实践。因而，人们把教育实践所包含的"资本"内涵——教师的专业资本——预先作为前提性假设，这就是说教育实践也有资本内涵。进一步看，教育实践的惯习因素有教育规范和教育理想，资本因素有教师的专业文化资本、法定权力资本以及国家或学校提供的物质资本，境域-场域-情境因素有校园、课堂、学情、课程、社会文化、校园周边环境等。据此，我们对教育实践的界定是：教育实践是教师在学校情境-场域-境域中依照一定的教育规范和教育理想，利用专业资本、权力资本和物质资本而培育美好学生的专业性行为活动。从实践的运作逻辑看，教育实践是教师基于教育情境要素（如学校的教育条件、教育资源，社会的文化传统和现实要求，教育的内容、资源理念和手段，学生的学情和需要等）的综合考量，为培育美好学生而全面规划、有序展开、逐步推进和持续改进的教书育人活动，也是教师自身素养持续建构生长的反思性学习活动。

从教育的逻辑看，教育实践的构成要素不仅有实践要素，即有教师、情境-场域-境域、学生、资本、过程、结果六个基本要素，还有自己的独特要素，即同伴教师、教育方式和教育发展要素。其中，教育发展要素指教育行业和社会领域的发展性要素，如新的教育理念、教育目标、教育方式、教育技术等，这些要素具有社会的时代烙印，直接体现了时代社会的文化水平、政治特色、经济水平和科技水平等，因而属于教育实践的深层次隐性因素。教育实践有别于其他社会实践，其自身的独特逻辑主要来源于两个方面：一是来源于教育活动的基本规律，包括教育与社会、教育与学生、情境与自由、规范与自由、局部与整体的关系规律；二是来源于教育活动的专业特性，包括教育活动的预设性、创设性、交互性和育人性。其具体内涵可简述如下。

1）社会制约。即教育实践并非个人的自由实践，而是在社会情境中受到各种社会因素制约的职业实践。其中，政治制约教育实践的性质、方向以及内容的选择，经济制约教育实践的物质条件，文化制约教育实践的资源，科技制约教育实践的技术手段，人口制约教育实践的对象规模。

2）学生制约。即教育实践并非个人的自主实践，而是在对象情境中受到对象各种特点制约的服务实践。其中，学生的身心发展制约教育实践的内容取舍，学

---

① Carr W. 1996. 新教育学[M]. 温明丽, 译. 台北：台湾师大书苑有限公司, 94.

生的现有基础、水平、特点制约教育实践的起点与方式，等等。

3）预先设计。即教育实践并非完全是临场应变的实践，而是需要预先设计的实践。教师需要预先设计教育的内容、方式、目标、过程和评价等，每次事前做好充分准备，这些准备包括教育计划、教育设计、撰写教案和课前预演等。

4）情境创设。即教育实践并非完全是受制于既定情境的实践，而是可以创设情境的实践。教育实践情境不仅包括对象、资源、条件、文化规范等客观成分，也包括教师教育意图、情绪、情感、审美、智慧、个性等主观成分。

5）交互共生。即教育实践不是人与物之间的单向转化活动，而是人与人之间的双向转化活动。师生之间、生生之间不仅双向转化、多向转化，而且经由通感、共鸣、合作、互惠等方式形成交互融合的共生体。

6）道德创造。即教育实践不是以获利为目的的事务性实践，而是以增长知识、能力、情意、品性、道德、情操等素养为目的的育人性实践。在教育实践过程中，教师必须身教重于言教、为人师表，以心唤心、以情移情、以魂塑魂，凸显纯粹利他的道德创造者形象。

事实上，真正的教育实践具有情境性、自由性、复杂性和整体性等逻辑内涵[①]，这就使得教师必须频繁、随时随地地做出教育教学决策。由此可见，教育实践不仅需要实践性知识和实践性能力，还需要实践性品性和实践性智慧。

三、实践知识观

在传统的专业理论和教育学看来，职前教师教育实践是一项缺乏专业知识深度的、具有综合性和操作性的教育学习活动。但是，随着实践知识论和隐性知识论的提出，研究者突然发现了教师职业的专业独特性，这也为纠正人们对职前教师教育实践的简单化认识倾向，深化职前教师的教育实践内涵等，提供了有力的理论依据。

实践知识论的源头可以追溯到亚里士多德所提出的"实践知识"，他把人类的知识分为理论（theoria）知识、创制（poiesis）知识和实践（praxis）知识三类，认为实践既不是科学理论知识的实际应用，也不是创制产品的活动，而是在具体情境中基于"善是什么"的自主行动，因此，实践不是单纯地做事，而是包含着"实践智慧"。第一个明确提出实践认识论的学者是美国当代教育家、哲学家舍恩，他在《反思的实践者：专业工作者如何在行动中思考》（*The Reflective Practitioner: How Professionals Think in Action*，1983）中把专业实践分为"高硬

---

① 余清臣. 2014. 何谓教育实践[J]. 教育研究，（3）：11-18.

之地"（a high hard ground）和"低湿之地"（a swampy lowland）两种情形，前一种情形的目标、情境是明晰的，能够有效运用科学的理论与技术去解决问题，后一种情形则充满复杂性、模糊性、不确定性、独特性和价值冲突，无法应用科学理论与技术去解决问题，因此需要"重新来寻求替代的、较符合实践的富有艺术性及直觉性的实践认识论"①。自此，研究者认识到教师职业不能像律师、医生职业那样把纯技术科学知识作为自己的专业知识基础，转而把教育教学活动的实践性知识作为教师的专业知识基础。近30多年来，国内外有关教师的实践性知识的研究也取得了丰硕成果。实践知识论认为，教学实践是一种囊括了政治、经济、伦理、文化、社会的实践活动，教师的专业程度是凭借"实践性知识"来加以保障的②，教师的实践性知识具有实践性、缄默性、整体性、情境性、个体性、反思性和道德性等特点③，这种知识的获得既来自"教师教学经验的积累"④，个人的成长经验，同行之间的交流、合作，也来自对"理论性知识的理解、解释和运用"⑤。教师的实践性知识的构成内容十分丰富，主要包括教师在教育信念、学生、学科内容、课程、教学策略与方法、教学情境、人际、环境、自我、反思等十个方面的个人性知识。可以说，实践知识论从根本上确立了教师的实践性知识在教师专业生活和专业化发展中的核心地位，而教师的实践性知识的获取途径决定了教育实践在教师教育中的核心地位，教师的实践性知识的丰富内容决定了教育实践不能停留在简单的"做"上，也不能停留在理论知识的应用上，必须从多个方面去重新探索和建构，最终形成职前教师的实践性知识体系。

在教师的实践性知识进入研究者视野的同一时间里，隐性知识论在知识界和心理学界也开始活跃起来，并与实践知识论一道迅速成为教师教育的新的理论基础。隐性知识论源于英国著名物理化学家和思想家波兰尼于1958年在《人的研究》一书中把知识划分为隐性知识和显性知识，并全面深入地阐述了隐性知识的特点、作用、内容范围，不过他的这些见解是在沉寂了20年之后才重新得到人们的广泛重视。波兰尼认为，隐性知识是不能通过语言、文字或符号进行逻辑表达的知识，是不能以正规的形式加以传递、分享的个人性知识，是靠身体感官、理性直觉获得的，是不能加以批判、反思的知识。他说："未能通过语言表达的知识就像是一小块光亮的领域，周围环绕着无限的黑暗。"⑥研究者发现，隐性知识的

---

① 唐纳德·A.舍恩. 2007. 反映的实践者——专业工作者如何在行动中思考[M]. 夏林清，译. 北京：教育科学出版社，40.

② 钟启泉. 2001. 教师"专业化"：理念、制度、课题[J]. 教育研究，（12）：12-16.

③ 朱宁波，张丽. 2007. 国内外教师实践性知识研究述评[J]. 辽宁师范大学学报，（3）：66-68.

④ 林崇德，申继亮，辛涛. 1996. 教师素质的构成及其培养途径[J]. 中国教育学刊，（4）：16-22.

⑤ 陈向明. 2003. 实践性知识：教师专业发展的知识基础[J]. 北京大学教育评论，（1）：104-112.

⑥ 转引自：石中英. 2001. 缄默知识与教学改革[J]. 北京师范大学学报（社会科学版），（3）：101-108.

存在类型很多，分布范围很广，不仅有技能程序方面的隐性知识，也有观念命题方面的隐性知识，还有认识模式方面的隐性知识，而且这些知识时时刻刻都在人们的无意识状态下隐蔽地、自发地发挥作用。波兰尼注意到了隐性知识在教学过程中的作用，认为显性知识的传递只有通过隐性知识的应用才能获得成功，教学活动只有以隐性知识为基础，才能使师生双方意识到自己的"理智的力量"[①]。显然，隐性知识的作用不仅有积极的一面，也有消极的一面。斯滕伯格（R. J. Sternberg）等的实验研究表明，隐性知识对显性知识的获得既可能起到一种基础的、辅助的和向导的作用，也可能起到干扰、阻碍的作用。由此可见，如何避免隐性知识的消极作用，如何发挥隐性知识的积极作用，如何把隐性知识转化为显性知识，如何把显性知识内化为隐性知识，这些问题不仅是教师专业能力的深层次内涵，也是教师教育的深层次任务，在一定程度上彰显了教师专业不同于技术型专业的独特性。隐性知识具有个体性、直觉性、自发性、即时性、非系统性、情境性和文化性等特征，因而隐性知识是不可能通过正规途径来获得或转化的，它只能通过实践活动来获得或转化，这就在客观上为强化和深化职前教师的教育实践活动提供了有力的理论支持。隐性知识论告诉我们，教师的实践性知识属于隐性知识，这种隐性知识主要来自教育实践活动，职前教师的教育实践不应当停留在理论知识的迁移应用和教育教学能力的习得上，而应当丰富、更新、融合、转化职前教师的隐性知识，使其在职前教师建构实践性知识的过程中进一步发挥基础的、辅助的和向导的作用，从而促进职前教师更深入、更有效地建构高品质的实践性知识。

第二节　对职前教师教育实践的再认识

　　职前教师的教育实践与在职教师的教育实践既有区别也有联系。从联系看，二者都属于教育实践范畴，均包含教育实践的知识、能力和品性三维素养。从区别看，职前教师的教育实践是在观摩情境、模拟情境和尝试情境中逐步完善起来的，因而是一种不完全、不充分和无岗位责任的教育实践；在职教师的教育实践是在岗位情境中全面履职、独自担责和自主合作的，因而是一种完全、充分和自主的教育实践。在本质上，职前教师教育实践是学习性实践，在职教师教育实践

---

① 石中英. 2001. 缄默知识与教学改革[J]. 北京师范大学学报（社会科学版），（3）：101-108.

是岗位胜任性实践。因而，职前教师教育实践的内涵、性质不同于一般教育实践，需要重新认识。

一、职前特征观

从教师的专业发展阶段看，教育实践可分为职前教师教育实践和在职教师教育实践，因此，职前教师教育实践应该具有明确的职前特征。然而，国内学界普遍讨论的是在职教师的教育实践，很少讨论职前教师的教育实践，尤其是很少讨论"职前教师教育实践"这个概念。在现实中，人们通常有两种似是而非的认识：一是认为职前教师教育实践即是教育见习、教育实习，因而无须讨论"职前教师教育实践"这个概念；二是认为职前教师教育实践实际上是职前教师模仿学习在职教师教育实践，只要把在职教师的教育实践讨论清楚了，职前教师教育实践的内涵也就清楚了。由于受这两种认识的影响，我国教师教育界至今没有认真讨论过"职前教师教育实践"这个概念，因而对职前教师教育实践的职前特征研究不够。

职前教师教育实践有哪些特征？它与在职教师教育实践的区别何在？从实践主体的身份角色和实践目的看，职前教师是学习者，目的是建构教师职业实践素养，成为合格的入职教师，而在职教师是履职者，目的是培养学生成人成才，促使自身专业持续发展，因而两者实践的根本区别在于：职前教师教育实践是一种学习性实践，在职教师教育实践是一种履职性实践。在职前教师教育实践中，职前教师是在职教师的影子，他们以影子教师的身份进入在职教师的教育实践过程，学习在职教师的教育实践操作，建构自身的职业实践素养，即是说职前教师教育实践具有影子实践、学习实践和素养建构三个特征。

二、三维素养观

国内外有关教师职业胜任力的研究认为，教师的职业胜任力主要由知识、能力、价值理念、态度、情感、特质等要素构成，据此可归纳为知识、能力、品性三个维度。[①]这一归纳也接近 NCATE 自 2001 年以来对新教师提出的知识、技能、品性的三维认证标准。[②]从职业教育的角度看，职前教师教育实践环节应以培养职前教师的职业胜任力为根本取向，在实践层面上初步培养职前教师的职业胜任力，培养的着力点是建构职前教师职业实践所需要的教育实践性知识、教育实践性能力

---

① 胡志金. 2014. 论新课程背景下教师优良情操的标准[J]. 教师教育学报，（4）：36-43.
② 张建桥. 2011. 美国教师教育之"品性"标准探微[J]. 比较教育研究，（2）：36-39.

和教育实践性品性（简称为三维素养）。从职前教师的角度看，职前教师一旦建构并形成职业实践的三维素养，就标志着其具备了初步的、实践层面的职业胜任力。

那么，什么是教育实践性知识、教育实践性能力和教育实践性品性？在回答这个问题之前，我们需要区分"教育实践"与"教育实践性"这两个术语。在笔者看来，教育实践是一种实践行为、实践过程或实践领域，只要与教育实践行为、过程、领域相关的知识、能力和品性，均可以说是教育实践知识、教育实践能力和教育实践品性；教育实践性是一种实践特性或实践特征，只有具有教育实践逻辑特性的教育实践知识、教育实践能力和教育实践品性，才能称为教育实践性知识、教育实践性能力和教育实践性品性。

何谓教育实践性知识？即具有教育实践逻辑特性的教育实践知识。根据国内外对教师的实践性知识的研究，我们可以把教育理念、教师、课程、学生、过程与方法等方面的知识视为教育实践的要素知识，把社会、文化、学校、课堂、班级等方面的知识视为教育实践的情境知识，把教育设计、学情诊断、情境创设、组织管理、因材施教、临场决策、师生互动、教育评价、教育反思等方面的知识视为教育实践的过程操作知识，把教育问题反思、教育经验总结等方面的知识视为教育实践的调控知识。面对这四类知识，我们需要根据教育实践的逻辑特性进行甄别，剔除陈旧、狭隘、死板、空洞、机械模仿、按部就班和理念落后的知识，然后获得教育实践性知识。

何谓教育实践性能力？即具有教育实践逻辑特性的教育实践能力。我国学者通常把教育实践能力等同于教师专业实践能力或教师实践能力，认为教师专业实践能力"是一种能根据系统的教育专业知识分析教育现象，专业地实施教育教学过程，并取得良好的教育效果的能力"[1]，是以专业知识为基础的、意味着有效达成教育教学实践的潜在可能[2]。对于教育实践性能力的成分，有人认为包括教育能力、教学能力、研究能力[3]，这三种能力表现为"三维结构"[4]；也有人认为包括教学实践能力、工程实践能力和研究实践能力[5]；还有人认为包括"技能性"能力和"智慧性"能力，"技能性"能力是完成规定任务的具体技能、某种力量和特殊习惯，"智慧性"能力是对教育行为的合理性和有效性进行反思和判

① 常思亮. 2009. 专业实践视野下的教师教育改革[J]. 教育研究，（2）：75-77.

② 戚万学，王夫艳. 2012. 教师专业实践能力：内涵与特征[J]. 教育研究，（2）：95-102.

③ 瞿莉玲，阳涛. 对教师实践能力构成的探讨[EB/OL]. [2019-12-25]. http://www.doc88.com/p-849510952282.html.

④ 吕长生. 2012. 论教师专业化背景下的教师实践能力建设[J]. 江苏教育研究，（10A）：22-25.

⑤ 徐国财，张晓梅，吉小利，等. 2010. 教师实践能力的特征及其培养[J]. 安徽理工大学学报（社会科学版），（1）：92-94，105.

断的能力[①]。我们认为，实践性能力是具有实践功能的能力，如前所述，具有价值实现、情境应答、系统操作、渐进操作和建构生长等特征。可以说，实践性能力是一种高级能力，其中，心智能力、生理机能能力和相关专门技能是其产生的基础能力，练习性实践能力、模仿性实践能力、尝试性实践能力、重复性实践能力、操作性实践能力是其发端的初始能力，然而，基础能力、初始能力均不是实践性能力。教育实践性能力是教师在教育领域中的实践性能力，因此，它包括教育价值的实现能力、教育情境的应答能力、教育工作的系统操作能力、教育工作的渐进操作能力和教育实践性素养的建构生长能力。其中，教育价值的实现能力即把教育理念转化为教育现实、培养出美好学生的能力；教育情境的应答能力即面对现场情境、问题情境、周边情境、社会自然情境的决策应对能力；教育工作的系统操作能力即教育、教学、管理、教研等方面的能力；教育工作的渐进操作能力即基于教育对象、教育内容、教育组织、教育问题和教育规律等进行全程统整、递阶推进的行动能力；教育实践性素养的建构生长能力即对教育实践三维素养进行规划、操练、学习、交流、合作、反思等方面的行动能力。

　　何谓教育实践性品性？在回答这个问题之前，需要先回顾前面所述的"品性"的内涵。我们认为，品性有四点内涵：第一，它属于本质特性，即对人或事物具有根本制约作用；第二，它具有表征性，即能表征人或物的性质好坏、方向正误、功能大小、质地优劣、生命强弱等特点；第三，它具有价值指向性，即含有人用价值、人道价值和超越价值等倾向或意味；第四，它具有潜质性，即潜存在人或事物内部且属于自然生成的特质，并非像品质那样必须通过历练或磨炼方可形成。因此，我们认为，教育实践性品性是教育实践本身内含的，既表征其性质、方向、功能、质地和生态，又体现人之价值的本质特性。影响或生成教育实践性品性的因素主要来自三个方面：一是教育实践主体的品性，包括教师的个性心理、社会适应和价值取向等方面的品性，如教师在教育活动中体现出来的生命体验、自由选择、责任担当、利弊取舍、道德行为、审美活动、实践探索、创新创造等方面的品性；二是教育实践要素的品性，包括境域品性、场域品性、情境品性、对象品性、惯习品性和资本品性等，如境域的先进性、民主性、丰富性、完善性、活跃性、开放性和友善性，场域的丰裕性、雅正性和便捷性，等等；三是教育实践过程的品性，如情境应答的正面积极性、准确深入性、稳健创新性和全面公正性，系统操作的全面统整性、过程流畅性、手段便捷性和境界高远性，渐进操作的对象关怀性、内容递阶性、组织机制性和问题规律性，建构生成的知识优化性、能力优秀性和品性优良性，等等。

[①] 赵艳红，申振华. 2016. 论教师实践能力[J]. 湖南人文科技学院学报，（1）：110-114.

三、四阶统整观

实践的运作逻辑告诉我们，职前教师教育实践是一个渐进操作过程。职前教师教育实践的职前特征告诉我们，职前教师教育实践是一个学习过程和素养建构过程。职前教师教育实践属于社会情境学习，有关社会情境学习的分布式认知理论告诉我们，学习是分布式生成的：分布在学习要素之中，分布在各要素之间，分布在各要素的时间持续和空间转移之中。①据此，我们认为职前教师教育实践应当是一个逐步展开、持续深化的过程，这一过程在客观上要求把教育见习、教育演习、教育实习和教育研习四大环节构成一个前后衔接、渐次演进、相互作用的递阶统整系统，否则职前教师教育实践的渐进操作就会成为一句空话，学习过程、素养建构过程和分布式认知也将难以实现。

何谓统整？"统整"一词常常出现在课程领域，用来指课程内容、教学设计方面的统整。但是，这个术语并不鲜活，到目前为止至少存在三个方面的问题。一是在国内外有关文献中很难获得有关"统整"的准确含义，甚至"统整"与"整合"没有什么差别，有些文献常常把两个词互换使用。二是很多文献不用"统整"这个术语，更多地使用"整合"这个术语，截至 2019 年 12 月，在中国知网期刊检索中，以"整合"为主题的文献比以"统整"为主题的文献多约 206 倍。三是统整的思路比较贫乏，国内文献几乎普遍离不开美国学者比奈（J. A. Beane）的思路，并把比奈提出的课程统整四个向度上升为课程统整设计范式，即经验统整、社会统整、知识统整和课程统整设计。②尽管"统整"与"整合"这两个词在含义上相近，但"整合"一词只表达了如调整、组合、连接、交互、融合等行为方式，而"统整"一词不仅表达了整合行为，还表达了"统一"的理念，具有高屋建瓴、着眼全局、统领发展的意味。因而，笔者认为，所谓统整，即统一整合，具体指根据一定的理念、脉络，运用调整、组合、连接、交互、融合等方式，把分离的、孤立的、片段的、破碎的相关要素形成一个联系紧密的整体。

有哪些统整思路？比奈提出的四个统整向度实际上并不在一个逻辑层次上，因为经验统整、社会统整、知识统整是课程内容方面的统整，课程统整设计是课程的教学设计方面的统整，而教学设计方面的统整实际上是为了达到内容统整的操作手段。这些手段主要有：以问题和议题为中心，根据组织中心的情境境脉，应用资源来解决当前的问题和议题，置于学习的人格活动之中，让学生参与课程规划等。③从课程角度看，这样的统整思路是适当的，但从统整本身的逻辑内涵

① 周国梅，傅小兰.2002. 分布式认知——一种新的认知观点[J]. 心理科学进展，（2）：147-153.
② 熊士荣，张友玉.2008. 科学课程统整设计的范式研究[J]. 山东教育学院学报，（2）：13-16.
③ 熊士荣.2008. 论科学课程统整的向度[J]. 江西教育学院学报，（3）：28-30.

看，这样的统整至少是不完善的。根据研究者对"统整"这个术语内涵理解的差异，我们可以提出基于统整逻辑的四种统整：①关联性统整，即内容相关性统整，如比奈提出的经验统整、社会统整和知识统整；②递阶性统整，即操作进程的递进性统整，如比奈提出的课程统整设计，从问题或议题不断递阶推进；③互惠性统整，即两个或两个以上的系统、主体、组织之间的统整，如小组与小组之间、个人与他人、小组、全班之间，数学学习与语文学习、音乐学习、美术学习等之间的统整；④结构性统整，即多个学习要素在学习过程中的关系性统整，旨在构成一个功能性、自主性的系统。[①]

如何实现职前教师教育实践四大环节的统整？就职前教师教育实践四大环节的统整而言，首先，应当明晰各环节的性质、内容、方式和目标；其次，应使各环节在性质、内容、方式和目标上形成一定的关联性、递阶性；再次，应使前面环节支撑后面环节、后面环节深化前面环节；最后，应根据职业胜任取向、三维素养目标对四大环节进行整体部署，确保四大环节形成一个结构良好、成效显著的运行系统。

由此，根据上述统整理念，我们可以对职前教师教育实践四大环节重新进行定位描述，具体如下。

1）教育见习是教育实践的初始环节，职前教师以观摩学习为主要方式，在学校教育情境中了解并体验教师岗位情境、教师职业素养、学生学情、教育活动、课堂教学、学科教学等内容，探知教师专业实践素养。教育见习在培养教师实践素养方面具有初始性、感悟性、认知性和整体性等特点。

2）教育演习是教育实践的第二环节，职前教师以演练操习为主要方式，在模拟教育情境中操练和体验学校教育活动的基本流程、方式、方法，习得教育教学活动关键节点的操作能力。教育演习在培养教师实践素养上具有模拟性、操练性、预备性和节点性等特点。

3）教育实习是教育实践的第三环节，职前教师以试岗操习为主要方式，在学校教育情境中和教师的指导下，完成一定的教育教学操作任务，初步形成教育教学操作能力，尝试建构教师专业实践素养。教育实习在培养教师的实践素养上具有实操性、建构性和综合性等特点。

4）教育研习是教育实践的第四环节，职前教师以教研修习为主要方式，在研究情境和学校情境中自主完成一定的教育教学研究任务，初步具备教育教学研究能力和教师专业发展意识。教育研习在培养教师的实践素养上具有研究性、建构性和自主性等特点。

至此，我们对职前教师教育实践可以形成一个相对完善的界定，即职前教师

---

① 胡志金. 2015. 信息时代的终身学习策略[M]. 北京：中央广播电视大学出版社，264-265.

教育实践是职前教师在专业导师和职业导师的组织和指导下，以岗位性教育情境为依托，以学校教育基本活动为内容，以见习、演习、实习、研习为活动环节，通过感性认知、模仿操练、试岗操作和理性探析，初步建构教育实践性知识、实践性能力和实践性品性的教师教育必修课程。

总之，通过以上理念透析，我们可以得出如下基本结论。

1）职前教师的教育实践并非缺乏专业知识深度，绝不是简单地跟师模仿，不能只满足于习得日常教育教学经验和教育教学技能和技巧，而是必须深入教育教学岗位情境进行反思、探究，逐步建构个人的教育实践性知识、教育实践性能力和教育实践性品性。

2）职前教师的教育实践并非缺乏深度复杂建构，绝不是简单地学以致用，不能局限于应用先前掌握的教育理论知识、学科专业知识，而是必须通过职业体验、技能习得、素养建构和问题研究，进一步激活、丰富、深化和提升专业知识，逐步获得职业胜任感和专业发展意识。

3）职前教师的教育实践并非缺乏逻辑生长规律，绝不是简单地现学现做，不能停留于"见子打子""头痛医头脚痛医脚""指令驱动""任务驱动"等传统做法上，更不可满足于标准化、数量化、信息化等时髦做法，而是必须前后连贯、全面统整、一以贯之，不断强化动力、优化结构、保持节律，持续生成生长职前教师的职业意愿和专业实践素养。

第九章

职前教师教育实践的实施标准

为规范和引导职前教师教育实践，培养具有高素质的专业化职前教师，内江师范学院课题组持续开展教育部"强化教育实践环节"实验项目，在2013—2017年的实验探索的基础上，总结形成了《职前教师教育实践实施标准（实验稿）》。该标准参照《教师教育课程标准（试行）》的基本体例，对职前教师教育实践确立了三维素养、递阶统整、理实交融和分布生成四大基本理念，建立了目标、评价和设置三方面的指标，提出了相应的法律、政策和制度建议。

建立职前教师教育实践的实施标准，可以规范和引导职前教师教育实践，把强化职前教师教育实践环节落到实处，对解决职前教师教育实践的诸多问题能起到标本兼治的作用，对保障和提高职前教师教育实践的质量具有重要的现实意义。自 2013 年以来，内江师范学院承担教育部"强化教育实践环节"中的"基于职业胜任取向的整合式师范生教育见习实习模式"实验项目，坚持落实教育部教师工作司司长在 2013 年 8 月教育部"推进教师队伍建设示范项目"研讨会上的要求，即上升到国家层面，为国家或教育部制定相关政策提供经验与理论成果。该项目由四个师范专业试点逐步推广到全校师范专业，不断在理论研究和改革实施两方面交叉推进，通过更新教育实践的基本理念，改革教育见习、教育实习、教育演习和教育研习四大环节的设计与实施，取得了实质性进展。在此期间，笔者作为项目主研人先后在西安、衡阳、盐城、徐州、桂林和成都等地举行的教育部"强化教育实践环节"项目组研讨会上做了交流发言，受到了与会人员的肯定、指导和鼓励。近几年来，我们继续实验和深化研究，初步形成了职前教师教育实践的实施标准。

该标准参照了教育部的《教师教育课程标准（试行）》、中小学教师专业标准、《教育部关于加强师范生教育实践的意见》和师范类专业认证标准（二级），以体现国家对教师教育机构设置和实施职前教师教育实践课程的基本要求，为国内同类院校保障职前教师教育实践质量提供参考，对职前教师进行卓越教育实践发挥引领和支持作用。

第一节　职前教师教育实践的实施理念

职前教师教育实践是职前教师在教师教育机构的组织和指导下，为建构教育实践素养、达到教师专业标准，以教师岗位情境为依托，对在职教师教育实践所进行的观摩、演练、试岗、研究等一系列学习活动。就其实施环节而言，包括教育见习、教育演习、教育实习和教育研习四类教育实践课程。

一、三维素养

职前教师教育实践应在实践层面上逐步培养职前教师的职业胜任力，使职前教师达到教师职业所要求的实践性知识、实践性能力和实践性品性三方面的素养。在实践性知识上，应引导职前教师习得正确的教育理念、鲜活的教育教学经验，建构形成以生为本、育人取向、自主生长、有机融合的知识结构。在实践性能力上，应引导职前教师具备教育情境应答能力、教育工作系统操作与渐进操作能力和教育实践素养的建构生长能力，基本胜任学校教师工作岗位，初步达到教师专业标准所规定的能力要求。在实践性品性上，应引导职前教师养成高尚的教师个人品性和优良的教师工作品性，努力成为热爱学生、全面育人、向善向美、追求卓越、乐于从事教育事业的人民教师。

二、递阶统整

职前教师教育实践是一个逐步展开、持续深化的过程，它由教育见习、教育演习、教育实习和教育研习四个环节构成，这四个环节其实是一个前后衔接、渐次演进、相互作用的递阶统整体系。其中，教育见习是教育实践的初始环节，其基本原理是职前教师进入学校教育情境，通过观摩、了解、接触、探究、交流、体验等方式，熟悉并理解教师岗位情境、教师职业素养、学生学情、教育活动、课堂教学、学科教学等方面的内容，全面获得对教师专业实践活动的感性认知。教育演习是教育实践的第二环节，其基本原理是职前教师进入模拟性教育情境，通过尝试模仿、自主操习、持续改进、集中演练等方式，习得教育教学活动关键节点的操作能力。教育实习是教育实践的第三环节，其基本原理是职前教师置身于学校教育情境，通过试岗操习、反思探究等方式，独立完成一定的教育教学操作任务，初步形成教育教学操作能力和教师专业实践素养。教育研习是教育实践的第四环节，其基本原理是职前教师进入研究情境和学校情境，通过文献研究、调查研究、研学结合等方式，自主完成一定的教育教学研究任务，初步形成教育教学研究能力和教师专业发展意识。

三、理实交融

职前教师教育实践是教师专业实践素养的建构和培养过程，需要建立教育专业理论与教师职业实践的交融机制。在课程设置上，教育实践环节的时间和内容应与教育专业理论课程"互嵌"，形成理论与实践的互促机制。在课程实施上，应建立高校与中小学（幼儿园）的合作培养机制，建立高校教师与中小学（幼儿园）教师的合作指导机制，形成相对稳定的双导师制。在课程学习上，应把理论学习与实践学习、技能掌握与品性培育结合起来，建立学知识、练能力、养品性、做活动、积美质和研问题六维一体的素养建构模式，形成师生互动、生生互动的团队交流机制。

四、分布生成

职前教师教育实践是在校内外教育力量的共同作用下，通过多主体、多时空、多阶段、多方式，全员、全程和全方位地培育职前教师教育实践素养的社会性实践活动。职前教师的教育实践素养不是集中式生成的，而是分布式生成的，即分布在职前教师教育实践的要素（如实践主体、实践对象、实践情境、实践过程等）上，分布在各要素之间，以及各要素的时间持续和空间转移过程中。高师院校组织实施职前教师教育实践，要注意发挥各要素对实践素养的生成、交互功能，以及时间持续和空间转移的生成、整合功能。

第二节　职前教师教育实践的目标、评价和设置

基于上述四大基本理念，我们统一设计了职前教师教育实践的目标、设置和评价。一是坚持素养建构理念，体现素养的三维性和建构过程的递阶性；二是坚持操作定位，明确各教育实践环节的培养目标，尤其要明确师生双方的操作要求，确保师生双方形成操作合力；三是坚持多元评价，着眼于职前教师的行为表现、过程材料和汇报展示，把职前教师的行为表现评价与专业素养发展增值评价统一起来，把指导教师评价与职前教师自我评价统一起来；四是坚持统整设置，把教育实践的四大环节视为一个递阶统整系统，把每一个环节视为不同的子系统，整体设置其所需要的时间、形式、师资、基地、经费、制度、管理和资源等要素。

一、教育见习

教育见习要组织职前教师观摩中小学（或幼儿园）教育实践活动，帮助职前教师掌握运用见习原理，了解教师岗位情境、学生学情、课堂规范与流程、学科教学操作流程，体验教师职业生活、学生生活、课堂特点与规律、学科教学操作策略，认识教师职业素养、学生学习生活、课堂教学操作、学科教学操作依据，全面熟悉、理解中小学教育实践活动，明确教师的专业实践素养。

（一）教育见习目标

根据教育见习内容的复杂性和渐进性，我们设计四个见习模块，即岗位情境与职业素养、基础教育学情、课堂情境与教学操作、学科教学流程与策略。各模块的见习目标均由准备、了解、体验、认识和总结五方面构成，并据此明确定位职前教师的操作要求和双导师的操作要求，见表9-1。

表 9-1　教育见习目标及操作要求

见习模块	见习目标	职前教师操作要求	导师操作要求	
			见习学校教师	高校教师
一、岗位情境与职业素养	1. 做好见习准备	①明确见习的目标、要求和安排 ②熟悉相关的教育学、心理学知识 ③掌握见习原理、制订见习方案	提供见习班级、导师名单	联系见习学校；召开见习培训会；讲解见习原理；检查见习准备情况
	2. 了解教师岗位情境	①了解学校的校园情境 ②感受学校的课堂情境 ③观察学校的课余情境	交流有关情况	检查见习到班情况
	3. 体验教师职业生活	①记录教师一天的活动轨迹 ②观察教师在不同情境中的言行举止、个性风貌 ③体验教师的职业角色及心理行为	交流有关经验	指导并抽查记录
	4. 认识教师职业素养	①多途径了解教师的知识、能力、品性及其成长轨迹 ②探究名师的职业素养及其成长足迹 ③归纳教师的职业生活特点及其所需要的素养结构		指导对教师职业素养的了解、探究和归纳
	5. 做好见习总结	①创建电子档案 ②反思讨论如何培养教师职业素养 ③完成《见习报告》	批阅《见习报告》；评定见习成绩	指导见习总结；评定见习成绩；召开见习总结会
二、基础教育学情	1. 做好见习准备	①明确见习的目标、要求和安排 ②熟悉相关的教育学、心理学知识 ③重温见习原理、制订见习方案	提供见习班级、导师名单	联系见习学校；召开见习动员会；检查见习准备情况
	2. 了解学生学情	①了解班级学生的整体学情 ②诊断好、中、差三类学生的学情 ③访谈导师如何了解学生学情	交流有关经验；指导学情诊断	指导理解学情的多维内涵；介绍学情诊断方法
	3. 体验学生生活	①记录学生一天的活动轨迹 ②观察学生在不同情境中的言行举止、个性风貌 ③参与并体验学生的集体活动	交流有关情况	指导并抽查记录
	4. 认识学习生活	①多途径了解学生的学习生活 ②探究学生需要什么样的学习生活 ③你准备如何营造学生的学习生活	指导认识学生的学习生活	抽查认识情况
	5. 做好见习总结	①完善电子档案 ②反思讨论如何营造学生的学习生活 ③完成《见习报告》	批阅《见习报告》；评定见习成绩	指导见习总结；评定见习成绩；召开见习总结会

续表

见习模块	见习目标	职前教师操作要求	导师操作要求	
			见习学校教师	高校教师
三、课堂情境与教学操作	1. 做好见习准备	①明确见习的目标、要求和安排 ②熟悉相关的教育学、心理学知识 ③回顾见习经验、制订见习方案	提供见习班级、导师名单	联系见习学校；召开见习动员会；检查见习准备情况
	2. 了解课堂规范与流程	①听三类课（学科课、自习课、班会课），比较其规范与流程的异同 ②听三门课（性质邻近的三门学科课），比较其规范与流程的异同 ③听三段课（三个年级或学段的学科课），比较其规范与流程的异同	允许自由听课，交流有关经验	抽查听课记录
	3. 体验课堂特点与规律	①连续观察与诊断导师的学科课堂 ②观摩体验名师的课堂视频 ③揣摩归纳学科课堂的特点与规律		指导观察诊断课堂
	4. 认识课堂教学操作	①多途径了解成功课堂与失败课堂之间的操作差异 ②探究成功课堂的操作规律 ③归纳成功课堂的操作要领	交流有关经验，指导探究、归纳	组织多种交流
	5. 做好见习总结	①完善电子档案 ②反思讨论如何营造学生的学习生活 ③完成《见习报告》	批阅《见习报告》；评定见习成绩	指导见习总结；评定见习成绩；召开见习总结会
四、学科教学流程与策略	1. 做好见习准备	①明确见习的目标、要求和安排 ②熟悉相关的教育学、心理学知识 ③回顾见习经验、制订见习方案	提供见习班级、导师名单	联系见习学校；召开见习动员会；检查见习准备情况
	2. 了解学科教学操作流程	①了解学科教学的课前操作流程 ②听课观摩学科教学的课堂操作流程 ③参与学科教学的课后操作流程	交流有关经验	抽查听课记录、笔记；个别交流
	3. 体验学科教学操作策略	①听课观摩导师的教学操作策略 ②观摩体验名师的教学操作策略 ③揣摩归纳学科教学的操作策略		
	4. 认识学科教学操作依据	①多途径了解教师的教育教学理念 ②实证探究学科教师的个人特质 ③归纳比较学科教师的教学风格	交流有关经验，指导探究、归纳	组织多种交流
	5. 做好见习总结	①完善电子档案 ②反思讨论如何提高教学胜任力 ③完成《见习报告》	批阅《见习报告》；评定见习成绩	指导见习总结；评定见习成绩；召开见习总结会

说明 1：教师岗位情境包括校本情境、课堂情境、课外情境，教师职业素养包括与岗位情境相适配的知识、能力和品性（含道德和情操）；学生学情包括班级整体学情、层次差异学情、班级生活学情，班级生活包括班级学习生活、课外文体生活、班级教育活动、班级建设管理；课堂情境包括学科课堂、年段课堂、班会课堂、自习课堂（另外，有比较才能有鉴别，见习时需观摩门类特征邻近的三门学科课堂），课堂操作指教师施教的流程、方法、规律和特点；学科教学流程包括课前、课中、课后的教学操作流程，学科教学策略包括单元、节点的内容处理策略、教学操作策略。

说明 2：见习目标的研制，不仅需要考虑目标的科学性，还需要考虑目标如何实现。以往的教育见习之所以效果不好，常常流于走过场，其中的一个原因就是见习生和指导教师不知道深度见习的具体路径和操作方法，因而需要根据见习内容模块、核心问题、见习目标等，对职前教师如何进行有深度的见习提出操作要求。例如，在第一个见习模块"岗位情境与职业素养"中，针对如何探究"教师具有怎样的职业生活"这个问题，操作要求是观察描述教师在不同情境下的言行举止，感悟教师的职业生活特点。之所以给出这样的操作指南，是因为所要探究的问题是一个感性认识或体验认识的问题，不是一个理性求解的问题，其目的无非是让职前教师了解教师职业生活的特点，以便进一步明确自己是否愿意或适合从事教师职业。

（二）教育见习评价

为减少见习评价的片面性和随意性，需要拓展评价维度和采取多种评价方式，并明确评价标准，见表9-2。

表 9-2　教育见习评价标准

评价维度	评价项目	评价标准		评价操作
		A 级	C 级	
行为表现	1. 准备	主动参加培训讨论，事前准备充分	能参与培训讨论，有事前准备	检查
	2. 出勤	全勤，积极主动	出勤率不低于80%	考勤
	3. 守纪	模范遵守见习纪律	基本遵守见习纪律	抽查
	4. 协作	配合主动，互助积极，有团队意识	基本配合，无拆台现象	观察了解
	5. 改进	积极反思，虚心听取意见，改进效果良好	能反思，能听取意见，无抵触行为	
过程材料	6. 笔记	规范工整、内容翔实、种类齐全	基本清楚、内容无虚假生造、种类达到要求的2/3	查看材料
	7. 报告	内容、字数符合要求，内容充实，反思深入、语言流畅	内容、字数符合要求，无抄袭行为	

续表

评价维度	评价项目	评价标准		评价操作
		A 级	C 级	
汇报展示	8. 知识	对相应的实践性知识条理清晰、感悟深刻，有继续探究的强烈愿望	对相应的实践性知识基本清楚，有所感悟	听取现场汇报
	9. 能力	对相应的实践性能力条理清晰、演示熟练，有继续提高的强烈愿望	对相应的实践性能力基本清楚，能够演示	
	10. 品性	对相应的实践性品性理解深入、自我融入充分，有继续修炼的强烈愿望	对相应的实践性品性基本理解，能够把自我融入其中	

说明：近 30 年来，有关教育见习的考核评价主要集中在行为表现方面，而且主要由高校指导教师单方面给出一个量化分数或等级结论，这些做法的最大好处是操作简便，但最大弊端是评价操作随意性大，难以促进职前教师有针对性地持续提高专业实践性素养。在表 9-2 中，职前教师的行为表现评价与专业素养发展评价统一，指导教师评价与职前教师自我评价统一，旨在促进职前教师持续改进见习操作，引导他们更好地主动达成见习目标。同时，提倡由见习小组、高校指导教师、基地学校指导教师和二级院系等进行多元评价，根据不同评价权重来合成得分并转换成等级。在评价标准上，每个项目可分为 A、B、C、D 四个等级，表中给出 A、C 两级评价标准，其余两个等级可据此操作：介于 A、C 两级之间者为 B 级，低于 C 级者为 D 级。

（三）教育见习设置

教育见习的设置包括八个方面，具体建议如下。

1）见习时间：每个模块见习 2 周，四年制本科在第 2—5 学期、三年制专科在第 1—4 学期依次见习四个模块，五年制专科在第 7—8 学期分别见习模块 3 和模块 4。

2）见习形式：集中见习，每组 4—5 人，全面见习一个班级体的教育教学活动。

3）指导教师：实行双导师制，导师应具有所在系列中级及以上职称，高校教师和中小学（幼儿园）教师合作指导 1—2 个见习小组；高校指导教师全程参与见习活动，中小学（幼儿园）指导教师应主动指导和配合见习活动。

4）见习基地：校风良好、教学规范、教育质量优良，与高校合作相对稳定。

5）见习经费：高校负责经费投入，每年投入见习经费不少于 400 元/生，用于见习交通补助、双导师工作补贴、见习基地建设、见习资源开发和优秀见习生表彰。

6）实施制度：形成计划、动员、操作指南、过程管理、见习生纪律、指导教师工作要求、考评、总结、奖惩等配套制度。其中，职前教师每完成一个见习模块，质量优秀者记学分2分，质量在及格与优秀之间者记学分1分，质量不及格者不记学分且必须重修。

7）组织管理：明确见习活动的管理主体和管理责任，加强对见习的组织指导和过程管理，确保见习安全和见习活动取得实效。例如，教育见习时间应统一纳入高校和见习基地学校（幼儿园）的校历安排，教育见习实施情况应纳入高校、见习基地学校和地方教育行政部门的年度工作报告。

8）资源建设：推进职前教师教育实践的信息化建设，与基地学校合作开发远程互动录播系统、教育实践操作管理平台，建设基础教育（幼儿教育）名师库、教案库、教学案例库、教育案例库和教改项目库。

说明：之所以建议本科生的教育见习从第2学期开始安排第一个模块，主要理由有三点：一是第1学期的大学新生面临适应新环境、新生活、新学习等诸多挑战，同时也处于从高中进入大学的兴奋期，在心理上难以顾及职业见习；二是中国学生在高中阶段缺乏职业教育，进入大学后需要一段时间来了解行业、专业、职业，需要一段时间来自我认知、自我选择；三是大学新生有两周军训，因而这个学期的课程教学时间较紧。据此，建议在第2—5学期依次安排四个见习模块，每个见习模块的时间为2周，四个模块的见习时间总量为8周。

二、教育演习

教育演习要创设模拟性教育情境，帮助职前教师掌握运用演习原理，组织职前教师选择中小学（或幼儿园）教育实践活动的关键节点，熟练掌握备课技能、教学技能、班级管理技能和班会技能，学会教学设计、有效导学，尝试培养"现场半小时"备课和"现场无学生"上课技能，做好班级常规管理，办好主题班会，初步形成对中小学（或幼儿园）教育实践活动的操练体验，为教育实习做好态度与能力方面的准备。

（一）教育演习目标

教育演习包括演习准备、备课、上课、班级管理、班会活动和演习总结六方面，见表9-3。

表 9-3　教育演习目标及操作要求

演习模块	演习目标	职前教师操作要求	高校教师操作要求
一、演习准备	演习准备充分	①明确演习的目标、要求和安排 ②熟悉相关的教育学、心理学知识 ③温习电子见习档案 ④掌握演习原理、制订演习方案	召开演习培训会； 讲解演习原理； 检查演习准备情况
二、备课	1. 教案格式规范	①规范教案的文面格式 ②规范教案的结构要素	制订规范标准； 检查、修改教案格式
	2. 备课技能熟练	①掌握内容、目标和重难点等静态设计技能 ②掌握新课导入、学习活动、时间分布、重难点突破、板书、巩固练习等动态设计技能 ③尝试使用"现场半小时"备课技能*	指导熟练掌握备课技能； 组织演习小组交流展示
	3. 教学设计精当	①教学设计体现新课程理念 ②教学流程符合课堂学习心理 ③教学过程凸显学生主体活动 ④教学环节的设置与过渡具有独特性 ⑤教学内容的处理与引导具有巧妙性	指导演习小组每人尽可能地设计不同内容模块的教案；验收并展出优秀教案
三、上课	1. 教学准备充分	①普通话标准、粉笔字规范、媒体操作熟练 ②对课标、教材和教案熟悉，教具准备齐全 ③精神饱满、声音清晰、教态亲切生动	指导、检查教学准备情况
	2. 教学技能熟练	①掌握导入、讲授、提问、板书、评价、总结等施教技能 ②掌握情境创设、自主学习、合作学习、探究学习等导学技能 ③尝试使用"现场无学生"上课技能**	指导掌握备课技能； 组织演习小组交流展示
	3. 导学行为有效	①教学语言准确精练，具有启发性 ②课堂氛围和谐生动，具有民主性 ③师生操作互动融合，具有交互性 ④学习活动步步深入，具有建构性 ⑤"双基"训练一课一得，具有掌握性	指导演习小组人人试讲； 组织演习小组听课评课
四、班级管理	1. 管理技能熟练	①掌握隐性管理技能 ②掌握显性管理技能 ③设置模拟现场，演习管理技能	抽查掌握情况； 组织现场演习

右上角：续表

演习模块	演习目标	职前教师操作要求	高校教师操作要求
四、班级管理	2. 做好常规管理	①建立班级常规的具体标准 ②优化班级常规的管理方法 ③组织虚拟班级，演示常规管理	指导建立标准、优化方法； 组织小组人员人人演示
五、班会活动	1. 班会技能熟练	①掌握班会的类型结构和实施流程 ②编写班会活动方案 ③演习举办班会活动	指导举办班会；组织交流如何开展班会活动
五、班会活动	2. 办好主题班会	①掌握主题班会的设计原理 ②编写主题班会方案 ③演习举办主题班会	指导举办主题班会；组织交流如何办好主题班会
六、演习总结	做好演习总结	①完善电子档案 ②反思交流演习经验 ③完成《演习报告》	指导演习交流； 评定演习成绩； 召开演习总结会

* "现场半小时"备课技能，指在教学比赛或新教师面试时现场抽题，在限定时间内写出教案的技能

** "现场无学生"上课技能，指在教学比赛或新教师面试时面向台下评委，自导自演的上课技能

（二）教育演习评价

根据行为表现、过程材料和汇报展示三个维度，教育演习评价标准见表9-4。

表9-4　教育演习评价标准

评价维度	评价项目	评价标准		评价操作
		A 级	C 级	
行为表现	1. 准备	主动参加培训讨论，事前准备充分	能参与培训讨论，有事前准备	检查
行为表现	2. 出勤	全勤，积极主动	出勤率不低于80%	考勤
行为表现	3. 协作	配合主动，互助积极，有团队意识	基本配合，无拆台现象	观察了解
行为表现	4. 改进	虚心接受意见，积极改进，改进效果良好	基本接受意见，无抵触行为	观察了解
过程材料	5. 笔记	规范工整、内容翔实、种类齐全	基本清楚、内容无虚假生造、种类达到要求的2/3	查看材料
过程材料	6. 报告	字数达到要求，内容充实、反思深入、语言流畅	内容、字数符合要求，无抄袭行为	查看材料
汇报展示	7. 备课	教案格式规范、设计精当，"现场半小时"备课教案优秀	教案格式规范、设计基本合理，"现场半小时"备课教案合格	批阅教案
汇报展示	8. 上课	教学准备充分，导学行为有效，"现场无学生"上课优秀	教学准备充分，导学行为有效，"现场无学生"上课优秀	听课

续表

评价维度	评价项目	评价标准		评价操作
		A级	C级	
汇报展示	9.班级管理	熟练掌握管理技能，常规管理演示熟练，现场管理演习成功	基本掌握管理技能，能演示常规管理，能完成现场管理演习	现场评价
	10.班会活动	熟练掌握班会技能，班会活动、主题班会演习成功	基本掌握班会技能，能演习完成班会活动和主题班会	

说明：提倡由演习小组、高校指导教师和二级院系等进行多元评价，根据不同评价权重来合成得分并转换成等级评价。

（三）教育演习设置

教育演习设置包括七个方面，具体建议如下。

1）演习时间：每生每模块演习不少于6学时，四年制本科在第6学期、三年制专科在第5学期、五年制专科在第9学期开展。

2）演习形式：分散与集中相结合，建立小组、班级、院系和校级四个层次的演习系列，演习分组，每组4—5人，每生每模块在组内演习不少于4学时，在组际或班级演习不少于2学时，组际或班级演习优者参加院系演习，院系演习优秀者参加校级演习。

3）指导教师：实行双导师制，导师应具有所在系列中级及以上职称；高校教师负责指导1—2个演习小组，全程参与组际或班级演习；中小学（幼儿园）教师联系指导1—2个演习小组，参与评价院系演习或校级演习。

4）演习场地：高校应提供规范、足够的演习场地。

5）演习经费：高校负责经费投入，每年投入演习经费不少于200元/生，用于双导师工作补贴、演习基地建设、演习资源开发和优秀演习生表彰。

6）实施制度：形成计划、动员、操作指南、过程管理、演习生纪律、指导教师工作纪律、考评、总结、奖惩等配套制度。其中，职前教师完成4个演习模块，质量优秀者记学分2分，质量在及格与优秀之间者记学分1分，质量不及格者不记学分且不准予参加教育实习。

7）组织管理：明确演习活动流程的管理主体和管理责任，加强对演习的组织指导和过程管理，确保演习活动取得实效，如教育演习实施情况应纳入高校的年度工作报告。

三、教育实习

教育实习要组织职前教师以准教师身份进入中小学（幼儿园）开展试岗操习，帮助职前教师掌握运用实习原理，熟悉实习学校，做好上课准备，有序、有方和有效地完成一定的教学任务，做好教育教学辅导，当好班主任，上好汇报课，结合实习体验开展教育调查研究，获得参与学校教育实践的经历与体验，初步形成学科教学能力、班集体教育能力和教师实践性品性，明确或巩固教师职业志愿。

（一）教育实习目标

教育实习包括做好实习准备、熟悉实习学校、教学工作（主要包括教学准备、课堂管理、课堂教学、课后辅导四环节）、当好班主任、上好汇报课、开展调查研究和做好实习总结七个方面，其目标及操作要求见表 9-5。

表 9-5　教育实习目标及操作要求

实习目标	职前教师操作要求	导师操作要求	
		实习学校教师	高校教师
1. 做好实习准备	①明确实习的目标、要求和安排 ②熟悉实习学段的课标、教材和教育学、心理学知识 ③掌握实习原理，制订实习计划，提前备课一周	提供实习班级、导师名单	联系实习学校； 召开实习培训会； 讲解实习原理； 检查实习准备
2. 熟悉实习学校	①熟悉学校的内外环境、作息规律、校规校纪 ②了解学校的教育教学概况、校园文化 ③跟师听课，熟悉指导教师及其教育教学规范 ④跟班听课，熟悉班级教学和班级活动 ⑤深入学生，记住全班学生的名字	召开实习动员会； 介绍有关情况； 指导跟班听课	强化实习安全； 参加动员会； 检查听课记录； 召开情况交流会
3. 课前准备充分	①重新完善教案 ②提前试讲 ③课前熟悉教材、教案 ④做好课堂教学预设	指导备课； 教案签字； 听课前试讲； 指导课前准备	检查提前备课、试讲、导师签字和课前准备情况
4. 课堂有序	①提前到场组织学生 ②规范学生学习行为 ③理性处置偶发事件	指导课堂管理	抽查课堂秩序
5. 导学有方	①营造有吸引力的课堂 ②组织有趣的学习活动 ③指导学生学会思考 ④鼓励学生讨论展示 ⑤引导达成三维目标	指导课堂教学	抽查听课，收集教学反馈信息

续表

实习目标	职前教师操作要求	导师操作要求	
		实习学校教师	高校教师
6. 做好辅导	①督导课前预习 ②认真批改作业 ③辅导个别学习 ④指导课外学习 ⑤疏导心理问题	指导辅导方法	抽查辅导情况
7. 当好班主任	①关心热爱每个学生 ②抓好班级常规管理 ③开好主题班会 ④组织好班级活动 ⑤教育转化后进学生	指导协助当班主任	了解当班主任的情况
8. 上好汇报课	①教学设计体现教改理念 ②课前试讲，精心打磨 ③课堂生动，受到好评	指导上汇报课	检查准备进展
9. 开展调查研究	①结合实习体验，界定研究选题 ②设计调研材料，进行问卷、访谈 ③统计分析数据信息，完成《调研报告》	指导并协助调研	抽查并协助指导
10. 做好实习总结	①反思实习生活，讨论专业发展 ②梳理已获得的教育实践性素养 ③完成《实习报告》	审阅《实习报告》；评定实习成绩	指导实习总结；评定实习成绩；召开实习总结会

（二）教育实习评价

根据行为表现、过程材料和汇报展示三个维度，教育实习评价标准见表9-6。

表9-6 教育实习评价标准

评价维度	评价项目	评价标准		评价操作
		A 级	C 级	
行为表现	1. 准备	主动参加培训讨论，事前准备充分	能参与培训讨论，有事前准备	检查
	2. 出勤	全勤，积极主动	出勤率不低于80%	考勤
	3. 守纪	模范遵守实习纪律	基本遵守实习纪律	抽查
	4. 协作	主动配合，有团队意识	基本配合，无拆台现象	观察了解
	5. 改进	积极改进，改进效果良好	基本接受意见，无抵触行为	

续表

评价维度	评价项目	评价标准		评价操作
		A级	C级	
过程材料	6. 笔记	表达规范、内容翔实、材料齐全	表达清楚、内容真实、材料基本符合要求	查看材料
	7. 报告	内容充实、反思深入、行文畅达	符合要求，无虚假表述	
汇报展示	8. 教学	汇报课获得好评，得分在90分以上或等级为"优"	汇报课获得通过，得分在60—74分或等级为"合格"	听课评价
	9. 研究	问题来源真实，研究过程深入，方法科学，《研究报告》质量优秀	研究过程落实，完成《研究报告》，有所收获	听取现场汇报
	10. 素养	实践性知识、能力和品性收获丰富，形成自我发展倾向，从教意愿强烈	实践性知识、能力和品性有一定提升，有从教意愿	

说明：提倡由实习小组、高校指导教师、基地学校指导教师和二级院系等进行多元评价，根据不同评价权重来合成得分并转换成评价等级。

（三）教育实习设置

教育实习设置包括七个方面，具体建议如下。

1）实习时间：不少于16周，四年制本科在第7学期、三年制专科在第6学期开展。

2）实习形式：提倡集中实习、混合编队实习、顶岗实习、带薪实习，不提倡分散实习、远程模拟实习和委托代训实习。

3）指导教师：每个实习小组配备高校教师和中小学（幼儿园）教师各1名，分工明确。其中，高校教师负责蹲点指导，全程管理和参与各项实习活动；中小学（幼儿园）教师全面负责教育教学指导。

4）实习基地：校风良好、教学规范、教育质量优良，与高校合作相对稳定。

5）实习经费：高校投入经费不少于600元/生，用于双导师工作补贴、实习基地建设、实习资源开发和优秀实习生表彰等。

6）实施制度：形成计划、动员、操作指南、过程管理、实习生纪律、指导教师工作纪律、考评、总结、奖惩等配套制度，实习记学分6分，实习成绩不及格者学分为零。

7）组织管理：明确实习活动流程的管理主体和管理责任，落实组织指导和过程管理，教育实习时间应统一纳入高校和实习基地学校（幼儿园）的校历安排，实施情况应纳入高校、实习基地学校（幼儿园）和地方教育行政部门的年度工作报告。

四、教育研习

教育研习要利用网络远程教学和面授教学手段，指导职前教师进入问题研究情境，掌握运用研习原理，制订研习方案，通晓某学段的课标与教材，研判某学段学科教材模块与不同课型之间的适配，深入学校实际调查研究某学段的学生学情、教法、教改及其相互关系，选择符合新课程理念的教改专题进行深入研究，完成研习报告，获得教育研究的经历与体验，初步形成教育研究能力和研究品性，明确或深化教师专业发展意识。

（一）教育研习目标

教育研习包括研习准备、课标与教材、教材与课型、学情与教法、教改专题和研习总结六个方面，其目标及操作要求见表 9-7。

表 9-7　教育研习目标及操作要求

研习模块	研习目标	职前教师操作要求	高校教师操作要求
一、研习准备	研习准备充分	①明确研习的目标、要求和安排 ②熟悉相关的教育研究方法 ③掌握研习原理、制订研习方案	①召开研习培训会 ②讲解研习原理
二、课标与教材	1. 研读课程标准	①研读基础教育课程改革纲要和学科课程标准 ②查阅资料、小组讨论，比较学科课程标准与学科教学大纲的差异	①邀请基础教育一线专家举办专题讲座，与职前教师现场交流 ②组织交流、展示 ③检查对某学段课标与教材的通晓状况
	2. 掌握教材与课标的内在联系	①查阅资料、访问基础教育一线专家，探究学科教材是如何体现学科课程标准的 ②研读文本、小组讨论，比较两个版本的教材在体现课程标准上的异同	
	3. 通晓某学段的课标与教材	①重点熟记学科课程标准对某学段的具体要求 ②以学习者身份，贯通学习某学段学科教材的全部内容	
三、教材与课型	1. 熟悉某学段学科教材的结构模块	①以教师身份，通览某学段学科教材的结构模块 ②比较归纳，找出学科教材的结构模块在不同年级的特点与差异	①指导研判教材与课型的适配 ②组织交流、展示
	2. 掌握不同课型的功能特征	①查阅资料，掌握课型的分类及其特征 ②比较归纳，掌握不同课型的功能特点	
	3. 研判某学段学科教材模块与不同课型之间的适配	①查阅资料、访问基础教育一线专家，获得教材模块与不同课型适配的初步认识 ②研读名师课型，明确教材与课型的适配规律	

续表

研习模块	研习目标	职前教师操作要求	高校教师操作要求
四、学情与教法	1. 研判某学段的学情特征	①以某校为例，调查研判某学段学情的地域特征和校际特征 ②以某校为例，调查研判某学段学情的学科特征	①指导对学情与教法的调查研判 ②组织交流、展示
	2. 研判某学段学情与教法之间的适配情况	①以某校为例，调查研判某学段学情与教法之间的适配情况 ②以某校为例，调查研判某学段教学改革与学生学习的适配情况	
五、教改专题	1. 选定某一教改专题	①查阅资料，了解某学段的教改专题情况 ②根据新课程理念，选择有前沿性的教改专题	①指导选择教改专题 ②组织交流、展示
	2. 研究所选教改专题	①围绕所选教改专题，开展文献研究 ②围绕所选教改专题，访问基础教育一线专家	
六、研习总结	做好研习总结	①完善电子档案 ②反思交流研习经验 ③完成《研习报告》	①评定研习成绩 ②召开研习总结会

（二）教育研习评价

根据行为表现、过程材料和汇报展示三个维度，教育研习评价标准见表 9-8。

表 9-8　教育研习评价标准

评价项目	评价标准		评价操作
	A 级	C 级	
1. 研习准备	培训讨论认真，事前准备充分	参加培训讨论，事前有准备	检查
2. 课标教材研习	熟悉学段的课标要求，完成教材学习任务，正确率不低于95%	熟记课标对学段的部分要求，完成教材学习任务不低于70%，正确率不低于80%	查阅笔记
3. 课型研习	熟悉学科教材的结构模块在不同年段的特点和差异，掌握不同课型的功能和特点，明确教材与课型的适配规律	基本了解学科教材的结构模块特点，掌握两种不同的课型特点，知道教材与课型适配的某些方法	根据交流展示给予评价
4. 教法研习	明确掌握某校学情的三方面特征，了解某校学段、学情与教法之间的适配情况，了解某校学段教改情况	基本掌握某校学情的三方面特征，了解某校学段的教法情况或教学改革情况	根据交流展示给予评价
5. 教改研习	所选教改专题有前沿性，文献研究深入，访谈收获丰富	所选教改专题符合新课程方向，进行文献研究，有访谈收获	根据交流展示给予评价
6. 研习报告	字数达到要求，内容充实、研究深入、表达流畅	内容、字数符合要求，表达真实	评阅《研习报告》

说明：提倡由高校指导教师和二级院系实施评价，根据得分转换成评价等级。

（三）教育研习设置

1）研习时间：不少于 8 周，四年制本科在第 8 学期开展，三年制专科、五年制专科不安排。

2）研习形式：以个别研习为主，以利用网络远程手段进行小组研习、班级交流、院系展示、校级展示为辅。

3）指导教师：每个实习小组配备高校教师和中小学（幼儿园）教师各 1 名，分工明确。其中，高校教师负责组织现场培训会、总结会，利用网络远程手段组织交流、展示和抽查；中小学（幼儿园）教师联系指导，举办专题讲座。

4）研习基地：校风良好、教学规范、教育质量优良。

5）研习经费：高校投入经费每年不少于 200 元/生，用于双导师工作补贴、研习资源开发和优秀研习生表彰等。

6）实施制度：形成计划、动员、操作指南、过程管理、研习生纪律、指导教师工作纪律、考评、总结、奖惩等配套制度，研习成绩及格者记学分 1 分，研习成绩不及格者学分为零。

7）组织管理：明确研习活动流程的管理主体和管理责任，落实组织指导和过程管理，教育研习实施情况应纳入高校的年度工作报告。

第三节　职前教师教育实践的法律、政策和制度

职前教师教育实践是为国育才的复杂系统工程，绝非高师院校就能独立完成的，它在客观上离不开国家的法律保障、各级政府的政策落地和基础教育学校的参与配合。然而，目前的情况是国家法律保障不到位，政府没有相应的政策支持和管理督导，基础教育学校没有责任和义务参与其中，职前教师教育实践完全是高师院校自己的事，只能靠高师院校独自发挥主体能动性；或者与地方教育行政管理部门签订战略合作协议，然后由教育行政管理部门对基础教育学校发号施令，基础教育学校的领导和教师被动地接受任务；或者通过私人关系去联系基础教育学校的领导，由基础教育学校的领导给教师布置指导任务，教师同样被动地接受任务。可以说，缺乏国家法律保障、政府政策支持和基础教育学校的主动参与是我国职前教师教育实践多年来的实施之痛，是难以形成高校与基础教育学校共同

培养未来教师人才之合力的根本原因。为此，我们强烈呼吁国家完善有关法律，政府建立配套支持政策，教育行政管理部门健全相应的督导制度和评价制度。

一、完善法律

从我国现有的法律法规看，能为职前教师教育实践提供法律支持的，只有《中华人民共和国教育法》（2015 年 12 月 27 日第二次修订版）。而最有希望能为职前教师教育实践提供更多法律支持的《中华人民共和国普通高等学校教育法》（2018 年 12 月 29 日第二次修订版），反而没有相关规定。

《中华人民共和国教育法》第四十八条规定：国家机关、军队、企业事业组织及其他社会组织应当为学校组织的学生实习、社会实践活动提供帮助和便利。[①] 这条法律虽然明确规定了各社会主体应当为职前教师教育实践"提供帮助和便利"，即规定了应尽的责任与义务，但对不尽责任与义务的社会主体却没有明确惩戒规定，对未尽责任与义务的社会主体没有明确相应的警示规定，因而这条法律明显缺乏法律应有的强制性和约束力。

从完善法律的角度看，我们建议国家立法机关：第一，在《中华人民共和国教育法》第四十八条中增加相关法律责任的规定，如增加"对不提供或拒绝提供帮助和便利的，追究其行政责任；给学校教育造成损失的，追究其法律责任"。第二，在《中华人民共和国普通高等学校教育法》中应单独增加一章"高等教育的社会支持"，在《中华人民共和国教育法》第四十八条的基础上，对提供帮助和便利的社会主体，明确相应的鼓励规定，如"对提供帮助和便利的社会主体，根据其贡献大小、时间长短和学校满意度，由税务部门制定相关规定并对提供人给予税务优惠，由行政管理部门制定相关规定并对提供人在资源分配和评优评奖等方面给予政策倾斜"。

二、配套政策

从我国现有的文件政策看，能为职前教师教育实践提供政策支持的，只有《教育部关于加强师范生教育实践的意见》。最有希望能为职前教师教育实践提供政策支持的地方政府及教育行政管理部门，则没有制定相关的配套政策。

《教育部关于加强师范生教育实践的意见》第七条要求："地方教育行政部门

---

① 中华人民共和国教育法[EB/OL].（2015-12-07）[2018-05-21]. http://www.moe.gov.cn/s78/A02/zfs__left/s5911/moe_619/201512/t20151228_226193.html.

要统筹考虑本地区师范生规模结构和服务面向，与举办教师教育的院校共同遴选建设长期稳定、多样化的教育实践基地……中小学要将接纳师范生教育实践作为应尽义务和重要责任，地方教育行政部门要将接纳师范生教育实践作为中小学工作考核评价和特色评选的重要内容。"

《教育部关于加强师范生教育实践的意见》第八条要求："地方教育行政部门和中小学要将指导师范生教育实践纳入教师业绩考核范围，作为中小学教师评奖评优和职务（职称）晋升的重要依据，作为中小学教师评选特级教师和学科带头人的重要条件。"

《教育部关于加强师范生教育实践的意见》第九条要求："地方教育行政部门要高度重视师范生教育实践工作，加强组织领导和统筹协调，加大经费投入力度。要在经费安排、教师补充和教师培训等方面对实践基地予以优先支持。"

由以上可见，教育部对地方教育行政部门提出了十分明确和相当充分的系列要求，对基础教育学校及其教师主动参与职前教师教育实践提供了有力的政策支持。但几年的时间过去了，不曾见地方教育行政部门制定相应的配套政策，更不曾见各地中小学的工作考评、特色评选、经费划拨、教师晋职评优等方面发生相关变化。

我们认为，《教育部关于加强师范生教育实践的意见》作为专项支持政策是系列配套的，之所以目前各地没有落地实施，就在于该意见既缺乏上位法律依据，又缺乏规定约束力，因而未能引起地方政府及其教育行政管理部门的重视。

从完善配套政策的角度看，建议教育部：第一，把《教育部关于加强师范生教育实践的意见》升格为《教育部关于加强师范生教育实践的规定》；第二，规定各地方政府及其教育行政部门必须制定《关于保障师范生教育实践的实施方案》，必须修订完善对中小学学校工作评价、教师晋职评优等方面的配套政策；第三，明确执法检查，把地方政府、教育行政管理部门和中小学落实规定的实施情况纳入国家教育督导范围之中。

三、健全制度

从我国现有的制度看，只有本科教学评估（含水平评估和审核评估）、师范专业认证覆盖了职前教师教育实践，但评估和认证旨在发现问题和促进改进，并且只针对高师院校提出专家反馈意见。而最有希望能为职前教师教育实践提供执法检查支持的国家教育督导制度，则没有涉及中小学参与配合职前教师教育实践的政策执行情况。

我们认为，国家应健全对职前教师教育实践的管理制度。一是修订国家教育督导条例，把职前教师教育实践工作纳入各级教育督导，强化各级教育行政机构对职前教师教育实践的保障责任和管理责任以及中小学（幼儿园）的参与支持责任；二是建立职前教师教育实践经费专项审计制度，强化地方政府对职前教师教育实践的经费保障责任；三是建立职前教师教育实践工作的专项督察制度，强化高师院校对职前教师教育实践的质量主体责任。

总之，只有通过完善法律、配套政策和健全制度，才能确保基础教育学校主动参与，教育实践基地长期稳定、数量充足和质量优良，高师院校规范实施、主动探索和保证质量。唯有如此，职前教师教育实践的卓越理念和卓越实施标准才能落地生根，职前教师的卓越教育实践才能顺利开展。

参 考 文 献

阿里宁娜.1989. 美育[M]. 刘伦振，张谦，译. 北京：教育科学出版社.

埃德加·莫兰.2004. 复杂性理论与教育问题[M]. 陈一壮，译. 北京：北京大学出版社.

安迪·哈格里夫斯.2007. 知识社会中的教学[M]. 熊建辉，陈德云，赵立芹，译. 上海：华东师范大学出版社.

柏拉图.2008. 柏拉图文艺对话集[M]. 朱光潜，译. 北京：人民文学出版社.

保尔·朗格朗.1985. 终身教育引论[M]. 周南照，陈树清，译. 北京：中国对外翻译出版公司.

保罗·弗莱雷.2001. 被压迫者教育学[M]. 顾建新，等，译. 上海：华东师范大学出版社.

陈静静.2009. 教师实践性知识及其生成机制研究[D]. 华东师范大学.

陈理宣.2010. 教育学原理——理论与实践[M]. 北京：北京师范大学出版社.

陈学恂.1986. 中国近代教育史教学参考资料（上册）[M]. 北京：人民教育出版社.

第斯多惠.2001. 德国教师培养指南[M]. 袁一安，译. 北京：人民教育出版社.

傅道春.1999. 教育学——情境与原理[M]. 北京：教育科学出版社.

顾明远，石中英.2010. 学无止境：构建学习型社会研究[M]. 北京：北京师范大学出版社.

郝克明.2011. 让学习伴随终生——上海国际终身学习论坛文集[C]. 北京：高等教育出版社.

亨利·基辛格.2012. 论中国[M]. 胡利平，林华，杨韵琴，等，译. 北京：中信出版社.

胡志金.2015. 信息时代的终身学习策略[M]. 北京：中央广播电视大学出版社.

华东师范大学教育系，杭州大学教育系.1985. 西方古代教育论著选[M]. 北京：人民教育出版社.

金忠明.2008. 教师教育的历史、理论与实践[M]. 上海：上海教育出版社.

夸美纽斯.1984. 大教学论[M]. 傅任敢，译. 北京：人民教育出版社.

联合国教科文组织.1999. 全球教育发展的历史轨迹：国际教育大会60年建议书[M]. 赵中建，译. 北京：教育科学出版社.

梁忠义，罗正华.1998. 教师教育[M]. 长春：吉林教育出版社.

刘徽.2010. 改变教学的36部教育名著[M]. 上海：华东师范大学出版社.

刘清华.2004. 教师知识的模型建构研究[M]. 北京：中国社会科学出版社.

刘铁芳.2014. 什么是好的教育——学校教育的哲学阐释[M]. 北京：高等教育出版社.

罗耀.2005. 中美师范教育实习之比较研究[D]. 南京师范大学.

马骥雄.1991. 外国教育史略[M]. 北京：人民教育出版社.

马克思.1979. 1844年经济学哲学手稿[M]. 刘丕坤，译. 北京：人民出版社.

马克斯·范梅南.2001. 教学机智——教育智慧的意蕴[M]. 李树英，译. 北京：教育科学出版社.

玛丽莲·科克伦-史密斯，沙伦·费曼-尼姆塞尔，约翰·麦金太尔.2017. 教师教育研究手册——变革世界中的永恒问题[M]. 范国睿，等，译. 上海：华东师范大学出版社.

麦迪森. 1997. 世界经济二百年回顾[M]. 李德伟，盖建玲，译. 北京：改革出版社.

南京师范大学教育系. 2005. 教育学[M]. 3 版. 北京：人民教育出版社.

帕克·帕尔默. 2005. 教学勇气[M]. 吴国珍，等，译. 上海：华东师范大学出版社.

瞿葆奎. 1991. 教育学文集·教师卷[C]. 北京：人民教育出版社.

宋嗣廉，韩力学. 1998. 中国师范教育通览[M]. 长春：东北师范大学出版社.

苏霍姆林斯基. 1983. 教育的艺术[M]. 肖勇，译. 长沙：湖南教育出版社.

苏霍姆林斯基. 1983. 帕夫雷什中学[M]. 赵玮，等，译. 北京：教育科学出版社.

苏霍姆林斯基. 1984. 给教师的一百条建议[M]. 杜殿坤，译. 北京：教育科学出版社.

唐纳德·A. 舍恩. 2007. 反映的实践者——专业工作者如何在行动中思考[M]. 夏林清，译. 北京：教育科学出版社.

王希尧. 2008. 人本教育学[M]. 成都：四川教育出版社，99.

王艳玲. 2011. 教师教育课程论[M]. 上海：华东师范大学出版社.

魏建培. 2011. 教师学基础[M]. 北京：清华大学出版社.

吴卫东. 2007. 教师个人知识研究[D]. 华东师范大学.

肖朗. 2009. 中外教育名著选读[M]. 北京：高等教育出版社.

谢维和. 2000. 教育活动的社会学分析——一种教育社会学的研究[M]. 北京：教育科学出版社.

徐碧美. 2003. 追求卓越[M]. 北京：人民教育出版社.

雅斯贝尔斯. 1991. 什么是教育[M]. 邹进，译. 北京：生活·读书·新知三联书店.

杨启亮. 2011. 教师培养的国际视野与本土实践. 参见：朱士群，胡璋剑，张群. 教师教育：国际视野与本土实践——第四届教师教育国际研讨会文集[C]. 北京：中国科学技术大学出版社.

杨燕燕. 2011. 论教育实践课程[D]. 华东师范大学.

叶澜，白益民，王枬，等. 2001. 教师角色与教师发展新探[M]. 北京：教育科学出版社.

余文森，黄国文，陈敬文. 2011. 有效备课·上课·听课·评课[M]. 3 版. 福州：福建教育出版社.

约翰·杜威. 2001. 民主主义与教育[M]. 王承绪，译. 北京：人民教育出版社.

赞可夫. 1980. 和教师的谈话[M]. 杜殿坤，译. 北京：教育科学出版社.

张大均. 1997. 教学心理学[M]. 重庆：西南师范大学出版社.

张立新. 2008. 教师实践性知识形成机制研究[D]. 上海师范大学.

张庆林. 1995. 当代认知心理学在教学中的应用[M]. 重庆：西南师范大学出版社.

钟启泉. 2002. 新课程师资培训精要[M]. 北京：北京大学出版社.

周福盛. 2006. 教师个体知识的构成及发展研究[D]. 西北师范大学.

朱小蔓. 2005. 情感德育论[M]. 北京：人民教育出版社.

朱旭东. 2011. 教师专业发展理论研究[M]. 北京：北京师范大学出版社.

佐藤学. 2003. 静悄悄的革命[M]. 李季湄，译. 长春：长春出版社.

佐藤学. 2003. 课程与教师[M]. 钟启泉，译. 北京：教育科学出版社.

Elbaz F. 1981. The teacher's "practical knowledge": Report of a case study[J]. Curriculum Inquiry, 11（1）: 43-71.

Elbaz F. 1983. Teacher Thinking: A Study of Practical Knowledge[M]. London: Croom Helm.

Kessels J, Korthagen F. 2001. The Relation between Theory and Practice: Back to the Classics.In: F. Korthagen, B. Koster, B. Lagerwerf, et al(eds.).Linking Practice and Theory: The Pedagogy of Realistic Teacher Education[M]. Mahwah: Lawrence Erlbaum Associates Publishers.

Park J, Had A. 2003. The Emotional Literacy Hand-book[M]. New York: David Fulton Publishers.

Sharp P. 2001. Nurturing Emotional Literacy : A Practical Guide for Teachers, Parents and Those in the Caring Professions [M]. New York: David Fulton Publishers.

Spendlove D. 2008. Emotional Literacy: Ideals in Action[M].New York: Continuum.

后 记

这本书，与其说是教师教育的学术著作，还不如说是教师人才的梦想表达。这个梦想源于我早年所遇到的好老师，他们的个性风貌和美好素养孕育了我对卓越教师的向往。

早在20世纪70年代，童年的我就看到乡村教师衣服整洁、举止文雅、专心教学、生活从容：他们白天教学，晚上挑灯备课，自己挑水做饭、洗衣净菜，往来于村间小路，不时与田间地头的男女村民打招呼。我那时特别顽劣，上房揭瓦、下河洗澡、惹是生非、捣蛋使坏，真是十处打闹九处有我。我的小学老师先后有何恩元、向定良、吴芳玉、杨春成和曾道荣，特别是吴芳玉和曾道荣两位老师对我管教最多，我对此印象最深。吴老师身材高挑、长相俊俏，年轻活泼却不失严肃，文雅秀美又不乏干练，一旦发怒则剑眉相向，如遇开心则酒窝浅漾、明眸照人，她讲话在我们小孩中间很有威力。曾老师高大挺拔、阳光正派，他讲课声音洪亮，能歌善书。我在小学最后一学期突然喜欢背诵课文，每背完课文，曾老师就会在我的课本上写下一个挺拔带劲的"背"字。每次看到他信笔写下那个"背"字，我心中的自豪感和力量感就油然而生。于是，我背得不亦乐乎，每天背一篇，不到一个月就背完了一本书，这可把同学们吓坏了。

在初中，彭笃文老师永远定格在我的记忆中（尽管他已经仙逝多年）：他 50 岁左右，身材适中，脸型瘦削，皮肤白净，短发中分，戴一副老花镜，笔挺的中山服上兜总是别着一支钢笔，平时待人儒雅和气，严肃时则透出一股英俊之气。他是语文老师，知识渊博，写得一手好字。更重要的是，他在我们村的石佛寺小学工作了三十多年，生徒众多，远近闻名。当我小学毕业时，他先一年调去了阳平乡中学，我报到时才发现他是我们的班主任。我当时满心欢喜，认为我们是老熟人了，他一定会照顾我的。不料，在第二周的大课间，彭老师坐在讲台上候课，课代表把作业本发完了，却没有我的，并让我去问问老师。我恭敬地走上前，他问我叫什么名字，我还没有说完我的名字，他"嗖"地抓起教鞭打了过来。我慌忙躲闪，那教鞭打在讲桌上发出了惊心动魄的响声。我当即掉头逃到教室门口，虽然没有被打着，但委屈的眼泪突然流了出来。我心里想：完了，我这个在村小赫赫有名的人混不下去了。自此之后，我恭恭敬敬地围着彭老师转，学习不敢怠慢，总是在他煮午饭、吃午饭的时候站在旁边问这题目、那段落，他也总是耐心地缓缓讲解，从没有嫌弃我耽搁他吃饭（后来，高中时读到《送东阳马生序》，我感到自己比宋濂幸运多了）。就这样，我渐渐爱上了语文，并学得十分出色，其他各科成绩也渐渐拔尖了。我们每个人都会遇到自己生命中的贵人。我想，彭老师应该是我生命中的贵人了，是他把我"逼上"了学习之路。

在高中，我在永太中学遇到了不少个性鲜明的老师，他们是肃然抖撖、犀利严密的物理老师兼班主任王文忠，汗流浃背、耐心超强的英语老师杨华贵，每天晨跑风雨无阻、和蔼可亲、神清气朗的历史老师兼班主任李正枢，腰板直挺、矜持镇定的政治老师兼班主任曾正江。在中江中学，我印象最深的是历史老师兼班主任左旭东和地理老师蒋述文，这两位老师的学科知识相当渊博，上课格外投入，教学如鱼得水。

在大学，西南师范大学中文系的翟时雨、赵庆祥、张世君、张荣翼、许子清、曹廷华和杨文华，以及政教系的潘佳铭，他们的人品、学识给我留下了深刻印象。翟时雨老师是方言研究大家，把课上得如数家珍；赵庆祥老师是严谨俭朴的长者，他经历坎坷却斗志昂扬，让我们背诵先秦文学作品并逐一签字过关；张世君老师是外国文学研究新秀，她对《巴黎圣母院》的结构解析令人耳目一新；张荣翼老师学识渊博、讲课精细，常在课间与我们一道谈天说地；许子清老师是关爱学生的长者，与他相处如沐春风；曹廷华老师是文艺美学专家、教学名师，他妙语连珠、层层推进，把《春江花月夜》《长恨歌》赏析得令人如痴如醉；杨文华老师是热情大度的年轻辅导员，那时"愤青"的我让他操心不少，也让作为系领导的曹廷华老师和许子清老师分心劳神；潘佳铭老师是西方哲学史的教学专家，我是外系的旁听生，他的课铿锵有致、收放自如，浅出时幽默诙谐，透彻时辩驳犀利，真是峰回路转、美不胜收。再后来，我读"课程与教学论"在职研究生班，有幸聆听靳玉乐、刘电芝两位学者授课，他们学识高深、师德高尚，对我亦师亦友，使我在学术研究上受益匪浅。

"一个人遇到好老师是人生的幸运，一个学校拥有好老师是学校的光荣，一个民族源源不断地涌现出一批又一批好老师则是民族的希望。"①在 30 余年的教师职业生涯中，上述好老师给了我无尽的动力和启迪，正是他们的美好形象、高尚品格、鲜明个性和渊博知识，那一幕幕难忘情境，那一番番言传身教，激励我励志、敬业、修德、践行，激励我多年来不断探寻职前教师的卓越之道。

与心目中的好老师相伴前行，我感到无比快乐。

胡志金

2019 年 10 月 22 日于内江师范学院

---

① 习近平同北京师范大学师生代表座谈时的讲话（全文）[EB/OL]. （2014-09-10）[2014-09-12]. http://politics.people.com.cn/n/2014/0910/c70731-25629093.html.